БЕЛЛА АХМАДУЛИНА

БЕЛЛА АХМАДУЛИНА
МНОГО СОБАК И СОБАКА
ПРОЗА РАЗНЫХ ЛЕТ

Москва

2005

УДК 82-94
ББК 84(2Рос–Рус)6–4
   А 95

Составитель *Б. Мессерер*

Оформление и макет *А. Бондаренко*

Ахмадулина Б.

А 95   Много собак и Собака: Рассказы, воспоминания, эссе. — М.:
        Изд-во Эксмо , 2005. — 752 с.

Белла Ахмадулина — поэт, чьи стихи знает и любит не одно
поколение читателей, но, кроме того, она замечательный
автор тонкой и нежной прозы. Настоящий сборник посвящен именно этой части творчества Ахмадулиной. В него вошли рассказы, воспоминания, эссе и статьи о литературе. В
воспоминаниях автора перед нами предстают наши знаменитые современники: Высоцкий, Шукшин, Окуджава, Довлатов, Венедикт Ерофеев. В статьях — Пушкин, Лермонтов,
Набоков, Цветаева, увиденные неповторимым взглядом автора книги. Выдержки из дневника расскажут о самых важных встречах поэта в литературе и жизни.
Но еще эта книга о любви — к людям, к искусству, к городам,
к природе и животным, о том, чего порой так не хватает и
так хочется всем нам.

УДК 82-94
ББК 84(2Рос–Рус)6–4

ISBN 5-699-08828-8

Рассказы

НА СИБИРСКИХ ДОРОГАХ

Всем сразу нашлось куда ехать.

— Горек! Речинск! — радостно вскрикивали вокруг нас и бежали к „газикам", пофыркивающим у обкомовского подъезда.

И только мы с Шурой слонялись по городу, томились, растерянно ели беляши, и город призрачно являлся нам из темноты, по-южному белея невысокими домами, взревывая близкими паровозами.

Шура был долгий, нескладный человек, за это и звали его Шурой, а не Александром Семеновичем, как бы следовало, потому что он был не молод.

К утру наконец нашелся и для нас повод прыгнуть в „ГАЗ-69" и мчаться вперед, толкаясь плечами и проминая головой мягкий брезентовый потолок.

— Поезжайте-ка вы в Тумы, — сказал нам руководитель нашей группы практикантов-журналистов. — Где-то возле Тумы работают археологи из

Москвы, ведут интересные раскопки. Это для Шуры. А вы разыщите сказителя Дорышева.

Мы сразу встали и вышли. Яркий блеск неба шлепнул нас по щекам. И мне и Шуре хотелось бы иметь другого товарища — более надежного и энергичного, чем мы оба, которому счастливая звезда доставляет с легкостью билеты куда угодно и свободные места в гостинице. Неприязненно поглядывая друг на друга, мы с Шурой все больше тосковали по такому вот удачливому попутчику.

...На маленьком аэродроме маленькие легкомысленные самолеты взлетали и опускались, а очередь, почти сплошь одетая в белые платочки, все не убавлялась. Куда летели, кого провожали эти женщины? Умудренные недавним огромным перелетом, мы с улыбкой думали о малых расстояниях, предстоящих им, а их лица были серьезны и сосредоточенны. И, может быть, им, подавленным значительностью перемен, которые собирались обрушить на их склоненные головы маленькие самолеты, суетными и бесконечно далекими казались и огромный город, из которого мы прилетели, и весь этот наш семичасовой перелет, до сих пор тяжело, как вода, мешающий ушам, и все наши невзгоды, и археологи, блуждающие где-то около Тумы.

На маленьком аэродроме Шура стал уже нестерпимо высоким, и, когда я подняла голову, чтобы поймать его рассеянное, неопределенно плывущее в вышине лицо, я увидела сразу и лицо его и самолет.

Нас троих отсчитали от очереди: меня, Шуру и мрачного человека, за которым до самого самолета семенила, оступалась и всплакивала женщина в белом платке. Нам предстояло час лететь: дальше этого часа самолет не мог ни разлучить, ни осчастливить. Но когда самолет ударил во все свои погремушки, собираясь вспорхнуть, белым-бело, белее платка, ее лицо заслонило нам дорогу — у нас даже глаза заболели — и, ослепленный и напуганный этой белизной, встрепенулся всегда дремлющий вполглаза, как птица, Шура. Белело вокруг нас! Но это уже небо белело — на маленьком аэродроме небо начиналось сразу над вялыми кончиками травы.

Летчик сидел среди нас, как равный нам, но все же мы с интересом и заискивающе поглядывали на его необщительную спину, по которой сильно двигались мышцы, сохранявшие нас в благополучном равновесии. Этот летчик не был отделен от нашего земного невежества таинственной недоступностью кабины, но цену себе он знал.

— Уберите локоть от дверцы! — прокричал он, не оборачиваясь. — До земли хоть и близко, а падать все равно неприятно.

Я думала, что он шутит, и с готовностью улыбнулась его спине. Тогда, опять-таки не оборачивая головы, он крепко взял мой локоть, как нечто лишнее и вредно мешающее порядку, и переместил его по своему усмотрению.

Внизу близко зеленели неистовой химической зеленью горы, поросшие лесом, или скушно голубела степь, по которой изредка проплывали грязноватые облака овечьих стад, а то вдруг продолговатое чистое озеро показывало себя до дна, и чудилось даже, что в нем различимы продолговатые рыбьи тела.

Эта таинственная, близко-далекая земля походила на дно моря, — если плыть с аквалангом и видеть сквозь стекло и слой воды неведомые, опасно густые водоросли, пробитые белыми пузырьками, извещающими о чьей-то малой жизни, и вдруг из-за угла воды выйдет рыба и уставится в твои зрачки красным недобрым глазом.

— Красивая земля! — крикнула я дремлющему Шуре в ухо.

— Что?

— Красивая земля!

— Не слышу!

Пока я докричала до него эту фразу, она утратила свою незначительность и скромность и оглушила его высокопарностью, так что он даже отодвинулся от меня.

Около Тумы самолет взял курс на старика, вышедшего из незатейливой будки, — в одной руке чайник, в другой полосатый флаг, — и прямо около чайника и флага остановился.

Нашего мрачного попутчика, которого на аэродроме провожала женщина в белом платке, встретила подвода, а мы, помаявшись с полчаса на посадочной площадке, отправились в ту же сторону пешком.

В Тумском райкоме, издалека обнаружившем себя бледно-розовым выцветшим флагом, не было ни души, только женщина мыла пол в коридоре. Она даже не разогнулась при нашем появлении и, глядя на нас вниз головой сквозь твердо расставленные ноги, сказала:

— С Москвы, что ль? Ваша телеграмма нечитаная лежит. Все на уборке в районе, сегодня третий день.

Видно, странный ее способ смотреть на нас — наоборот и снизу вверх — и нам придавал какую-то смехотворность, потому что она долго еще, совсем ослабев, заливалась смехом в длинной темноте коридора, и лужи всхлипывали под ней.

Наконец она домыла свое, страстно выжала тряпку и пошла мимо нас, радостно ступая по мокрому чистыми белыми ногами, и уже оттуда, с улицы, из сияющего простора своей субботы, крикнула нам:

— И ждать не ждите! Раньше понедельника никого не будет!

При нашей удачливости мы и не сомневались в этом. Вероятно, я и Шура одновременно представили себе наших товарищей по командировке, как они давно приехали на места, сразу обо всем договорились с толковыми секретарями райкомов, выработали план назавтра, провели встречи с работниками местных газет, и те, очарованные их столичной осведомленностью и уверенностью повадки, пригласили их поужинать чем Бог послал. А завтра они поедут куда нужно, и сокровенные тайны труда и досуга легко откроются их любопытству, и довольный наш руководитель, принимая из их рук лаконичный и острый материал, скажет озабоченно: „За вас-то я не беспокоился, а вот с этими двумя просто не знаю, что делать".

С завистью подумали мы о мире, уютно населенном счастливцами.

В безнадежной темноте пустого райкома мы вдруг так смешны и жалки показались друг другу, что чуть не обнялись на сиротском подоконнике, за которым с дымом и лязгом действовала станция Тума и девушки в железнодорожной форме, призывая паровозы, трубили в рожки. Мы долго, как та женщина, смеялись: Шура, закинув свою неровно седую, встрепанную голову, и я, уронив отяжелевшую свою.

Вдруг дверь отворилась, и два человека обозначились в ее неясной светлоте. Они приметили нас на фоне окна и, словно в ужасе, остановились. Один из них медленно и слепо пошел к выключателю, зажегся скромный свет, и, пока они с тревогой разглядывали нас, мы поняли, что они, как горем, подавлены тяжелой усталостью. Из воспаленных век глядели на нас их безразличные, уже подернутые предвкушением сна зрачки.

Окрыленные нашей первой удачей — их неожиданным появлением, — страстно пытаясь пробудить их, мы бойко заговорили:

— Мы из Москвы. Нам крайне важно увидеть сказителя Дорышева и археологов, работающих где-то в Тумском районе.

— Где-то в районе, — горько сказал тот из них, что был повыше и, видимо, постарше возрастом и должностью. — Район этот за неделю не объедешь.

— Товарищи, не успеваем мы с уборкой, прямо беда, — отозвался второй, виновато розовея белка́ми, — не спим вторую неделю, третьи сутки за рулем.

Но все это они говорили ровно и вяло, уже подремывая в преддверии отдыха, болезненно ощущая чернеющий в углу облупившийся диван, воображая всем телом его призывную, спасительную округлость. Они бессознательно, блаженно и непреклонно двигались мимо нас в его сторону, и ничто не могло остановить их, во всяком случае, не мы с Шурой.

Мы не отыскали столовой и, нацелившись на гудение и оранжевое зарево, стоящие над станцией, осторожно пошли сквозь темноту, боясь расшибить лоб об ее плотность.

В станционном буфете, вкривь и вкось освещенном гуляющими вокруг паровозами, тосковал и метался единственный посетитель.

— Нинку речинскую знаешь? — горестно и вызывающе кричал он на буфетчицу. — Вот зачем я безобразничаю! На рудники я подамся, ищи меня свищи!

— Безобразничай себе, — скушно отозвалась буфетчица, и ее ленивые руки поплыли за выпуклым стеклом витрины, как рыбы в мутном аквариуме.

14

Лицо беспокойного человека озарилось лаской и надеждой.

— Нинку речинскую не знаете? — спросил он, искательно заглядывая нам в лица. И вдруг в дурном предчувствии, махнув рукой, словно отрекаясь от нас, бросился вон, скандально хлопнув дверью.

— Кто эту Нинку не знает! — брезгливо вздохнула буфетчица. — Зря вы с ним разговаривать затеяли.

Было еще рано, а в доме приезжих все уже спали, только грохочущий умывальник проливал иногда мелкую струю в чьи-то ладони. Я села на сурово-чистую, отведенную мне постель, вокруг которой крепким сном спали восемь женщин и девочка. „Что ее-то занесло сюда?" — подумала я, глядя на чистый, серебристый локоток, вольно откинутый к изголовью. Среди этой маленькой, непрочной тишины, отгороженной скудными стенами от грохота и неуюта наступающей ночи, она так ясно, так глубоко спала, и сладкая лужица прозрачной младенческой слюны чуть промочила подушку у приоткрытого уголка ее губ. Я пристально, нежно, точно колдуя ей доброе, смотрела на слабый, не окрепший еще полумесяц ее лба, неясно светлевший в полутьме комнаты.

Вдруг меня тихо позвали из дверей, я вышла в недоумении и увидела неловко стоящих в тесноте около умывальника тех двоих из райкома и Шуру.

— Еле нашли вас, — застенчиво сказал младший. — Поехали, товарищи.

Мы растерянно вышли на улицу и только тогда опомнились, когда в тяжело дышавшем, подпрыгивающем „газике" наши головы сшиблись на повороте.

Они оказались секретарем райкома и его помощником, Иваном Матвеевичем и Ваней.

Скованные стыдом и тяжелым чувством вины перед ними, мы невнятным лепетом уговаривали их не ехать никуда и выспаться.

— Мы выспались уже, — бодро прохрипел из-за руля Иван Матвеевич. — Только вот что. Неудобно вас просить, конечно, но это десять минут задержки, давайте заскочим в душевую, как раз в депо смена кончилась.

Нерешительно выговорив это, он с какой-то даже робостью ждал нашего ответа, а мы сами так оробели перед их бессонницей, что были счастливы и готовы сделать все что угодно, а не то что заехать в душевую.

„Газик", похожий на „виллис" военных времен, резво запрыгал и заковылял через ухабы и рельсы, развернулся возле забора, и мы остановились. Шура остался сидеть, а мы пошли: те двое — в молчание и в тяжелый плеск воды, а я — в повизгивание, смех до упаду и приторный запах праздничного мыла. Но как только я открыла дверь в пар и влагу, все стихло, и женщины, оцепенев, уставились на меня. Мы долго смотрели друг на друга, удивляясь разнице наших тел, отступая в горячий туман. Уж очень по-разному мы были скроены и расцвечены, снабжены мускулами рук и устойчивостью ног. Я брезговала теперь своей глупо белой, незагорелой кожей, а они смотрели на меня без раздражения, но с какой-то печалью, словно вспоминая что-то, что было давно.

— Ну что уставились? — сказала вдруг одна, греховно рыжая, расфранченная веснушками с головы до ног. — Какая-никакая, а тоже баба, как и мы. — И бросила мне в ноги горячую воду из шайки. И без всякого перехода они приняли меня в игру — визжать и заигрывать с душем, который мощно хлестал то горячей, то холодной водой.

А когда я ушла от них одеваться, та, рыжая, позолоченной раскрасавицей глянула из дверей и заокала:

— Эй, горожаночка! Оставайся у нас, мы на тебя быстро черноту наведем.

17

Иван Матвеевич и Ваня уже были на улице, и такими молодыми оказались они на свету, после бани, что снова мне жалко стало их: зачем они только связались со мной и Шурой?

Мы остановились еще один раз. Ваня нырнул, как в омут, в темноту и, вынырнув, бросил к нам назад ватник, один рукав которого приметно потяжелел и булькал.

— Ну, Дорышева известно где искать, — сказал Иван Матвеевич, посвежевший до почти мальчишеского облика. — Потрясемся часа два, никак не больше.

Жидким, жестяным громом грянул мотор по непроглядной дороге, в темноте зрение совсем уже отказывало нам, и только похолодевшими, переполненными хвоей легкими угадывали мы дико и мощно растущий вокруг лес.

— Эх, уводит меня в сторону! — тревожно и таясь от нас, сказал Иван Матвеевич. — Не иначе баллон спустил.

Он взял правее, и тут что-то еле слышно хрястнуло у нас под колесом.

— Ни за что погубили бурундучишку, — опечаленно поморщился Ваня.

Одурманенные, как после карусели, подламываясь нетвердыми коленями, мы вышли наружу.

— Не бурундук это! — радостно донеслось из-под машины.

Под правым колесом лежал огромный, смертельно перебитый в толстом стебле желтый цветок, истекающий жирною белой влагой.

— Здоровые цветы растут в Сибири! — пораженно заметил Ваня, но Иван Матвеевич перебил его:

— Ты бы лучше колесо посмотрел, ботаник.

Ваня с готовностью канул во тьму и восторженно заорал:

— В порядке баллон! Как новенький! Показалось вам, Иван Матвеевич! Баллончик хоть куда!

Он празднично застучал по колесу одним каблуком, но Иван Матвеевич все же вышел поглядеть и весело, от всей своей молодости лягнул старенькую, да выносливую резину.

— Ну, гора с плеч, — смущенно доложил он нам. — Не хотел я вам говорить: нет у нас запаски, не успели перемонтировать. Сидели бы тут всю ночь.

Кажется, первый раз за это лето у меня стало легко и беззаботно на душе. Как счастливо все складывалось! Диковатая, неукрощенная луна тяжело явилась из-за выпуклой черноты гор, прояснились из опасной тьмы сильные фигуры деревьев, и, застигнутые врасплох этим ярким, всепроникающим светом, славно и причудливо проглянули наши лица. И когда, подброшенные резким изъяном доро-ги, наши плечи дружно встретились под худым бре-зентом, мы еще на секунду задержали их в этой ра-достной братской тесноте.

Я стала рассказывать им о Москве, я не вспоми-нала ее: в угоду им я заново возводила из слов пре-красный, легкий город, располагающий к голово-кружению. Дворцы, мосты и театры складывала я к их ногам взамен сна на черном диване.

Из благодарности к ним я и свою жизнь подвела под ту же радугу удач и развлечений, и столько оказа-лось в ней забавных пустяков, что они замолкли, не справляясь со смехом, прерывающим дыхание.

Вдруг впереди слабо, как будто пискнул, про-резался маленький свет.

На отчаянной скорости влетели мы в Улус и остановились, словно поймав его за хвост после утомительной погони.

Мы долго стучали на крыльце, прежде чем медленное, трудно выговоренное „Ну!" то ли при-гласило нас в дом, то ли повелело уйти. Всё же мы вошли — и замерли.

Прямо перед нами на высоком табурете сиде-ла каменно-большая, в красном и желтом наряде женщина с темно-медными, далеко идущими скулами, с тяжко выложенными на живот руками, уставшими от власти и труда.

Ваня почему-то ничуть не оробел перед этой обширной, тяжело слепящей красотой. Ему и в голову не пришло, как мне, пасть к подножию ее грозного тела и просить прощения неведомо в чем.

— Здравствуйте, мамаша! — бойко сказал он. — А где хозяин? К нему люди из Москвы приехали.

Не зрачками она смотрела на нас, а всей длиной узко и сильно чернеющих глаз. Пока она смиряла в себе глубокий рокот древнего, царственного голоса, чтобы не тратить его попусту на неважное слово, казалось, проходили века.

Каков же должен быть он, ее „повелитель", отец ее детей, которого и ей не дано переглядеть и перемолчать, пред которым ее надменность кротко сникнет? Я представляла себе, как он, знаменитый сказитель, войдет в свой дом и оглянет его лукаво и самодовольно: ради этого дома он погнушался городской славы и почета, а чего только не сулили ему! Без корысти лицемеря, он скромно вздохнет. Нет, он не понимает, почему не поют другие. Только первый раз трудно побороть немоту, загромождающую гортань. Зато потом так легко принять в грудь, освобожденную от душного косноязычия, чистый воздух и вернуть его полным и круглым звуком. Как сладко, как прохладно держать за щекой леденец еще не сказанного слова! Разве он сочинил что-нибудь? Он просто вспомнил то, что лежит за пределами памяти: изначальную влажность земли, вспоившую чью-то первую алчность жизни, высыхание степи, вспомнил он и то время, когда сам он был маленькой алой темнотой, предназначенной к жизни, и все то, что знали умершие, и то, чего еще никогда не было, да и вряд ли будет на земле.

Да и не поет он вовсе, а просто высоко, натужно бормочет, коряво пощипывая пальцем самодельную струну, натянутую вдоль полого длинного ящика.

Но вот острое кочевничье беспокойство легкой молнией наискось пробьет его неподвижное тело, хищной рукой он сорвет со стены чатхан с шестью струнами и для начала покажет нам ловкий кончик старого языка, в котором щекотно спит до поры звездная тысяча тахпахов-песен, ведомых только ему.

Потом он начнет раздражать и томить инструмент, не прикасаясь к его больному месту, а ходя пальцами вокруг да около, пока тот, доведенный до предела тишины, сам не исторгнет печальной и тоненькой мелодии. Тогда, зовуще заглядывая в пустое

нутро чатхана, выкликнет он имя богатыря Кюн-Те-
ниса — раз и другой. Никто не отзовется ему. Красу-
ясь перед нами разыгранной неудачей, загорюет он,
заищет в струнах, и, на радость нашему слуху, явит-
ся милый богатырь, одетый в красный кафтан на девяти пуговках, добрый и к людям, и к скоту.

Так я слушала свои мысли о нем, а в ее небыст-
рых устах зрели, образовывались и наконец сло-
жились слова:

— Нет его. Ушел за медведем на Белый Июс.

Зачарованная милостивым ее ответом, я не заметила даже, как с горестным сочувствием и виновато Иван Матвеевич и Ваня отводят от меня глаза.
(Шура-то, наверное, и не ожидал ничего другого.)
Но не жаль мне было почему-то, что, усугубляя мои
невзгоды, все дальше и дальше в сторону Белого
Июса, точно вслед медведю, легко празднуя телом
семидесятилетний опыт, едет на лошади красивый
и величавый старик. Родима и уютна ему глубокая
бездна тайги, и конь его не ошибается в дороге, нацелившись смелой ноздрей на гибельный и опасный запах.

Но тут как бы сквозняком вошла в дом распа-
ленная движением девушка и своей разудалою рас-
косостью, быстрым говором и современной коф-
тенкой расколдовала меня от чар матери.

Она сразу поняла, что к чему, без промедления обняла меня пахнущими степью руками и, безбоязненно сдернув с высокого гвоздя отцовский чатхан, заявила:

— Не горюйте, услышите вы, как отец поет. Я вам его брата позову — и совсем не так и все-таки похоже.

Она повлекла нас на крыльцо, с крыльца и по улице, ясно видя в ночи. Возле большого, не веющего жильем дома она прыгнула, не примериваясь, где-то в вышине поймала ключ и, вталкивая нас в дверь, объяснила:

— Это клуб. Идите скорей: электричество до двенадцати.

Выдав нам по табуретке, она четыре раза назвалась Аней, на мгновение подарив каждому из нас маленькую трепещущую руку. Затем повелела темноте за окном:

— Коля! Веди отцовского брата! Скажи, гости из Москвы приехали.

— Сейчас, — покорно согласились потемки.

Аня, словно яблоки с дерева рвала, без труда доставала из воздуха хлеб, молоко и сыр и раскладывала их перед нами на чернильных узорах стола. Иван Матвеевич нерешительно извлек из ватника бутылку водки и поместил ее среди прочей снеди.

Тут обнаружился в дверях тонко сложенный и обветренный, как будто только что с коня, юноша и доложил Ане:

— Не идет он. Говорит, стыдно будить старого человека в такой поздний час.

— Значит, сейчас придет вместе с женой, — предупредила Аня. — Вы наших стариков еще не знаете: всё делают наоборот себе. Интересно им что-нибудь — головы не повернут посмотреть; поговорить хочется до смерти, вот как матери моей, — ни одного слова не услышите. А если так и подмывает глянуть на гостей, разведать, зачем приехали, нарочно спать улягутся, чтобы уговаривали.

Мне и самой потом казалось, что эти люди в память древней привычки делать только насущное стараются побарывать в себе малые и лишние движения: любопытство, разговорчивость, суетливость.

Мы вытрясли из единственного стакана карандаши и скрепки и по очереди выпили водки и молока. Я сидела вполспины к Шуре, чтобы не помешать ему в этих двух полезных и сладких глотках, но поняла все же, что он не допил своей водки и передал стакан дальше.

— Ну, за ваши удачи, — сказал Иван Матвеевич, настойчиво глядя мне в глаза, и вдруг я подумала, что он разгадал меня, добро и точно разгадал за всеми рассказами мою истинную неуверенность и печаль.

— Спасибо вам, — сказала я, и это „спасибо" запело и заплакало во мне.

Снова заговорили о Москве, и я легко, без стыда рассказала им, как мне что-то не везло последнее время... Окончательно развенчав и унизив свой первоначальный „столичный" образ, я остановилась. Они серьезно смотрели на меня.

Сосредоточившись телом, как гипнотизер, трудным возбуждением доведя себя до способности заклинать, ощущая мгновенную власть над жизнью, Ваня сказал:

— Все это наладится.

Все торжественно повторили эти слова, и Аня тоже подтвердила:

— Наладится.

Милые люди! Как щедро отреклись они от своих неприятностей, употребив не себе, а мне на пользу восточную многозначительность этой ночи и непростое сияние луны, и у меня действительно все наладилось вскоре, спасибо им!

В двенадцать часов погас свет, и Аня заменила его мутной коптилкой. В сенях, словно в недрах природы, возник гордый медленный шум, и затем, широко отражая наш скудный огонь, вплыли одно за другим два больших лица.

На нас они и не глянули, а, имея на губах презрительное и независимое выражение, уставились куда-то чуть пониже луны.

— Явились наконец, — приветствовала их Аня.

Они только усмехнулись: огромный и плавный в плечах старик, стоящий впереди, и женщина, точно воспроизводящая его наружность и движения, не выходившая из тени за его спиной.

— Садитесь, пожалуйста, — пригласили мы.

— Нет уж, — с иронией ответил старик, обращаясь к луне, и у нее же строптиво осведомился: — Зачем звали?

— Спойте нам отцовские песни, — попросила его Аня.

Но упрямый гость опять не согласился:

— Ни к чему мне его песни петь. Медведя убить недолго, вернется и споет.

— Ну, свои спойте, ведь люди из Москвы приехали, — умоляли в два голоса Аня и Коля.

— Зря они ехали, — рассердился старик, — зачем им мои песни? Им и без песен хорошо.

Мы наперебой стали уговаривать его, но он, вконец обидевшись, объявил:

— Ухожу от вас. — И тут же прочно и довольно уселся на лавке, и жена его села рядом. Но, нанеся такой вред своему нраву, он молвил с каким-то ожесточением:

— Не буду петь. Они моего языка не знают.

— Ну, не пойте, — не выдержала Аня, — обойдемся без вас.

— Ха-ха! — надменно и коротко выговорил старик, и жена в лад ему усмехнулась.

— Может быть, выпьете с нами? — предложил Иван Матвеевич.

— Ну уж нет, — оскорбленно отказался старик и протянул к стакану тяжелую, цепкую руку. Он выпил сам и, не поворачивая головы, снисходительно и ехидно глянул косиной глаза, как, не меняясь в лице, пьет жена.

Иван Матвеевич тем временем рассказывал, что у них в райкоме все молодые, а тех, кто постарше, перевели кого куда, урожай в этом году большой, но дожди, и рук не хватает, еще киномеханик заболел, вот Ваня и таскает за собой передвижку, чтобы хоть чуть отвлечь людей от усталости, а пока невеста хочет его бросить — за бензинный дух и красные, как у кролика, глаза.

— Мне-то хорошо, — улыбнулся Иван Матвеевич, — моя невеста давно замуж вышла, еще когда я служил во флоте на Дальнем Востоке.

— Ну, давай, давай чатхан! — в злобном нетерпении прикрикнул старик и выхватил из Аниных рук простой, белого дерева инструмент. Он долго и недоброжелательно примеривался к нему, словно ревновал его к хозяину, потом закинул голову, словно хотел напиться и освобождал горло. В нашу тишину пришел первый, гортанный и горестный звук.

Он пел хрипло и ясно, выталкивая грудью прерывистый, насыщенный голосом воздух, и все, что накопил он долгим бесчувствием и молчанием, теперь богато расточалось на нас. В чистом тщеславии высоко вознеся лицо, дважды освещенное — луной и керосиновым пламенем, он похвалялся перед нами глубиной груди, допускал нас заглянуть в ее далекость, но дна не показывал.

— Он поет о любви, — застенчиво пояснил Коля, но я сама поняла это, потому что на непроницаемом лице женщины мелькнуло вдруг какое-то слабое, неуловимое движение.

— Хорошо я пел? — горделиво спросил старик.

Мы принялись хвалить его, но он гневно нас одернул:

— Плохо я пел, да вам не понять этого. Семен поет лучше.

Я снова подумала: каков же должен быть тот, другой, всех превзошедший голосом и упрямством?

Мы уже собирались укладываться, как вдруг в дверях встало желто-красное зарево, облекающее ту женщину, и я вновь приняла на себя сказочный гнев ее воли.

— Иди, — звучно сказала она, словно не губы служили ее речи, а две сведенные медные грани.

Я подумала, что она зовет дочь, но ее согнутый, утяжеленный кольцом палец смотрел на меня.

— Правда, идемте к нам ночевать! — обрадовалась Аня и ласково прильнула ко мне, снова пахнув на меня травой, как жеребенок.

Меня уложили на высокую чистую постель под чатханом, хозяин которого так ловко провел меня, оседлав коня в тот момент, когда я отправилась на его поиски.

Я легко улыбнулась своему счастливому злополучию и заснула.

Проснувшись от внезапного беспокойства, я увидела над собой длинные черные зрачки, не оставившие места белкам, глядящие на меня с острым любопытством.

Видно, эта женщина учуяла во мне то, далекое, татарское, милое ей и теперь вызывала его на поверхность, любовалась им и обращалась к нему на языке, неведомом мне, но спящем где-то в моем теле.

— Спи! — сказала она и с довольным смехом положила мне на лицо грузную, добрую ладонь.

Утром Аня повела меня на крыльцо умываться и, озорничая и радуясь встрече, плеснула мне в лицо ледяной, вкусно охолодившей язык водой. Сквозь радуги, повисшие на ресницах, увидела я вкривь и вкось сияющее, ярко-золотое пространство. Горы, украшенные голубыми деревьями, близко подступали к глазам, и было бы душно смотреть на них, если бы в спину чисто и влажно не сквозило степью.

Кто-то милый ткнул меня в плечо, и по-родному, трогательному запаху я отгадала, кто это, и обернулась, ожидая прекрасного. Славная лошадь приветливо глядела на меня.

— Ты что?! — ликующе удивилась Аня и, повиснув у нее на шее, поцеловала ее крутую, чисто-коричневую скулу.

Оцепенев, я смотрела на них и никак не могла отвести взгляда.

...Мои спутники были давно готовы к дороге. Иван Матвеевич и Ваня обернулись пригожими незнакомцами. Даже Шура стал молодцом, свободно расположив между землей и небом свою высоко протяженную худобу.

31

Аня прощально припала ко мне всем телом, и ее быстрая кровь толкала меня, напирала на мою кожу, словно просилась проникнуть вовнутрь и навсегда оставить во мне свой горьковатый, тревожный привкус.

Женщина уже царствовала на табурете, еще ярче краснея и желтея платьем в честь воскресного дня. Мы поклонились ей, и снова ее продолговатый всевидящий глаз объемно охватил нас в лицо и со спины, с нашим прошлым и будущим. Она кивнула нам, почти не утруждая головы, но какая-то ободряющая тайна быстро мелькнула между моей и ее улыбкой.

На пороге крайнего дома с угасшими, но еще вкусными трубками в сильных зубах сидели вчерашний певец и его жена. Как и положено, они не взглянули на нас, но Иван Матвеевич притормозил и крикнул:

— Доброе утро! Археологов не видали где-нибудь поблизости? Может, кто палатки заметил или ходил землю копать?

— Никого не видали, — замкнуто отозвался старик, и жена повторила его слова.

Мы выехали в степь и остановились. Наши ноги осторожно ступили на землю, как в студеную чистую воду: так холодно-ясно все сияло вокруг, и каждый шаг раздавливал солнышко, венчающее острие травинки. Бурный фейерверк перепелок взорвался вдруг у наших лиц, и мы отпрянули, радостно испуганные их испугом. Желтое и голубое густо росло из глубокой земли и свадебно клонилось друг к другу. Растроганные доверием природы, не замкнувшей при нашем приближении свой нежный и беззащитный раструб, мы легли телом на ее благословенные корни, стебли и венчики, опустив лица в холодный ручей.

Вдруг тень всадника накрыла нас легким облаком. Мы подняли головы и узнали юношу, который так скромно, в половину своей стати, проявил себя вчера, а теперь был целостен и завершен в неразрывности с рослым и гневным конем.

— Старик велел сказать, — проговорил он, с трудом остывая от ветра, — археологи на крытой машине, девять человек, один однорукий, стояли вчера на горе в двух километрах отсюда.

Одним взмахом руки он простился с нами, подзадорил коня и как бы сразу переместил себя к горизонту.

Наш „газик", словно переняв повадку скакуна, фыркнул, взбрыкнул и помчался, слушаясь руки Ивана Матвеевича, вперед и направо мимо огромной желтизны ржаного поля. При виде этой

33

богатой ржи лица наших попутчиков утратили утреннюю ясность и вернулись к вчерашнему выражению усталости и заботы.

— Хоть бы неделю продержалась погода! — с отчаянием взмолился Ваня и без веры и радости придирчиво оглядел чистое, кроткое небо.

...Мы полезли вверх по горе, цепляясь за густой орешник, и вдруг беспомощно остановились, потому что заняты стали наши руки: сами того не ведая, они набрали полные пригоршни орехов, крепко схваченных в грозди нежно-кислою зеленью.

Щедра и приветлива была эта гора, всеми своими плодами она одарила нас, даже приберегла в тени неожиданную позднюю землянику, которая не выдерживала прикосновения и проливалась в пальцы приторным, темно-красным медом.

— Вот он, бурундучишка, который вчера уцелел, — прошептал Ваня.

И правда, на поверженном стволе сосны, уже погребенном во мху, сидел аккуратно-оранжевый, в чистую белую полоску зверек и внимательно и бесстрашно наблюдал нас двумя черно-золотыми капельками.

Археологи выбрали для стоянки уютный пологий просвет, где гора как бы сама отдыхала от себя перед новым подъемом. Резко повеяло человеческим духом: дымом, едой, срубленным ельником. Видно, разумные, привыкшие к дороге люди ночевали здесь: последнее тление костра опрятно задушено землею, колышки вбиты прочно, словно навек, банки из-под московских консервов, грубо сверкающие среди чистого леса, стыдливо сложены в укромное место. Но не было там ни одного человека из тех девяти во главе с одноруким, и природа уже зализывала их следы влажным целебным языком.

У Шуры колени подкосились от смеха, и он нескладно опустился на землю, как упавший с трех ног мольберт.

— Не обращайте внимания, — едва выговорил он, — все это так и должно быть.

Но те двое строго и непреклонно смотрели на нас.

— Что вы смеетесь? — жестко сказал Иван Матвеевич. — Надо догонять их, а не рассиживаться.

И тогда мы поняли, что эта затея обрела вдруг высокий и важный смысл необходимости с тех пор, как эти люди украсили ее серьезностью и силою сердца.

Мы сломя голову бросились с горы, оберегаемые пружинящим сопротивлением веток. Далеко в поле стрекотал комбайн, а там, где рожь подходила вплотную к горе, женщины побарывали ее серпами. Иван Матвеевич и Ваня жадно уставились на рожь, на комбайн и на женщин, прикидывая и вычисляя, и лица их отдалились от нас. Оба они поиграли колосом, сдули с ладони лишнее и медленно отведали зубами и языком спелых, пресно-сладких зерен, как бы предугадывая их будущий полезный вкус, когда они обратятся в зрелый и румяный хлеб.

— Когда кончить-то собираетесь, красавицы? — спросил Иван Матвеевич у жницы, показывающей нам сильную округлую спину.

Сладко хрустнув косточками, женщина разогнулась во весь рост и густою темнотой глянула на нас из-под низко повязанного платка. Уста ее помолчали недолго и пропели:

— Если солнышко поможет, — за три дня, а вы руку приложите, так сегодня к обеду управимся.

— Звать-то тебя как? — отозвался ее вызову Иван Матвеевич.

Радостно показывая нам себя, не таясь ладным, хороводно-медленным телом, она призналась с хитростью:

— Для женатых — Катерина Моревна, для тебя — Катенька.

Теперь они оба играли, прямо глядя в глаза друг другу, как в танце.

— А может, у меня три жены.

— Я к тебе и в седьмые пойду.

— Ну, хватит песни петь, — спохватился Иван Матвеевич. — Археологи на горе стояли — с палатками, с крытой машиной. Не видела, куда поехали?

— Видала, да забыла, — завела она на прежний мотив, но, горько разбуженная его деловитостью, опомнилась и буднично, безнапевно сказала, вновь поникая спиной: — Все их видали, девять человек, с ними девка и однорукий, вчера к ночи уехали, на озере будут копать.

— Поехали! — загорелся Иван Матвеевич и погнал нас к „газику", совсем заскучавшему в тени.

— Знаю я это озеро, — возбужденно говорил Ваня. — Там всяких первобытных черепков тьматьмущая. Экскаватору копнуть нельзя: то сосуд, то гробница. Весной готовили там яму под столб, отрыли кувшин и сдали к нам в райком. Так себе кувшинчик — сделан-то хорошо, но грязный, зеленый от плесени. Стоял он, стоял в красном уголке — не до него было, — вдруг налетели какие-то ученые, нюхают его, на зуб пробуют. Оказалось, он еще до нашей эры был изготовлен.

Всем этим он хотел убедить меня и Шуру, что на озере мы обязательно поймаем легких на подъем археологов.

Переутомленные остротой природы, мы уже не желали, не принимали ее, а она все искушала, все казнила нас своей яркостью. Ее цвета были возведены в такую высокую степень, что узнать и назвать их было невозможно. Мы не понимали, во что окрашены деревья, — настолько они были зеленее зеленого, а воспаленность соцветий, высоко поднятых над землей могучими стеблями, только условно можно было величать желтизною.

Машина заскользила по красной глине, оступаясь всеми колесами. Слева открылся крутой обрыв, где в глубоком разрезе земли, не ведая нашей жизни, каждый в своем веке, спали древние корни. Держась вплотную к ним, правым колесом разбивая воду, мы поехали вдоль небольшой быстрой реки. Два ее близких берега соединял канатный паром.

Согласно перебирая ладонями крученое железо каната, мы легко перетянули себя на ту сторону.

Озеро было большое, скучно-сладкое среди других, крепко посоленных озер. Наслаждаясь его пресностью, рыбы теснились в нем. Рыболовецкий совхоз как мог „облегчал" им эту тесноту: по всему круглому берегу сушились большие и продуваемые ветром, как брошенные замки, сети.

В конторе никого не было, только белоголовый мальчик, как наказанный, томился на лавке под доской почета. Он неслыханно обрадовался нам и в ответ на наш вопрос об археологах, заикаясь на каждом слове, восторженно залепетал:

— Есть, есть, в клубе, в клубе, я вас отведу, отведу.

Он сразу полюбил нас всем сердцем, пока мы ехали, перелез по кругу с колен на колени ко всем по очереди, приклеившись чумазой щекой.

— Ага, не ушли от нас! — завопил Ваня, приметив возле клуба крытый кузов грузовика.

— Не ушли, не ушли! — счастливо повторял мальчик.

Отворив дверь, мы наискось осветили большую затемненную комнату. В ее пахнущей рыбой полутьме приплясывали, бормотали и похаживали на руках странные и непригожие существа. Видимо, какой-то праздник происходил в этом царстве, но наше появление смутило его неладный порядок. Все участники этого темного и необъяснимого действа, завидев нас, в отчаянии бросились в дальний угол, оскальзываясь на серебряном конфетти рыбьей чешуи. И тогда, прикрывая собой их бегство, явился перед нами маленький невзрачный человек и объявил с воробьиной торжественностью:

— Да мы не профессионалы, мы от себя работаем!..

Он смело бросил нам в лицо эти гордые слова, и я почувствовала, как за моей спиной сразу сник и опечалился добрый Шура.

— Так, — потрясенно вымолвил Иван Матвеевич и, подойдя к окну, освободил его от мрачно-ветхого одеяла, заслонявшего солнце.

Среди чемоданов, самодельных ширм, оброненных на пол красных париков обнаружилось несколько человек, наряженных в бедную пестрость бантиков, косынок и беретов. В ярком и неожиданном свете дня они стыдливо и неумело томились, как выплеснутые на сушу водяные.

Меж тем маленький человек опять храбро выдвинулся вперед и заговорил, обращаясь именно ко мне и к Шуре, — видимо, он что-то приметил в нас, что его смутно обнадеживало.

— Мы действительно по собственной инициативе, — подтвердил он каким-то испуганным и вместе героическим голосом.

Тут он всполошился, забегал, нырнул в глубокий хлам и выловил там длинный лист бумаги, на котором жидкой кокетливой акварелью было выведено: „ЭСТРАДНО-КОМИЧЕСКИЙ КОСМИЧЕСКИЙ АНСАМБЛЬ". Рекламируя таким образом программу ансамбля, он застенчиво придерживал нижний нераскрученный завиток афиши, видимо, извещавший зрителя о цене билетов.

Поощренный нашей растерянностью, он резво и даже с восторгом обратился к своей труппе:

— Друзья, вот счастливый момент доказать руководящим товарищам нашу серьезность.

И жалобно скомандовал:

— Афина, пожалуйста!

Вышла тусклая, словно серым дождем прибитая, женщина. Она в страхе подняла на нас глаза, и сквозь скушный, нецветной туман ее облика забрезжило вдруг яркое синее солнышко детского взгляда. Ее как-то вообще не было видно, словно она смотрела на нас сквозь щель в заборе, только глаза синели, совсем одни, они одиноко синели, перебиваясь коекак, вдали от нее, не ожидая помощи от ее слабой худобы и разладившихся пружин перманента.

Она торопливо запела, опустив руки, но они тяготили ее, и она сомкнула их за спиной.

— Больше мажора! — поддержал ее маленький человек.

— Тогда я, пожалуй, спою с движениями? — робко отозвалась она и отступила за ширму. Оттуда вынесла она большой капроновый шарф с опадающей позолотой и двинулась вперед, то широко распахивая, то соединяя под грудью его увядшие крылья.

Она грозно и бесстыдно наступала на нас озябшими локтями и острым голосом, а глаза ее синели все так же боязливо и недоуменно. Смущенно поддаваясь ее натиску, мы пятились к двери, и все участники ансамбля затаенно и страстно следили за нашим отходом.

— Эх, доиграетесь вы с вашей халтурой! — предостерег их Ваня.

На крыльце мы вздохнули разом и опять улыбнулись друг другу в какой-то странной радости.

Тут опять объявился мальчик и, словно мы были ненаглядно прекрасны, восхищенно уставился на нас.

— А других археологов не было тут? — присев перед ним для удобства, спросил Иван Матвеевич.

— Нет, других не было, — хорошо подумав, ответил мальчик. — Шпионы были, но я проводил их уже.

— Ишь ты! — удивился Иван Матвеевич. — А что ж они здесь делали?

Мальчик опять заговорил, радуясь, что вернулась надобность в нем.

— Приехали, приехали и давай, давай стариков расспрашивать. А главный все пишет, пишет в книжку. Я ему сказал: „Ты шпион?“, — а он засмеялся и говорит: „Конечно“. И дал мне помидор. Потом говорит: „Ну, пора мне ехать по моим шпионским делам. А если пограничники будут меня ловить, скажи, уехал на Курганы“. Но я никому ничего не сказал, только тебе, потому что он, наверно, обманул меня. И жалко его: он однорукий.

— Эх ты, маленький, расти большой, — сказал Иван Матвеевич, поднимаясь и его поднимая вместе с собой. Босые ножки полетали немного в синем небе и снова утвердились в пыли около озера. Я погладила мальчика по прозрачно-белым волосам, и близко под ними, пугая ладонь хрупкостью, обнаружилось теплое и круглое темя, вызывающее любовь и нежность.

На Курганах воскресенье шло своим чередом. По улице, с одной стороны имеющей несколько домов, а с другой — далекую и пустую степь, гулял гармонист, вполсилы растягивая гармонь. За ним, тесно взявшись под руки, следовали девушки в выходных ситцах, а в отдалении вилось пыльное облачко детворы. Изредка одна из девушек выходила вперед всей процессии и делала перед ней не-

43

сколько кругов, притопывая ногами и выкрикивая частушку. Вроде бы и незатейливо они веселились, а все же не хотели отвлечься от праздника, чтобы ответить на наш вопрос об археологах. Наконец выяснилось, что никто не видел крытой машины и в ней девяти человек с одноруким.

— Разве это археологи? — взорвался вдруг Ваня. — Это летуны какие-то! Они что, дело делают, или в прятки играют, или вообще с ума сошли?

— А ты думал, они сидят где-нибудь, ждут-пождут и однорукий говорит: „Что-то наш Ваня не едет?"? — одернул его Иван Матвеевич и быстро глянул на нас: не обиделись ли мы на Ванину нетерпеливость?

У последнего дома мы остановились, чтобы опорожнить канистру с бензином для поддержки „газика", а Ваня распластался на траве, обновляя мыльную заплату на бензобаке.

На крыльцо вышла пригожая старуха, и Иван Матвеевич тотчас обратился к ней:

— Бабка, а не видала ты... — Он тут же осекся, потому что из бабушкиных век смотрели только две чистые, пустые, широко открытые слезы.

— Ты что примолк, милый? — безгневно отозвалась она. — Ты не смотри, что я слепая, может, и видала чего. Меня вон как давеча проезжий человек утешил, когда мою воду пил. Ты, говорит, мать, не скучай по своим глазам. У человека много всего человеческого, каждому калеке что-нибудь да останется. У меня, говорит, одна рука, а я ею землю копаю.

— Ну и бабка! — восхищенно воскликнул Иван Матвеевич. — Я ведь как раз этого однорукого ищу. Куда же он отсюда поехал?

— Отсюда-то вон туда, — она указала рукой, — а уж оттуда куда, не спрашивай — не знаю.

— Верно, вот их след, — закричал Ваня, — на полуторке они от нас удирают!

— Нам теперь прямая дорога в уголовный розыск, — заметил Иван Матвеевич, бодро усаживаясь за руль. — Иль в индейцы. Хватит жить без приключений!

У нас глаза сузились от напряжения и от света, летящего навстречу, в лицах появилось что-то древневоенное и непреклонное. „Газик" наш — гулять так гулять! — неистово гремел худым железом, и орлы, парящие вверху, брезгливо пережидали в небе нашу музыку.

Вдруг нам под ноги выкатилась большая фляга, обернутая войлоком. Мы не могли понять, ни откуда она взялась, ни что в ней, но наугад стали отхлебывать из горлышка прямо на ходу и скоро, как щенки, перемазались в белой сладости. Фляга ударяла нас по зубам, и мы хохотали, обливаясь молоком, отнимая друг у друга его косые всплески. Мы нацеливались на него губами, а оно метило нам в лицо, мгновенным бельмом проплывало в глазу и клеило волосы. Но когда я уже отступилась от погони за ним, перемогая усталость дыхания, оно само пришло на язык, и его глубокий и чистый глоток растворился во мне, напоминая Аню. Это она, волшебная девочка, дочь волшебницы, предусмотрительно послала мне свое крепкое снадобье, настоенное на всех травах, цветах и деревьях. И я, вновь похолодев от тоски и жадности, пригубила ее живой и добрый мир. Его дети, растения и звери приблизились к моим губам, влажно проникая в мое тело, и ничего, кроме этого, тогда во мне не было.

Подослепшие от тяжелого степного солнца, нетрезво звенящего в голове, мы снова попали в хвойное поднебесье леса. Он осыпал на наши спины прохладный дождь детских мурашек, и разомлевшее тело строго подобралось в его свежести. Никогда потом не доводилось мне испытывать таких смелых и прихотливых чередований природы, обжигающих кожу веселым ознобом.

— Они в Сагале, больше негде им быть, — уверенно сказал Иван Матвеевич.

Мы остановились возле реки и умылись, раня ладони острым холодом зеленой воды.

На переправе мы хором, азартно и наперебой спросили:

— Был здесь грузовик с крытым кузовом?

— И с ним девять человек?

— Среди них — однорукий?

— И девушка? — мягко добавил Шура.

Не много машин переправлялось здесь в воскресенье, но старый хакас, работавший на пароме, долго размышлял, прежде чем ответить. Он раскурил трубку, отведал ее дыма, сдержанно улыбнулся и промолвил:

— Были час назад.

— Судя по всему, они должны быть в столовой, — обратился Иван Матвеевич к Ване. — Как ты думаешь, следопыт?

— Я думаю, если они даже сквозь землю провалились, в столовую нам не мешает заглянуть, — решительно заявил Ваня. — Целый день не ели, как верблюды.

— Может, Ванюша, ты по невесте скучаешь? — поддел его Иван Матвеевич.

Он, видимо, чувствовал, что нам с Шурой все больше делалось стыдно за их даром пропавшее воскресенье, и потому не позволял Ване никаких проявлений недовольства. Ваня ненадолго обиделся и замолк.

В совхозной чайной было светло и пусто, только два вместе сдвинутых стола стояли неубранными. Девять пустых тарелок, девять ложек и вилок насчитали мы в этом беспорядке, оцепенев в тяжелом волнении.

Я помню, что горе, настоящее горе осенило меня. Чем провинились мы перед этими девятью, что они так упорно и бессмысленно уходили от нас?

— Где археологи? — мрачно спросил Иван Матвеевич у розово-здоровой девушки, вышедшей убрать со стола.

— Они мне не докладывались, — с гневом отвечала она, — нагрязнили посуды — и ладно.

— Мало в тебе привета, хозяйка, — укорил ее Иван Матвеевич.

— На всех не напасешься, — отрезала она. — А вы за моим приветом пришли или обедать будете?

— А были с ними однорукий и девушка? — застенчиво вмешался Шура.

Он уже второй раз с какой-то нежностью в голосе поминал об этой девушке: видимо, ее неопределенный, стремительно ускользающий образ трогал его своей недосягаемостью.

Но кажется, именно в этой девушке и крылась причина немилости, павшей на наши головы.

— У нас таким девушкам вслед плюют! — закричала наша хозяйка. — Вырядилась в штаны — не то баба, не то мужик, глазам смотреть стыдно. И имя-то какое ей придумали! Я Ольга, и все Ольги, а она Э-льга! Знать, и родители ее бесстыдники были, вот и вышла Эль-га! Одна на восемь мужиков, а они и рады: всю мою герань для нее общипали. Отобедали — и ей, ей первой спасибо говорят, а уж за что спасибо, им одним известно.

— Как вам не стыдно! — не выдержал Шура. — Что она вам худого сделала? Ведь она работает здесь, одна, далеко от дома, думаете, легко ей с ними ездить?

— Что ты меня стыдишь? — горько сказала она, утихая голосом, и, поникнув розовым лицом на розовые локти, вдруг заплакала.

Иван Матвеевич ласково погладил ее по руке и поймал пальцем большую круглую слезу, уже принявшую в себя ее розовый цвет.

— Полно горевать, — утешал он ее, — у тебя слезинка — и та красавица. У них в городе все по-своему. А ты меня возьми спасибо говорить.

— А сам, небось, поедешь ее догонять? — ответила она, повеселев и одного только Шуру не прощая взглядом. — Что есть будете?

Мы уже перестали торопиться и, ослабев, медленно ели глубокий, нежно-крепкий борщ и оладьи, вздыхающие множеством круглых ноздрей. Сильный розовый отблеск хозяйки как бы плыл в борще, ложился на наши лица, вода, подкрашенная им, отдавала вином. За окном близко от нас садилось солнце.

Рядом, опаляя ресницы, действовала вечная закономерность природы: земля и солнце любовно огибали друг друга, сгущались земные облака над деревьями, иные планеты отчетливо проснялись в небесах.

Быстро темнело, и только женщина смирно как бы теплилась в углу. Усталость клонила наши головы, ничего больше нам не хотелось.

— Зато выспитесь сегодня, — осторожно сказала я Ивану Матвеевичу и Ване.

Они тут же вскочили.

— Поехали! — крикнул Иван Матвеевич.

Мы помчались, не разбирая дороги. Иногда одинокая фигура, темнеющая далеко в степи, при нашем приближении распадалась на два тоненьких силуэта и четыре затуманенных глаза в блаженном неведении смотрели на нас. Тени встревоженных животных изредка пересекали свет впереди, и тогда

Ваня в добром испуге хватался за рукав Ивана Матвеевича.

Никто из неспящих в этой ночи не знал об археологах. Раза два или три нас посылали далеко направо или налево, и мы, описав долгую кривую, находили в конце ее геологов, метеорологов, каких-то студентов или неведомых людей, тоже чего-то ищущих в Сибири.

Мы давно уже не знали, где мы, когда Иван Матвеевич с тревогой признался:

— Кончается бензин, меньше нуля осталось.

Вдали, в сплошной черноте, вздрагивал маленький оранжевый огонь. Наш „газик" все-таки дотянул до него из последних сил и остановился. Возле грузовика, стоящего поперек дороги, печально склонившись к скудному костру, воняющему резиной, сидел на земле человек.

— Браток, не одолжишь горючего? — с ходу обратился к нему Иван Матвеевич.

— Да понимаешь, какое дело, — живо отозвался тот, поднимая от огня яркое лицо южанина, — сам стою́ с пустым баком. Второй час уже старую запаску жгу.

Он говорил с акцентом, и из речи его, трудно напрягающей горло, возник и поплыл на меня город, живущий в горах, разгоряченный солнцем, громко говорящий по утрам и не утихающий ночью, в марте горько расцветающий миндалем, в декабре гордо увядающий платанами, щедро одаривший меня добром и лаской, умудривший мой слух своей огромной музыкой. Не знаю, что было мне в этом чужом городе, но я всегда нежно тосковала по нему, и по ночам мне снилось, что я легко выговариваю его слова, недоступные для моей гортани.

Иван Матвеевич и Ваня грустно, доверчиво и словно издалека слушали, как мы с этим шофером говорим о его стране, называя ее странным именем „Сакартвело".

Между тем становилось очень холодно, это резко континентальный климат давал о себе знать, остужая нас холодом после дневной жары.

Все они стали упрашивать меня поспать немного в кабине. Я отказалась и сразу же заснула, склонившись головой на колени.

Очнулась я среди ватников и плащей, укрывших меня с головой. Озябшее тело держалось как-то прямоугольно, онемевшие ноги то и дело смешно подламывались. Было еще бессолнечно, но совсем светло. Иван Матвеевич и тот шофер, сплевывая, отсасывали бензин из шланга, уходящего другим концом в глубину бензовоза, стоящего поодаль. Его водитель до упаду смеялся над нашими бледно-голубыми лицами и нетвердыми, как у ягнят, коленями.

— И этакие красавцы чуть не погибли в степи! — веселился он. — Из-за бензина! А у меня этого добра целая бездонность. Так бы и зимовали тут, если б не я.

Но Иван Матвеевич и Ваня, пригорюнившись с утра, ничего не отвечали.

У грузина под сиденьем припрятана была бутылка вина. Мы позавтракали только этим вином, уже чуть кислившим, но еще чистым и щекотным на вкус, и наскоро простились. Пыль, разбуженная двумя машинами, рванувшимися в разные стороны, соединилась в одну хлипкую, непрочную тучку, повисела недолго над дорогой и рассеялась.

Мы все молчали и словно стеснялись друг друга. Красное, точно круглое солнце понедельника уже отрывалось от горизонта. Мы никого больше не искали, мы возвращались, до Тумы было часа четыре езды.

И тут что-то добро и тепло обомлело там, в самой нашей глубине, видимо, слабое вино, принятое натощак, все же оказывало свое действие. Как долго было все это: из маленького, кислого, зеленого ничего образовывалось драгоценное, округлое тело ягоды с темными сердечками косточек под прозрачной кожей; все тягостнее, непосильней, томительней гроздь угнетала лозу; затем, бережно собранные воедино, разбивались хрупкие сосуды виноградин, и освобожденная влага опасно томилась и пенилась в чане; старик кахетинец и его молодые красивые дети, все умеющие петь, помещали эту густую сладость в кувшины с коническим дном, зарытые в землю, и постепенно укрощали и воспитывали ее буйность. И всё затем, чтобы в это утро, не принесшее нам удачи, мы испытали неопределенную радость и доброту друг к другу. Мы сильно, нежно ни с того ни с сего переглянулись вчетвером в последний раз в степи, под солнцем, уже занявшим на небе свое высокое неоспоримое место.

У переправы через Гутым сгрудилось несколько машин, ожидающих своей очереди. Мы пошли к реке, чтобы умыться. Там плескался, зайдя в воду у берега, какой-то угрюмый человек, оглянувшийся на нас криво и подозрительно.

— Возишь кого или сам начальство? — спросил он у Ивана Матвеевича, обнажив праздничный самородок зуба, недобро засиявший на солнце.

— А черт меня знает, — рассеянно и необщительно ответил Иван Матвеевич.

— Ну, а я сам с чертом одноруким связался. Замучили совсем, гробокопатели ненормальные, день и ночь с ними разъезжаю — ни покушать, ни пожрать, да еще землю рыть заставляют.

Вяло обмерев, слушали мы, как он говорит со злорадством и му́кой, выдыхая свое золотое сияние.

— Где они? — слабо и боязливо выговорил Иван Матвеевич.

— Вон, вон! — в новом приливе ожесточения забубнил человек, протыкая воздух указательным пальцем. — То носились, как угорелые, а теперь палатки поставили и сидят, ничего не делают.

В стороне, близко к воде, и правда, белело несколько маленьких палаток, а между ними деловито и начальственно расхаживала тоненькая девушка в брюках и ковбойке.

Иван Матвеевич и Ваня, обгоняя друг друга, бросились к ней и разом обняли ее.

Холодно и удивленно отстранила она их руки и, отступив на шаг, сурово осведомилась:

— В чем дело?

— Вы археологи? Вас Эльга зовут?

— Да, археологи, да, Эльга, — строго и нетерпеливо продолжала она.

И тогда оба они увидели ее, надменную царевну неведомого царства, в брюках, загадочно украшенных швами и пуговками, с невыносимо гордой ее головой на непреклонной шее.

Отдалившись от нее, Иван Матвеевич, смутившись, стал сбивчиво оправдываться:

— Мы... ничего не хотим, тут вот товарищи из Москвы... всё разыскивали вас...

— Где?! — воскликнула девушка и радостно и недоверчиво посмотрела на меня и Шуру, склонив набок голову. — Вы, правда, из Москвы? — заговорила она, горячо схватив нас за руки. — Когда приехали? Что там нового? Мы же ничего не знаем, совсем одичали! Какое счастье, что вы нас разыскали! И как кстати: мы тут нашли одну замечательную вещь! Да идемте же, что мы стоим, как дураки! Как вы нас нашли, мы ж все время мчались, намечали план раскопок!

Какие-то молодые люди обступили нас со всех сторон, тормошили, обнимали, расспрашивали и все кричали наперебой, как будто это они догнали нас наконец в огромном пространстве.

Мы с Шурой совсем растерялись. Вот они все тут, рядом, уже не отделенные от нас горизонтом: семь человек, девушка и вышедший из-за деревьев, ярко охваченный солнцем, смуглый, узкоглазый, однорукий.

— Это наш профессор, — шепнула Эльга, — он замечательный, очень ученый и умный, на вид строгий, а на самом деле предобрый.

Профессор крепко, больно пожал нам руки. Он, видно, был хакас и глядел зорко, словно прищурившись для хитрости.

Мы радостно оглянулись на Ивана Матвеевича и Ваню и вдруг увидели, что их нет. Как это? Мы так привыкли к тесной и постоянной близости этих людей, что неожиданное, немыслимое их отсутствие потрясло нас и обидело.

— Постойте, — сказал Шура, пробиваясь сквозь археологов, — где же они?

— Кого вы ищете? — удивилась Эльга. — Мы все здесь.

Еще обманывая себя надеждой, мы обыскали весь берег и лес около — их нигде не было. Золотозубый стоял на прежнем месте и, погруженный в глубокое и мрачное франтовство, налаживал брюки, красиво напуская их на сапоги.

— Тут было двое наших, не видели, куда они делись? — обратился к нему взволнованный Шура.

— Это почему же они ваши? Они сами по себе, — отозвался тот, выплюнув молнию. — Ваши вон стоят, а те — на работу, что ли, опаздывали да не хотели вас отвлекать своим прощанием, велели мне за них попрощаться. Так что счастливо.

Как-то сразу устав и помертвев, мы побрели назад, к поджидавшим нас археологам. Все они вдруг показались нам скушно похожими друг на друга: Эльга — жестокой и развязной, однорукий — чопорным. Мы и тогда знали, конечно, что это не так, но все же дулись на них за что-то.

Целый день мы записывали их рассказы: о их работе, о Тагарской культуре, длившейся с седьмого по второй век до нашей эры. Мне тоскливо почему-то подумалось в эту минуту, что все это ни к чему.

— Мы напишем прекрасную статью, романтическую и серьезную, — ласково ободрил меня Шура.

— Да, — сказала я, — только знаете, Александр Семенович, вы сами напишите ее, а я придумаю что-нибудь другое.

Вечером разожгли костер, и с разрешения профессора нам торжественно показали находку, которой все очень гордились.

Это был осколок древней стелы, случайно обнаруженной ими вчера в Курганах. Эльга осторожно, боясь вздохнуть, поднесла к огню небольшой плоский камень, в котором первый взгляд не находил ничего примечательного. Но, близко склонившись к нему, мы различили слабое, нежное, глубоко высеченное изображение лучника, грозно поднимающего к небу свое бедное оружие. Какая-то трогательная неправдоподобность была в его позе, словно это рисовал ребенок, томимый неосознанным и могучим предвкушением искусства. Две тысячи лет назад и больше кто-то кропотливо трудился над этим камнем. Милое, милое человечество!

В лице и руках Эльги ясно отражался огонь, делая ее трепетной соучастницей, живым и светлым языком этого пламени, радостно нарушающего порядок ночи. Я смотрела на славные, молодые лица, освещенные костром, выдающие нетерпение, талант и счастливую углубленность в свое дело, лучше которых ничего не бывает на свете, и меня легко коснулось печальное ожидание непременной и скорой разлуки с этими людьми, как было со всеми, кого я повстречала за два последних дня или когда-нибудь прежде.

— Как холодно, — сказала Эльга, поежившись, — скоро осень.

Я тихонько встала и пошла в деревья, в белую мглу тумана, поднявшегося от реки. Близкий огонь костра, густо осыпающиеся августовские звезды, теплый, родной вздох земли, омывающий ноги, —

это было добрым и детским знаком, твердо обещающим, что все будет хорошо и прекрасно. И вдруг слезы, отделившись от моих глаз, упали мне на руки. Я радостно засмеялась этим слезам и все же плакала, просто так, ни по чему, по всему на свете сразу: по Ане, по лучнику, по Ивану Матвеевичу и Ване, по бурундуку, живущему на горе, по небу над головой, по этому лету, которое уже подходило к концу.

1963

БАБУШКА

Чаще всего она вспоминается мне большой неопределенностью, в которую мягко уходят голова и руки, густым облаком любви, сомкнувшимся надо мной, но не стесняющим моей свободы, — бабушка, еще с моего младенчества, как-то робко, восхищенно, не близко любила меня, даже ласкать словно не смела, а больше смотрела издалека огромными, до желтизны посветлевшими глазами, пугавшими страстным выражением доброты и безумия, навсегда полупротянув ко мне руки. Только теперь они успокоились в своей застенчивой, неутоленной алчности прикоснуться ко мне.

Я вообще в детстве не любила, чтобы меня трогали. Гневный, капризный стыд обжигал мою кожу, когда взрослые привлекали меня к себе или видели раздетой. Особенно жестоко стыдилась я родных — к немногим людям одной со мною крови, породившим меня, я навсегда сохранила неловкую, больную, кровавую корявость, му́кой раздирающую организм. Даже Рома, собака моя, тесно породнившийся со мной за долгое время моей одинокой, страстной близости к нему, повторяющий мои повадки, очень известный мне, умеющий глянуть на меня взором бабушкиного прощения, подлежит в какой-то мере этой тяжелой сложности, мстящей за физическое единство.

К чужим у меня не было такой резкости ощущений, такой щепетильности тела. Однажды дурной, темный человек, попавший в дом, когда никого не было, кроме домработницы Кати, нечистой своею рукою попытался погладить мою детскую голову. Я брезгливо, высокомерно оттолкнула его. Но стыда во мне не было, даже когда вошла Катя и кокетливо улеглась животом на подоконник, открыв безобразные, закованные в синие штаны ноги.

Зато, когда мать захотела сняться в море со мной, восьмилетней и голой на руках, я бросилась бежать от нее, оступаясь на камнях гудаутского пляжа, и долго еще смотрела на нее восточным, исподлобным способом, которым очень хорошо владела в детстве.

Но бабушка, может быть, именно из-за безумия, кротко жившего в ней, своей влюбленной в меня слепотой чутко провидела кривизну моих причуд и никогда не гневила моего гордого и придирчивого детского целомудрия. Казалось, ей было достаточно принять в объятия воздух, вытесненный мной из пространства, еще сохраняющий мои, только для нее заметные, контуры.

Степень моего физического доверия к родным установилась обратно моей к ним причастности: бабушка, тетка моя Христина, потом мама.

В баню я ходила только с бабушкой, но и тогда я не испытывала непринужденности моющегося ребенка, снисходительно выставляющего под мочалку руку и ногу. Предубежденным глазом злого начальника, ищущего желанного изъяна, я, сквозь боль мыла, косилась на бабушку, на ее маленькое жалкое тело с большой, подрагивающей головой, на белую седину которой нанесена трудно смывающаяся пестрота — она всегда пачкалась о Христинины краски, на нетвердые беленькие ноги. И злорадно заметив ее бедно поникший живот с уголком козье-седых слабых волос, в каком-то злобном отчаянье толкала его серым острием шайки.

По двум старым, чудом уцелевшим, фотографиям можно судить, что бабушка была очень высокая — много выше мужчины в нарядных праздничных усах, запечатленного рядом с ней, сильно и угрюмо стройная, *с* мощно-свободной теменью итальянских волос, с безмерными глазами, паническая обширность которых занесена в недоброе предвидение какого-то тщетного и гибельного подвига. В крупном смуглом лице — очевидная сокрытость тайны. В наклоне фигуры, подавшейся вперед, ощущается привольное неудобство, как если бы она стояла на высоком и узком карнизе.

У нее было четыре мужа, трое детей — девочка Елена умерла в младенчестве — и одна внучка. Может быть, из-за этой, все упрощающей единственности моей, бабушка, холодком осенившая мужей, неточно делившая любовь между дочерьми, с болью и скрипом резкого торможения, свою летящую, рассеянную, любвеобильную душу остановила на мне. Ее разум, тесный для страстного неразумия, которым она захворала когда-то, мятущийся, суматошный, не прекративший своего ищущего бега даже перед преградой лечения, неопределенно тоскующий о препятствиях, замер, наконец, и угомонился под спасительным шоком моего появления на свет. Бабушкины разнонаправленные нервы, легко колеблемые жалостью, любопытством, вспыльчивостью переживаний, влюбчивостью во все, — конически, конечно, сосредоточились на мне, и это не было моей заслугой, — бабушка заранее, за глаза, неистово, горько и благоговейно полюбила меня 10 апреля 1937 года.

В детстве я знала, что бабушка родилась давно, в Казанской губернии. Ее девичью фамилию внес в Россию ее дед, шарманщик и итальянец. Я думаю теперь — что́ привело его именно в эту страну мучиться, мерзнуть, уморить обезьяну, южной мрачностью дикого взора растлить невзрачную барышню, случайно родить сына Митрофана — и все там, близко к Казани, где его чужой, немыслимый брат по скудному небу, желтый и раскосый, уже хлопотал, трудясь и похохатывая, уже вызывал к жизни сына Ахмадуллу, моего прадеда по отцовской линии. Какой долгий взаимный подкоп вели они сквозь непроглядную судьбу, чтобы столкнуться на мне, сколько жертв было при этом. Отец бабушки был доктор, в Крымскую кампанию врачевавший раненых, мать смелым и терпеливым усилием практичного и тщеславного ума обрела дворянство и некоторое состояние. У них, сколько я помню по моим детским слушаниям, было шестеро детей обоего пола поровну. Старшие сыновья, своевольные и дерзкие, дырявили из рогаток портреты не очень почтенных предков, привязывали бабушку за ногу к столу и учились в кадетском корпусе. Что с ними, бедными, любимыми мной, плохими, дальше случилось в этом мире, я не знаю. Младший, несколько флегматичный и очень честный и добрый, стал известным революционером. Бабушка только с ним, до его смерти, держалась в родстве, восхищалась им, и мне казалось, что в ней навсегда задержалась нежная благодарность к нему за то, что он не привязывал ее за ногу. Мне и от других людей доводилось слышать, что он всегда был честен и добр, но его точной яркости я не усвоила. Старшие сестры бабушки Наталия и Мария Митрофановны были красавицы, певшие прекрасно, сильно итальянского облика и нрава, надолго заключенные в девичество корыстью матери и вступившие обе в трагический брак. Они жили какими-то порывами несчастий и умерли в сиротстве, украшенном глубоким психическим недугом. Моя мать помнит одну из них, еще прекрасную, но уже казненную болезнью, жадной судорогой тонких рук собирающую, выпрашивающую, ворующую разные ничтожные вещицы. Видимо, тяжело оскорбленная в своей красоте и бескорыстии павшей на нее тенью великих светил: Жизни, Любви, Надежды, — она доверяла только маленьким и безобидным солнышкам мира: жестяным баночкам, стекляшкам, конфетному серебру, осколкам зеркал, утешаясь их кротким, детским блеском. У бабушки, хотя болезнь давно оставила ее, тоже сохранилась страсть к пустяковым предметам, но она строго выбирала из них только те, которые казались ей отмеченными милостью моего следа: мои коробки, обертки моих конфет, обрывки моих рисунков, благодарности и письма печатными буквами многим животным моего детства. Все это и посейчас цело или исчезло вместе с ней, копившей их так скаредно и любовно...

Бабушка была самым младшим, некрасивым и нелюбимым ребенком в семье. Вероятно, мать ее к тому времени уже устала бороться, терпеть тяжелое хозяйство, принимать в себя острую, ранящую ее тело итальянскую кровь и разводить ее своей негустой, российско-мещанской кровью, чтобы смягчить черноглазие и безумие будущих детей, которые все разочаровывали и охладили ее своими неудачами. Я думаю, что ей, властным и равноправным участием скудного организма, кое-как удалось полуспасти, полуисправить судьбы всех ее потомков: благодаря ее трезвому здоровью безумие в нашей семье всегда было не окончательным, уравновешенным живой скудостью быта, страшная чернота зрачков подкрашена ленивой желтизной, неимоверному, гибельному запросу глаз отвечают бесплодность и скука существования. Но я все же надеюсь — может быть! — свежее азиатство отца, насильным подарком внесенное в путаницу кровей, освободит меня от ее опрометчиво-осторожного полуколдовства, даст мне жить и умереть за пределами тусклости, отвоеванной ею у трагедии!

Будучи маленькой гимназисткой, бабушка, всей страстью сиротливой замкнутости, полюбила старшую воспитанницу, которая оказывала ей снисходительное покровительство, звала „протежешкой" и потом осмеяла во всеуслышание бабушкины детские дневники, доверенные ей порывом признательности. Подобные истории случаются со всеми детьми, но бабушке никогда не удавалось вырасти из тихой, почти юродивой безобидности, непременно вызывающей злые проявления старших и сильных характеров. Уже в конце бабушкиной жизни, чем фантастичнее, карикатурнее становились ее доброта и кротость, тем яростнее они гневили и смешили соседей и прохожих, передразнивавших ее сбивчиво-возвышенную речь, брезгующих разведенным ею зверинцем, презирающих даже ее бескорыстие к еде, которую бабушка пробовала укрощать на кухне, но всегда выходила побежденной из неравной схватки с кастрюлей

68

или сковородкой. Кроме того, постаревшую бабушку в магазинах стали принимать за еврейку, и она кротко сносила и этот, уже лишний, гнев.

В какое-то время юности бабушка была в гувернантках в семье Залесских, людей богатых, веселых, забывавших ее обижать. И только младшая их дочь Зинаида немного терзала бабушку резкостью нрава и неожиданностями рано и дерзко созревшего организма. Бабушка однажды вспомнила об этом, но почему-то и мне запомнилась их фамилия, беззаботный дом и большой сад, с горы впадающий в реку, и то, как они на лодках отправились на пикник, не взяв с собой бабушку и Зинаиду, и Зинаида, стоя на ветру горы, кричала им вслед: „Я, Зинаида Залесская, пятнадцати лет, желаю кататься на лодке!"; а когда, не вняв ей, они скрывались из виду, воскликнула с веселым высокомерием, дернув крючки, соединяющие батист: „Дураки! Смотри́те! У меня грудь и все остальное взрослее и лучше, чем у мадемуазель Надин!" Бабушка отчетливо помнила и любила все, что противостояло ее скромной тишине, видимо, тоскуя по бурности, которую велел ей шальной юг шарманщика и возбраняла жесткая умеренность матери. А я не забыла этого пустяка потому, что он жил там, где я хотела бы жить: в том доме, в том саду, в той единственной стране, осенившей меня глубоким ностальгическим переживанием, которую я, читая любимые книги, не узнаю, а будто вспоминаю — как древнюю до-жизнь в колыбели, откуда меня похитили кочевники.

Под влиянием доброго брата, поддерживающего ее в семейной одинокой угнетенности, бабушка резко рассталась с семьей и уехала в Казань на фельдшерские курсы. (Я перечисляю, сколько помню, ее жизнь не потому, что события ее сюжета представляются мне эффектными и замечательными, а скорее из уважения к ореолу многозначительной жалкости, бледно взошедшему над всеми нами, над скудной полутьмой наших драм, а также пробуя объяснить, чем образ бабушки, лишенный яркого острия, остро и больно поразил мое зрение и не раз мягко одернул меня в самонадеянности или начале бесполезного зла.) Она увлеклась идеями свободы и равенства, участвовала в сходках и маевках, хранила за корсетом прокламации и возглавляла недолгий революционный кружок. Две товарки по этому кружку более полувека спустя отыскали и проведали бабушку в ее узкой, длинной, холодной комнате, имеющей в виду закалить человека перед неудобствами кладбища. Чопорные, черно-нарядные, вечно-живые старухи с брезгливым ужасом переступили порог бабушкиного беспорядка, подхватив юбки над опасным болотом пола, населенного нечистью наших зверей. Рассерженные глубиной ее падения, словно и на них бросавшего обидную тень, они строго и наставительно говорили с бабушкой, грозно убеждали ее добиться увеличения пенсии, сияя лакированными револьверами черных ботинок. Она безбоязненно летала вокруг них на нечистых бумазейных крыльях, умиленно лепеча и не слушая, всему поддакивая непрочным движением головы, совала им белый чай, конфеты, слипшиеся в соты, ливерную колбасу, предназначенную коту, тут же отнимала все это, освобождая их руки для моих детских рисунков и стихов. И, в довершение всего, сначала объявила — чтобы подготовить их к счастливому потрясению, а затем уже привела маленькую и угрюмую меня как лукаво скрытый от них до времени, но все объяснивший наконец довод ее ослепительного и чрезмерного благополучия. Они холодно и без восхищения уставились на мой бодающе-насупленный лоб и одновременно пустили в меня острые стрелы ладоней. Это, видимо, несколько повредило им в глазах бабушки, потому что вдруг она глянула на них утемнившейся желтизной зрачков с ясным и веселым многознанием высокого превосходства. Мы вышли провожать их на лестницу, и бабушка снова радостно лепетала и ветхо склонялась им вслед, туманно паря над двумя черными и прямыми фигурами, сложенными в зонты.

Молодую бабушку то и дело сажали в тюрьму: по чьим-то оговоркам и оговорам, по неспособности охранить себя от расплохов слежки и обысков, по склонности, радостно и отвлеченно увеличив глаза, принять на себя всеобщую вину революционных проступков. Жандармы упорно и лениво, как спички у ребенка, постоянно отбирали у бабушки саквояжи с двойным дном, и привычным жестом — пардон, мадемуазель, — извлекали папиросную бумагу, адресованную пролетариям всех стран, из горячей тесноты ворота.

Последним, некрасивым и нелюбимым ребенком родилась и росла бабушка и в этой же неказистой, несмелой осанке прожила долгую жизнь. Детский страх перед собственной нежеланностью и обременительностью и в старости сообщал ее облику неуверенное, виноватое, стыдливое выражение.

Более всего и ужасно, до своевольного хода подрагивающих головы и рук, бабушка суетливо боялась, как боятся бомбежки, принять на себя даже мельк чьего-нибудь внимания, худобой своей, округленной в спине, загромоздить пространство, нужное для движения других людей. Старея, бабушка становилась все меньше и меньше, словно умышленно приближала себя к заветной и идеальной малости, уж никому не нужной и не мешающей, которую обрела теперь, нищей горсточкой пыли уместившись в крошечный и безобразный уют последнего прибежища.

Несмотря на грозные скандалы моей матери, бабушка, настойчиво и тайком, почти ничего не ела, словно стыдясь обделить вечно открытый, требующий, ненасытный рот какого-то неведомого птенца, и, чтобы задобрить алчность чьего-то чужого голода, угнетающего ее, она подкармливала худых железных котов, со свистом проносящихся над мрачной помойкой нашего двора, и прожорливую птичью толчею на подоконнике.

К мамину неудовольствию и стыду перед соседями, бабушка одевалась в неизменный гномий неряшливый бумазейный балахон, в зимнее время усиленный дополнительной ветошью, и спала на застиранной, свято и смело оберегаемой, серенькой тряпице — восемьдесят лет искупая вину изношенных в детстве пеленок и рубашек, угрюмо пересчитанных ее матерью, страстно боявшейся смерти своего добра, в му́ках порожденного ею.

Ее суровая, непреклонная мать все чаще покидала гаснущее имение на произвол пьяных и сумасшедших людей, чей хоровод жутко смыкался вокруг подвига ее здравомыслия, и падала ниц, смущая немилосердные начальственные ноги, чтобы прижать к груди большую голову нелюбимого ребенка.

Бабушка вступила в фиктивный брак с молодым революционером, нужный ему для разрешения на выезд, и навсегда сохранила фамилию, дарованную ей этим бедным условным венчанием. Бабушка увезла его за границу, но Швейцария только усугубила его болезнь, выбирающую легкие исступленных людей; им надлежало срочно вернуться, но здесь имела место смутная, нечистая история с растратой денег, нужных для этого, какими-то товарищами, на счастливые десятилетия пережившими жертву своей неаккуратности, — бабушка никогда не говорила об этом. Наконец, они попали на юг России, как неблагонадежные люди, по случаю проезда царя были на три дня заключены в тюрьму, где иссякла не знавшая удержу кровь первого бабушкиного мужа.

Это было в самом начале века, еще до революции пятого года, и с этого времени, во всяком случае по моим детским представлениям, начался несердцебиенный, полусонный провал бабушкиной жизни. Но, вероятно, я недооценивала его горестной остроты: бабушка в Нижнем Новгороде родила Христину, была окончательно отвергнута семьей и, оставшись без средств, отправилась в Донбасс на эпидемию холеры. Там она долгое время работала и жила во флигеле на больничном дворе, подвергая постоянной опасности старшую дочь и спустя несколько лет родившуюся маму (мама болела в лад со всеми, кто болел под бабушкиным присмотром). Четвертый муж бабушки, тот, украшенный усами, тяжело любил ее, теряя достоинство скромного мещанина, удочерил ее детей и был им добрым отцом, пока и его не скрыл туман, завершавший все линии бабушкиной судьбы. Бабушка по мере сил воспитывала дочерей, учила их рисованию, языкам и музыке, к которым они обе не были расположены. Христина так и не научилась ничему, даже живописи, которую она всю жизнь любила так безответно, а мама, усилием маленького поврежденного болезнями тела, — всему. Но только Христина умеет любить, жалеть и прощать. Разумеется, и жизнь на скушном, нищем руднике не обошлась без неизлечимо-буйной женщины, вырывавшейся подчас на гадкий простор больничного двора: нагая, в нечистом вихре великих волос являлась она на пыльное солнце мгновенной свободы, чтобы диким криком „Изыди, сатана!" огласить детство мамы и тетки, даже меня напугать воспроизведением страшного ыканья этой мольбы, предупреждающего о мучительном и непосильном гнете: „Изы-ы-ди!"...

То, что бабушка была „милосердной сестрой" — „чьей" — „всех кому нужно", — в раннем детстве было понятно и использовано мной. К ней, к ее сестринскому милосердию, тащила я многочисленных слабых уродцев, отвергнутых моей мамой: белого щенка с огромным розовым животом, слепую морскую свинку, кролика с перебитыми ногами, кошек, бескрылых птиц и других убогих животных, чьи мелкие тела оказались огромнолишними в избытке мира и униженно существовали вне породы. Бабушка всех их принимала в свое темное гнездо, равно воздавая им почести, заслуженные рождением. От нее, ныне мертвой, научилась я с нежным уважением выговаривать удивленно и нараспев: „Ж и в о е..." — стало быть, хрупкое, беззащитное, нуждающееся в помощи и сострадании. Однажды, когда тиканье малых пульсов, населивших ее комнату, грозило перерасти в сокрушительный гул, я купила и принесла домой только что вылупившегося инкубаторного цыпленка, и мама, не допустив меня к бабушке, будто навсегда захлопнула передо мной дверь в той непобедимой строгости, которая подчас овладевала ею и с которой ничего нельзя было поделать. Поникнув плачущей головой, я медленно спустилась по лестнице и уселась на пол за дверью, охраняя ладонью крошечную желтизну, осужденную и проклятую великим миром. Я слышала, как мимо прошел наверх отец, другие матери звали других детей, и мне страшно представилось, что я буду сидеть здесь всегда, заключенная в тюрьму между стеной и дверью. Двадцать лет спустя я помню, что мне пришла сложная, горячая мысль убить маленькое вздыхающее горло, и я примерила круг двух пальцев к узкому ручейку крови и воздуха, беззащитно текущему сквозь него. Но пальцы мои не сомкнулись — раз и навсегда, я радостно, свежо заплакала над своим и всеобщим спасением, и, в благодарность Бога мне, надо мной тут же склонилась отыскавшая меня бабушка и немедленно вознесла меня и цыпленка в спасительный рай своей любви, пахнущий увядшим тряпьем и животными.

Мы все очень боялись крыс после того, как, вернувшись из эвакуации, долго выпрашивали у них возможность жить в своем доме, по ночам чувствуя на себе острый двух-огоньковый взор, не предвещающий добра, но и их нам с бабушкой довелось простить. Военный, охраняющий соседнее учреждение, смеясь испугу детворы, вышвырнул носком сапога большую, рыжую, в кровь полуубитую крысу. Оставшись наедине с ней на мостовой переулка, исподлобья оглянувшись на веселого военного, я торжественно пересилила содрогание тела, близко нагнулась и взяла ее в руки. Крыса ярко глядела на меня могучим взглядом ненависти, достойным красивого сильного животного, как будто именно отвращение ко мне было причиной ее смерти. Я повлекла ее все в том же единственном направлении, где моя свобода была безгранична, и, наверно, моя чистая жалость к живому укреплялась злорадным измывательством над собой и, в отношении бабушки, некоторой ядовитостью, желавшей подразнить и испытать ее вседоброту. Но бабушка, не знавшая такой сложности, без гнева и удивления увидела меня с умирающей крысой в руках, осенив нас ясным, односмысленным вздохом сострадания.

Еще и теперь плывет, доплывает бедный бабушкин ковчег, уже покинутый ею, не управляемый рассеянной старенькой Христиной, спасающей бледного, розового кота Петю и целое племя некрупных, лепечущих голубей.

Бабушка не то что была щедра — просто организм ее, легкий, простой, усеченный недугом странности, уместил в своем ущербном полумесяце только главное: любовь и добро, не усвоив вторых инстинктов: осторожности, бережливости, зависти или злобы.

Она суеверно тяготилась всяким довольством, даже нищую пенсию вкладывала для меня и для Христины в толстую книгу о детских болезнях, лежавшую на виду, — как помнится мне эта книга, привыкшая открываться на одной странице, изображающей больного засохшего ребенка с упавшей головой и нескрытым обилием ребер и костей, не сумевших помочь его прочности. Там-то и хранилось бабушкино богатство, словно принесенное в жертву маленькому нездоровому богу, достойному всей жалости мира. (Ключа у бабушки и подавно не было, и однажды кто-то насмешливо ограбил этого хилого заветного младенца.)

Как-то летом, на все свои праздничные деньги, я приобрела дюжину серебряных елочных слонов — меня почему-то до беспокойного, сводящего с ума ощущения щекотки поражало большое количество одинаковых предметов. Порицаемая и осмеянная всеми, я с одиноким ревом уткнулась в бабушку, и она, подыгрывая то ли моему детскому безумию, то ли безумию старших сестер, восхищенно воззрилась на тупое, дикое, слоновье серебро, сбивчиво прославляя мою удачу. Мы купили еще восемь слонов, обеднив рахитичного бога, — у меня засвистело, засверкало в мозгу — и, захлебываясь смехом, стали всех их раздавать или тихонько подсовывать детям в Ильинском сквере, почти никто не брал, и бабушка испуганно улепетывала вместе со мной, шаркая обширной рванью обуви.

И, вероятно, не моя доброта велит мне спьяну или всерьез освобождаться от легкой тяжести имущества, а веселая бабушкина лень утруждать себя владением.

Бабушка до предпоследнего времени много и живо читала, просто и точно различая плохие и хорошие книги слабым, помноженным на стекла зрачком, много раз изменившимся в цвете, уже поголубленном катарактой. Она не умом рассуждала чтение или слушание, а все той же ограниченностью в добре, не знающей грамоты зла. Вообще, она ведала и воспринимала только живые, означающие слова, чья достоверность известна ощупи, всякое пустое, отвлеченное многословие обтекало ее, как чужая речь. Когда с маминой работы явилась комиссия проверять и осуждать мое воспитание, бабушка долго, почтительно, натужно подвергала ухо красноречию, трудному для нее, как немузыка, и вдруг, поняв телом реальный смысл моего имени, мигом разобралась во всем и, страшно тряся головой, возобновив болезнь голоса, крикнула: „Вон!"

Бабушка восхищалась мной непрестанно, но редким моим удачам удивлялась менее других — уж она-то предусмотрела и преувеличила их заранее. Что бы ни сталось со мной, уж никому я не покажусь столь прекрасной и посильной для зрения, только если притупить его быстрым обмороком любви, влажно затемняющим веки.

Последний раз, после долгого перерыва, я увидела бабушку уже больной предсмертием, поровну поделившим ее тело между жизнью и смертью, победившим, наконец, все ее привычки: чистая, на чистом белье, с чистой маленькой успокоенной головой лежала бабушка и с ложечки ела протертые фрукты, о которых прежде думала, что они для меня лишь полезны и съедобны.

— Подожди, — прошептала Христина, заслоняя меня собой, — я сначала предупрежу ее.

Но она долго не могла решиться, боясь, что имя мое, всегда потрясавшее бабушку, теперь причинит ей вред.

— Мама, — осторожно и ласково сказала Христина, — только ты не волнуйся... к тебе Беллочка пришла...

— А, — равнодушно отозвалась бабушка половиной губ и голоса.

И вдруг я узнала свой худший, невыносимый страх, что Христина сейчас отойдет, и я увижу, и у меня уже не будет той моей бабушки, которая не позволит мне увидеть эту мою бабушку, как никогда не позволяла ничего, что может быть болью и страхом.

Все же я присела на край ее чистой постели и слепым лицом поцеловала ее новый чистый запах.

— Скоро умру, — капризно и как будто даже кокетливо сказала бабушка, но мне все уже было безразлично в первой, совершенной полноте беды, каменно утяжелившей сознание.

На мгновение живая сторона бабушкиного тела, где сильно, предельно умирало ее сердце, слабо встрепенулась, сознательно прильнула ко мне неполной теплотой, и один огромный, бессмертно любовный глаз вернулся ко мне из глубины отсутствия.

— Иди, я устала, — словно со скукой выговорила бабушка и добавила: — Убери, — имея в виду тоскующего, потускневшего Петьку, жавшегося к ней. Видимо, все, что она так долго любила и жалела, теперь было утомительным для нее, или, наоборот, она еще не утомилась любить и жалеть нас и потому отстраняла от себя сейчас.

Август 1963
Красная Пахра

МНОГО СОБАК
И СОБАКА

Посвящено Василию Аксёнову

...Смеркалось на Диоскурийском побережье... — вот что сразу увидел, о чем подумал и что сказал слабоумный и немой Шелапутов, ослепший от сильного холодного солнца, айсбергом вплывшего в южные сады. Он вышел из долгих потемок чужой комнаты, снятой им на неопределенное время, в мимолетную вечную ослепительность и так стоял на пороге между тем и этим, затаившись в убежище собственной темноты, владел мгновением, длил миг по своему усмотрению: не смотрел и не мигал беспорядочно, а смотрел, не мигая, в близкую преграду сомкнутых век, далеко протянув разъятые ладони. Ему впервые удалась общая бестрепетная недвижимость закрытых глаз и простертых рук. Уж не исцелился ли он в Диоскурийском блаженстве? Он внимательно ранил тупые подушечки (или как их?..) всех пальцев, в детстве не прозревшие к черно-белому Гедике, огромным ледяным белым светом, марая его невидимые острия очевидными капельками крови, проницательной ощупью узнавая каждую из семи разноцветных струн: толстая фиолетовая басом бубнила под большим пальцем не причиняя боли. Каждый Охотник Желает Знать Где Сидит Фазан. Отнюдь нет — не каждый. Шелапутов выпустил спектр из взволнованной пятерни, открыл глаза и увидел то, что предвидел. Было люто светло и холодно. Безмерное солнце, не умещаясь в бесконечном небе и бескрайнем море, для большей выгоды блеска не гнушалось никакой отражающей поверхностью, даже бледной кожей Шелапутова, не замедливлившей ощетиниться убогими воинственными мурашками, единственно защищающими человека от всемирных бедствий.

Смеркалось на Диоскурийском побережье — не к серым насморочным сумеркам меркнущего дня — к суровому мраку, к смерти цветов и плодов, к сиротству сирых — к зиме. Во всех прибрежных садах одновременно повернулись черные головы садоводов, обративших лица в сторону гор: там в эту ночь выпал снег.

Комната, одолженная Шелапутовым у расточительной судьбы, одинокая в задней части дома, имела независимый вход: гористую ржаво-каменную лестницу, с вершины которой он сейчас озирал изменившуюся окрестность. С развязным преувеличением постоялец мог считать своими отдельную часть сада, заляпанного приторными дребезгами хурмы, калитку, ведущую в море, ну, и море, чья вчерашняя рассеянная бесплотная лазурь к утру затвердела в непреклонную мускулистую материю. Шелапутову надо было спускаться: в предгорьях лестницы, уловив возлюбленное веяние, мощную лакомую волну воздуха, посланную человеком, заюлила, затявкала, заблеяла Ингурка.

Но кто Шелапутов? Кто Ингурка?

Шелапутов — неизвестно кто. Да и Шелапутов ли он? Где он теперь и был ли на самом деле?

Ингурка же была, а может быть, и есть лукавая подобострастная собака, в детстве объявленная немецкой овчаркой и приобретенная год назад за бутыль (из-под виски) бешеной сливовой жижи. Щенка нарекли Ингуром и посадили на цепь, дабы взлелеять свирепость, спасительную для сокровищ дома и плодоносящего сада. Ингур скромно рос, женственно вилял голодными бедрами, угодливо припадал на передние лапы и постепенно утвердился в нынешнем имени, поле и облике: нечеткая помесь пригожей козы и неказистого волка. Цепь же вопросительно лежала на земле, вцепившись в отсутствие пленника. На исходе этой осени к Ингурке впервые пришла темная сильная пора, щекотно зудящая в подхвостье, но и возвышающая душу для неведомого порыва и помысла. В связи с этим за оградой сада, не защищенной сторожевым псом и опутанной колючей проволокой, теснилась разномастная разноликая толпа кобелей: нищие горемыки, не все дотянувшие до чина дворняги за неимением двора, но все с искаженными чертами славных собачьих пород, опустившиеся призраки предков, некогда населявших Диоскурию. Один был меньше других потрепан жизнью: ярко оранжевый заливистый юнец, безукоризненный Шарик, круглый от шерсти, как шпиц, но цвета закатной меди.

Несмотря на сложные личные обстоятельства, Ингурка, по своему обыкновению, упала в незамедлительный обморок любви к человеку, иногда — деловой и фальшивый. Шелапутов, несомненно, был искренне любим, с одним изъяном в комфорте нежного чувства: он не умещался в изворотливом воображении, воспитанном цепью, голодом, окриками и оплеухами. Он склонился над распростертым изнывающим животом, усмехаясь неизбежной связи между почесыванием собачьей подмышки и подергиванием задней ноги. Эту скромную закономерность и все Ингуркины превращения с легкостью понимал Шелапутов, сам претерпевший подобные перемены, впавший в обратность тому, чего от него ждали и хотели люди и чем он даже был еще недавно. Но, поврежденным умом, ныне различавшим лишь заглавные смыслы, он не мог проследить мерцающего пунктира между образом Ингурки, прижившимся в его сознании, и профилем Гёте над водами Рейна. Он бы еще больше запутался, если бы умел вспомнить историю, когда-то занимавшую его, — о внучатой племяннице великого немца, учившейся возить нечистоты вблизи северных лесов и болот, вдали от Веймара, но под пристальным приглядом чистопородной немецкой овчарки. То-то было смеху, когда маленькая старая дама в неуместных и трудно достижимых буклях навострилась прибавлять к обращению „Пфердхен, пфердхен" необходимое понукание, не понятное ей, но заметно ободряющее лошадь. Уже не зная этой зауми, Шелапутов двинулся в обход дома, переступая через слякоть разбившихся о землю плодов. Ингурка опасалась лишний раз выходить из закулисья угодий на парадный просцениум и осталась нюхать траву, не глядя на обожателей, повисших на колючках забора.

Опасался бы и Шелапутов, будь он в здравом уме.

Безбоязненно появившись из-за угла, Шелапутов оценил прелесть открывшейся картины. Миловидная хозяйка пансиона мадам Одетта, сияя при утреннем солнце, трагически озирала розы, смертельно раненные непредвиденным морозом. Маленькая нежная музыка задребезжала и прослезилась в спящей памяти Шелапутова, теперь пребывавшей с ним в двоюродной близости, сопутствующей ему сторонним облачком, прозрачной вольнолюбивой сферой, ускользающей от прикосновения. Это была тоска по чему-то кровно родимому, по незапамятному пра-отечеству души, откуда ее похитили злые кочевники. Женщина, освещенная солнцем, алое варенье в хрустале на белой скатерти, розы и морозы, обреченные друг другу божественной шуткой и вот теперь совпавшие в роковом свадебном союзе... Где это, когда, с кем это было? Была же и у Шелапутова какая-то родина роднее речи, ранящей рот, и важности собственной жизни? Но почему так далеко, так давно?

Некоторое время назад приезжий Шелапутов явился к мадам Одетте с рекомендательным письмом, объясняющим, что податель сего, прежде имевший имя, ум, память, слух, дар чу́дной речи, временно утратил все это и нуждается в отдыхе и покое. О деньгах же не следует беспокоиться, поскольку в них без убытка воплотилось все, прежде крайне необходимое, а теперь даже неизвестное Шелапутову.

Он, действительно, понес эти потери, включая не перечисленное в их списке обоняние. В тот день и час своей высшей радости и непринужденности он шел сквозь пространный многолюдный зал, принятый им за необитаемую Долину Смерти, если идти не в сторону благодатного океана, а иметь в виду расшибить лоб и тело о неодолимый Большой Каньон. Прямо перед ним, на горизонте, глыбилось возвышение, где за обычным длинным столом двенадцать раз подряд сидел один и тот же человек, не имевший никаких, пусть даже невзрачных, черт лица: просто открытое пустое лицо без штрихов и подробностей. Слаженным дюжинным хором громко вещающего чрева он говорил что-то, что ясно и с отвращением слышал Шелапутов, взятый на предостерегающий прицел его двенадцати указательных пальцев. Он шел все выше и выше, и маленький бледный дирижер, стоящий на яркой заоблачной звезде, головой вниз, к земле и

Шелапутову, ободрял его указующей палочкой, диктовал и молил, посылал весть, что нужно снести этот протяжный миг и потом уже предаться музыке. Шелапутов вознесся на деревянное подобие парижского уличного писсуара, увидел свет небосвода и одновременно графин и недопитый стакан воды, где кишели и плодились рослые хищные организмы. Маленький дирижер еще тянул к нему руки, когда Шелапутов, вернее, тот человек, которым был тогда Шелапутов, упал навзничь и потерял все, чем ведал в его затылке крошечный всемогущий пульт. Его несбывшаяся речь, хотя и произвела плохое впечатление, была прощена ему как понятное и добродетельное волнение. Никто, включая самого́ оратора, никогда не узнал и не узнает, что же он так хотел и так должен был сказать.

И вот теперь, не ощущая и не умея вообразить предсмертного запаха роз, он смотрел на мадам Одетту и радовался, что она содеяна из чего-то голубовато-румяного, хрупкого и пухлого вместе (из фарфора, что ли? — он забыл, как называется), оснащена белокурыми волосами и туманными глазами, склонными расплываться влагой, посвященной жалости или искусству, но не отвлекающей трезвый зрачок от сурового безошибочного счета. Что ж, ведь она была вдова, хоть и опершаяся стыдливо на прочную руку Пыркина, но не принявшая вполне этой ищущей руки и чужой низкородной фамилии. Ее муж, скромный подвижник французской словесности, как ни скрывал этого извращенного пристрастия, вынужден был отступать под всевидящим неодобрительным прищуром — в тень, в глушь, в глубь злоключений. Когда он остановился, за его спиной было море, между грудью и спиной — гнилостное полыхание легких, а перед ним — магнолия в цвету и Пыркин в расцвете сил, лично приезжавший проверять документы, чтобы любоваться страхом мадам Одетты, плачущим туманом ее расплывчатых глаз и меткими твердыми зрачками. Деваться было некуда, и он пятился в море, впадающее в мироздание, холодея и сгорая во славу Франции, о чем не узнал ни один соотечественник Орлеанской девы (инкогнито Шелапутова родом из других мест). Он умер в бедности, в хижине на пустыре, превращенных умом и трудом вдовы в благоденствие, дом и сад. „Это всё — его", — говорила мадам Одетта, слабым коротким жестом соединяя портрет эссеиста и его посмертные владения, влажнея глазами и сосредоточив зрачки на сохранности растения фейхоа, притягательного для прохожих сластен. При этом Пыркин посылал казнящий каблук в мениск ближайшего древесно-

го ствола, или в безгрешный пах олеандрового ку-
ста, или в Ингурку, забывшую обычную предусмо-
трительность ради неясной мечты и тревоги. Но
как женщине обойтись без Пыркина? Это всегда
трудно и вовсе невозможно при условии неблаго-
получного прошлого, живучей красоты и общей
системы хозяйства, не предусматривающей про-
цветания частного пансиона с табльдотом. Да и в
безукоризненном Пыркине, честно и даже с некоторой роскошью рвения исполнявшем свой долг
вплоть до отставки и пенсии, были трогательные
изъяны и слабости. Например: смелый и равно-
душный к неизбежному небытию всех каких-то
остальных, перенасытившему землю и воздух, он
боялся умереть во сне и, если неосторожно слабел
и засыпал, кричал так, что даже невменяемый Шелапутов слышал и усмехался. Кроме того, он по-
детски играл с непослушанием вещей. Если склад-
ной стул, притомившись или распоясавшись,
разъезжался в двойной неполный „шпагат", Пыркин, меняясь в лице к худшему, орал: „Встать!" —
стул вставал, а Пыркин усаживался читать утреннюю почту. По возрасту и общей ненадобности отстраненный от недовершенных дел, Пыркин иногда забывался и с криком: „Молчать!" — рвал
онемевшую от изумления неоспоримую газету в

клочки, которые, опомнившись, надменно воссоединялись. Но обычно они не пререкались и не дрались и Пыркин прощался с чтением, опять-таки непозволительно фривольно, но милостиво: „Одобряю. Исполняйте". Затем Пыркин вставал, а отпущенный стул вольно садился на расхлябанные ноги. И была у него тайна, ради которой, помрачнев и замкнувшись, он раз в декаду выезжал в близлежащий городок, где имел суверенную жилплощадь, — мадам Одетта потупляла влажную голубизну, но зрачок сухо видел и знал.

Непослушная глухонемая вещь Шелапутов понятия не имел о том, что между ним и Пыркиным свищет целый роман, обоюдная тяга ненависти, подобной только любви неизъяснимостью и полнотой страсти. Весь труд тяжелой взаимной неприязни пал на одного Пыркина, как если бы при пилке дров один пильщик ушел пить пиво, предоставив усердному напарнику мучиться с провисающей, вкривь и вкось идущей пилою. Это небрежное отлынивание от общего дела оскорбляло Пыркина и внушало ему робость, в которой он был неопытен. В присутствии Шелапутова заколдованный Пыркин не лягал Ингурку, не швырял камней в ее назревающую свадьбу, не хватался за ружье, когда стайка детей снижала крылышки к вожделенному фейхоа.

В ямбическое морозно-розовое утро, завидев Шелапутова, Пыркин, за спиной мадам Одетты, тут же перепосвятил ему ужасные рожи, которые корчил портрету просвещенного страдальца и подлинного хозяина дома.

Но Шелапутов уже шел к главному входу-выходу: за его парадными копьями золотилась девочка Кетеван. Узкая, долгая, протянутая лишь в высоту, не имеющая другого объема, кроме продолговатости, она продлевала себя вставанием на носки, воздеванием рук, удлиняя простор, тесный для бега юной крови, бесконечным жестом, текущим в пространство. Так струилась в поднебесье, переливалась и танцевала, любопытствуя и страшась притяжения между завороженными псами и отстраненно-нервной Ингуркой. Девочка была молчаливей безмолвного Шелапутова: он иногда говорил, и сказал:

— Ну, что, дитя? Кто такая, откуда взялась? Легко ли состоять из ряби и зыби, из непрочных бликов, летящих прочь, в родную вечность неба и моря и снега на вершинах гор?

Он погладил сплетение радуг над ее египетскими волосами. Она отвечала ему вспышками глаз и робкого смеющегося рта, соловьиными пульсами запястий, висков и лодыжек и уже переместилась и сияла в отдаленье, ничуть не темней остального воздуха, его сверкающей дрожи.

Сзади донесся многократный стук плодов о траву, это Пыркин заехал инжировому дереву: он ненавидел инородцев и лучшую пору жизни потратил на выдворение смуглых племен из их родных мест в свои родные места.

Шелапутов пошел вдоль сквозняка между морем и далекими горами, глядя на осеннее благоденствие угодий. Мир вам, добрые люди, хватит скитаний, хватит цинги, чернящей рот. Пусторукий и сирый Шелапутов, предавшийся проголоди и беспечности мыслей, рад довольству, населившему богатые двухэтажные дома. Здравствуй, Варлам, пляшущий в деревянной выдолбине по колено в крови на время убитого винограда, который скоро воскреснет вином. Здравствуй, Полина, с мокрым слитком овечьего сыра в хватких руках. Соседи еще помнят, как Варлам вернулся из долгой отлучки с чужеродной узкоглазой Полиной, исцелившей его от смерти в дальних краях, был отвергнут родней и один неистово гулял на своей свадьбе. Полина же заговорила на языке мужа — о том о сем, о хозяйстве, как о любви, научилась делать лучший в округе сыр и оказалась плодородной, как эта земля, без утайки отвечающая труду избытком урожая. Смиренные родные приходили по праздникам или попросить взаймы денег, недостающих для покупки автомобиля, — Полина не отказывала им, глядя поверх денег и жалких людей мстительным припеком узкоглазья. Дети учились по разным городам, и только первенец Гиго всегда был при матери. Здравствуй и ты, Гиго, втуне едящий хлеб и пьющий вино. Полине ничего не жаль для твоей красоты, перекатывающей волны мощи под загорелой цитрусовой кожей. А что ты не умеешь читать — это к лучшему, все книги причиняют печаль. Да и сколько раз белотелые северянки прерывали чтение и покидали пляж, следуя за тобой в непроглядную окраину сада.

На почте, по чьей-то ошибке, из которой он никак не мог выпутаться, упирающемуся Шелапутову вручили корреспонденцию на имя какой-то Хамодуровой и заставили расписаться в получении. Он написал: „Шелапутов. Впрочем, если Вам так угодно, — Хамов и Дуров". Терзаемый тревогой и плохими предчувствиями, утяжелившими сердцебиение, вдруг показавшееся неблагополучным и ведущим к неминуемой гибели, он не совладал с мыслью о подземном переходе, вброд пересек мелкую пыльную площадь и вошел в заведение „Апавильон".

Стоя в очереди, Шелапутов отдыхал, словно, раскинув руки, спал и плыл по сильной воде, знающей путь и цель. Числившийся членом нескольких союзов и обществ и почетным членом туманной международной лиги, он на самом деле был только членом очереди, это было его место среди людей, краткие каникулы равенства между семестрами одиночества. Чем темней и сварливей было медленное течение, закипающее на порогах, тем явственней он ощущал нечто, схожее с любовью, с желанием жертвы, конечно, никчемной и бесполезной.

Он приобрел стакан вина, уселся в углу и стал, страдая, читать. Сначала — телеграмму: „вы срочно вызываетесь объявления вы говора занесением личное дело стихотворение природе итог увяданья подводит октябрь". Эта заведомая бессмыслица, явно нацеленная в другую мишень, своим глупым промахом приласкала и утешила непричастного уцелевшего Шелапутова. Если бы и дальше все шло так хорошо! Но начало вскрытого письма: „Дорогая дочь, я призываю тебя, более того, я требую..." — хоть и не могло иметь к нему никакого отношения, страшно испугало его и расстроило. Его затылок набряк болью, как переспелая хурма, готовая сорваться с ветки, и он стиснул его ладонями, спасая от забытья и падения. Так он сидел, укачивая свою голову, уговаривая ее, что это просто продолжение нелепой и неопасной путаницы, преследующей его, что он ни при чем и все обойдется. Он хотел было отпить вина, но остерегся возможного воспоминания о нежном обезболивании, затмевающем и целующем мозг в обмен на струйку души, отлет чего-то, чем прежде единственно дорожил Шелапутов. Оставался еще пакет с — прежде — запиской, звавшей его скорее окрепнуть и вернуться в обширное покинутое братство... уж не те ли ему писали, с кем он только что стоял в очереди, дальше которой он не помнил и не искал себе родни?.. ибо есть основания надеяться на их общее выступление на стадионе. „Как — на стадионе? Что это? С кем они все меня путают?" — неповоротливо подумал Шелапутов и увидел каменное окружье, схлестнувшее арену, белое лицо толпы и опустившего голову быка, убитого больше, чем это надо для смерти, опустошаемого несколькими потоками крови. К посланию был приложен бело-черный свитер, допекавший Шелапутова навязчивыми вопросами о прошлом и будущем, на которые ему было бы легче ответить, обладай он хотя бы общедоступным талантом различать запахи. Брезгливо принюхавшись и ничего не узнав, он накинул свитер на спину и завязал рукава под горлом, причем от очереди отделился низкорослый задыхающийся человек и с криком: „Развяжи! Не могу! Душно!" — опустошил забытый Шелапутовым стакан.

Шелапутов поспешил развязать рукава и пошел прочь.

Вещь, утепляющая спину, продолжала свои намеки и недомолвки, и близорукая память Шелапутова с усилием вглядывалась в далекую предысторию, где неразборчиво брезжили голоса и лица, проснявшиеся в его плохие ночи, когда ему снился живой горючий страх за кого-то и он просыпался в слезах. Все расплывалось в подслеповатом бинокле, которым Шелапутов пытал былое, где мерещилась ему мучительная для него певичка или акробатка, много собравшая цветов на полях своей неопределенной деятельности. Уж не ее ли был его свитер? Не от нее ли с омерзением бежал Шелапутов, выпроставшись из кожи и юркнув в расщелину новой судьбы? Ужаснувшись этому подозрению, он проверил свои очертания. К счастью, все было в порядке: бесплотный бесполый силуэт путника на фоне небосвода, легкая поступь охотника, не желающего знать, где сидит фазан.

Возвращаясь, Шелапутов встретил слоняющегося Гиго, без скуки изживающего излишек сил и времени. Сохато-рослый и стройный, он объедал колючие заросли ежевики и вдруг увидел сладость слаще ягод: бело-черный свитер, вяло обнимавший Шелапутова.

— Дай, дай! — заклянчил Гиго. — Ты говорил: „Гиго, не бей собак, я тебе дам что-нибудь". Гиго не бьет, он больше не будет. Дай, дай! Гиго наденет, покажет Кетеван.

— Бери, бери, добрый Гиго, — сказал Шелапутов. — Носи на здоровье, не бей собак, не трогай Кетеван.

— У! Кетеван! У! — затрубил Гиго, лаская милую обнову.

Шелапутов сделал маленький крюк, чтобы проведать двор писателя, где его знакомый старик турок плел из прутьев летнюю трапезную, точное подражание фольклорной крестьянской кухне с открытым очагом посредине, с крюком над ним для копчения сыра и мяса. Прежде чем войти, Шелапутов, вздыбив невидимую шерсть, опушившую позвоночник, долго вглядывался в отсутствие хозяина дома. Прослышав о таинственном Шелапутове, любознательный писатель недавно приглашал его на званый ужин, и перепуганный несостоявшийся гость нисколько не солгал, передав через мадам Одетту, что болезнь его, к сожалению, усугубилась.

— Здравствуй, Асхат, — сказал Шелапутов. — Позволь войти и посидеть немного?

Старик приветливо махнул рукой, покореженной северным ревматизмом, но не утратившей ловкости и красоты движений. Ничего не помнил, все знал Шелапутов: час на сборы, рыдания женщин и детей, уплотнившие воздух, молитвы стариков, разграбленная серебряная утварь, сожранная скотина, смерть близких, долгая жизнь, совершенство опыта, но откуда в лице этот покой, этот свет? Именно люди, чьи бедствия тоже пестовали увеличивающийся недуг Шелапутова, теперь были для него отрадны, успокоительны и целебны. Асхат плел, Шелапутов смотрел.

Подойдя к своей калитке, он застал пленительную недостижимую Ингурку вплотную приблизившейся к забору: она отчужденно скосила на него глаза и условно пошевелила хвостом, имеющим новое, не относящееся к людям выражение. Собаки в изнеможении лежали на земле, тяжко дыша длинными языками, и только рыжий голосистый малыш пламенел и звенел.

И тогда Шелапутов увидел Собаку. Это был большой старый пес цвета львов и пустынь, с обрубленными ушами и хвостом, в клеймах и шрамах, не скрытых короткой шерстью, с обрывком цепи на сильной шее.

— Се лев, а не собака, — прошептал Шелапутов и, с воспламенившимся и уже тоскующим сердцем, напрямик шагнул к своему льву, к своей Собаке, протянул руку — и сразу совпали выпуклость лба и впадина ладони.

Пес строго и спокойно смотрел желтыми глазами, нахмурив для мысли темные надбровья. Шелапутов осторожно погладил зазубрины обкромсанных ушей — тупым ножом привечали тебя на белом свете, но ничего, брат мой, ничего. Он попытался разъединить ошейник и цепь, но это была сталь, навсегда прикованная к стали, — ан ничего, посмотрим.

Шелапутов отворил калитку, с раздражением одернув оранжевого крикуна, ринувшегося ему под ноги: „Да погоди ты, ну-ка — пошел". Освобожденная Ингурка понеслась вдоль моря, окруженная усталыми преследователями. Сзади медленно шел большой старый пес.

Так цвел и угасал день.

Пристанище Шелапутова, расположенное на отшибе от благоустройства дома, не отапливалось, не имело электрического света и стекла в зарешеченном окне. Этой комнатой гнушались прихотливые квартиранты, но ее любил Шелапутов. Он приготовился было уподобиться озябшим розам, как вдруг, в чепчике и шали, кокетливо появилась мадам Одетта и преподнесла ему бутылки с горячей водой для согревания постели. Он отнес эту любезность к мягкосердечию ее покойного мужа, сведущего в холоде грустных ночей: его робкая тень и прежде заметно благоволила к Шелапутову.

Красное солнце волнующе быстро уходило за мыс, и Шелапутов следил за его исчезновением с грустью, превышающей обыденные обстоятельства заката, словно репетируя последний миг существования. Совсем рядом трудилось и шумело море. Каждую ночь Шелапутов вникал в значение этого мерного многозвучного шума. Что знал, с чем обращался к его недалекости терпеливый гений стихии, монотонно вбивавший в каменья суши одну и ту же непостижимую мысль?

Шелапутов возжег свечу и стал смотреть на белый лист бумаги, в котором не обитало и не проступало ничего, кроме голенастого шестиногого паучка, резвой дактилической походкой снующего вдоль воображаемых строк. Уцелевшие в холоде ночные насекомые с треском окунали в пламя слепые крылья. „Зачем все это? — с тоской подумал Шелапутов. — И чего хочет эта ненасытная белизна, почему так легко принимает жертву в муках умирающих, мясистых и сумрачных мотыльков? И кто волен приносить эту жертву? Неужто вымышленные буквы, приблизительно обозначающие страдание, существенней и драгоценней, чем бег паучка и все мелкие жизни, сгорающие в чужом необязательном огне?" Шелапутов, и всегда тяготившийся видом белой бумаги, с облегчением задул свечу и сразу же различил в разгулявшемся шелесте ночи одушевленно-железный крадущийся звук. Шелапутов открыл дверь и сказал в темноту: „Иди сюда". Осторожно ступая, тысячелетним опытом беглого каторжника умеряя звон цепи, по лестнице поднялась его Собака.

Шелапутов в темноте расковырял банку тушенки — из припасов, которыми он тщетно пытался утолить весь голод Ингурки, накопленный ею к тому времени. И тут же в неприкрытую дверь вкатился Рыжий, повизгивая сначала от обиды, а потом — как бы всхлипывая и прощая. „Да молчи ты, по крайней мере", — сказал Шелапутов, отделяя ему часть мясного и хлебного месива.

Наконец улеглись: Собака возле постели, Шелапутов — в теплые, трудно сочетаемые с телом бутылки, куда вслед за ним взлетел Рыжий и начал капризно устраиваться, вспыльчиво прощелкивая зубами пушистое брюхо. „Да не толкайся ты, несносное существо, — безвольно укорил его Шелапутов. — Откуда ты взялся на мою голову?" Он сильно разволновался от возни, от своего самовольного гостеприимства, от пугающей остановки беспечного гамака, в котором он дремал и качался последнее время. Он опустил руку и сразу встретил обращенную к нему большую голову Собаки. Странно, что все это было на самом деле. Не Хамодурова, не Шелапутов, или как там их зовут по прихоти человека, который в ту осень предписанного ликования, в ночь своей крайней печали лежал на кровати, теснимый бутылками, Рыжим и толчеей внутри себя, достаточной для нескольких жизней и смертей, не это, конечно, а было: комната, буря сада и закипающего моря, Собака и человек, желавший все забыть и вот теперь положивший руку на голову Собаки и плачущий от любви, чрезмерной и непосильной для него в ту пору его жизни, а может быть, и в эту.

Было или не было, но из главной части дома, сквозь проницаемую каменную стену донеслось многоточие с восклицательным знаком в конце: это мадам Одетта ритуально пролепетала босыми ногами из спальни в столовую и повернула портрет лицом к обоям. Рыжий встрепенулся спросонок и залился пронзительным лаем. Похолодевший Шелапутов ловил и пробовал сомкнуть его мягко обороняющиеся челюсти. После паузы недоумения в застенной дали стукнуло и грохнуло: портрет повернулся лицом к неприглядной яви, а Пыркин мощно брыкнул изножие кровати. Уже не впопыхах, удобно запрокинув морду, Рыжий предался долгой вдохновенной трели. Шелапутов больше не боролся с ним. „Сделай что-нибудь, чтоб он, наконец, заткнулся", — безнадежно сказал он Собаке, как и он, понимавшей, что он говорит вздор. Рыжий тявкнул еще несколько раз, чтобы потратить возбуждение, отвлекающее от сна, звонко зевнул, и все затихло.

За окном медленно, с неохотой светало. Из нажитого за ночь тепла Шелапутов смотрел сквозь решетку на серый зябкий свет, словно в темницу, где по обязанности приходил в себя бледный исполнительный узник. Пес встал и, сдержанно звякая цепью, спустился в сад. Рыжий спал, иногда поскуливая и часто перебирая лапами. Уже было видно, какой он яркий франт, какой неженка — по собственной одаренности, по причуде крови, заблудшей в том месте судьбы, где собак не́жить некому. Успел ли он поразить Ингурку красотой оперения, усиленной восходом, — Шелапутов не знал, потому что проснулся поздно. Сад уже оттаял и сверкал, а Шелапутов все робел появиться на хозяйской половине. Это живое чувство опять соотносило его с забытой действительностью, с ее привычным и когда-то любимым уютом.

Вопреки его опасениям, мадам Одетта, хоть и посмотрела на него очень внимательно, была легка и мила и предложила ему кофе. Шелапутов, подчеркнуто чуравшийся застольного и всякого единения, на этот раз заискивающе согласился. Пыркин фальшивой опрометью побежал на кухню, вычурно кривляясь и приговаривая: „Кофейник, кофейник, ау! Скорее иди сюда!" — но тут же умолк и насупился: сегодня был его день ехать в город.

Мадам Одетта, построив подбородку грациозную подпорку из локотка и кулачка, благосклонно смотрела, как Шелапутов, отвыкший от миниатюрного предмета чашки, неловко пьет кофе. Ее губы округлялись, вытягивались, складывались в поцелуйное рыльце для надобности гласных и согласных звуков — их общая сумма составила фразу, дикий смысл которой вдруг ясно дошел до сведения Шелапутова:

— Помните, у Пруста э т о называлось: совершить каттлею?

Он не только понял и вспомнил, но и совершенно увидел ночной Париж, фиакр, впускающий свет и тьму фонарей, борьбу, бормотание, первое объятие Свана и его Одетты, его жалкую победу над ее податливостью, столь распростертой и недостижимой, возглавленной маленьким спертым умом, куда не было доступа страдающему Свану. При этом, действительно, была повреждена приколотая к платью орхидея, чьим именем стали они называть безымянную безысходность между ними.

Шелапутов прекрасно приживался в вымышленных обстоятельствах и в этом смысле был пронырливо практичен. Малым ребенком, страдая от войны и непрерывной зимы, он повадился гулять в овальном пейзаже, врисованном в старую синюю сахарницу. По изогнутому мостику блеклого красного кирпича, лаская ладонью его нежный мох, он проходил над глухим водоемом, вступал в заросли купалы на том берегу и навсегда причислил прелесть желто-зеленых цветов в молодой зелени луга к любимым радостям детства и дальнейшей жизни. Он возвращался туда и позже, смелея от возраста и удлиняя прогулки. Из черемухового оврага по крутой тропинке поднимался на обрыв парка, увенчанный подгнившей беседкой, видел в просвете аллеи большой, бесформенно-стройный дом, где то и дело кто-то принимался играть на рояле, бросал и смеялся. Целомудренный зонтик прогуливался над стриженым кустарником. Какой-то господин, забывшись, сидел на скамье, соединив нарядную бороду и пальцы, оплетшие набалдашник трости, недвижно глядя в невидимый объектив светлыми, чуть хмельными глазами. Шелапутов хорошо знал этих добрых беспечных людей, расточительных, невпопад влюбленных, томимых благородными помыслами и неясными предчувствиями. Он, крадучись, уходил, чтобы не разбудить их и скрыть от них, что ничего этого нет, что обожаемый кружевной ребенок, погоняющий обруч, давно превратился в прах и тлен.

Годы спустя, незадолго до постыдного публичного обморока, затаившись в руинах чьей-то дачи, он приспособился жить в чужеземстве настенного гобелена. Это было вовсе беспечальное место: с крепостью домика, увитого вечным плющом, с мельницей над сладким ручьем, с толстыми животными, опекаемыми пастушкой, похожей на мадам Одетту, но, разумеется, не сведущей в Прусте. Там бы ему и оставаться, но он затосковал, разбранился с пастушкой, раздражавшей его шепелящими ласкательными суффиксами, и бежал.

Вот и сейчас он легко променял цветущую Диоскурию на серую дымку Парижа, в которой и обитал палевый, голубой и лиловый фазан.

Две одновременные му́ки окликнули Шелапутова и вернули его в надлежащую географию. Первая была — маленькая месть задетой осы, трудящейся над красным вздутием его кисти. Вторая боль, бывшая больше его тела, коряво разрасталась и корчилась вовне, он был ею и натыкался на нее, может быть, потому, что шел вслепую напрямик, мимо дорожки к воротам и ворот, оставляя на оградительных шипах клочья одежды и кожи.

Бессмысленно тараща обрубки антенн, соотносящих живое существо с влияниями и зовами всего, что вокруг, он опять втеснился в душную темноту, достаточную лишь для малой части человека, для костяка, кое-как одетого худобою. Какие розы? Ах, да. Читатель ждет уж... Могила на холме и маленький белый монастырь с угловой темницей для наказанного монаха: камень, вплотную облегающий стоящего грешника, его глаза, уши, ноздри и губы, — благо ему, если он стоял вольготно, видел, слышал и вдыхал свет.

Потайным глубинным пеклом, загодя озирающим длительность предшествующего небытия, всегда остающимся про запас, чтобы успеть вглядеться в последующую запредельность и погаснуть, Шелапутов узнал и впитал ту, что стояла перед ним. Это и была его единственная родимая

111

собственность: его жизнь и смерть. Ее седины развевались по безветрию, движимые круговертью под ними, сквозь огромные глаза виден был ад кипящей безвыходной мысли. Они ринулись друг к другу, чтобы спасти и спастись, и, конечно, об этом было слово, которое дымилось и пенилось на ее губах, которое здраво и грамотно видел и никак не мог понять Шелапутов.

Как мало оставалось мученья: лишь разгадать и исполнить ее заклинающий крик и приникнуть к, проникнуть в, вновь обрести блаженный изначальный уют, охраняемый ее урчащей когтистой любовью. Но что она говорит? Неужели предлагает мне партию на бильярде? Или все еще хуже, чем я знаю, и речь идет о гольфе, бридже, триктраке? Или она нашла мне хорошую партию? Но я же не могу всего этого, что нам делать, как искуплю я твою нестерпимую муку? Ведь я — лишь внешность раны, исходящей твоею бедною кровью. О, мама, неужели я умираю!

Они хватали и разбрасывали непреодолимый воздух между ними, а его все больше становилось. Какой маркшейдер ошибся, чтобы они так разминулись в прозрачной толще? Вот она уходит все дальше и дальше, протянув к нему руки, в латах и в мантии, в терновом венце и в погонах.

Шелапутов очнулся от того, что опять заметил свою руку, раненную осою: кисть болела и чесалась, ладонь обнимала темя Собаки.

Опираясь о голову Собаки, Шелапутов увидел великое множество моря с накипью серебра, сад, обманутый ослепительной видимостью зноя и опять желавший цвести и красоваться. На берегу ослабевшая Ингурка, вяло огрызаясь, уклонялась от неизбежной судьбы. Уже без гордости и жеманства стряхивала она то одни, то другие объятья. Рыжий всех разгонял мелким начальственным лаем. И другая стайка играла неподалеку: девочка Кетеван смеялась и убегала от Гиго.

Под рукой Шелапутова поднялся загривок Собаки, и у Шелапутова обострились лопатки. Он обернулся и увидел Пыркина, собравшегося в город. Он совсем не знал этого никакого человека и был поражен силою его взгляда, чья траектория отчетливо чернела на свету, пронзала затылок Шелапутова, взрывалась там, где обрывок цепи, и успевала контузить окрестность. Он сладострастно посылал взгляд и не мог прервать этого занятия, но и Шелапутов сильно смотрел на Пыркина.

Следуя к автобусной станции, Пыркин схватил каменья гор вместе с домами и огородами и запустил ими в иноплеменную нечисть собак и детей, во всю дикоязычную прустовую сволочь, норовящую бежать с каторги и пожирать фейхоа.

— Вот что, брат, — сказал Шелапутов. — Иди туда, не уступай Рыжему прощальной улыбки нашего печального заката. А я поеду в город и спрошу у тех, кто понимает: что делать человеку, который хочет уехать вместе со своею Собакой.

Пес понуро пошел. Шелапутов не стал смотреть, как он стоит, опустив голову, пока Рыжий, наскакивая и отступая, поверхностно кусает воздух вокруг львиных лап, а Ингурка, в поддержку ему, морщит нос и дрожит верхней губой, открывая неприязненные мелкие острия, при одобрении всех второстепенных участников.

Не стал он смотреть и на то, как Гиго ловит смеющуюся Кетеван. Разве можно поймать свет, золотой столбик неопределенной пыли? — а вот поймал же и для шутки держит над прибоем, а прибой для шутки делает вид, что возьмет себе. Но она еще отбивается, еще утекает сквозь пальцы и свободно светится вдалеке — ровня лучу, неотличимая от остального солнца.

Престарелый автобус с брезентовым верхом так взбалтывал на ухабах содержимое, перемешивая разновидности, национальности, сорта и породы, что к концу пути все в нем стало равно потно, помято и едино, — кроме Пыркина и Шелапутова.

Вот какой город, какой Афинно-белый и колоннадный, с короной сооружения на главе горы; ну, не Парфенон, я ведь ни на что и не претендую, а ресторан, где кончились купаты, но какой любимый Шелапутовым город — вот он ждет, богатый чужеземец, владелец выспренних излишеств пальм, рододендронов и эвкалиптов, гипса вблизи и базальта вдали. Лазурный, жгучий, волосатый город, вожделеющий царственной недоступной сестры: как бы смял он ее флердоранж, у, Ницца, у!

Шелапутов, направляясь в контору Кука, как и всегда идучи, до отказа завел руки за спину, крепко ухватившись левой рукой за правую. Зачарованный Пыркин некоторое время шел за ним, доверчиво склонив набок голову для обдумывания этой особенности его походки, и даже говорил ему что-то поощрительное, но Шелапутов опять забыл замечать его.

Сподвижники отсутствующего Кука, до которых он доплыл, на этот раз без удовольствия, по извилинам очереди, брезгливо объяснили ему, что нужно делать человеку, который хочет уехать вместе со своею Собакой. Все это не умещалось во времени, отведенном Шелапутову, а намордник, реставрация оборванной цепи и отдельная клетка для путешествия и вовсе никуда не умещались.

Устав и померкнув, Шелапутов пошел вдоль набережной, тяготясь неподъемной величиной неба, гор и снующей жизни. Море белесо отсутствовало, и прямо за парапетом начиналось ничто. Урожденный близнец человеческой толчеи, слоняющейся, торгующей, настигающей женщин или другую добычу, он опять был совсем один и опирался лишь на сцепленные за спиною руки.

Усевшись в приморской кофейне, Шелапутов стал смотреть, как грек Алеко, изящный, поджарый, черно-седой, ведает жаровней с раскаленным песком. Никакой болтливости движений, краткий полет крепкого локтя, скошенный блеск емкого глаза, предугадывающий всякую новую нужду в черном вареве, усмехающийся кофейным гадателям: ему-то не о чем спрашивать перевернутую чашку, он прозорливей всеведущей гущи.

Ничего не помнил, все знал Шелапутов: тот же мгновенный — пошевеливайся, чучмек! — час на сборы, могилы — там, Алеко — здесь.

Почуяв Шелапутова, Алеко любовно полыхнул ему глазом: обожди, я иду, не печалься и здравствуй во веки веков. Есть взор между человеком и человеком, для которого и следует жить в этом несказанном мире, с блистающим морем и хрупкой гигантской магнолией, держащей на весу фарфоровую чашу со светом. Совладав с очередной партией меди в песке, Алеко подошел, легкой ладонью приветил плечо Шелапутова. Про Собаку сказал:

— Иди по этому адресу, договорись с проводником. Он приедет завтра вечером, послезавтра уедет и вместе с ним ты со своею Собакой.

Потом погасил глаза и спросил:

— Видел Кетеван?

— Езжай туда, Алеко, — внятно глядя на него, ответил Шелапутов. — Не медли, езжай сегодня.

Алеко посмотрел на простор дня, на Грецию вдали, коротко сыграл пальцами по столу конец какой-то музыки и сказал с вольной усмешкой:

— Я старый бедный грек из кофейни. А она — ты сам знаешь. Пойду-ка я на свое место. Прощай, брат.

Но как ты красив, Алеко, все в тебе. Ты все видел на белом свете, кроме высшей его белизны — возлюбленной родины твоей древней и доблестной крови. С тобою Самофракийская Ника! Смежим веки и станем думать, что море и море похожи, как капля и капля воды. И что так стройно белеет на вершине горы? Не храм же в честь начала и конца купат, а мысль без просчета, красота без изъяна: Парфенон.

Шелапутов обнял разрушенную колонну, вслушиваясь лбом в шершавый мрамор. Внизу подтянуто раскинулся Акрополь, ниже и дальше с достоинством суетился порт Пирей, совсем далеко, за маревом морей, в кофейню вошли двенадцать человек, неотличимых один от другого. Кто такие? Должно быть, негоцианты, преуспевшие в торговле мускусом, имбирем и рабами, допировывающие очередную сделку. Но где уже видел их Шелапутов? Влюбленная прислуга сдвигала столы, тащила бутылки и снедь. Виктория — их, несомненно, но разве мало у них драхм, чтобы подкупить руку, смазавшую черты их лиц, воздвигшую больной жир животов, опасный для их счастливой жизни? Бр-р, однако, как они выглядят.

— Пошевеливайся, грек! — Но он уже идет с чашкой и медным сосудом, безупречно статный, как измышленье Лисиппа, весело глядя на них всезнающими глазами.

— На, грек, выпей!

С любезным поклоном берет он стакан, пристально разглядывает влагу, где что-то кишит и плодится, смеется дерзкими свежими зубами и говорит беспечно:

— Грязно ваше вино.

Больше он ничего не говорит, но они, беснуясь, слышат:

— Грязно ваше вино, блатные ублюдки. Проклятье тому, кто отпил его добровольно, горе тому, чью шею пригнули к нему. Этот — грек, тот — еще кто-нибудь, а вы — никто ниоткуда, много у вас владений, но родины — нет, потому что все ваше — чужое, отнятое у других.

Так он молчит, ставит стакан на стол и уходит на свое место: путем великих Панафиней, через Пропилеи, мимо Эрехтейона — к Парфенону.

Прощай.

Какое-то указание или приглашение было Шелапутову, о котором он забыл, но которому следовал. Бодрым и деловым шагом, задушевно и мимолетно поглаживая живую шерсть встречных пальм, шел он вдоль темнеющих улиц к подмигивающему маяку неведомой дали. Вот юный дом с обветшалой штукатуркой, надобный этаж, дверь, бескорыстный звонок с проводами, не впадающими в электричество. Он постучал, подождал и вошел.

Мрак комнаты был битком набит запахом, затрудняющим дыхание и продвижение вперед, — иначе как бы пронюхал Шелапутов густоту благовонного смрада?

119

Повсюду, в горшках и ящиках, подрагивали и извивались балетно-неземные развратно-прекрасные цветы.

Лицом к их раструбам, спиной к Шелапутову стоял и сотрясался Пыркин, в упоении хлопотавший о близкой удаче.

Вот пала рука, и раздался вопль победы и муки.

Отдохнув, охладев к докучливой искушающей флоре, Пыркин отвернулся от загадочно глядящих неутолимых растений, увидел Шелапутова и прикрикнул на него с достоинством:

— Я на пенсии! Я развожу орхидеи!

— Ну-ну, — молча пожал плечами Шелапутов, — это мило.

Они двинулись к автобусу и потом к дому: впереди Шелапутов, сомкнувший за спиной руки, сзади — Пыркин, приглядывающий за его затылком.

Поднявшись к себе, Шелапутов не закрыл дверь и стал ждать.

Вот — осторожно зазвенело в саду и вверх по лестнице. Шелапутов обнял голову Собаки, припал к ней лицом и отстранился:

— Ешь.

В эту ночь Рыжий появился ненадолго: перекусил, наспех лизнул Шелапутова, пискливо рявкнул на Собаку, в беспамятстве полежал на боку и умчался.

Важная нежная звезда настойчиво обращалась к Шелапутову — но с чем? Всю жизнь разгадывает человек значение этой кристальной связи, и лишь в мгновение, следующее за последним мгновением, осеняет его ослепительный ответ, то совершенное знание, которым никому не дано поделиться с другим.

Шелапутов проснулся, потому что пес встал, по-военному насупив шерсть и мышцы, клокоча глубиною горла.

— Ты не ходи, — сказал Шелапутов и толкнул дверь.

Что-то ссыпалось с лестницы, затрещало в кустах и затаилось. Шелапутов без страха и интереса смотрел в темноту. Пес все же вышел и стал рядом. Выстрел, выстрел и выстрел наобум полыхнули по звезде небес. Эхо, эхо и эхо, оттолкнувшись от гор, лоб в лоб столкнулись с криком промахнувшегося неудачника:

— Все французы — жиды! Свершают каттлею! Прячут беглых! Воруют фейхоа!

— Не спится? — сказал Шелапутов. — Ах, да, вы боитесь умереть во сне. Опасайтесь: я знаю хорошую колыбельную.

Утром окоченевший Шелапутов ленился встать, да и не было у него дел покуда. В открытую дверь он увидел скромную кружевную франтоватость — исконную отраду земли, с которой он попытался разминуться: на железных перилах, увитых виноградом, на убитых тельцах уязвленной морозом хурмы лежала северная белизна. Обжигая ею пальчики, по ступеням поднималась мадам Одетта в премилой душегрейке. На пороге ей пришлось остановиться в смущении:

— Ах! Прошу прощения: вы еще не одеты и даже не вставали.

Галантный благовоспитанный Шелапутов как раз был одет во все свои одежды и встал без промедления.

Мадам Одетта задумчиво озирала его голубою влагой, красиво расположенной вокруг бдительных черных зрачков, знающих мысль, которую ей трудно было выразить, — такую:

— Причина, побуждающая меня объясниться с вами, лежит в моем прошлом. (Голубизна увеличилась и пролилась на щеку.) Видите ли, в Пыркине, лишенном лоска и лишнего образования, есть своя тонкость. Его странные поездки в город (влага подсохла, а зрачки цепко вчитались в Шелапутова) — это, в сущности, путешествие в мою сторону, преодоление враждебных символов, мешающих его власти надо мной. Он тяжко ревнует меня к покойному мужу — и справедливо. (Голубые ручьи.) Но я хочу говорить о другом. (Шепот и торжество черного над голубым.) Будьте осторожны. Он никогда не спит, чтобы не умереть, и все видит. Пыркин — опасный для вас человек.

— Но кто это — Пыркин? — совершенно растерявшись, спросил Шелапутов и вдруг, страшно волнуясь, стал сбивчиво и словно нетрезво говорить: — Пыркин — это не здесь, это совсем другой. Клянусь вам, вы просто не знаете! Там, возле станции, холм, окаймленный соснами, и чудная церковь с витиеватыми куполами, один совсем золотой, и поле внизу, и дома на его другом берегу. Так вот, если идти к вершине кладбища не снизу, а сбоку, со стороны дороги, непременно увидишь забытую могилу, над которой ничего нет, только палка торчит из-под земли и на ней написано: „ПЫРКИН!" Представляете? Какой неистребимый характер, какая живучесть! Ходить за водкой на станцию, надвигать кепку на шальные глаза, на этом же кладбище, в праздник, сидеть среди цветной яичной скорлупы, ощущать в полегчавшем теле радостную облегченность к драке, горланить песнь, пока не захрипит в горле слеза неодолимой печали, когда-нибудь нелепо погибнуть и послать наружу этот веселый вертикальный крик: „ПЫРКИН!"

— Врешь! — закричал невидимый однофамилец нездешнего Пыркина. — Это тот — другой кто-нибудь, вор, пьяница, бездельник с тремя судимостями! Все спал, небось, налив глаза, — вот и умер, дурак!

Никто уже не стоял в проеме двери, не заслонял размороженный, нестерпимо сверкающий сад, а Шелапутов все смотрел на заветный холм, столь им любимый и для него неизбежный.

Дождавшись часа, когда солнце, сделав все возможное для отогревания этих садов, стало примеряться к беспристрастной заботе о других садах и народах, Шелапутов через калитку вышел на берег и увяз в мокрой гальке. Уже затрещинами и зуботычинами учило море непонятливую землю, но, как ей и подобает, никто по-прежнему ничего не понимал.

Из ничьего самшита, вырвавшегося на волю из чьей-то изгороди, лениво вышел Гиго в полосатом свитере, снова не имеющий занятия и намерения. Далеко сзади, закрыв лицо всей длиной руки, преломленной в прелестной кисти, обмакнутой в грядущую мыльную бесконечность, шла и не золотилась девочка Кетеван.

Солнце, перед тем как невозвратимо уйти в тучу, ударило в бубен оранжевой шерсти, и Рыжий скрестил передние лапы на волчье-козьей темно-светлой шее. Сооружение из него и Ингурки упрочилось и застыло. Массовка доигрывала роль, сидя кругом и глядя. Вдали оцепеневшего хоровода стоял и смотрел большой старый пес.

— Плюнь, — сказал ему Шелапутов. — Пойдем.

Впереди был торчок скалы на отлогом берегу: еще кто-нибудь оглянулся, когда нельзя. Шелапутов провел ладонью по худому хребту — львиная шерсть поежилась от ласки, и волна морщин прокатилась по шрамам и клеймам.

Сказал: — Жди меня здесь, а завтра — уедем, — и, не оглянувшись, пошел искать проводника.

Адрес был недальний, но Шелапутов далеко зашел в глубь расторопно сгустившейся ночи, упираясь то в тупик чащобы, то в обрыв дороги над хладным форельным ручьем. Небо ничем не выдавало своего предполагаемого присутствия, и Шелапутов, обособленный от мироздания, мыкался внутри каменной безвоздушной темноты, словно в погасшем безвыходном лифте.

Засквозило избавлением, и сразу обнаружилось небо со звездами и безукоризненной луной, чье созревание за долгими тучами упустил из виду

Шелапутов и теперь был поражен ее видом и значением. Прямо перед ним, на освещенном пригорке, стоял блюститель порядка во всеоружье и плакал навзрыд. Переждав первую жалость и уважение к его горю, Шелапутов, стыдясь, все же обратился к нему за указанием — тот, не унимая лунных слез, движением руки объяснил: где.

Женщины, в черном с головы до ног, встретили Шелапутова на крыльце и ввели в дом. Он еще успел полюбоваться скорбным благородством их одеяний, независимых от пестроты нынешнего времени, и лишь потом заметил, как с легким шелковым треском порвалось его сердце, и это было не больно, а мятно-сладко. Старик, главный в доме, и другие мужчины стояли вкруг стола и окропляли вином хлеб. И Шелапутову дали вина и хлеба. Старик сказал:

— Выпей и ты за Алеко, — он пролил немного вина на хлеб, остальное выпил.

Как прохладно в груди, какое острое вино, как прекрасно добавлен к его вкусу вольно-озонный смолистый привкус. Уж не рецина ли это? Нет, это местное черное вино, а рецина золотится на свету и оскоминным золотом вяжет и услаждает рот. Но все равно — здравствуй, Алеко. Мы всегда умираем прежде, чем они, их нож поспевает за нашей спи-

126

ною, но их смерть будет страшнее, потому что велик их страх перед нею. Какие бедные, в сущности, люди. И не потому ли они так прожорливо дорожат своей нищей жизнью, что у нее безусловно не будет продолжения и никто не заплачет по ним от горя, а не от корысти?

Шелапутов выпил еще, хоть тревожно знал, что ему пора идти: ему померещилось, что трижды пошатнулась и погасла звезда.

— Так приходи завтра, если сможешь, — сказал старик на прощанье. — Я буду ждать тебя с твоею Собакой.

Не потратив нисколько времени, одним прыжком спешащего ума, Шелапутов достиг вздыбленного камня. Собаки не было там. Шелапутов не знал, где его Собака, где его лев, где он лежит на боку, предельно потянувшись, далеко разведя голову и окоченевшие лапы. Три пулевых раны и еще одна, уже лишняя и безразличная телу, чернеют при ясной луне. По горлу и по бархатному свободному излишку шеи, надобному большой собаке лишь для того, чтобы с обожанием потрепала его рука человека, прошелся нож, уже не имевший понятной цели причинить смерть.

— Значит — четыре, — аккуратно сосчитал Шелапутов. — Вот сколько маленьких усилий задолжал я гиенам, которые давно недоумевают: уж не враг ли я их, если принадлежащая им падаль до сих пор разводит орхидеи?

Зарницей по ту сторону глаз, мгновенным после-тоннельным светом, за которым прежде он охотился жизнь напролет, он вспомнил все, что забыл в укрытии недуга. Оставалось лишь менять картины в волшебном фонаре. Селенье называлось: Свистуха, река Яхрома, неподалеку мертвая вода канала возлежала в бетонной усыпальнице. За стеной с гобеленом хворала необщительная хозяйка развалившейся дачи. Однажды она призвала его стуком, и он впервые вошел в ее комнату, весело глядящую в багрец и золото, октябрь, подводивший итог увяданья, солнечный и паутинный в том году. Старая красивая дама пылко смотрела на него, крепко прихватив пальцами кружева на ключицах. Он сразу увидал в ней величественную тень чего-то, большего, чем она, оставившую ее облику лишь узкую ущербную скобку желтенького света. Он был не готов к этому, это было так же просто и дико, как склонить к букварю прилежный бант и прочесть слово: смерть.

— Голубчик, — сказала она, — я видела тех, кто строил этот канал. Туда нельзя было ходить, но мы заблудились после пикника и нечаянно приблизились к недозволенному месту. Нас резко завернули, но мы были веселы от вина и от жизни и продолжали шутить и смеяться. И тогда я встретила взгляд человека, которого уже не было на свете, он уже вымостил собою дно канала, но вот стоял и брезгливо и высокомерно смотрел на меня. Столько лет прошло, клешни внутри меня намертво сомкнулись и дожирают мою жизнь. А он все стоит и смотрит. Бедное дитя, вы тогда еще не родились, но я должна была сказать это кому-то. Ведь надо же ему на кого-то смотреть.

Все это несправедливо показалось прежнему Шелапутову: ведь он уже бежал в спасительные чудотворные рощи и теперь ему надо было подаваться куда-то из безмятежных надмогильных лесов и отсиживаться в гобелене.

Время спустя Шелапутов или та, чей свитер был — его, плыл или плыла по каналу на развлекательном кораблике с музыкой и лампионами. Двенадцать спутников эффектной экскурсантки в обтяжном бархате и перезвоне серебряных цепочек — отвечали неграмотными любезностями на ее предерзкие словечки. Слагая допустимые колкости, она пригубляла вино, настоянное на жирных амебах. И вдруг увидела, как из заоконной русалочьей сырости бледные лица глядят на нее брезгливо и

129

высокомерно. Но почему не на тех, кого они видели в свой последний час, а на нее, разминувшуюся с ними во времени? Остальная компания с удовлетворением смотрела на уютную дрессированную воду, на холодную лунную ночь, удачно совпавшую с теплом и светом внутри быстрокрылого гулящего судна.

Затем был этот недо-полет через долину зала, врожденный недо-поступок, дамский подвиг упасть без чувств и натужное мужество без них обходиться. Не пелось певунье, не кувыркалось акробатке, и этот трюк воспалил интерес публики, всегда грезящей об умственной собственности. Каждой делательнице тарталеток любо наречь божеством того, кто прирученно ест их с ее ладони, втянув зубы, вытянув губы. Но Шелапутова ей не обвести вокруг пальца!

Он положил руку на пустоту, нечаянно ища большую голову Собаки с ложбиной меж вдумчивых надбровных всхолмий.

Ничто не может быть так холодно, как это.

Спущенный с тетивы в близкую цель, Шелапутов несся вдоль сокрушительного моря и споткнулся бы о помеху, если бы не свитер цвета верстового столба.

Гиго рыдал, катая голову по мокрым камням.

— Мать побила меня! Мать била Гиго и звала его сыном беды, идиотом. Мать кричала: если у Кетеван нет отца, пусть мой отец убьет меня. Отец заступался и плакал. Он сказал: теперь Алеко женится на ней. А она убежала из дома. Мать велела мне жить там, где живут бездомные собаки, и она вместе со всеми будет бросать в меня камни и не бросит хлеба.

Отвечая праздничной легкости Шелапутова, сиял перед ним его курортик, его кромешный Сен-Тропез, возжегший все огни, факелами обыскивающий темноту.

Навстречу ему бежала развевающаяся мадам Одетта. Добежала, потащила к губам его руки, цепляясь за него и крича:

— Спасите! Он заснул! Он умирает во сне!

Отряхнувшись от нее, Шелапутов вошел в дом и не спеша поднялся в спальню. На кровати, под перевернутым портретом, глядящим сквозь стену в шелапутовскую каморку, хрипел и кричал во сне Пыркин. Лицо его быстро увеличивалось и темнело от прибыли некрасивой крови, руки хватались за что-то, что не выдерживало тяжести и вместе с ним летело с обрыва в пучину.

Ружье отдыхало рядом, вновь готовое к услугам.

— Помогите! — рыдала мадам Одетта. — Ради того, которого над нами нет, — разбудите его! Вы можете это, я не верю, что вы так ужасно жестоки. — Она пала на колени, неприятно белея ими из-под распавшегося халата, и рассыпалась по полу саксонской фасолью, нестройными черепками грузного фарфора.

Маленький во фраке, головою вниз повисший со звезды, поднял хрустальную указку, и Шелапутов запел свою колыбельную. Это была невинная песенка, в чью снотворную силу твердо верил Шелапутов. От дремотного речитатива Пыркину заметно полегчало: рыщущие руки нашли искомый покой, истомленная грудь глубоко глотнула последнего воздуха и остановилась — на этом ее житейские обязанности кончались, и выдох был уже не ее заботой, а кого-то другого и высшего.

Прилично соответствуя грустным обстоятельствам, Шелапутов поднял к небу глаза и увидел, что маленький завсегдатай звезды, отшвырнув повелительную палочку, обнял луч и приник к нему плачущим телом.

Шелапутов накинулся на затихшего Пыркина: тряс его плечи, дул ему в рот, обегал ладонью левое предплечье, где что-то с готовностью проснулось и бодро защелкало. Он рабски вторил подсказке неведомого суфлера и приговаривал:

— Не баю-бай, а бей и убей! Я все перепутал, а вы поверили! Никакого отбоя! Труба зовет нас в бой! Смерть тому, кто заснул на посту!

Новорожденный Пыркин открыл безоружные глаза, не успевшие возыметь цвет и взгляд, и, быстро взрослея, строго спросил:

— Что происходит?

— Ничего нового, — доложил Шелапутов. — Деление на убийц и убиенных предрешено и непоправимо.

Опытным движением из нескольких слагаемых: низко уронить лоб, успеть подхватить его на лету, вновь подпереть макушкой сто шестьдесят пятый от грязного пола сантиметр пространства с колосниками наверху и укоризненной звездой в зените и спиной наобум без промаха пройти сквозь занавес — он поклонился, миновал стену и оказался в своей чужой и родной, как могила, комнате. А там уже прогуливался бархат в обтяжку, вправленный в цирковые сапожки со шпорами, переливалось серебро цепочек, глаза наследственно вели в ад, но другого и обратного содержания.

— Привет, кавалерист-девица Хамодурова! — сказал Шелапутов (Шеламотов? Шуралеенко?). — Не засиделись ли мы в Диоскурийском блаженстве? Не время ли вернуться под купол стадиона и пугать простодушную публику песенкой о том, что песенка спета? Никто не знает, что это — правда, что канат над темнотой перетерся, как и связки голоса, покрытые хриплыми узелками. И лишь за это — браво и все предварительные глупые цветы. Ваш выход. Пора идти.

Так она и сделала.

Оставшийся живучий некто порыскал в небе, где притворно сияла несуществующая звезда, и пошел по лунной дорожке, которая — всего лишь отраженье отраженного света, видимость пути в невидимость за горизонтом, но ведь и сам опрометчивый путник — вздор, невесомость, призрачный неудачник, переживший свою Собаку и все, без чего можно обойтись, но — зачем?

1978

СОЗЕРЦАНИЕ СТЕКЛЯННОГО ШАРИКА

Ладони, прежде не имущей,
обнова тяжести мешает.
Поэт, в Германии живущий,
мне подарил стеклянный шарик.

Но не простой стеклянный шарик,
а шарик, склонный к предсказаньям.
Он дымчатость судьбы решает.
Он занят тем, чего не знаем.

Когда облек стеклянный шарик
округлый выдох стеклодува,
над ним чело с надбровным шрамом
трудилось, мысля и колдуя.

Пульсировала лба натужность,
потворствуя растрате легких,

чей воздух возымел наружность
вместилища миров далеких.

Их затворил в прозрачном сердце
мой шарик, превратившись в скрягу.
Вселенная в окне — в соседстве
с вселенной, заточенной в склянку.

Задумчив шарик и уклончив.
Мне жаль, что он — неописуем...
Но так дитя берет альбомчик
и мироздание рисует...

Это — не эпиграф, это — начало стихотворения.

Может быть, и впрямь, препона моим старани-
ям заключена в упомянутом неописуемом шарике?
Вот он отчужденно и замкнуто мерцает передо
мной с неприступным выражением достоинства,
оскорбленного предложением позировать и подвергать обзору и огласке свою важную тайную
суть. Одушевленная стеклянная плоть твердо про-
тивится вхожести дотошного ума, хоть они весьма
знакомы. Но на что годен сочиняющий ум, который знает, а упорхнувшая музыка о нем знать не
хочет, звук — беспечный вождь и сочинитель
смысла. Своевольный шарик — не раб мой, угодли-

во отнесу его в привычные ему покои письменного стола, а сама чернавкой останусь на кухне и начну о нем судачить. Полюбовалась напоследок, напитав его светом лампы, — и унесла.

Как и написано, шарик этот благосклонно подарил мне поэт, в Германии живущий. Он был немало удивлен силой моего впечатления при получении подарка. Умыслом и умением стеклодува округлое изделие, изваянное его легкими, изнутри было населено многими стройными сферами: более крупными, меньшими и маленькими, их серебряные неземные миры ослепительно сверкали на солнце, приходясь ему младшими подобьями. В сердцевине плотно-прозрачного пространства грациозно произрастала некая кроваво-коралловая корявость, кровеносный животворный ствол — корень и опора хрупкой миниатюрной вселенной. Ее ваятель с раскаленными щеками не слыл простаком: и ум знал, и музыка ума не чуралась. И шарик мой был не простой, а волшебный, что не однажды и только что подтвердилось.

Все это происходило в небольшом немецком городе Мюнстере, населенном пригожими людьми, буйно-здоровыми детьми и множеством мощно цветущих рододендронов. Нарядный, опрятный, неспешный, утешный городок: если бы вздумала усталая жизнь отпроситься в отлучку недолгой передышки — лучшего места не найти для шезлонга. Но для этого надо было бы родиться кем-нибудь другим — лучше всего вот этим гармонично увесистым дитятей, плывущим в коляске с кружевным балдахином, свежим и опытным взглядом властелина озирающим крахмальный чепец няньки и весь услужливо преподнесенный ему, обреченный благоденствию мир. Или хорошенькой кондитершей, чья розовая, съедобная для ненасытного сладкоежки-зрачка прелесть — родня и соперница роз, венчающих цветники тортов, сбитых сливок с клубникой и прочих лакомств ее ведомства. Или, наконец, вон тем статно-дородным добропорядочным господином, он не из сластен, он даже несколько кривится при мысли о приторно удавшейся жизни, пока запотевшая кружка пива подобострастно ждет его степенных усов.

Примерка сторонних образов и обстоятельств быстро наскучит, или экспромт сюжета начнет клянчить углов, поворотов, драматических неожиданностей, что косвенно может повредить облюбованным неповинным персонажам. А у меня всегда, где-то на окраине сердца, при виде чужого благоустройства живет мимолетная молитвенная забота о его сохранности и нерушимости.

Шарик сразу прижился к объятию моей ладони, пришелся ей впору, как затылок собаки, всегда норовящей подсунуть его под купол хозяйской руки. Собака здесь при том, что теплое стеклянное темя посылало в ладонь слабые внятные пульсы, ободряющие или укоризненные, но вспомогательные.

Пойду-ка верну шарик из полюбовной ссылки, заодно проведаю загривок собаки.

Заведомо признаюсь возможным насмешникам, что часто отзывалась игривости и озорству предметов и писала об этом, как бы вступая с ними не только в игру, но и в переписку. Эти слабоумные занятия не худшие из моих прегрешений, и они несколько оберегли меня от заслуженной почтенной серьезности.

По возвращении в Москву мы с шариком вскоре уехали в Малеевку, где, вырвавшись в лето, главенствовали и бушевали дети. Мой балкон смотрел на овраг и пруд, в глухую сторону, обратную их раздолью. Чудный был балкон! Он был сплошь уставлен алыми геранями, возбужденно пламенеющими при закате. Когда солнце заходило за близкие ели, я думала о Бунине. Гераневый балкон я называла Бунинским. Днем я выносила на него клетку с любимой поющей птицей. К ней прилетал оставшийся одиноким соловей, и они пели в два голоса.

Я рано вставала и плавала в пруду — вдоль отражения березы к березе. В пятницу — до понедельника — приезжал Борис, с нашей собакой. Я ждала его на перекрестке в полосатом черно-белом наряде, в цвете и позе верстового столба. Борис и собака уезжали ранним утром — я ощущала яркую, как бы молодую, какую-то остро-черемуховую грусть. Со мной оставались леса и протяжные поля, гераневый Бунинский балкон с оврагом и прудом, книги, перо и бумага, любимая поющая птица и, конечно, стеклянное сокровище — или сокровищница, учитывая насыщенность его недр звездами, кровянистым коренастым кораллом, тайным умом и явным талантом? Мыслящий одухотворенный шарик был неодолимо притягателен для детей, я этому не препятствовала. Шарик с некоторой гордой-опаской, но все же уступчиво давался им в руки. Дети по очереди выходили с ним в другую комнату, шептались, шушукались, спрашивали, просили, загадывали и гадали. Некоторые их желания сбывались немедленно: в правом ящике стола я припасала для них сласти и презренные жвачки. С небольшой ревностью я просила, как о всех живых тварях: только не тискайте, пожалуйста, не причиняйте излишних ласк. Дети вели себя на диво благовоспитанно, уважительно обращаясь к взрослому шарику полным и удостоверенным именем: Волшебный Шарик. Некоторые из них его рисовали — и получался краткий, абстрактно-достоверный портрет все-объемлющего свода. Недвижно плывущие в нем сферы нездешних миров они, без фамильярности, именовали пузырьками, что смутно соответство-вало неведомой научной справедливости.

По ночам шарик уединялся и собратствовал с всесущей и всезнающей бездной. Возглавляющая Орион желтая Бетельгейзе, по своему или моему обыкновению, насылала призывную тоску, похо-жую на вдохновение.

>...Но так дитя берет альбомчик
>и мироздание рисует.

>Побыть тобою, рисовальщик,
>прошусь — на краткий миг всего лишь,
>присвоить лика розоватость
>и карандаш, если позволишь.

>Сквозь упаданье прядей светлых
>придать звезде фольги сверканье
>и скрытных сфер стеклянный слепок
>наречь по-свойски пузырьками.

А вдруг и впрямь: пузырь — зародыш
и вод, и воздуха, и суши.
В нем спят младенец и звереныш.
Пузырчато все то, что суще.

Спектр емкий — елочный и мыльный —
величествен, вглядеться если.
Возьми свой карандаш, мой милый.
Остерегайся Бетельгейзе.

Когда кружишь в снегах окольных,
и боязно, и вьюга свищет, —
то Орион, небес охотник,
души, ему желанной, ищет.

Вот проба в дальний путь отбытья.
Игрушечной вселенной омут —
не сыт. Твой взгляд — его добыча —
отъят, проглочен, замурован...

Старинно воспитанный, учено-сутулый мальчик стал ближайшим конфидентом шарика, но деликатно посещал его реже других паломников,
робко испросив позволения. Когда они с шариком
смотрели друг на друга, меж ними зыбко тумани-
лось и клубилось родство и сходство. Глаза мальчи-

ка, отдаленные и усиленные линзами очков, тоже являли собою сложно составленные миры, сумрачные и светящиеся, с дополнительными непостоянными искрами. Казалось, что самому мальчику была тяжела столь громоздкая сумма зрачков: понурив голову, он занавешивал их теменью ресниц — это был закат, общий заход-уход лун и солнц, зато, обратное, восходное, действие вознаграждало и поражало наблюдателя. Мальчик играл на скрипке, уходя для этого в глубины парка, впадающего в лес, и однажды — в моей комнате, что сильнейше повлияло на поющую птицу и прилетавшего к ней соловья. Небывалое трио звучало душераздирающе, и одна чувствительная слушательница разрыдалась под моим балконом. Мальчик жил во флигеле под легкомысленным присмотром моложавой, шаловливой, даже озорной прабабушки. Можно было подумать, что добрые феи, высоко превосходящие чином противоположные им устройства, вычли из ее возраста годы тюрем и лагерей, подумали — и еще вычли, уже в счет других приговоров, тоже им известных. Сама же она объясняла, что фабула ее жизни была столь кругосветна, что безошибочный циркуль вернул ее точно в то место времени, откуда ее взяли в путешествие. „Не в главное путешествие, — утешала она меня, —

я говорю о детстве. Я рано себя заметила. Я совсем была мала, но не „как сейчас вижу" — в сей час живу в счастье дня, которого мне на всю жизнь хватило. В то лето разрослся, разбушевался жасмин, заполонил беседки, затмил окна, не пускал гостей в аллеи. Няня держит меня на руках и бранит жасмин: разбойник жасмин, неприятель жасмин, войском на нас нашел, ужо тебе, жасмин. А продираясь сквозь жасмин, к нам бежит девочка-мама и кричит: папа с фронта приехал в отпуск! Он крест Святого Георгия получил! За ней идет прекрасно красивый отец, с солнцем в погонах, и целует усами мои башмачки. А вечером — съезд, пиршество, фейерверк и среди белых цветов жасмина — обрывки белых кружев. Ну, а дальше что было — известно. Только — если человек запасся таким днем, он и в смерти выживет и не допустит в сердце зла".

Сквозь шарик или в нем я живо видела тот счастливый день, может быть, его избыточного запаса и мне достанет — хотя бы для недопускания в сердце зла. Чудная картина июньского полдня внушала зябкую тревогу. Дама в белом платье с розой у атласного пояса, офицер в парадном мундире, добрый снеговик няньки, светлое дитя в батистовых оборках, белый жасмин, белые кружева. Как все бело, слишком бело, и какая-то непререкаемая

144

смертельная белизна осеняет беззаботную группу, приближается к ней, готовится к прыжку из жасминовых зарослей. Ей противостоит неопределенный крылатый силуэт, бесплотный неуязвимый абрис — видимо, так окуляр шарика выглядел и выявил из незримости фигуру Любви. Дальше смотреть не хотелось, чтобы не допустить в сердце зла.

Очаровавшая меня прабабушка — может быть, в ней и упасла свою сохранность фигура Любви? — тоже дружила с шариком, он нежился и лучезарил в ее тонких руках. Однажды он огорчил ее, нарушив свойственную ему скрытность. Старая молодая дама печально молвила: „Да, это правда, и быть посему — быть худу. Влюблен мой правнук — вы знаете, я его прадедушкой дразню, — тяжело, скорбно влюблен, старым роковым способом".

Снежной королевной того жаркого лета была высокая взрослая девочка — всегда на роликах и с ракеткой. Длинные белые волосы — в прическе дисциплины, не позволявшей им развеваться по ветру или клониться в сторону обеденного стола. Хладные многознающие глаза с прямым взглядом, не снисходящим к собеседнику. Когда она неспешно проносилась по выбоинам асфальта, страшно было за высокие амфоры ее ног, наполненные золотом виноградного сока. Кто-то предупредил ее об опасном месте, удобном для спотыкания или упадания. Она сурово успокоила доброжелателя: „Со мной этого не может быть". Заискивающая свита подружек звала ее Лизой, она не возражала: „Хоть горшком... Мое имя Элзе, но вам это не по силам". Говорили, что отец ее — норвежец, русская мать преуспевает в собственном компьютерном деле. Кто-то осмелился спросить ее об отце: правда ли, что он — норвежец, и не шкипер ли он? Она ответила: „Правда то, что меня в вашей русской капусте нашли". В честь этого обстоятельства она появилась на детском празднике в прозрачном туалете бабочки капустницы. Приставленная к ней гувернантка или приживалка укоризненно зашептала ей в ухо, и все услышали строгий ответ: „А вы видели когда-нибудь, чтобы бабочки носили зипун?" И тут же обратилась к прабабушке мальчика, искоса указав на него подбородком: „Меня — в капусте, а вот этого где удалось отыскать?" Дама кротко и доброжелательно ответила: „Его нашли в жасмине, это очень редкий случай". Ей нравилась девочка, она подозревала в ней трудное горячее сердце, крепко-накрепко запертое, как ларец с алмазом, и не ключом, а зашифрованным набором чисел и букв.

В теннис девочка играла одна, гнушаясь неравными партнерами, одному смелому претенденту отказала так: „Нет уж, вы играйте в свой шарик, а я — в свой".

Родителей капустной девочки и жасминного мальчика никто из живущих в доме никогда не видел, но в алмазном норвежестве девочки я не сомневалась. Для меня она была родом из Гамсуна, из его чар, из шхер, фиордов, скал и лесов. Безудержная гордыня фрекен Элзе не могла вволю глумиться над избранником ее пристальных насмешек: он избегал ее, вернее, сторонился с видимым равнодушием, но она его настигала: „Вашей сутулостью вы доказываете ваше усердие в умственных занятиях?" — „О нет, примите этот изъян за постоянный поклон вам", — кланялся мальчик. Или: „Я видела вас в беседке с тетрадкой. Вы пишете стихи? О чем вы пишете?" — „Да, иногда, для собственного развлечения, сейчас — о звезде Бетельгейзе". Надменная фрекен Элзе тоже умела ошибаться: „Это — посвящение? Не стану благодарить, потому что рифма — примитивна". — „Как вы догадались? Рифма действительно крайне неудачна, искусственна, вот послушайте:

> Плутает слух во благе вести:
> донесся благовест из Рузы.
> Но неусыпность Бетельгейзе

147

следит за совершенством грусти.
Доверься благовесту, странник,
не внемли зову Бетельгейзе:
не бойся, что тебя не станет,
в пыланье хладном обогрейся.
Какой затеял балетмейстер
над скудостью микрорайона
гастроль Тальони-Бетельгейзе
с кордебалетом Ориона?
Безынтересны, бестелесны,
сумеем ли без укоризны
последовать за Бетельгейзе
в посмертья нашего кулисы?"

— Какой ужасный ужас! — искренне возмутилась незарифмованная девочка. — Дайте мне эту гадость, я порву, чтобы и следа не осталось.

— Пожалуйста, — с готовностью согласился сочинитель. — Только здесь ничего не написано, это само из воздуха взялось.

На листке бумаги не было никаких букв, но присутствовало изображение шарика с его разновеликими зрачками и отраженными в нем разнообразными зрачками мальчика.

— Так я и знала! — еще пуще прогневалась девочка. — Вы не из воздуха, а из вашего шарика все эти вздоры берете. Пусть он волшебный, но вашему одиночеству он вместо собаки. Тогда назвали бы: Полкан. Нет — Орион. „Орион, к ноге!“ — в вашем захудалом микрорайоне это бы пышно звучало.

— Собаку я люблю, — последовал задумчивый вздох.

— Собаки это не касается, а ваше бутафорское мироздание — разрываю и распускаю.

Нарисованные миры врозь покинули нарисованное здание стеклянной темницы-светлицы и на крыльях бумажных клочков разлетелись по сквозняку вселенной, отчасти обитающей и в наших скромных угодьях. Бутафорский хаос распада все же производил небольшое зловещее впечатление.

— Дайте мне ваши очки, — приказала разрушительница миров и сердец.

— Но зачем? Вы в них ничего не увидите, — сказал мальчик, покорно обнажая затрудненный восход близоруких светил, умеющих смотреть в свой исток, в изначальную глубь обширного исподлобного пространства. Девочка надела очки, странно украсившие ее русалочье лицо, — словно она из озера глядела.

— Для этого и прошу. Вот теперь хорошо: какое удовольствие вас не видеть. Надо бы заказать такие, если у оптики найдется столько диоптрий — не все же мне отдать. Впрочем, я и так вас больше не увижу: завтра мы с тетушкой уезжаем. Так что — постарайтесь не поминать лихом.

Она протянула мальчику руку, и он взросло склонился к ней похолодевшими губами:

— Прощайте.

Засим ролики фрекен Бетельгейзе удалились.

Вскоре собрались к отъезду прабабушка и правнук и зашли попрощаться со мной, шариком и поющей птицей — навещавший ее соловей отсутствовал. В темном дорожном платьице разминувшаяся с возрастом прабабушка смотрелась совсем барышней, но, при свете гераневого балкона, видно было, какую горечь глаз нажила, намыкала она данной ей долгой жизнью, возбранив себе утеху слез, жалоб и притязаний. Она застенчиво протянула мне засушенную веточку жасмина: „Преподнесите и этот цветок стихотворению Пушкина „Цветок", я это ваше обыкновение невольно приметила". У „Цветка", в моих и во многих книгах, много уже было преподнесенных мной цветков, и я часто наугад вкладывала лепестки меж других страниц, перечитывая их, с волнением принимая их понимающую усмешливую взаимность. Жасмин я бережно положила по назначению — том привычно открывался в должном цветочном месте.

Опасаясь обременить ее тяжестью горшка, я заведомо приготовила для нее сильный отросток герани, уже прицеливший корни к новому питательному обиталищу. Она радостно смеялась, умерив горемычность глаз: „Представьте: как раз горшок у меня есть, а теперь и растение есть, такое совпадение — роскошь". Мальчик и шарик сдержанно прощально переглянулись. (Мне не однажды доводилось раздавать заповедные предметы, как бы следуя их наущению и устремлению, но искушение дарить на шарик никак не распространялось, даже приблизительная мысль об этом суеверно-опасна.)

Увеличив свободу и прилежность моих и шарика занятий, школьные каникулы кончились. С этой фразы начинаются каникулы воображаемого читателя. Ведь он мог боязливо предположить, что занесшийся автор пустился писать роман, и предлинный: о прабабушке и о мальчике, о напряженной дрожи многоточия меж ними, о пунктире острого электричества, не известного Эдисону, неодолимо съединяющему и уязвляющему сердца. Но нет, эта заманчивая громоздкость не обрушится ни на чью голову, а останется в моей голове — подобно отростку герани, пустившему корни в стакане воды.

Пора приступить к началу и признаться, что произошло на самом деле. Некоторое время назад я сидела за столом, имея невинное намерение описать мой шарик, чья объявленная волшебность не содействовала мне, а откровенно противоборствовала. Врасплох зазвонил телефон, и определенно милый (это важно) женский голос попросил меня о встрече, об ответе на несколько вопросов обо мне, о моей жизни. Неподалеку лежали два недавних интервью, вполне достоверных и доброкачественных, но я еще не очнулась от необоримой скуки их прочтения. Ни за что не соглашусь, — бесполезно твердо подумала я. Но голос был такой милый, испуганный, уж не подозревал ли он меня в злодейской надменности, в чопорной тупости? А я — вот она: усталый человек, сидящий на кухне, печально озирающий стеклянный шарик. Таким образом, один ответ уже был, может быть, и другие откуда-нибудь возьмутся, хотя бы из этой усталости, не пуста же она внутри. И я сказала сотруднице журнала:

— Приходите.

Она и сама была милая, робкая, доверчивая, со свежими снежинками, еще не растаявшими на беззащитной шапочке. Этой небойкой пригожести, несмелой доброжелательности, этим снежинкам — не выходило отказать. Ее кроткое вопросительное вмешательство в мое сидение на кухне походило на ласковое сочувствие, а не на докучливое любопытство. Мы невнятно сговорились, что я отвечу на вопросы, не изъявленные, не заданные впрямую, отсутствующие. С этим обещанием, как с удачей, она отправилась в свой путь по зимнему дню, может быть дальний и нелегкий.

Опять мы остались один на один с шариком и как бы в сходных, если не равных положениях. Сторонние обстоятельства понуждали нас разомкнуть дрему охранительных ресниц, обнажить устье зрачков, берущих исток во взгорьях темени, — приглашали задумчивый моллюск на бал погостить на блюде устриц. Втайне я полагалась на участливую подсказку шарика. То, что он имеет врожденные и вмененные ему предсказательные способности, как оказалось, известно не только мне.

Есть брат у шарика. Он — царствен.
Сосуд пророческого шара в театре,
в городке швейцарском
я видела в руке Бежара.

В дырявом одеянье длинном,
дитя умершее качая,
он Лиром был, и слезы лил он,
и не было слезам скончанья.

Сбывались предсказанья шара,
воображенье поражая,
и было нестерпимо жалко
весь мир, и Лира, и Бежара.

Но я запомнила, как шел он,
отдав судьбе ее трофеи:
в лохмотьях, бывших властным шелком,
труд тела — краткость и терпенье.

Не мук терпенье, не позора —
мышц терпеливая находка:
не оступиться в след повтора,
всяк шаг — добыча и охота.

Так поступь старого гепарда
тиха, он — выжиданья сгусток,
и тетива спины — горбата,
вобравшая прыжка поступок.

Что нищая подет корона,
не внове ль зала обожанью?

154

Кровь творчества — высокородна:
смысл шара, ведомый Бежару...

Да, снежной зимой, в Лозанне, Борис и я видели балетную постановку „Короля Лира" — дерзкую
и целомудренную. Уединенность театра казалась
преднамеренно отшельной, не зазывной, не отвер-
сто-доступной. Его аскетичные тенистые своды
возвышали зрителей переполненного зала до важной роли избранников, соучастников таинственного действа. В премьерном спектакле Лиром был
сам Бежар. Его отрешенное лицо не объявляло, не
предъявляло силы чувств — только блики, отсветы,
сумерки зашифрованных намеков составляли выражение упования или скорби. Его сдержанные,
расчетливо малые, цепкие движения словно хищно гнались за совершенством краха, не экономя
страсть всего существа, а расточая ее на благородную потаенность трагедии. В правой руке он держал мутно мерцающий стеклянный объем темнот
и вспышек, явно предвидящий и направляющий
мрачный ход событий. Это был величественный,
больший и старший, пусть косвенный, но несомненный сородич моего шарика. Это меня так поразило и отдалило от прочей несведущей публики,
как если бы я оказалась забытой в глуши дальней

свойственницей Короля Лира и свежими силами моего молодого шарика все еще можно было поправить. Моя ревность была уверена (может быть, справедливо), что этот округлый роковой персонаж и труппа, и зрители, если замечают, принимают за декоративную пустышку, за царственную прихоть Бежара. Я еле дожила до разгадки. Один просвещенный господин объяснил мне, что подобные изделия издревле водились в разных странах и название их, в переводе с французского, означает именно то, что я сама придумала: магический, предсказующий, гадательный. Так что не зря я в мой шарик „как в воду глядела" и теперь гляжу.

Из всего этого следует, что поверхность моей жизни всегда обитала на виду у множества людей, без утайки подлежа их вниманию и обзору. Но не в этом же дело. Главная, основная моя жизнь происходила и поныне действует внутри меня и подлежит только художественному разглашению. Малую часть этой жизни я с доверием и любовью довожу до сведения читателей — как посвящение и признание, как скромное подношение, что равняется итогу и смыслу всякого творческого существования.

Конечно, я не гадаю по моему шарику, не жду от него предсказаний. Просто он — близкий сосед

моего воображения, потакающий ему, побуждаю-
щий его бодрствовать.

Все судьбы и события, существа и вещества достойны пристального интереса и отображения. И,
разумеется, все добрые люди равно достойны за-
ботливого привета и пожелания радости — вот,
примите их, пожалуйста.

О чем стекла родитель думал?
Предзнал ли схимник и алхимик,
что мир, взращенный стеклодувом,
ладонь, как целый мир, обнимет?

Ребенок обнимает шарик:
миров стеклянность и стократность —
и думает, что защищает
их беззащитную сохранность.

Стекло — молчун, вещун, астролог
повелевает быть легенде.
Но почему о Лире скорбном?
Но почему о Бетельгейзе?

Не снизойдет ученый шарик
до простоумного ответа.

РАССКАЗЫ

Есть выбор: он в себя вмещает
любовь, печаль, герани лета.

Он понукает к измышленьям
тот лоб, что лбу его собратен.
Лесов иль кухни ты отшельник,
сиятелен твой сострадатель.

Февраль 1997

ЛЕРМОНТОВ

Из архива семейства Р.

В Москве, на Красноармейской улице, живет и благоденствует семейство Р. Старшие Р. имеют взрослых детей и многих внуков, но их добросердечие и энергия не исчерпаны течением лет, трудами и заботами. В их скромном, радушном и несколько безалаберном доме всегда гостят друзья, а также друзья, родные и знакомые друзей, некоторые с детьми, птицами и животными. Молодожены, ожидающие новоселья, грустные гордецы, терпящие размолвку с домашними, беспечные приезжие разбивают здесь свои непрочные шатры и черпают живое благо из огромной суповой кастрюли. Некогда сюда забрел чужестранец, перепутавший адрес. В это время учились ходить близнецы, оснащенные специальным, быстро несущимся устройством, шаталась стремянка, вбивался гвоздь, на кухне за чисткой рыбы распевала актриса, без убытка расточая древнее серебро знаменитых бледных северных глаз. Стада маленьких добрых существ ластились к коленям пришельца — он замешкался, в совершенстве овладел русским языком, а когда прощался перед отъездом на родину, из груди его вырвалось короткое неблаговоспитанное рыдание, не принятое среди его соотечественников. Ко множеству детских фотографий в доме Р. прибавились изображения двух прилежных кружевных джентльменов, напряженно скрывающих от объектива выражение неслыханного озорства, подступившего к сердцу.

Не гнушайся этими лишними сведениями, любезный читатель. Как знать, может быть, и тебе придется жить под этим кровом, если ты не читаешь эти строки, примостившись где-нибудь вблизи упомянутой кастрюли.

Озирая разнобой здешнего многолюдья, невольно испытываешь тревогу за другие города и пространства: не пришлось ли им вовсе опустеть, чтобы послать сюда столько славных скитальцев?

Легко вообразить, сколько памятных вещиц и непритязательных документов осталось в собрании доброго и рассеянного семейства Р. В упаковочной картонке болгарского производства хранятся бумаги, писанные одной рукой, пренебрегшей заведомым выбором стиля и жанра, и несколько сторонних писем. Судя по этим записям, их безымянный автор сильно печалился по человеку, родившемуся более ста пятидесяти лет назад и жившему недолго. Столько лет прошло, а он все печалился, любовь и досада припекали его вспыльчивый, недисциплинированный ум, и, несмотря на непоправимость прошедшего времени, он словно помышлял о спасении и мести. Случилось так, что я вольна распорядиться этими бумагами по моему усмотрению, и вот распоряжаюсь, придав им некоторый порядок для удобства благосклонного читателя. Что же касается авторства, то в нем можно подозревать любого из многочисленных постояльцев гостеприимного дома Р. Долгое время жила там и я (вместе с моей собакой).

За милость приюта, а также за целость и сохранность картонного ящика приношу семейству Р. мою почтительную благодарность.

I
Скука летних дней в барской усадьбе

Как любил он прежде встречать в серебряном стекле свое пригожее нарядное лицо: кровь с молоком в благородной пропорции, приятная плавность линий и оранжерейные усы драгоценного отлива. Глаза красиво помещены чуть навыкате, в стороне от ума, не питающего их явным притоком, — светлые, бесхитростные глаза, надобные для зрения и общей миловидности, а не для того, чтобы угнетать наблюдателя чрезмерным значением взора. (О глазах другого и противоположного устройства, и поныне опаляющих воображение человечества, когда-то сделал он следующую запись: „Свои глаза устанут гоняться за его взглядом, который ни на секунду не останавливался ни на одном предмете. Чтобы дать хотя приблизительное понятие об общем впечатлении этого неуловимого взгляда, сравнить его можно только с механикой на картинах волшебного фонаря, где таким образом передвигаются глаза у зверей".)

Один лишь маленький изъян мог он предполагать в своих чертах — это грубоватость их предыстории, винные откупы обожаемого батюшки — и тот легко восполнялся напуском барственного выражения и склонностью к шелковым и бархатным материям глубоких патрицианских тонов.

Некоторые, особенно счастливые, свои отражения помнил он до сих пор. Однажды, по выпуске из юнкерской школы, угорев от офицерской пирушки, ища прохлады, воли и другого какого-то счастья, толкнул он наугад дверь и увидел прямо перед собой свое прельстительно молодое лицо, локон, припотевший к виску, сильную, жадную до воздуха шею — все это в отчетливом многозначительном ореоле. Стоял и смотрел, покуда судьба, рыщущая в белых сумерках, не приметила молодца для будущей важной надобности. И еще в Киеве, зимой, в самую острую пору его жизни, поднимался по лестнице меж огнедышащих канделябров и на округлом повороте резко, наотмашь отразился в упоительном стекле: впервые немолодой, близкий к тридцатому году, бережно несущий на отлогом челе мету неутолимой скорби, но, как никогда, статный, вольготный и готовый к любви. Именно таким сейчас, сейчас увидит его бал, разом повернувший к нему все головы, и выпорхнет картавый польский голосок, обмирающий от смеха и от страха: шутка ли примерить к себе прицел этих ужасных прекрасных поцелуйных усов! Но еще половина лестницы оставалась ему, и выше крайней ее ступени ничего не будет в его жизни — то была вершина его дней, его Эльборус, а далее долгий медленный спад, склон, спуск к скуке этого лета.

Его туалетный стол по-прежнему был обставлен с капризным дамским комфортом, но зеркало, окаймленное тяжелым серебром, изображающим охотничьи игры Дианы, уже не приносило радости. И не в старении его было дело! Батюшка в этом возрасте был хотя и почтенный, но бодрый, резвый человек, в свободную минуту пускавшийся шалить с маленькими дочерьми и сыновьями. Да, видно, вся кровь их износилась и ослабела: брат Михаил не прожил полувека, а сам он в пятьдесят шесть лет замечал в слюне нехороший привкус, словно в душе что-то прокисло.

Отвлекшись от зеркала, стал он глядеть в окно, но и там ничего хорошего не увидел: висело пустое небо, сиреневые куртины пялили остовы обгоревших на солнце кистей. В стороне от зрения оставались близкое село с церковью, скушные поля, бедный лес. Впрочем, между ним и природой и прежде ничего особенного не происходило, только вершины гор и избыток звездного неба внушали неприятную робость, схожую с предчувствием недуга, посягающего на непрочную плоть.

Почты он не ждал и не хотел: через ее посредство уже допекали его досужие господа, неграмотные в правилах чести, сующие нос в чужие дела, — он содрогался от близости этого развязного чернильного носа, с сомнением принюхивающегося к святыне его порядочности. И козни эти уже достигали других нестойких умов! Недавно в Москве представляли ему молодого человека, нуждающегося в ободрении, — он было хотел его приветить, да вдруг через протянутую руку почувствовал, как того передернуло от плеча к плечу, так что руки их разорвались, при этом несбывшийся протеже побледнел, словно от смерти.

Третьего дня соскочил с его дороги потертый, плюгавый господинчик, устремивший на него нелепую трагическую гримасу, в смысл которой и вчитываться не стоило. На белом свете толкутся тьмы таких бесцельных людишек, даже не помеченных для порядку разнообразием внешности. Точно такого же невежу встретил он давно, выйдя из несильной короткой тюрьмы на дозволенную целебную прогулку: тот так же таращился, разыгрывая лицом целую драму, и долго не пил воды, брезгливо дожидаясь полной перемены минеральной струи. Третий близнец вмешался в толпу зевак при его венчании, выставлял физиономию и натужно мигал, нагнетая в зрачки фальшивый адский пламень. Эти курьезные действия не предвещали браку добра, что вскоре и подтвердилось.

Он давно уже собирался выразить отпор всем нескромным задирам, а отчасти и собственной маленькой неуверенности, иногда крепчавшей до явного неудобства, и только ждал нужного дня.

Утром особенного дня, на который возлагал он большие надежды, он пробудился живей, чем обычно, сразу приглянулся серебряной Диане, приласкал усы и за кофием с такой отдаленностью со-

относился с домашними, словно дивился и состра-
дал их незначительности и птичьему вздору речей.
Сегодня он ждал от природы участия и подъема, но
она смотрела в окно по-прежнему бесцветно и глупо, как белесая деревенская девка.

Словно побуждаемый свыше, строго прошел
он в кабинет, присел к хрупко-громоздкому, французской работы, столу для умственных занятий и,
обмерев от силы момента, плеснувшего за ворот
холодком, красиво и крупно вывел в верху листа
дорогой бумаги: „МОЯ ИСПОВЕДЬ". Далее — сбоку
и мелко — „15 июля 1871 года, село Знаменское". И
единым духом, без остановки: „Сегодня минуло
ровно тридцать лет, как я стрелялся с Лермонтовым на дуэли".

Так вот это кто. Вот зачем ему именно этот
день. Как многие обыкновенные люди, он полагался на необыкновенность обстоятельств, чтобы
спутать их с собственной заслугой. Роковая округлость даты должна была взбодрить нервы, продик-
товать уму скрытый от него смысл. Он фатум приглашал в соавторы своей руке, чьим вкладом в дело
был красивый, холеный почерк. И резво бежала
рука.

„Тридцать лет — это почти целая жизнь человеческая, а мне памятны малейшие подробности

этого дня, как будто происшествие случилось только вчера".

Почти жизнь. Как сказать. Сам он проживет вдвое больше. Второму участнику происшествия и до этого неполного срока недоставало четырех лет. Но — бледнейте, грядущие литературоведы: ему памятны подробности! Затаим биение сердца и станем заглядывать за плечо, одетое стеганым домашним шелком.

„Углубляясь в себя, переносясь мысленно за тридцать лет назад и помня, что я стою теперь на краю могилы, что жизнь моя окончена и остаток дней моих сочтен..."

О, вот оно, сбылось! Не зря он ждал! Сторонняя сила причинила ему состояние, в котором он не имел опыта и которому названия не знал, а это было вдохновение, взлет в чужую пугающую высь, откуда он ясно увидел, что ржавый вкус, и тревога, и вялое ожидание облегчающей перемены — все это было близость его собственной смерти, очень существенной и трогательной до слез. Он не отшатнулся от этого откровения, а даже усугублял его, немного любуясь собой и тайком заговаривая судьбу: может, и не сбудется, да и не теперь же, немедленно, ему умереть, а выгода незаурядности, возвышающей его над беспечно живыми людьми, уже есть, и не им корить человека, сознающего предсмертие. Да ведь если он умирает, его столкновение с умершим кончено миром, они уже сравнялись и никто не виновен. Он впервые примерил смерть к себе, еще совершенно живому, и это было настолько больше и важнее всего, о чем он собирался писать, что чувство стало убывать, и остатком его он продолжил:

„Для полного уяснения дела мне требуется сделать маленькое отступление: представить личность Лермонтова так, как я понимал его, со всеми его недостатками, а равно и с добрыми качествами, которые он имел".

Он добросовестно отложил перо, затуманил глаза и тут же увидел требуемую личность, которая, как всегда, неприятно поразила его. Нервы его сразу обострились против фантазеров, теперь влюбившихся в эту личность за красоту собственных фантазий. Виновен ли он, что эта личность, обратная и противопоказанная ему всеми недостатками и добрыми качествами, всю жизнь настигала его, задирала, набрасывалась с дружелюбием, звала к Яру, зарифмовывала черт-те с чем, искала в нем пустого места для жгучих неблаговоспитанных выходок. Даже при вдруг кротком Лермонтове он ощущал неуютное беспокойство, как в горах, когда пейзаж притворяется идиллией, а затылок подозревает на себе прищуренный черкесский глаз. Он не умел отличать самолюбия от чувства чести, отчего площадь его уязвимости была искушающе огромной и требовала неусыпной придирчивой охраны. Еще в юнкерской школе он раз и навсегда предупредил, что с ним шутить нельзя.

Если бы Лермонтов искал себе убийцы или, напротив, опасался его, он бы вспомнил, как озорничала предводительствуемая им „Нумидийская конница". Как оседлавшие друг друга сорвиголовы, облаченные в простыни и вооруженные холодной водой, врывались ночью в расположение новичков и повергали их в смятение и сырость. Как один хорошенький юнкер, обычно имевший в лице простодушное выражение девичьего недомыслия, насупился и напрягся для боя, и лицо его, побелевшее целиком, вместе с глазами, не умещалось в игре и не сулило пощады. Главный нумидиец засмеялся и завернул эскадрон. Фамилия победителя была — Мартынов. А это вам не Есаков, которого Лермонтов продразнил всю осень сорокового года (в Чечне) и всю последующую зиму (в Ставрополе), однако не был за это убит. Есаков: „... он школьничал со мною до пределов возможного, а когда замечал, что теряю терпение (что, впрочем, недолго заставляло себя ждать), он, бывало, ласковым словом, добрым взглядом или поцелуем тотчас уймет мой пыл".

Все их приятельство, общие гостиные, обеды, карты, поездки верхом вспоминались ему как изнуряющее неудобство, от которого он и теперь не мог отдохнуть. Он тратил на один предмет одну мысль — так же просто и четко, как обходился одним глазом для прицела, и эта экономность ума предрешила исход их долгих отношений. Лермонтов же явно не умещался в одно мнение, рассудок не поспевал за ним и терпел эту неудачу как новое маленькое оскорбление. Всей этой зауми Мартынов, разумеется, не знал, но у него были и другие, известные ему, причины быть недовольным. Начать с того, что он считал красоту или хотя бы благообразность непременным условием порядочности. А Лермонтов назло ему был дик лицом, не вытянут в длину, небрежен в платье, не шел к седлу, даром что совершенно им владел, ел слепо и жадно, даже и не по-мужицки, а по-разбойничьи, — не говоря уже о его зверских прыжках и шалостях! Мало этого — он таинственным образом заманивал неотрывно смотреть на себя, и мучение возрастало. Главное же было в том, что при нем Мартынов начинал сомневаться в своей безукоризненной приглядности, в правильности туалета, в храбрости скакать по горам, в находчивости вести беседу и — в крахмальной опрятности совести.

От Лермонтова сквозило или пекло́, что составляло це́лую лихорадку, и он скучал, если не на ком было ее выместить. Когда брошенный Лермонтовым полтинник упал решеткой вверх, в пользу каприза, Пятигорска и гибели, в чем, скажите, виноват был Мартынов? Он мирно спал, когда явился за ним чернявый Найтаки, державший гостиницу: дескать, прибыли и желают видеть без промедления. Он доверчиво пошел, следуя выносливой привязанности: Монго́ лежал с львиной грацией и ленью, Лермонтов так и прыгнул обнимать и звать „Мартышкой". Несносность его крепла еще два месяца.

Но исповедь предполагает осуждение себя, а не других, и он силою стал наводить мысль на хорошие черты Лермонтова, похвалы которым он и не думал скрывать. Первыми в их списке были: очень белые, удобные для насмешника зубы, даже слишком крепкие и сильные для дворянина, и неизменно безупречное белье. Следовало одобрить и халат цвета тины, опоясываемый снурком с золотыми желудями на концах. Хваткие руки ниже запястья — благородной формы и белизны, ладони свежие, с примечательным раскладом линий, по цыганской грамоте — неблагоприятным. Мартынов кочующим и прочими племенами гнушался, вещунов избегал и ладонью разбрасывался с предосторожностью, потому что усвоил и передал фамильную — лучше бы сказать по-французски! — потливость, относящуюся не к исповеди, а к нашему злословию. К достоинствам Лермонтова относились также: превосходная ловкость в обращении с оружием всех видов, даже и с рапирой, не давшейся Мартынову из-за чрезвычайного страха щекотки, точное и смелое чувство лошади (при некрасивой посадке), замечательная легкость в танцах. Кабы не преувеличенные им до крайности, могли нравиться в нем общие для гусар отличия, в ту пору еще соблюдаемые. Так, он нисколько не щадил денег (правда, не был учен нуждой), в удалом кутеже оставался трезв, лишь бледнел и темнел глазами, был беспечен к опасности и, хотя мало кого любил, любого мог заслонить в походе (отчасти из-за своего фатализма). И все же хорошим офицером он быть не мог, так как не терпел подчиняться, не скучал о наградах и вынужден был примирять выдающуюся храбрость с непреодолимым дружелюбием к строптивым инородцам, населяющим Кавказские горы. Да и дурное сложение не обещало успехов ни в кавалерии, ни тем более в пешем фронте.

Тут он осекся, вспомнив о докучливых ревнителях лермонтовской славы, движение которой во времени его удивляло и беспокоило. Он не знал давнего рассуждения Т.А. Бакуниной, грустившей о нравах слепого и неблагодарного общества, но с начальной его частью прежде мог согласиться: „Об Лермонтове скоро позабудут в России — он еще так немного сделал..." Ан, все обернулось иначе, и он взял более современный и ученый тон.

„Не стану говорить об его уме: эта сторона его личности вне вопроса; все одинаково сознают, что он был очень умен, а многие видят в нем даже гениального человека".

К нему самому как раз этой стороной своей личности Лермонтов совсем не оборачивался, да и от других норовил ее скрыть за видимым легкомыслием и шалопайством. Он и с Белинским вначале не хотел серьезничать, дурачил и мучил его до болезненной вспышки щек и, кажется, очень был доволен, что сумел-таки произвести тяжелое и даже пошлое впечатление, отпраздновав эту победу резким смехом. И только в ордонансгаузе не смог утаить себя — и как счастлив, как влюблен сделался пылкий Белинский, не когда-нибудь через сто лет, а сразу, немедленно постигший, с какой драгоценностью имеет дело, и оповестивший о ней с обожанием, принижением себя, с восторгом.

Лермонтов и для шахмат искал только сильных партнеров, особенно отличая поручика Москалева (да и того обыгрывал). В более таинственные и деликатные игры ума Мартынов и вовсе не мог быть приглашен и не находил их занимательными. А все же он и сам знал об этом общеизвестном уме, что он, точно, есть у Лермонтова, — и по убедительной наслышке и по своему почтительному доверию ко всему непонятному, утверждавшему его причастность к мыслящему кругу. Так хорошие жены вяжут при мужской беседе, не вникая в ее смысл и пребывая в счастливой уверенности, что все это очень умно и полезно для общества, в чье умственное парение и они сейчас вовлечены.

Хорошо, что автор исповеди не может через наше плечо увидеть этого неприличного сравнения! Он твердо знал и любил свою принадлежность к полу метких стрелков, стройных наездников, бравых майоров (в отставке). А ведь было в нем что-то дамское, что разглядел за усами капризный коварный ангел польского происхождения, толкнувший к нему бальным веером теплый воздух дурмана, заменяющий твердое „эль" заманчивым расплывом го́лоса и взятый им в жены. Не то чтобы она стала ревновать его к флаконам, атла́су и книжкам, галантно обращенным именно к читательницам, но, после недолгой приглядки, возвела себя в чин грубого превосходства и на все его соображения отвечала маленькой улыбкой сарказма и нетерпеливым подергиванием башмачка — и это, заметьте, не только тет-а-тет, но и на виду у посторонних.

Мартынов не отрицал пользы глубокомыслия, но, если очень умничали при нем, он томился, непосильно напрягал брови, и жаль было его невинного лба, поврежденного морщиной недоумения. Застав его лицо в этом беспомощном положении, Лермонтов взглядывал на него с пристальным и нежным сочувствием, но тут же потуплял глаза для перемены взора на дерзкий и смешливый. Оба эти способа смотреть на него равно неустраивали Мартынова. Тем не менее он продолжил:

„Как писатель действительно он весьма высоко стоит, и, если сообразить, что талант его еще не успел прийти к полному развитию, если вспомнить, как он был еще молод...“

С наивностью, которую в нем многие любили, он ни в какой мере не соотносил себя и то обстоятельство, что молодость осталась основным и окончательным возрастом Лермонтова. Что касается до положительной оценки его как писателя, то лукавил он лишь в том, что вообще пустился в это рассуждение — для необходимой поблажки затаившимся недругам. Разумеется, знаменитый роман Лермонтова, минуя описания природы и другие длинноты, он очень даже читал, поощряемый естественным любопытством просвещенного человека, а еще более — необоснованными наветами, сближающими Грушницкого чуть ли не с ним самим, а княжну Мери, что и вовсе глупо, — с сестрой Натальей Соломоновной. Не отрицая живости некоторых эпизодов, он не одобрял общей, предвзятой и искаженной картины той жизни, которой сам был не менее автора свидетель и участник. То, что во главу не только романа, но общества и века поставлен был озлобленный и безнравственный субъект, присвоивший сильно приукрашенные и все же неприятно знакомые черты, казалось ему нескромным и оскорбительным самоуправством. Он не знал, что совпадает во мнении со своим августейшим тезкой, с той разницей, что тот не имел нужды стесняться и прямо определил роман как отвратительный. Вообще о высочайшей неприязни к Лермонтову он был извещен и оценил ее чрезмерность невольным пожатием плеч, словно ревнуя к столь сильному монаршему чувству, из излишков которого получилась мимолетная благосклонность к нему самому. Государь, в свою очередь, не знал, что по художественному устройству натуры имеет близкую родню в отставном артиллерийском майоре, с той разницей, что тот не должен множить личные пристрастия на общегосударственные опасения.

Читал он и другие произведения Лермонтова. Те из них, которые были ему понятны, он считал простыми и незначительными (что ж мудреного слагать рифмы, он и сам их слагал), а более трудные и возвышенные могли быть отнесены к поэзии, да он не был до них охотник. Вольнодумство, сверх обязательной, принятой в его кругу меры, на его взгляд, никак не сочеталось с гармонией. Ему случалось слышать, как Лермонтов, не сдержав или принудив себя, говорил вслух свои стихи, но тогда Мартынова отвлекало и настораживало лицо Лермонтова, и он опять начинал ждать этого, сначала сострадающего, а потом веселого взора. Он не любил заставать на себе неожиданно мягкие, любящие и словно прощающие глаза Лермонтова, ненадолго позабытые им в этом выражении — до скорого пробуждения зрачков в их обычном, задорно-угрюмом виде. И последнее мгновение жизни Лермонтов потратил именно на такой — ласковый, кроткий, безмятежно выжидающий — взгляд. И то, что этот взгляд не успел перемениться, было неприятно Мартынову, потому что такие глаза могли быть только у человека, который не помышлял о прицеле, не хотел и не собирался стрелять и, стало быть, был безоружен, и Мартынов это видел, и все наблюдатели поединка тоже видели. Это было неприятно, это было очень неприятно, но Мартынов стал исповедоваться не в этом, а в дурном отношении Лермонтова к женщинам.

Толковал он об этом и той, которая так выразительно подтвердила справедливость мнения о непреклонной гордыне, присущей полькам вместе с редкостною белизной кожи. В ответ на досадные и неуместные расспросы он горячился, нахваливая свой, противоположный лермонтовскому, способ влюбленности, включающей в себя открытое обожествление выбранного предмета, восточную витиеватость речей и особенные посылки томного взора. Это вело к усилению саркастической улыбки, учащенному и злобному выглядыванию башмачка и перелету глаз на потолок, где, высоко вознесясь над головой красноречивого супруга, молчал и злорадствовал прельстительный господин Печорин. В результате этой многословно-безмолвной распри он, постыдно мучаясь, стал относить выбор жены не к себе самому, а к тому, чье присутствие в его судьбе оказалось непреодолимым и нескончаемым. Приметы других людей не исчерпывались чином, титулом, занятием и требовали личного уточнения: тайный советник — какой? — Беклемишев, князь — какой? — Щербатов, поставщик — какой? — Френзель. Даже про самодержца всея Руси можно было спросить: какой — почивший в Бозе или царствующий ныне? Его же роковое звание было единственным и сводило на нет значение имени, сопровождавшего развитие многих поколений. Он был — такой-то, убийца Лермонтова, и она стала — такая-то, жена убийцы Лермонтова. Впереди маячили такие-то: сын убийцы Лермонтова, внук убийцы Лермонтова и так до скончания ставшего безымянным рода. Между тем он знал, что убийцами бывают нехристи с большой дороги, душегубцы, лютые до чужого богатства, всклокоченные маньяки. А он был благородный человек, христианин, офицер, имел дом в Москве, поместье, слуг, лошадей, столовое серебро, изрядную французскую библиотеку, превосходный гардероб и никак не мог быть убийцей. Вначале он не тяготился этим определением — оно шло к его белой черкеске и черному бархатному бешмету и как бы проясняло наконец их таинственный оригинальный смысл, оказавшийся совсем не смешным, а величественно важным и печальным. В пору плохих ожиданий, гауптвахты, следствия он делал столь сильное впечатление на дам, что шестнадцатилетняя Надя Верзилина едва не лишилась чувств, завидев его на пятигорском бульваре под стражей сонного и боязливого солдата. Старшая, Эмилия, больно поддержала сестру за локоток и учтиво залепетала о том, о сем, далекими кругами обходя главное, а оно во все ее глаза смотрело на Мартынова, — он улыбнулся снисходительно и скорбно и пошел прочь. В этом ореоле явился он в Киев для церковного покаяния, мысленно примерял его, снаряжаясь на балы, им нечаянно обманул белейшую польку, согласную на любую опасность, кроме скуки, из которой она вышла благополучно — бывшей женой убийцы Лермонтова. Он страдал и простил.

Вот он сидит, освещенный убывающим пеклом июльского дня. Последние тридцать лет не прошли ему даром: победневшие волосы далеко отступили ото лба, в щеках близко видна подноготная сеточка отмершей крови, ему мало осталось жить (он не знал: четыре года). Смилуйтесь над ним — он не похож на убийцу. Матушка, голубка, провидица, она-то гением любви всегда вблизи Лермонтова страшилась за чад своих, зорко смотрела за дочерьми, особенно за Натальей, а надо было держать сына, жадно притиснув его голову к себе, к охраняющему теплу, в котором он так беспечно спал до рождения. Еще в сороковом году она писала ему на Кавказ: „Лермонтов у нас чуть ли не каждый день. По правде сказать, я его не особенно люблю; у него слишком злой язык…" Он читал это письмо в застарелом зное, размытый целебной силой воды, ему хотелось Москвы, еще не освоившей лета, только что в сирени и кисее, до́ма, населенного барышнями, сквозняками, гостями — под четким приглядом материнских глаз, и в молодости очень трезвых и способных к счету. После кончины батюшки, постигшей их в прошлом году, маменька словно увеличилась телом, окрепнув для одиноких вдовьих забот, и глядела не дамой, а будущей тещей, свекровью и бабушкой. Он с неудовольствием видел, как вместо него Лермонтов одолевает лестницу своими крепкими скачущими ногами и ловко склоняется к руке, для него чужой и безразличной, а для Мартынова желанной и лучшей. Как он, может быть, целое мгновение осмеивает ванильный запах и деловую прочность этой руки, а матушка неприязненно глядит на его голову, помеченную светлой шельмовской прядью. Оба они успевают пригасить и поправить лица к началу любезной беседы, и уже слетаются со всех сторон шелест, щебет, каблучки и оборки. Или воображал, как Лермонтов входит к сестрам в ложу и Наталья долго не оборачивается, подвергая его веселому взгляду голую, вдруг озябшую спину и всевидящий край милого напряженного гла́за. Привлекательность, радостная и необходимая в других женщинах, в сестрах казалась ему рискованной и обреченно-беззащитной, а применительно к Лермонтову требующей неусыпной старшей опеки. Это сильное чувство, разделяемое матерью, он не использовал для своего удобства во время печальных объяснений: нет, злобы не питал, предлога для ссоры не искал. В то последнее лето язык Лермонтова был таков, как указывалось в письме, и еще хуже. Нервы Мартынова, ощетинившись для защиты, затвердели в этой оборонительной позиции и очнулись только тогда, когда Лермонтов лежал на земле под дождем, а сам он вслепую скакал к коменданту. Но не в злоязычии винил он Лермонтова, а в том, что он завлек в свою сильную предрешенную судьбу постороннего человека, чей путь лежал мимо, но его позвали — он подошел, показали бездну — и она его втянула. Повитуха, проводившая младенца на свет, цыганка, отпрянувшая от ладони, петербургская ворожея, прозванная „Александром Македонским" и знаменитая не менее полководца, иные люди, умеющие не предвидеть, а видеть, обещали Лермонтову раннюю и не свою смерть. Но ему мало было предопределения — он вольничал с небом, накликал на себя его раздраженное внимание, сам напоминал провидению о своей скорой гибели, и, только когда все определилось и гроза откликнулась ему, он успокоился и стал говорить Глебову о жизни, о двух задуманных романах. В тесных отношениях Лермонтова с роком не оставалось места ни для кого другого, но образованный ими вихрь воздуха вкрутил в себя тех, кто неосторожно стоял поблизости, и в первую очередь — Мартынова. Недаром все участники события вели себя как зачарованные и не предпринимали никаких самостоятельных действий.

Он сознавал недостаточность этого мистического объяснения для пристрастных судей: если считать, что гибель Лермонтова была предрешена свыше (не уточняя степени высоты), то все-таки почему осуществил ее именно он, а не, например, Лисаневич, принявший свою долю насмешек и склоняемый к мести? Лисаневич пусть как знает, а сам он знал публичной обиде один ответ и продолжение вызова кутежом в обнимку считал ниже чести. Да велика ли была обида? Ну, горец, ну, с кинжалом, и Наденька Верзилина засмеялась сквозь веер, а Эмилия рассудительно заметила: „Язык мой — враг мой", Не в „горце" и не в Наденьке было дело, а в том, что Лермонтов опять не считался с независимым значением его личности, с его избранной отдельностью, объявленной в романтическом и стилизованном облике. А потом — никогда не мог он предположить, что для огромной смерти человека достаточно столь малого, меньше мгновения, времени, он только пальцем пошевелил — и сразу была одна смерть, без умирания, без единого, еще живого, движения, даже без последнего выдоха, сделанного уже по другую сторону вечности, при перенесении тела с тропы.

И вот Лисаневич давно забыт, а сам он, через тридцать лет после этой мгновенной и окончательной смерти, не может высвободиться из защемившего его тупика: он хотел не убить, а чего-то другого, но какое же другое поручение можно дать посланной в сердце пуле? Ему нужно было объяснить, что разгадка относилась к характеру Лермонтова, который как бы выманивал пулю из ствола еще со времен их юности.

„Лермонтов, поступив в юнкерскую школу, остался школяром в полном смысле этого слова".

Но он забыл, что прежде писал об этом иначе:

„Он поступил в школу уже человеком, много читал, много передумал; тогда как другие еще вглядывались в жизнь, он уже изучил ее со всех сторон; годами он был не старше других, но опытом и воззрением на людей далеко оставлял их за собой".

Он стал припоминать Лермонтову его маленькие жестокости, деликатно доказывал, что тот всегда был ловким и опасным раздражителем гнева. Но ему уже скушно становилось. Лоб, истомленный дневной натугой, норовил отвернуться от бумаги к более близким и важным заботам. Хотелось есть — не весело, по-молодому, а оттого, что надо же когда-нибудь есть. Но он еще написал:

„Генерал Шлиппенбах, начальник школы..."

Это были его последние слова о Лермонтове.

II
Письма
Первое (почерк автора записок)

Дорогой и глубокоуважаемый Павел Григорьевич!

Как и все Ваши верные читатели, я люблю и благодарю Ваши „Сказки времени" — за все и за „Казнь убийцы", покаравшую Мартынова долгим мучительным возмездием: появлениями убитого Лермонтова в его доме и саду, в его убывающей жизни.

Не посчитайте ослушанием или сомнением в Вашей безусловной художественной правоте мое твердое убеждение, что Лермонтов не являлся и не снился Мартынову. Мартынову и до Сальери (во всяком случае, до пушкинского) — слишком далеко, хоть он и писывал стихи, чья бедная нескладица все же не была его страстью и манией. Значение Лермонтова задевало его только как житейское неудобство для самолюбия. Его маленькое здравомыслие не допустило бы и не узнало видения и не приняло бы от него пытку. Для подобной му́ки его воображение и его совесть были слишком мало развиты. Может быть, именно его неодаренность, исчерпывающая и совершенная, как одаренность Лермонтова, предопределила несчастную связь этих имен в русской истории.

Но все это известно Вам лучше, чем мне, и я попусту расточаю Ваше время. Примите мою почтительную любовь и пожелание прочного здоровья.

Второе (почерк П.Г. Антокольского)

Дорогой друг!

Жизни Пушкина и Лермонтова настолько невероятны, так полны множества вариантов, непредвиденных и выходящих за пределы обычного человеческого пути, что здесь не оберешься удивления, восторга, печали и всех других чувств, мешающих трезвой оценке.

Лермонтов — обжигался и обжигал других. Такая ж острота была в его героях: в Печорине, Арбенине и прежде всего — в Демоне. При всех неустанных и доскональных исследованиях, Лермонтов — одна из самых волшебных сказок, раскрытых навсегда и никогда недосказанных до конца.

Что же до его убийцы, то скажу прямо: моя сказка об его казни вообще не должна была быть написана. Никакие домыслы и вымыслы об этом пустом месте, об этой пропавшей грамоте — просто не нужны. Мартынов сгинул так же, как Дантес. Оба они случайны, как соседи в вагоне. А жизням Пушкина и Лермонтова конца не предвидится. Только это есть и будет всегда — аминь во веки веков. Нам остается радоваться их присутствию и учить радоваться всех, кто придет после нас. Насчет Мартынова можно выдумать множество концов. Но если правда, что люди или само время разорили и развеяли его прах, — это лучший и окончательный конец.

А как было бы хорошо сейчас поехать к Пушкину в Михайловское или к Лермонтову в Пятигорск, вновь найти их там и вновь искать повсюду!

Желаю лучших радостей, которых всегда вдоволь на белом свете!

П.А.

Третье (автору записок от неизвестного лица)

Эй,

вы повсюду разбрасываете ваши писания, в которых черт ногу сломит, и я кое-что прочел. Моя фамилия не Мартынов, но я слышал от бабки, что прихожусь тому Мартынову какой-то тридесятой родней. Мне это совершенно безразлично, но вам я с удовольствием об этом сообщаю. Не думайте, что, если кто-то что-то пишет, он может хамить. Например, я бы с радостью проучил вас за „фамильную потливость", вернее, за вашу подлость, тоже, наверно, фамильную. Так что учтите.

Четвертое (ответ на предыдущее)

Милостивый государь!

Я еще раз невольно затрудняю Вас, обращаясь к Вам столь вычурным и архаическим способом, но Вы не оставили мне другой возможности, любезно сообщив о себе только то сведение, что Ваша фамилия — не Мартынов.

Не зная Вашего адреса, я вынужден с особенным усердием разбрасывать мои писания в надежде, что они снова попадутся Вам на глаза и Вы не преминете известить меня о всех условиях, угодных и удобных Вам для того, чтобы „проучить“ меня или удовлетворить меня как должно.

Что касается Вашего удовлетворения, я специально ради него снесся с доверенным лицом из управления аптеками и теперь имею основание и удовольствие рекомендовать Вам польское средство „Дезодоро“ как лучшее.

Засим — прощайте.

III
Тот же июль,
но несколько по–другому

В том же июле тот же неказистый господин, который соринкой залетал Мартынову в угол глаза, объявился в совершенно другом месте и пытался проникнуть в покои князя Васильчикова, куда его не пустили — и правильно сделали. Плохой вид этого господина, не то, чтобы нетрезвый, а какой-то парящий, его платье, устаревшее до лысин и подтеков, позволили нижним лестничным чинам полюбопытствовать: какую нужду имеет он к их сиятельству? Дело свое незнакомец удержал в тайне, но не скрыл, что был обрызган грязью из-под копыт княжеского коня во время грозы тридцать лет назад. Ему тут же заметили, что за это время можно было бы пообчиститься и что та лошадь давно уже покойники и отвечать на его претензию не могут. Князю Александру Илларионовичу об этом маленьком случае не докладывали, а комнат за шесть по сквозной анфиладе от его кабинета осведомились: как быть с неопределенным просителем? Последовал ответ: ободрить деликатной наградой и отпустить с Богом. Захудалый человек поупрямился и погордился, но — что было делать? — взял подаяние, заверил глупую челядь, что употребит его на помин чьей-то души, сошел с крыльца и исчез.

Тем временем Александр Илларионович Васильчиков, свежий, легкий и не поврежденный прибылью лет, задумчиво трудился при сильных настольных свечах. Острое внимание публики к трагическим делам давно минувших дней касалось и его — не так близко и больно, как Мартынова, но достаточно заметно. Среди исследователей, вернее, добровольных и запоздалых следователей, отличался тщательный П.К. Мартьянов, задорно окликнувший его в статье прошлогоднего журнала. Если Мартынов прямо выводился убийцей и с него, в нравственном отношении, были взятки гладки, то на князя Васильчикова распространялась пристальная двусмысленная вопросительность. Он был не только единственный живой свидетель, он был секундант Лермонтова, то есть последняя и важнейшая опора его жизни и чести. Жизнь была упущена беззаботно и сразу, после чего он принялся с большим достоинством оберегать честь Мартынова — как свою. Поединку сопутствовала известная неопределенность и темнота обстоятельств. Не в том было дело, что участие в нем Столыпина и Трубецкого — из разумных и благородных соображений — было скрыто от официального следствия, а в том, что и участия никакого не было, кроме беспечного присутствия. Оставшиеся Васильчиков и Глебов в точности не проследили распределения своих ролей и обязанностей, сведя их к отмериванию тридцати шагов. По дуэльному кодексу секундант не должен был и не имел права заслонить собою уполномочившее его лицо, но предполагалось, что в нем достанет для этого невозможного жеста пристрастия и заинтересованности. Так что Лермонтов, окруженный друзьями, один из которых в него целился, у подножия Машука, как и всегда, был один-одинешенек.

Но в чем мог винить себя князь Васильчиков, кроме крайней молодости и проистекавшей из нее неосмотрительности всех участников, — ему самому шел тогда двадцать второй год? Он удостаивал своих критиков не исповеди — исповедоваться не в исповедальне было то же самое, что ходить нагим не в бане, — а внятного, делового и спокойного ответа. Тому же всегда он учил Мартынова, да не очень на него полагался. Он не ожидал, конечно, что все упрется в генерала Шлиппенбаха — что такое Шлиппенбах и при чем тут Шлиппенбах? — но и на что-нибудь совсем другое рассчитывать не приходилось.

Он писал быстро, толково, хорошо. Невиновность Мартынова и его самого́ просто и ясно доказывалась все тем же несчастным характером, сопутствующим гению. Он тоже перечислял шалости, проделки и несносности, опуская те, от которых сам хлебнул горюшка, вплоть до последней дерзости, стоившей Лермонтову жизни. Он выразил было сомнение в справедливости столь высокой цены, но, сдерживаемый безупречной корректностью, зачеркнул эти слова. Картины общества и природы равно удались его перу. Осторожно и отважно упомянул он ту, опасную для Лермонтова немилость, которую только с большим преувеличением можно было назвать опалой небес. Сдержанный и независимый тон заметок соответствовал просвещенному уму и превосходной подтянутости духа. Смерть Лермонтова выглядела его собственным поступком, и возможные уточнения предоставлялись Мартынову. Так что в результате получался все тот же Шлиппенбах.

А невзрачный незнакомец давно уже сидел в трактире, одной рукой наливал себе угощения, а другой удерживал от падения свою никому не нужную голову. Иногда он встряхивался, взгляд его взмывал, руки освобождались для большого жеста, и на губах закипала невнятная гордая речь. Так что баба, выпущенная из грязных кулис для вытирания столов, оглядывалась на него с сомнением, пока не рассудила, что это, видно, актеришка бедный, выведенный из ума нуждой и вином. Но вокруг и другие театры разыгрывались — со слезами, пением и сильным вклеиванием губ в чужое, вдруг полюбившееся лицо.

Между тем наш плохонький человек говорил:

— Я, князь, не беседы с вами искал. Я искал пить с вами вдвоем и напиться как свинья и свинья. Вы теперь одни мне ровня. На нас с вами одна кровь. Вы соучастник ее пролития и я. Только вы и тогда были трезвы, а я пьян. Я действовал по службе, а вы — по дружбе. Я сам обрек мою душу бессрочной каторге, сто лет пройдет, а не кончится ее срок. Вы же теперь пишете, и я отсюда могу читать описание ваших миролюбивых усилий. Полноте, князь. Не в том ваша вина, что вы не слишком благоволили к вашему приятелю и не пеклись о его невредимости — насильно мил не будешь. А в том, что на этом основании вы не могли сказываться его секундантом, тем более что поначалу господин Глебов взял на себя эту роль. Э, да что теперь говорить. Единожды солгавши... вы, князь, и сами знаете.

Тут он занял уста питьем и умолк. Потом стал заглядывать себе за пазуху, в удушливую тьму, где таился и стесненно поблескивал маленький драгоценный предмет, посмеиваться на этот предмет и приговаривать:

— Ай да мадемуазель Быховец, ай да Катя! Одна только и осадила убийцу! Мартынка, говорит, глупый... ха-ха... ужасно, говорит, глупый Мартынка!

Но смех скоро сошел с его лица, он сидел недвижно и молча, пока тоска и уныние не увеличились в нем до страсти и не вознесли его над нечистым столом для последнего монолога:

— Алексей Аркадьевич Столыпин, более известный как Монго! Целое общество равнялось на вашу доблестную высокородную осанку, и ни в ком другом не видел я такой вельможной и вместе добродушной стати. Про вас говорили, что вы образец красоты и порядочности для своего времени, и многие женщины оплакали вашу кончину под флорентийским небом. А я говорю вам, что в вас было ровно столько души и ума, сколько нужно для великолепного лоску. Что вы сквозь лениво разомкнутые пальцы пропустили, как ненужную воду, жизнь вашего родственника и друга. Что я из моего ничтожества смею взывать к вашему и что я презираю вас!

Устрашив и унизив таким образом благородную тень, обеспокоенную ради этого вздора, обличитель пал духом и разрыдался, укрывая лицо и некрасиво дергая плечами.

— Я и сам, по мере сил моих, созидал вашу гибель, но знать это вам не так было бы обидно, как слова мои о вашем товарище, — уж вы, снизойдя к моей му́ке, разом за все простите меня, Михаил Юрьевич, голубчик...

Эти самонадеянные и скорбные слова также остались без всякого внимания, потому что в такие места люди ходят для своих горестей, а не для чужих. А порядочные люди и вовсе не ходят, используя благодатные вечерние часы для составления важных заметок или чтения книг, пока музыка вылетает в окна нижнего этажа и придает сумеркам сада особенную красоту и печаль.

IV

Письмо пятое (автору записок
от еще одного неожиданного корреспондента)

...!

Не зная вашего имени и не сожалея об этом, довожу до вашего сведения, что моя фамилия, искаженная давнишней писарской ошибкой, все-таки, сколько я знаю, указывает на мою принадлежность роду Васильчиковых. Но мое возмущение вашими домыслами носит не семейный, а объективный характер. Хочу напомнить вам, что Александр Илларионович Васильчиков, которого вы, злоупотребляя своей безнаказанностью, опутали недостойными намеками, был известный публицист, прогрессивный деятель, хлопотавший о нуждах земледельцев и даже привлеченный к подготовке реформы 1861 года. Не сомневаюсь, что, несмотря на молодость и неопытность, а также на неуместные вольности и эпиграммы в его адрес, он был искренний и терпеливый доброжелатель Лермонтова и во время его дуэли честно соблюдал должные правила. Он тяжко переживал его гибель, что подтверждает его письмо к приятелю, приведенное в сборнике воспоминаний, который вы, как я вижу, изучили тщательно, но без пользы. Так или иначе, у вас нет улик против Васильчикова и других участников события, и вы вынуждены заменять их недомолвками, равными клевете, достойной наказания. Жена моя особенно оскорблена за А.А. Столыпина, ближайшего друга Лермонтова, первого переводчика на французский язык „Героя нашего времени" и безукоризненного, на ее взгляд, человека.

Подтверждаю мое возмущение.

А. Весельчаков.

Шестое (ответ)

Досточтимый и любезный А. Весельчаков!

Не умея отгадать, какому случаю обязан я Вашей осведомленностью в моих записях, прогневивших Вас, я должен на него же рассчитывать, чтобы несколько Вас успокоить.

Не слишком терзайте себя тяжкими переживаниями Вашего предполагаемого пра-родственника. В известном Вам письме, сразу за словами о Лермонтове: „Жаль его!" и прочими, следует грустное, но спокойное описание водяного общества, стекол, вставленных в окна гостиницы, и вечерней музыки. Это оставляет нам надежду, что за две недели, прошедшие после поединка, автор письма успел совладать со скорбью о понесенной утрате. В этом же документе А.И. Васильчиков объявляет себя секундантом Лермонтова, но, когда, спустя много лет, Висковатов попробует уточнить это обстоятельство, он даст ему уклончивый и невразумительный ответ: он не знал, интересы какой стороны ему вверены, и не мог оберегать их. Если у Вас есть на этот счет сведения, противоположные моим, я с облегчением принесу Вам мои извинения. Пока я вынужден называть роль князя Васильчикова в судьбе Лермонтова неблаговидной. Восхищаясь широтой,

с которой Вы считаете Вашего подзащитного одно-
фамильцем и родней, я готов незамедлительно ответить за мои слова, оскорбительные для Вашего
семейства. Чтобы Вас не стесняло превосходство
Вашей генеалогии, напоминаю Вам, что в старину
татар-старьевщиков величали „князьями", а я имею
в их почтенной среде предка, чья фамилия пере-
шла ко мне без изменений.

Совет: несмотря на его смерть в Италии в 1858
году, бдительно остерегайтесь А.А. Столыпина
(Монго́). Пристрастие к нему Вашей жены уверяет
меня в ее недовольстве Вашими внешностью и ма-
нерами. В отличие от своего двоюродного племян-
ника, он может иметь живые копии и повторения
и стать Вашим соперником.

Всегда к Вашим услугам.

Седьмое (автору записок от незнакомой дамы)

Не ждите ответа от моего мужа — он солидный и
уравновешенный человек. Повидайтесь лучше со
мной! Ваше высокопарное хамство мне симпатич-
но. Так и быть, уступаю Вам ни в чем не повинного красавца и соглашаюсь говорить о Лермонтове.
Я — по образованию — психолог, и психология

творчества представляет для меня особенный интерес.

Итак — жду Вас и не скрываю нетерпения.

А. Весельчакова.

(На письме, видимо, оставленном без ответа, — приписка адресата:

Когда, меня избравши наобум,
ты ждешь меня, прелестница психолог,
я не страшусь, что короток твой ум,
но трепещу, что волос твой не долог.

Я не ищу учености очей!
Хоть в том не велика моя заслуга,
я, психикой и логикой моей,
спасаю честь беспечного супруга.)

V
Кавказ, наши дни
(Продолжение записок)

Опоздав на сто тридцать один год, бродил я по Пятигорску и всюду видел только то, что опоздал непоправимо. Воздух маленького белого домика был неодушевленный и совершенно пустой — душа придирчиво его обыскала и отвергла как явную подмену, а на что, собственно, она надеялась? Я сразу ушел, хотя в саду трогательный запах цветущих растений ластился и цеплялся к лицу, словно обещал, что не все еще потеряно и где-то в его сложной сумме таится искомое дыхание. Но у меня было ощущение, что я мчался к кому-то сломя голову, а его не оказалось на месте, и потому к самому́ месту я сделался несправедлив и слеп. С тоскою уставился я на Машук, увенчанный телевизионной башней, распространявшей вокруг себя незримое марево дневных новостей.

Возле обелиска на месте дуэли теснилось множество людей, и твердый женский голосок уже подошел к вечеру тринадцатого июля в доме Верзилиных. Я торопливо отступил к павильону, где, не устрашенная величием смерти, длилась живая, насущная жизнь, поглощающая чебуреки и веселое едкое вино. Неподалеку от меня поместились два человека, чье знакомство казалось недавним и неблагополучным. Первый — большой, распахнутый, с мелким угрюмым исподлобьем и ленивыми мышцами на сильных белых руках — опекал и угощал второго — хрупкого, деликатного, может быть, кандидата наук, очень подавленного непрошеным покровительством. Глава их маленькой компании загрызал сыроватое тесто и пил портвейн. Милость его к собеседнику росла, и тот робел, давился, но кротко внимал благодушным наставлениям.

— Ты держись меня, не то свихнешься от скуки. Я тут седьмой год отдыхаю. Я все эти байки про Лермонтова не хуже доцентов знаю. Была тут одна экскурсоводка приятной наружности, так я притиснул ее в аллее для культурной беседы — плакала, а призналась, что все это из-за бабы произошло. Писал-то он хорошо, да выглядел плохо: ноги кривые, лицо желтое (наука это, конечно, скрывает). А этот, который его потом убил, был видный, приметный мужчина, вот он и перебежал ему дорогу.

С этого момента его речи в меня стала поступать какая-то замечательная легкость, словно я спал и собирался лететь. Верзила рассуждал, а две боязливые, с бледной шерстью собаки из осторожного отдаления смотрели на забытый им чебурек, истекающий масляной жижей. Вдруг он обернулся и неожиданно резвым и точным жестом ткнул в собачью морду окурком — обе собаки отпрянули и скрылись. Дальнейшие мои действия совершались помимо меня, как если бы они были не поступком, а припадком, но размеренно и даже плавно. Я подошел, заботливо взял в одну руку скользкий расстегнутый ворот, в другую — раскаленный остаток сигареты и стал медленно приближать его к растерянному, неподвижному лицу. Я не знал, чего я хочу, но я бы ужаснулся, если бы понял, чего я тогда не хотел: я не хотел, чтобы он топтал эту гору, жрал воздух, чтобы девушка, знающая наизусть столько стихов, плакала от ужаса в аллее, чтобы собаки, рожденные для доверия и любви, шарахались в сторону при виде человека, — я не хотел, чтобы он жил. Мне казалось, что все будет хорошо, стоит только свести воедино его лицо и окурок, но в это время кто-то повис у меня на руке, и все участники сцены словно проснулись. Первое, что я услышал, были слова: „Благородный молодой человек!" — с ними обратился ко мне тот, кто до сих пор удерживал мою руку с тлеющим табаком. Вид его поразил меня. Он был очень бледен, не бел, а прозрачен, как засушенный лепесток, зрачки казались чуть гуще воды, как талый снег, волосы слабы, как у новорожденного, ветхие плечи и ноги облачены во фрак и панталоны расхожего покроя начала прошлого века, в свободной от меня слабой руке колыхался антикварный цилиндр. Пока я озирал его причудливую и бедственную внешность, те двое исчезли, я даже не успел обдумать, почему я, вплотную приблизившись к целости и сохранности одного из них, не встретил никакого сопротивления.

Не зная, чему приписать странность моего усмирителя: цветению местной самодеятельности или беде одинокой нездоровой души, — я тихонько отнял у него мою руку и неловко спросил:

— Может быть, вы не откажетесь съесть что-нибудь? Или выпить?

Жидкость в его глазах увеличилась и чуть не перелилась через край. Он отвечал мне с большим чувством и со странным, смущающим разум акцентом — несомненно русским и в то же время никогда мной не слышанным:

— Если бы вы знали, кто и когда обращался ко мне в последний раз с таким же любезным предложением! Нет, вы не то подумали — я не имею нужды в еде. Просто тот случай был для меня драгоценный и даже переменивший всю жизнь мою, но пока я не решаюсь вам признаться.

Я испытывал при нем безвыходную тревогу, как будто должен был вспомнить что-то, чего не знал. Мы попрощались, и мне было заметно, что он долго и пристально смотрит мне в спину.

Лермонтов примечал, что среди извозчиков много осетин. Много их и среди таксистов. Мой был упрямейший из них и согласился везти меня после долгих и мрачных пререканий. Я хотел проведать Хромого Хусейна и к ночи вернуться обратно. Хромой Хусейн был мой друг, мой кунак и даже мой брат. Мы познакомились в Москве, где он постоянно волновался и ликовал, как на празднике. Он шел с банкета, с радостью вина и дружбы в душе, и я шел себе по улице — он оглядел меня с пылкой симпатией и спросил: не казах ли я? Я отвечал, что нет, но он с этого места улицы стал дружить со мной и все-таки считать меня казахом. В детстве Хусейн (хромым он стал потом, после того, как упал вместе с лошадью) жил в Казахстане. Его отец сражался на фронте, а мать болела и не умела жить вдали от родины. Так что Хусейн с матерью стали совсем погибать, но казахи поделились с ними всем, что имели, и спасли их для долгой жизни, для встречи с отцом, для родных гор. Поэтому Хусейн так сильно и верно любил казахов. Мы не расставались несколько дней, и я любовался его изящной худобой, скучающей по коню, вспышками добрых глаз и неукротимой страстью к дарению. Между прочим, Хусейн особенным образом относился к Лермонтову и, наверное, в глубине души считал его отчасти казахом. Он с живостью одобрял его храбрость, способности к верховой езде и — это во-первых! — расположение к народам Кавказа, которые Лермонтов, как и все русские в то время, неточно отличал один от другого и часто смешивал кабардинскую и „татарскую", то есть тюркскую, балкарскую речь. Однажды Хусейн сказал мне:

— Ты не рассердишься, если я в чем-то признаюсь? Я рад, что Лермонтова убил русский. Не тому рад, что именно русский, а тому, что не наши его убили. Ведь царь на это надеялся. Если бы его убил горец, я не знаю, как бы я жил. Тогда война была, а в моем роду никто ни разу не промахнулся.

Вообще Хусейн глядел на Лермонтова не издалека, а из доверительной и задушевной близости. Он даже начертил мне план пространства, где носился и мыкался Демон, и получилось, что, направляясь в сторону Грузии и Тамары, Дух изгнанья неминуемо пролетал над родным аулом Хусейна.

Но не везло мне в этой поездке! Хромого Хусейна я тоже не застал, он теперь работал на далекой туристической базе, и старые его родители уехали к нему на субботу и воскресенье. Все это сообщили мне его родственники. В первом ряду их собрания стояли зрелые и осанистые мужчины: Ишай, Даньял, Ахья и Сафарби. Во втором — юноши, все с красивыми и доверчивыми лицами. За ними, вдалеке, разместились женщины и малолетние. Говорил только Ишай, — по-видимому, старший. Он же спросил меня: не казах ли я, — и мне жаль было сказать: нет. Вдруг все они пришли в волнение, те, кто курил, бросили и пригасили сигареты, стало совсем тихо, только Ишай успел шепнуть мне: Аубекир! Вот так Аубекир, подумал я, сразу же разделив общую робость и заведомое послушание. Аубекир был старый человек в крестьянской одежде, с лицом поразительной силы и гордости. Все это лицо, тяжелое и золотое при солнце, было один спокойный и достойный ум, окрепший в трудах и тяжелых испытаниях до совершенства, до знания истины. В этом лице и в этом уме не было места для пустого и тщетного движения. Он глядел просто и приветливо, но я был подавлен и стыдился всего, что знал о себе. Вдруг его лицо ослабело, расплавилось, растеклось, и я остолбенел от этой перемены, которая объяснялась тем, что, безбоязненно раздвигая старших родственников, вперед выдвигался мальчик, едва умеющий ходить, с крепким голым животом и круглыми черными кудрями. Аубекир схватил его и жадно понес к глазам, и такая мощь нежности выразилась в его лице, которой достало бы целому многоопытному народу для раздумья о своей неистребимости, о прибывающей жизни, уходящей далеко за горизонт будущего времени. Аубекир вскоре ушел. Мне объяснили, что меня повезут в горы, чтобы отпраздновать мое прибытие. Это будет как бы благодарственный пир — „курмалык" — в честь того, что несчастье нашей разлуки кончилось. Аубекир ушел раньше, потому что не любит ездить в автомобиле, хотя у него есть „жигули", — на этой машине отправимся мы, Даньял за рулем. Еще на равнине мы обогнали всадника, Даньял вежливо притормозил — тот слегка кивнул, позволяя ехать дальше. Солнце, уже близкое к горам, отражалось в его лице, в смуглой шерсти коня. Аубекир прямо смотрел на солнце, на блеск снежных вершин.

Уже горы теснили дорогу. Чтобы увидеть деревце на краю обрыва, надо было откинуть затылок на спину. Я не видывал такой высоты. Лермонтов не мог быть здесь — в то время эти места были закрыты для пришельцев, и предки моих спутников зорко смотрели за этим.

Все сделалось очень быстро. У реки, принимающей в себя отвесный водопад, расстелили на земле скатерть, развели огонь. Всем ведал Ишай. Если он был недоволен помощью, он мимоходом шлепал любого, и Даньял, сильнейший в их роду, по-детски прикрывался от него руками. Над шумом воды и огня главенствовал особенный звук тишины. При горах душа нечаянно подтягивалась, как при Аубекире. Аубекир приехал к концу пира. К нему почтительно придвинули баранью голову и наполненный стакан. Он ласково кивал головой на заздравные тосты, но ничего не пил. Я шепотом спросил: почему? Ишай ответил:

— Аубекир никогда не пил. Он видел много горя. Две войны, чужбина, смерть близких и смерть маленького сына — чтобы пережить это, надо иметь много силы и много работать. Глаза его всегда были трезвые и сухие. Только две слезы побывали в них — когда он увидел горы после долгой разлуки.

Остальные мужчины пили весело, но без развязности и суматохи, как и подобает здоровым, сильным и добрым людям. Единственный среди них городской житель — Ахья — был слабее других. Они ни о чем не спрашивали меня, но смотрели с любовью и поощрением. И я быстро и крепко их полюбил, хотя обычно схожусь с людьми не просто и не близко. Я подумал, что Лермонтову было бы ловко и хорошо с ними. Вот бы он удивился, узнав от них, что Бэла — скорее балкарка, чем черкешенка, а все остальное: ее красота, тоска, любовь и гибель — совершенная правда, происходившая неподалеку. И великий Карагез был балкарским конем, потому что по-балкарски его имя означает: „Черные глаза". У кабардинцев и черкесов другой, не тюркский, язык. Русские тогда относили балкарцев к татарам, а сами они называют себя „тау-лу", потому что „тау" — гора — стоит в заглавии их жизни.

В начале ночи я уже был возле Машука и смотрел на землю, когда-то принявшую кровь, текущую из сердца сквозь малиновую канаусовую рубашку. Вдруг прямо возле уха услышал я вкрадчивый голос:

— Михаил Юрьевич лежал не здесь. Упал он вон в том месте, а уж потом был перенесен вон туда — пожалуйте за мной, я вас сопровожу.

В темноте робко мерцал мой дневной знакомец. Он увлекал меня в сторону и второпях говорил:

— Я тоже имел несчастье несколько опоздать — впоследствии я не скрою от вас причины. Но кровь на тропинке застал я еще не остывшей.

— Да вам сколько лет? — спросил я с раздражением.

Он объяснил, что родился в девяносто шестом году, и я похвалил его моложавость. Он заметно обрадовался и выпалил, даже подпрыгнув от молодого кокетства:

— Да вы недослушали! В девяносто шестом году осьмнадцатого столетия — вот когда я родился в

210

благородной семье и был крещен. Но имя мое в дальнейшем сам я оконфузил и осрамил и, отстранившись от своего рода, стал зваться иначе. Сказать ли вам — как? Да вы не будете ли смеяться?

— Скажите, — тупо ответил я. — Какой уж тут смех.

Он поклонился:

— Аспид Нетович Аплошкин. Вас я давно имею честь знать и даже способствовал вашей переписке с известными лицами. У меня и теперь есть письмо к вам от госпожи Весельчаковой, содержащее в себе приглашение к дружбе.

— В таком случае благоволите передать ей на словах, что я на дружбу не расточителен и ничем служить ей не могу. — Я уже освоился с неожиданным перепадом времени и был спокоен.

А почему бы нет? Мартынов стоял вот здесь, выстрелил и не промахнулся. Но, если Лермонтова нисколько и нигде нет, к чему вся эта история? Зачем сидел я по вечерам при свече, не допуская других гостей, и утром пес дыбил шерсть и махал хвостом на узкий след гусарского сапога? Зачем чудесный тамбовский житель Николай Алексеевич Никифоров писал письмо, в котором живмя-живехоньки и ненаглядно-румяная казначейша, высватанная в селе Рассказово, и сухопарый казначей, и даже купец Воротилин, сдававший ему дом: „приземистый, скорее — широкий, плоский, чем толстый, с бабьим голосом”? Зачем Федор Дмитриевич Поленов в Поленове, художник Васильев, архитектор Кудрявцев, инженер Миндлин, разделяя мою заботу, рылись в архивах и книгах для цели, о которой пока не время говорить, и ни разу не усомнились в насущном и близком присутствии Лермонтова? И если у Гейченко в Михайловском нет Пушкина, то что же тогда есть на белом свете?

Так-то оно так, а не послушать ли нам господина Аплошкина, старейшего среди нас?

— Я рано остался сиротой, учился на казенный счет, служил, бедствовал, а в 1840 году, по наущению темных сил, проиграл в карты не свои деньги. Меня простили, но побудили к посильной службе отечеству важного и тайного свойства. Обязанности мои были незначительные и вознаграждение скудное. В конце мая 1841 года получил я наставление следовать в город Пятигорск для бдительной и неприметной опеки над господином Лермонтовым, который временно уклонился от назначения в Тенгинский полк, якобы по нездоровью. По прибытии я тщательно проверил медицинские свидетельства и другие документы, касающиеся остановки

212

господ Лермонтова и Столыпина для лечения. Номера этих бумаг, оказавшихся в порядке, были: 360, 361,805,806...

Тут я его перебил:

— Простите, а прежде — видели вы Пушкина?

Рассказчик сокрушенно потупился:

— Хотел бы солгать, да не могу — нет, не видел. Я при его жизни служил по другому ведомству. А вот супругу его, уже вдовою, видел выходящею из кареты. Она была женщина большой и трогательной красоты,

— Замечательная новость! — съязвил я. Я уже начал капризничать, и Аплошкин обиделся:

— Я вижу, вам мало того, что я более месяца был неотлучною тенью Михаила Юрьевича Лермонтова, великого поэта, украсившего собою русскую словесность!

— Ну-ну, я виноват, — торопливо поправился я, — продолжайте, сделайте милость. Только как же преуспели вы в вашей неотлучности? Я полагаю, что в дома́ Чиляева или Верзилиных вы не были вхожи?

Он всполошился:

— А лето? А открытые окна? А соблазны природы? А Елисаветинский источник, доступный всем жаждущим? Да и внешность моя тогда не как теперь — не навлекала на себя внимания. Впрочем, после одного случая господин Лермонтов стал меня отличать и заботливо кланяться со мной, чем не однажды удивлял своих товарищей и спутников. Началось это с того, что я проследовал за ним в ресторацию, в ту пору пустую, поместился вдалеке и спросил себе какую-то малость. Господин Лермонтов от услуг отмахнулся и сидел, грустно и открыто глядя перед собой, опершись подбородком о сплетенные пальцы, руки у него были белей и нежней лица. Вдруг он быстро подошел ко мне, и я встал. Тут я сразу прошу прощения у него и у вас, что передаю речь его моими неумелыми и нескладными устами, слова его только приблизительно были такие: „Милостивый государь, я очень виноват, что беспокою вас в вашем уединении, но, может быть, вы окажете мне честь и позавтракаете вместе со мной? Вы меня очень обяжете, если не обидитесь моим дерзким приглашением". Я не нашелся с ответом и в крайнем смущении последовал к его столу — он шел сзади, не давая мне отступить. В большом возбуждении стал он заказывать вина и закуски, поминутно взглядывая на меня с лаской и вопросом: как мне угодить? — и хмурясь от смущения. Ему очень хотелось, чтобы я ел, да мне кусок не шел в горло, даже вино не лилось, хотя я уже не умел обходиться без помощи обманной влаги. Он участливо спросил: нет ли у меня какого горя? — и пожелал мне долгой жизни, прибавив: „Да я вижу: вы будете долго жить". В этом он, как видите, не ошибся. Потом, отряхнувшись от раздумья, заметил (опять я перевру его слова): „Да хорошо бы долго жить. Ведь, как ни спеши, раньше времени ум не образуется. Говорят, человеческая мысль проясняется в зрелые лета, — а где их взять?" Тут его окликнули из дверей, он поднялся и проговорил быстро-быстро: „Не потому, что вы имеете нужду в деньгах, а потому, что они для меня лишние, — освободите меня!" Сделал по-своему и убежал, как мальчик. Деньги эти я вернул ему через его человека Андрея Соколова, а одну купюру оставил и ни в одной беде не расточил. (Он достал николаевскую ассигнацию, но в руки мне не дал, полюбовался и спрятал.) Видимо, я очень жалок показался ему, да я таков и был. После матери моей господин Лермонтов был единственный человек, сожалевший обо мне. А ведь я был его вредитель! Следуя указаниям, поступавшим ко мне через других лиц, я, завидев на улице Мартынова, крикнул ему французские слова о нем Лермонтова, хорошо известные еще в начале лета. А уж те мои соратники, которые много превосходили меня рангом, попеняли Мартынову на вялость его чести — вот-де прохожие и те величают вас горцем с кинжалом. Подступали они к Лисаневичу, да он не годился в убийцы. Но я уже стал задумываться, тосковать и искать стихотворений Лермонтова, хотя самый талант его был не по моей части — этим занимались люди более сведущие. И я скажу вам, что стихотворения эти ранили меня, зачем это было так важно и так просто? И как случилось, что эта сокровенная печаль не отвергала меня, не гнала в чужаки и изгои, а была совершенно мне понятна, как если бы я сам был человек и высокий страдалец, а не мелкая подслеповатая сошка? С тех пор стал я манкировать моим долгом и в службе моей явились пробелы. Так, однажды я услышал, как Столыпин невзначай посетовал Лермонтову на Мартынова: „Опять наш Николай сморозил глупость". А тот ему: „Ты о каком Николае? Оба — наши, и оба умом не горазды, что с них взять!" Я об этой беседе в докладе не упомянул. Да ведь не один я ходил под окнами! Так что оба заинтересованных лица были извещены о сделанной им характеристике. Начиная с конца июня я твердо ждал беды. Еще раз случилось мне говорить с Михаилом Юрьевичем в галерее. Опять он был ласков и застенчив ко мне и осведомился: идут ли мне на пользу целебные воды? Вместо ответа я взмолился: „Уезжайте вы отсюда подобру-поздорову, не медлите!" Он улыбнулся и спросил: „Куда?" Вечером тринадцатого июля я наперед знал все, что будет. Весь следующий день метался я между Пятигорском и Железноводском, схватил на бульваре руку князя Васильчикова, он брезгливо отдернулся и не стал меня слушать. Бросился к Монге — он мне заметил, что дело это до меня не может касаться никоим образом. Пятнадцатого утром положил я быть на месте дуэли, пасть в ноги Мартынову или, что вернее, выскочить из кустов и сорвать ему выстрел — пусть лучше он меня порешит. Я восторженно приготовился к смерти и исповедался у отца Павла, служившего потом панихиду по Лермонтову с большой неохотой. Волнение изнуряло мои силы, и я прибег к услугам вина в армянской лавке. Я пил и вырастал над собой, над прежней никчемной жизнью. Только проснулся я уже от грозы и пешком бросился к Машуку. По дороге встретил я князя Васильчикова — конь его поднял на меня воду и грязь. Я понял: все кончено! Далее я вполне предался вину, на служебные призывы не отвечал, пока на меня не махнули рукой и не забыли навсегда. Успел я еще сделать маленькую покражу. Михаил Юрьевич во время поединка имел при себе золотой обруч с головы молоденькой госпожи

Быховец, оброненный ею в тот день и присвоенный им для шутки. После уже господин Дмитревский взял этот предмет для передачи владелице, а я его выкрал и храню. Год еще болтался я в Пятигорске, пьянствуя и дразня бывших моих сподвижников. Когда прах господина Лермонтова повезли в Тарханы, я двинулся вслед. Там видел я, как вели под руки в церковь бабушку его Елизавету Алексеевну, и не приведи Бог кому-нибудь видеть такое лицо. Оно было хуже и непробудней мертвых лиц, потому что те помечены отдыхом, а ее убили, но не дали забвения, и вот влекли под локти. Приметив меня, она оттолкнула поддержку и твердо спросила: „Кто ты таков?“ Я молчал, но она вызнала сквозь мое лицо мою вину и прокляла меня на веки вечные — я склонился, как под благословение. С той поры нарек я себя Аспидом и повадился являться Мартынову, да это был тщетный труд.

Я еще раз прервал речь симпатичного мученика:

— А зачем вы при его бракосочетании озорничали?

Он испугался меня:

— Откуда вы знаете?

Я усмехнулся. Он подумал и развеселился воспоминанием:

— Я имел цель смутить его и погубить, заживо спалить взглядом. Но добился лишь того, что он и от аналоя воротил ко мне голову и растратил на меня глупые глаза свои. В жене его было больше живости. Она меня потом выглядела и хотела привадить деньгами, но мартыновской милостыни никогда я не брал. Все спрашивала о Лермонтове, и я уверил ее, что он был прекрасен собой — для меня он таков и был. Она мне покаялась, что ужасная слава ее суженого была ей лестной. Потом она к нему остыла и говаривала: „Да точно ли он совершил столь великое злодеяние? Какой он убийца?! Разве такой, что от него мухи мрут". Ей невдомек было, что так оно и водится на свете. Я ей про ее мужа много делал плохих намеков — надеюсь, не без удачи. А потом, что же, умирали люди на белом свете, рождались, а моей скорбной юдоли нет конца. Я уж совсем устал и соскучился, теперь вот развлекаюсь вашими трудами и путешествиями.

Я поблагодарил его. Солнце уже освещало высокий снег. Вдали с утренней силой заржал и пронесся конь. Всадник был коренаст, а держался в седле ловко и крепко.

Вот пока и все о кавказских приключениях и бессмертном господине Аплошкине.

VI
Привет французам!

Когда самолет уже задрожал и напрягся для подъема, я увидел, что по полю хромает Хусейн и сильно машет рукой. Да уж нечего было делать!

В самолете со мною соседствовал француз, посетивший Пятигорск для служебной надобности, а именно для изучения знаменитой минеральной воды. Ее превосходные свойства поразили его не менее, чем неукрощенный избыток, образующий возле Эльбруса целые потоки и заводи. Заинтересовался он и Лермонтовым и всенародным паломничеством к месту его жизни и смерти. Но у него были некоторые недоумения. Он с обидой спросил меня, зачем русские иногда говорят, что в Пушкина по крайней мере целила французская рука, а с Лермонтовым было ужасней, потому что его убил соотечественник. Нужно ли тут примешивать Францию? Я его совершенно успокоил на этот счет, сказав, что по языку, духу и всему устройству Мартынов приходился Лермонтову таким же глухонемым чужеземцем, как Дантес Пушкину, и национальность тут ничего не значит. Ростопчина писала прекраснейшему французу Дюма: „Странная вещь! Дантес и Мартынов оба служили в кавалергардском полку". И это пустяки, они ближе, чем однополчане, они — одно. Он осторожно намекнул, что русские, как ему кажется, склонны несколько преувеличивать всемирное значение своих поэтов — ведь непередаваемая прелесть их созвучий замкнута в их языке (Толстой и Достоевский, сказал он, — это другое дело). А вот он слышал, как один человек назвал Лермонтова: „Высочайший юноша вселенной" — не слишком ли это? И не кажется ли мне, что, например, Гюго больше повлиял на общечеловеческую культуру, хотя бы потому, что французский язык не был закрыт для всех читающих людей прошлого века? Я возразил, что трудно высчитать степень влияния, ведь Толстой и Достоевский зависели же от Пушкина и Лермонтова. Я выразил ему мое восхищение Гюго и воспитавшим его народом и передал самый сердечный привет всем французам без исключения. Потом добавил:

— Мне остается еще та утешительная радость, что ни про одного великого русского поэта никто никогда не может сказать, что он был скареден, или хитроумен, или непременно хотел в академики.

Француз с легкостью согласился:

— О да, русские вообще очень беспечны к материальной жизни. Надеюсь, вас не обидит мое предположение, что скромность вашей заработной платы нисколько не влияет на ваше поведение?

Он был прав.

Так что обе стороны были вполне удовлетворены приятной беседой.

VII

Письма, вернее, письмо восьмое
(автор записок — художнику Васильеву)

Милый и дорогой друг!

Благодарю Вас за то, что Вы приняли в моей печали такое живое участие и подвигли к тому же других добрых и ученых людей. Во всем этом я узнаю Ваши талант, свободную изобретательность ума и великодушие.

Я всем сердцем оценил описание усадьбы в бывшей Тульской губернии, сада и дома над Окой. Для меня драгоценны сведения о медальоне с портретом Лермонтова, раздавленном каблуком, — чьим? Мстительным женским? Ревнивым мужским?

Мы к этому еще вернемся. Пока примите в дар стихотворение, вырытое из моих бумаг.

Глубокий нежный сад, впадающий в Оку,
стекающий с горы лавиной многоцветья.

Начнемте же игру, любезный друг, ау!
Останемся в саду минувшего столетья.

Ау, любезный друг, вот правила игры:
не спрашивать зачем и поманить рукою
в глубокий нежный сад, стекающий с горы,
упущенный горой, воспринятый Окою.

Попробуем следить за поведеньем двух
кисейных рукавов, за блеском медальона,
сокрывшего в себе... ау, любезный друг!
сокрывшего — и пусть, с вас и того довольно.

Заботясь лишь о том, что стол накрыт в саду,
забыть грядущий век для сущего событья.
Ау, любезный друг! Идете ли? — Иду. —
Идите! Стол в саду накрыт для чаепитья.

А это что за гость? — Да это юный внук
Арсеньевой. — Какой? — Столыпиной. — Ну, что же,
храни его Господь. Ау, любезный друг!
Далекий свет иль звук — чирк холодом по коже.

Ау, любезный друг! Предчувствие беды
преувеличит смысл свечи, обмолвки, жеста.
И, как ни отступай в столетья и сады,
душа не сыщет в них забвенья и блаженства.

VIII
Великая бабушка

Елизавета Алексеевна Арсеньева, урожденная Столыпина, пензенская помещица, влиятельная и властная барыня, брившая для поучения бороды крепостных, не доверявшая книжникам, говорившая про Пушкина, что он добром не кончит, несчастливая в замужестве, схоронившая молодую дочь, лелеявшая единственного внука. Жития ее было семьдесят два года (1773—1845). Вот и все.

Да славится ее имя во веки веков!

Она одна дала Лермонтову всю любовь, которой не дал ему отец, уже не могла дать мать, еще не могли дать грядущие поколения, в которой отказали ему множество знакомых и современников. Одна — против вздорных, слепых, надменных, ленивых, алчных, желающих истребить и истребивших, каждый день, каждое мгновение, всей жизнью, не имеющей значения и цены без него.

И Лермонтов был любим, как только может быть любим человек.

Неисчислимая любовь к нему всех, кто был, есть и будет потом, — не больше той, одной, бабушкиной.

Мы всегда будем видеть его таким, каким она

его видела: осененным Божественным даром, хрупким, беззащитным перед обидой и гибелью и — несказанно красивым.

IX
Пушкин и Лермонтов, Лермонтов и Пушкин

Никакого литературоведения — я ему не учен, это дело не мое, а только зачем Вяземский жаловался, что навряд ли Лермонтов заменит России Пушкина? Замена тут вовсе ни при чем.

Пушкин еще был жив, а уже было понятно, что у России есть еще один великий поэт.

Появился Лермонтов — его молодости оставалось четыре года для достижения зрелости и совершенства. История не спрашивает у человека: сколько ему лет? Слишком мало для величия? — ступай, оставайся в безвестных способных юношах. Еще не было решено: велик Лермонтов или не велик, но он заговорил на языке Пушкина как на своем, и это уже был язык всей русской литературы. Вдвоем их стало больше, чем только двое: Пушкин и Лермонтов — это была целая и великая поэзия народа, определившаяся раз и навсегда.

Имена их неразлучны в русской памяти, сведены в единое средоточие всего родного.

А Лермонтов не встречался с Пушкиным, не видел, не хотел видеть — так нестерпимо любил. Думаю, что не раз ему говорили: иди, там твой кумир стоит у колонны, на берегу бала, или гуляет меж статуй и дерев Царскосельского сада. Он вскакивал — и падал ничком на кровать, закрыв лицо, один со своею любовью. Принять на себя взгляд Пушкина — казалось грубой развязностью, лишним расходом его зрения, и больно было за свою недостаточность, и гордость мешала: да ведь есть же и во мне хоть что-нибудь?!

Пушкина оплакали люди и народ, но заступился за него всею жизнью один Лермонтов.

Большим, заметным, недобрым взглядом смотрел он в гостиных на Наталью Николаевну, вдову Пушкина. Она робко, с детской обидой — за что? — обращала к нему чудное, кроткое, вопросительное лицо, он отворачивался. Что это? Ревность безумия? — она, с глазами для разглядывания драгоценностей и кружев, а не для чтения, видела его каждый день, а я — никогда? Ненависть — за вину? или за неравноценность? Но она ни в чем не повинна! Пусть, Тамара тоже ни в чем не повинна, а жалко Демона, и вся ее красота и все добродетели не стоят волоса с его грешной головы. Или просто бедная месть за неказистую робость перед спокойной и знаменитой красавицей?

Он и сам понимал в этом чувстве только его силу — и смотрел.

И вот последний вечер у Карамзиных. При общем внимании и недоумении он не отходит от нее, ласково глядит — и не может наглядеться, почтительно и пылко говорит — и не может наговориться. Что это? Новая уверенность в себе после признания и успеха? Счастливый случай, открывший ему глаза на прелесть женского ума и грациозного сердца? Да уж не любовь ли безумия? Да, любовь — к тому, любившему ее так сильно, давшему ей детей, наполнившему ее собой, создавшему ее из воздуха, взявшему ее в бессмертие под фамилией: Пушкина-Ланская.

Она потом рассказывала об этом дочери, радуясь, как чудесное дитя, заполучившее во власть очарования всех, и великого угрюмца, воздавшего должное не красоте, — это не ново! — а собственным достоинствам личности.

А он — прощался с Пушкиным, до встречи — навсегда.

И еще — вместе с Пушкиным и Лермонтовым, другой стороной сердца, — клянусь всегда любить писателя Соллогуба, имевшего величие сказать: „Елизавета Михайловна Хитрово вдохновила мое первое стихотворение: оно, как и другие мои стихи, увы, не отличается особенным талантом, но замечательно тем, что его исправлял и перевел на французский язык Лермонтов".

X
Письмо девятое
и последнее
(автор записок — критику Б.С.)

Глубокоуважаемый Б.С.!

Вы оказали мне честь, упомянув меня в статье, общего значения которой я, по роду моих склонностей и занятий, не могу оценить в должной мере. Ваша память обо мне тем более для меня почетна и лестна, что я не имею привычки и страсти к публикациям, и внимание критики для меня чрезвычайная редкость.

Я совершенно согласен с Вами в отрицательной оценке слабого и вульгарного стихотворения, некстати поминающего имена Пушкина и Лермонтова. Единственное, что может оправдать меня перед Вами, — это то, что указанное стихотворение, писанное в давнишней и непривлекательно-невежественной молодости автора, сознательно не включено в разбираемую Вами книгу. Так что огорчение Ваше — заслуга не моей, а Вашей энергии. Но все это для меня ровно ничего не значит.

Важно лишь то, что Вы в Вашей статье прямо и точно говорите, что мне „не жалко Лермонтова".

Я полагал, что Вы сами примете меры для наказания человека, в котором Вы предполагаете злодейское сочувствие убийцам Лермонтова. Не только такое обвинение, но даже такое подозрение заслуживает немедленного и решительного разбирательства.

Я настоятельно прошу Вас безотлагательно сообщить мне, каким образом могу я получить от Вас удовлетворение моей чести и совести.

Любые Ваши условия, кроме перевода бумаги, буду считать для меня подходящими.

Примите уверение и прочая...

XI
Эпилог

На этом записки неизвестного обрываются.

1972

Воспоминания

ВОСПОМИНАНИЕ О ГРУЗИИ

Вероятно, у каждого человека есть на земле тайное и любимое пространство, которое он редко навещает, но помнит всегда и часто видит во сне. Человек живет дома, на родине, там, где ему следует жить; занимается своим делом, устает и ночью, перед тем как заснуть, улыбается в темноте и думает: "Сейчас это невозможно, но когда-нибудь я снова поеду туда..."

Так думаю я о Грузии, и по ночам мне снится грузинская речь. Соблазн чужого и милого языка так увлекает, так дразнит немые губы, но как примирить в славянской гортани бурное несогласие согласных звуков, как уместить долготу гласных? Разве что во сне сумею я преодолеть косноязычие и издать этот глубокий клекот, который все нарастает в горле, пока не станет пением.

Мне кажется, никто не живет в такой близости пения, как грузины. Между весельем и пением, печалью и пением, любовью и пением вовсе нет промежутка. Если грузин не поет сейчас, то только потому, что собирается петь через минуту.

Однажды осенью в Кахетии мы сбились с дороги и спросили у старого крестьянина, куда идти. Он показал на свой дом и строго сказал: „Сюда". Мы вошли во двор, где уже сушилась чурчхела, а на ветках айвы куры вскрикивали во сне. Здесь же, под темным небом, хозяйка и две ее дочери ловко накрыли стол.

Сбор винограда только начинался, но квеври — остроконечные, зарытые в землю кувшины — уже были полны юного, еще не перебродившего вина, которое пьется легко, а хмелит тяжело. Мы едва успели его отведать, а уж все пели за столом во много голосов, и каждый голос знал свое место, держался нужной высоты. В этом пении не было беспорядка, строгая, неведомая мне дисциплина управляла его многоголосьем.

Мне показалось, что долгожданная тайна языка наконец открылась мне, и я поняла прекрасный смысл этой песни: в ней была доброта, много любви, немного печали, нежная благодарность земле, воспоминание и надежда, а также все остальное, что может быть нужно человеку в такую счастливую и лунную ночь.

1964

ПУТЕШЕСТВИЕ

Памяти Джона Стейнбека, его
собаки Чарли, всех моих собак,
всех, кого любила и потеряла.

„Путешествие с Чарли“ — знаменитая прекрасная
книга Стейнбека.

Я видела его в Москве, в редакции журнала
„Юность“. Ничего позорнее этого молодого собрания я не помню. Там были замечательные писатели:
Василий Аксёнов, Анатолий Гладилин. Я пришла с
опозданием: у меня в тот день отобрали автомобильные права. Предводительствовал Борис Полевой. У
него и у Стейнбека как-то в розную кось смотрели
глаза. Подавали кофе, Стейнбек попросил другого
напитка — не дали, он пошутил: „Я слышал, что в России даже из табуреток это добывают“.

Мы все молчали. Мы — по-разному — были добычей страха или той доблести, когда не плетут лишнего, но все-таки плетут и расплачиваются.

Гладилин спросил: „Мистер Стейнбек, Вы встречались с Хемингуэем? О чем Вы говорили?"

— Только о том, кто первый заказывает.

Спросили: „Мистер Стейнбек, Вы встречались с Дос Пассосом?"

— Говорили о том же. Почему Вы ничего не говорите? Вы — молоды. Вы должны быть отважны, как молодые волки.

Полевой шепнул мне в ухо:

— Беллочка, скажите что-нибудь.

Я сказала: „Господин Стейнбек, Вы вернетесь в Америку. Вам будет грустно, а мне стыдно. „Но не волк я по крови своей". Вы заметили: я опоздала. У меня отобрали автомобильные права. Других прав не имею и не возымею".

Мне стало известно, что Стейнбек понял меня.

Прошло время, погибла моя собака. Я хотела обрести облегчение: написав „Путешествие с Ромкой". Я имела в виду не географический сюжет, а трагический, исторический: рождение, жизнь, смерть. Но боль, посвященная собаке, превозмогла мою способность писать. Я не обрела облегчения и умру с этой мыслью.

1968

„МОРОЗ И СОЛНЦЕ, ДЕНЬ ЧУДЕСНЫЙ..."

Двадцать девятого января, а по-нынешнему десятого февраля, люди с особенным выражением говорят о нескончаемом Пушкине, о его присутствии в яви дня и безутешно горюют, потому что прежде Пушкин был хрупко живой, родимый человек, а его ранили в живот и убили.

Но я хочу повести речь только о жизни, в которой всегда есть пушкинская причина ликовать и с днем печали многозначительно соседствует день радости. Например, четырнадцатого февраля, при морозе и солнце, можно выехать из Пскова в сторону Опочки, минуя Остров, еще раз благословить имя доброго Пущина, купившего здесь когда-то три бутылки „клико", в должном месте повернуть налево, обмирать и ждать, когда прояснится вдали шпиль Святогорского монастыря, еще раз повернуть и еще, сильным топотом отрясти на крыльце снег и с разлету, с холоду, из сеней, выпалить: „Здравствуйте, Семен Степанович! Поздравляю Вас с чудесным днем Вашего семидесятилетия!"

Ехать мне никак невозможно, и остается призывать к себе Михайловские виды, благо они всегда вблизи души. Солнечный свет разбивается о сугробы, о лед, придерживающий течение Сороти, в стороне от дневного блеска сдержанно высятся необщительные ганнибаловские ели. А в доме тепло, славно, кот Васька в полдремлющего глаза озирает ненасытную птичью толчею за окном, и у печки, посылающей в небо весть о здравии этого жилья, в душегрейке и больших валенках стоит пригожий юбиляр, не одобряет моей затеи рассуждать о нем во всеуслышание, а поделать издалека ничего не может. И я рассуждаю.

Вам и без меня известно, что Семен Степанович Гейченко возглавляет Государственный Пушкинский заповедник. Но одних этих высоких полномочий мало, чтобы обрести доверие одушевленных деревьев, разгадать капризы старых строптивых вещей и воскресить в окне кабинета подлинное пламя свечи. Посудите сами, что для Домового — просто директор, а между тем он слушается, рачительно выполняет пушкинскую волю, объявленную ему в специальном послании.

Кем приходится Гейченко единственному хозяину этих мест, если знает его так коротко и свободно? Счастливая игра — сидеть вечером на разогретой лежанке и спрашивать: какую обувь носил Пушкин зимой в деревне? Какую позу нечаянно предпочитал для раздумья? Когда спрашивал кружку, то для вина, наливки или другой бодрящей влаги? Если никакой не было, куда посылал? (Один прилежный человек удивился последнему глупому вопросу: как — не было? Наверняка в доме держался нужный запас. Семен Степанович ему ничего не сказал, только глянул весело, не свысока, а издалека, из давнего знакомства с дарителем, расточителем, любителем угощать, а чтобы печься о припасах или другим велеть — не тем была его голова занята.) Все эти нехитрые тайны ведомы и другим людям, но они проникли в них усилиями учености, а Гейченко — вблизи видел, помнит, и все тут. Поэтому жив и очевиден Пушкин в Михайловском. Любой, чья совесть не отягощена заведомым невежеством или дурным помыслом, встретит в парке узкий след его петербургских кожаных калош, застанет врасплох кресло, не успевшее воспрянуть после того, как он сидел в нем, подвернув правую ногу и муча зубами перо.

Когда Семен Степанович говорит, в нем открывается целый театр: в остром, примечательном лице хватает простора для множества действующих лиц, в большом, старинном голосе спорит и пререкается их многоголосье, вдохновенно и хищно парит пустой рукав. Вы скажете: ну вот, возможно ли поминать пустой рукав? Ничего, возможно, ведь это уже не отсутствие руки, потерянной на войне, это присутствие крыла, указующего, заманивающего. Этот невиданный-неслыханный артистизм — тоже достопримечательность заповедника, но в нем нет собственной корысти: это верный способ одарить нас Пушкиным, наградить им, осыпать с головы до ног.

Чтобы ваш, мой и каждого Пушкин вольготно населял эти комнаты и аллеи, Гейченко не навязывает ему своего хотенья: откуда-то ему точно известно, что Пушкину угодно и удобно. Прилежный человек спросил: неужели Пушкин не тяготился нетоплеными печами и довольствовался простецким видом дома и усадьбы? Семен Степанович и на это ничего не сказал, а дворовый Петр, бывший кучером, засмеялся из давно минувших дней: „Наш Александр Сергеевич никогда этим не занимался, чтоб слушать доклады приказчика. Всем староста заведовал; а ему, бывало, все равно, хошь мужик спи, хошь гуляй; он в эти дела не входил". А может, и есть меж ними — Пушкиным и Гейченко — какие-нибудь дружественные несогласия, об этом я не берусь судить. Ведь здесь действуют не личность и тень, а две личности, и вторая оснащена собственным немалым талантом. Может быть, к этому сводится тайна, позволяющая поэту бодрствовать в Михайловских рощах? Кроткий исследователь, ставший как бы тенью великого человека, повторяет его меньше, чем соучастник, достойный товарищ, на которого смело можно оставить дом, сад, рукописи, не догоревшую свечу и отправиться в Тригорское, а если позволят, и в Петербург.

Солнце убывает, мороз крепчает, четырнадцатый день февраля на исходе, хозяйка все хлопочет, хотя стол совершенно и чрезмерно накрыт, медленно синеют сугробы, и мне надо спешить, чтобы успеть добавить ко всем речам, письмам, тостам и телеграммам признание в пылкой и почтительной нежности.

1973

„ПРЕКРАТИМ
ЭТИ РЕЧИ НА МИГ..."

Даже если его собеседник не имел других заслуг и
отличий, кроме замечательно круглых и румяных
молодых щек, а также самоуверенной склонности
объединять все слова в свадебные союзы созвучий, — даже и тогда он заботливо склонял к нему
острое, быстрое лицо и тратил на него весь слух,
видимо, полагая, что человеческие уста не могут открываться для произнесения вздора. Щеки, вздор и
угрюмое желание зарифмовать все, что есть, были
моим вкладом в тот день, когда Антокольский среди московского снегопада ни за что ни про что —
просто моя судьба счастливая! — впервые дарил
мне Чиковани. Почему-то снег сопутствовал всем
нашим последующим московским встречам, лето
оставалось уделом его земли, и было видно при
снеге, что слово „пальто" превосходит солиднос-
тью и размером то, что накидывал Чиковани на

хрупкую худобу, — так, перышко, немного черноты, условная дань чуждой зиме. Так же как его „дача", его загородные владения не имели ни стен, ни потолка, ни других тяжеловесных пустяков, ничего, кроме сути: земли, неба, множества фиалок и разрушенной крепости вдали и вверху, на горе.

Обремененный лишь легкостью силуэта, он имел много удобств и преимуществ для того, чтобы „привлечь к себе любовь пространства": оно само желало его, втягивало, само трудилось над быстрым лётом его походки и теперь совершенно присвоило, растворило в себе. Эта выдумка поэтов о „любви пространства" применительно к ним самим — совершенная правда. Я уверена, что не только Чиковани любил Горвашское ущелье, Атени, Алазань, но и они любили его, отличая от других путников, и по нему теперь печалится Гремская колокольня.

Теперь и сам я думаю: ужели
по той дороге, странник и чудак,
я проходил?
Горвашское ущелье,
о, подтверди, что это было так!

Так это и было, он проходил, и мир, скрывающий себя от взора ленивых невежд, сверкал и сиял

243

перед ним небывалостью причуд и расцветок. Опасно пламенели оранжевые быки, и олени оставляли свои сказочные должности, неуместно включаясь в труд молотьбы на гумне. Не говоря уже о бледной чьей-то невесте, которая радугой вырвалась из скуки одноцветья и предстала перед ним, „подобная фазану": таинственная и ослепительная. Разум его, затуманенный волшебством сновидений, всегда был зорок и строг.

> Мне снился сон — и что мне было делать?
> Мне снился сон — я наблюдал его.
> Как точен был расчет — их было девять:
> дубов и дэвов. Только и всего...
>
> Я шел и шел за девятью морями.
> Число их подтверждали неспроста
> девять ворот, и девять плит Марабды,
> и девяти колодцев чистота.

Казалось бы, что мне в этом таинственном числе „девять", столь пленительном для грузинского воображения, в дэвах, колодцах, в горах, напоминающих квеври — остроконечные сосуды для вина? Но еще тогда, при первом снегопаде, он прельстил меня, заманил в необъяснимое родство, и мой невзрачный молодой ум впервые осенила догадка, что нет радости надежнее, чем талант другого человека, единственно позволяющий быть постоянно очарованным человечеством. Чикована уехал в Тбилиси, а я осталась здесь — его влюбленным и прилежным братом, и этого неопределенного звания мне навсегда хватит для гордости и сиротства. Тяжкий, драгоценный, кромешный труд перевода в связи с Чиковани был для меня блаженством — радостью было воспроизвести в гортани его речь:

И, так и не изведавшая муки,
ты канула, как бедная звезда.
На белом муле, о, на белом муле
в Ушгули ты спустилась навсегда.

Тайна этой легкости подлежит простой разгадке. У Чиковани и в беседах, и в мимолетных обмолвках, и в стихах предмет, который он имеет в виду, и слово, потраченное на определение предмета, точно совпадают, между ними нет разлуки, пустоты, и в этом счастливая выгода его слушателя и переводчика. Расплывчатость рассуждений, обманная многозначительность — вот где хлебнешь горюшка.

Но я не хочу говорить о стихах, о переводах. В этом разберутся другие, многоученые люди. Я вообще предпочла бы молчать, любить, вспоминать и печалиться, отозвавшись на его давнее приглашение к тишине, надобной природе для лепета и бормотания:

> Прекратим эти речи на миг,
> пусть и дождь свое слово промолвит,
> и средь тутовых веток немых
> очи дремлющей птицы промоет.

Еще один снегопад был между нами. Какая была рань весны, рань жизни — еще снег был свеж и силен, еще никто не умер в мире — для меня. Снег, деревья, фонари, в теплых сенях — беспорядок объятий, возгласов, таянье шапок.

— Симон и Марика! (Это Чиковани.) Павел и Зоя! (Это Антокольские.)

Кем приходятся мне эти четверо? Какое точное название даст им душа, обмершая в нестерпимой родимости и боли?

Там, пока пили вино и долгий малиновый чай, читали стихи и сетовали на малые невзгоды жизни, был ли мне дан, из другого, предстоящего возраста, знак, что это беспечное сидение впятером вкруг стола и есть счастье, быстролетящая драгоценность обстоятельств, и больше мне так не сидеть никогда?

В глаза чудес, исполненные света,
всю жизнь смотрел я, не устав смотреть.
О, девять раз изведавшему это
не боязно однажды умереть.

Из тех пятерых, сидевших за столом, двое нас
осталось, и жадно смотрим мы друг на друга.

Иногда юные люди приходят ко мне. Что я
скажу им? Им лучше известно, как соединять воедино перо, чернила и бумагу. Одно, одно лишь надо было бы сказать — пусть ненасытно любуются
лицами тех, кого любят. В сослагательном накло-
нении так много печали: ему сейчас исполнилось
бы семьдесят лет. Но я ничего не говорю.

Как миндаль облетел и намок!
Дождь дорогу марает и моет —
это он подает мне намек,
что не столько я стар, сколько молод.

Слышишь? — в тутовых ветках немых
голос птицы свежее и резче.
Прекратим эти речи на миг,
лишь на миг прекратим эти речи.

1973

АННА КАЛАНАДЗЕ

Речь об Анне Каландадзе, об Анне, о торжественном дне ее рождения, но прежде — о былом, о скромном дне рождения цветов миндаля на склонах Мтацминды, о марте, бывшем давно. Какая весна затевалась! Я проснулась поутру, потому что дети в доме напротив, во множестве усевшись на подоконник, играли в зеркало и в солнце и посылали огонь в мое окно, радио гремело: „У любви, как у пташки, крылья...“ Начинался день, ведущий к Анне, ослики по дороге во Мцхету кричали о весне, и сколько же там было анемонов! А у Симона Чиковани, у совершенно живого, невредимого, острозрячего Симона, дача была неподалеку — что за дача: дома нет, зато земли и неба в избытке, за рекой, на горе, четко видны развалины стройных древних камней, и виноградник уже очнулся от зимней спячки, уже хлопотал о незримом изначалье вина. Люди, оснащенные высшим даром, имеют свойство дарить нам себя и других. Сиял день весны, Симон был жив и здоров, но подарки еще не иссякли и Симон восклицал: "Кацо, ты не знаешь Анны, но ты узнаешь: Анна — прекрасна!" К вечеру я уже знала, что Анна — прекрасна, большой поэт, и ее язык, собственный, ведомый только ей, не меньше всего грузинского языка по объему и прелести звучания. На крайнем исходе дня пришла маленькая Анна, маленькая, говорю потому, что облик ее поразил и растрогал меня хрупкостью очертаний, серьезнейшей скромностью и тишиной — о, такие не суетятся, мыслят и говорят лишь впопад и не совершают лишних поступков.

Потом, в Москве, в счастливом уединении, я переводила стихотворения Анны Каландадзе, составившие ее первую русскую книгу — совсем маленькую, изданную в Тбилиси. Спасибо, Анна, — я наслаждалась. В тесной комнате с зелеными обоями плыли облака Хетты, Мидии, Урарту, боярышник шелестел, витали имена земли: Бетания, Шиомгвими, Орцхали... Анна была очевидна и воздушно чиста, и сколько Грузии сосредоточенно и свободно помещено в Анне! Ее страсть к родимой речи, побуждающая к стихосложению и специальным филологическим занятиям, все еще не утолена, склоняет ее к мучению, а нам обещает блаженство. Анна, когда живет и пишет, часто принимает себя за растения земли: за травинку, за веточку чинары, за соцветие магнолии, за безымянный стебелек. Что ж, она, видимо, из них, из чистейших земных прорастаний, не знающих зла и корысти, имеющих в виду лишь зеленеть на благо глазам, даже под небрежной ногой незоркого прохожего, — лишь зеленеть победно и милосердно. Пусть всегда зеленеет! Годы спустя, в Тбилиси, опять пришла Анна с букетиком фиалок — думайте, что метафора, мне все равно, но Анна и цветок по имени „иа" были в явном родстве и трудно отличимы друг от друга.

Да, я переводила Анну и наслаждалась, но и тогда предугадывала, а теперь знаю, что не могла соотноситься на равных с поэтом, о котором пекусь всей душой: я была моложе и я была — хуже. Но много лет прошло, и я еще улучшусь, Анна, и вернусь к Вашим стихам, чтобы, лишенные первоначальной сути, они не сиротствовали в чужом языке, в моем родном языке, а славно и нежно звучали.

До свидания, Анна, кланяюсь, благодарю, поздравляю, благоденствуйте в Тбилиси — за себя, за Симона, за Гоглу, и примите в обратный дар строку Вашего стихотворения: „Мравалжа́миер, многие лета!"

1975

ПОРЫВ ДУШИ
И УМА

Антокольский личностью своей, прелестью своего нрава подтверждает то, что нам всем известно: поэт, несомненно, добр, поэт — тот человек, от которого каждый имеет выгоду, радость — учиться, внимать ему.

Но все это само собой разумеется. И, может быть, нужно отвлечься от несравненных достоинств Павла Григорьевича просто житейских и подумать о том, как много он значил для всех пишущих и читающих людей.

Павел Григорьевич приходился современником Блоку, Цветаева называла его Павлик. Павел Григорьевич пестовал многих своих прямых и косвенных учеников. Каждое имя, которое существует в советской поэзии, так или иначе соотносится с Антокольским. Поэты военного поколения были его учениками или по Литературному институту, или по тем его книгам, которые они читали. Те люди, которые пришли в поэзию после них, тоже обязаны Павлу Григорьевичу началом своей литературной грамоты. Здесь я могу сослаться на моих коллег и ровесников, на себя.

Я знаю, как много сделал Павел Григорьевич для того, чтобы русские читатели могли принять к своему сведению стихи наших соотечественников, которые пишут на других языках.

Но, как и всякий значительный человек, который работает в искусстве, Антокольский не может быть исчерпан лишь нашей страной. Вот книжка „Медная лира" с подзаголовком „Французская поэзия XIX—XX веков в переводах П. Антокольского". Можно вообразить, сколько труда, ума и сердца нужно было потратить на то, чтобы осознать поэзию Франции двух последних веков.

Я увидела его в первый раз много лет назад, он стремился на помощь своему молодому коллеге. И всякий раз, когда мне доводилось с ним встречаться, я всегда видела в нем все тот же порыв души и ума, этот полет навстречу кому-то другому, эту совершенную нескаредность сердца — расточительность знаний, любви, таланта на пользу другим людям.

1986

МИГ БЫТИЯ

О Павле Григорьевиче Антокольском не хочу думать в прошедшем времени: он родился, ему 100 лет, я привыкла праздником отмечать день его рождения. Не во мне дело — в его безмерной сердечной расточительности, дарительности: было с кем возиться, за кого просить, ходить, чтобы книжку издали, пластинку выпустили.

Время Антокольского — не умственность, всегда терзающая ум отвлеченность, это время, впрямую нас касающееся.

Антокольский делал нас соучастниками времени и истории, того, что нам по возрасту или по другим недостаткам было недоступно.

Как-то спросила у Павла Григорьевича: „Вы этого не помните? Это было до начала Первой мировой войны". Антокольский отвечает: „Как это я не помню? Я уже был весьма... Ты что, меня совсем за дурака держишь?"

Начало века. Павел Григорьевич предъявил нам это время не как хрестоматийное, а как живое сведение.

Мы говорим: Антокольский и театр, Антокольский много сделал для театра. Он и сам был театром. Как он читал „Я помню чудное мгновенье...“, как читал „Вакхическую песню“, когда вино разливали по бокалам...

Антокольский был театр в высоком смысле этого слова, любил изображать и показывать, как читали Блок, Брюсов, Белый. Я не знаю, как на самом деле это было, знаю лишь по собственному представлению. Но я любовалась Антокольским. Слуха и взора нельзя было отстранить. Поэт никому ничего не должен, но человек обязан быть утешительным театром для другого человека. Мне не нравится, когда человеческое лицо являет собою скучное, не захватывающее зрелище. Человек обязан человечеству служить или развлечением, или поучением, или защитой от душераздирающих действий; лицо — всегда портрет взлета души. Антокольский многих учеников возымел, никого не поучал.

Начало века. 10-е годы. Первая мировая война. 20-е годы для Антокольского отрадны. Смерть Гумилева, смерть Блока — больно, боль не проходит, никогда, но — театр Вахтангова, Зоя Бажанова, общее возбуждение, сопряженное со всякими драматическими обстоятельствами. 30-е годы. Когда мы читаем Антокольского, читаем еще что-то *за тем, над тем,* что написано. Все это надо было снести и из всего этого выйти. 40-е годы. Война, гибель Володи, сына. 50-е годы. Обвинения в космополитизме.

Первый раз я увидела Павла Григорьевича Антокольского много лет назад, больше, чем умею сосчитать. Он шел помочь другому, поэту, который вскоре станет знаменит. А тогда ему просто нужна была эта щедрая и благородная помощь. Сначала я увидела, как летит трость по воздуху, затем явился и сам даритель, пришедший помочь другому. Потом — я тогда была молода — в ресторане я диву далась, увидев этого человека в полном его действии: свобода слов и движений.

Вспоминаю день рождения Антокольского, на даче. Зоя, собака Боцман, кот Серик. Домработница Дуся накрывает стол. Мы сидим: Зоя Константиновна, Павел Григорьевич и я, как счастливица. Тогда я не понимала, что я — счастливица. Меня уже снедала, *брала* тоска, чего-то как будто не хватало, что-то мешало. Тогда я не знала, что вот он — счастливый миг моего бытия. Теперь знаю, что счастье есть осознанный миг бытия.

Дуся стол накрывает, вдруг — крик Дуси: „Пятух! Пятух! Чисто пятух!" Какой петух? Побежала смотреть. А это грач сидел, в нем отражалась радуга небес, в его черных перьях. Он сверкал, как фазан, нет, семицветно, как радуга. Ослепительность этого мгновения я запомнила. Вскоре приехали Чиковани — Симон и Марика.

Теперь я думаю, что мы не успеваем узнать свое счастье. Если ты это поймешь, ты преуспел, этого довольно. Если все чего-то хочешь и алчешь — навеки несчастен.

Думаю и пишу об Антокольском. И не могу не думать и не написать о Зое Константиновне Бажановой, артистке театра Вахтангова. Зоя — Муза, Зоя — хозяйка очага, отрадного для всякого путника, Зоя — источник радушия.

Зоя Константиновна влияла на совесть других людей. Меня звала „Эльф". Когда Зоя Константиновна видела что-нибудь плохое, нечто не совпадающее с опрятностью поведения, говорила: „Боже, я, как Петроний, умру от отвращения". Узнала потом, как умер бедный Петроний: от отвращения и умер.

Антокольский и Зоя — отсутствие плоти, негромоздкость, грациозность: Зоя Константиновна — вождь и вдохновитель совести. Как-то Павел Григорьевич был болен, а от него чего-то хотели, может быть, и пустяка, но это не совпадало с его намерениями. Лучше бы он сделал это, чего от него хотели? Зоя Константиновна не согласилась. Тогда они сказали, что, если он не сделает так, как они ему приказывают, они лифт ему не сделают. Зоя Константиновна ответила твердо: „И не надо. Жили без лифта и проживем" (у Павла Григорьевича был инфаркт, жили они на 5-м этаже).

В 1970 году Павел Григорьевич мне сказал: „Я хочу тебя спросить". — „Спрашивайте, Павел Григорьевич". — „Я хочу выйти из партии". — „Из какой?" — „А ты не знаешь? Из коммунистической. Я от них устал. Не могу больше". — „Павел Григорьевич, умоляю, нижайше прошу Вас, не делайте этого. Я тоже устала — за меньшее время..."

Сидим в мастерской на Поварской с водопроводчиком дядей Ваней, который не любил водопроводную трубу и Мичурина. Беседуем о Мичурине. Неожиданно влетает Павел Григорьевич с тростью. Познакомились: „Иван". — „Павел". Беседа продолжалась, сразу же подружились, и уже как друзья возымели маленькое пререкание. Павел Григорьевич спрашивает: „Белла, кем тебе приходится этот человек?" — „Павел Григорьевич, этот человек приходится мне водопроводчиком этого дома". Павел Григорьевич вспорхнул со стула, бросился к дяде Ване и поцеловал его руку. Тот очень удивился: с ним такого прежде не бывало.

...Павел Григорьевич захотел проведать могилу Бориса Леонидовича Пастернака. Тропинка многими и мною протоптана. Был март. Когда мы добрались до кладбища, пошел сильный снег. Стало смеркаться, и быстро смерклось. Мы долго плутали по кладбищу. Сквозь пургу, сквозь темноту все-таки дошли до могилы. У могилы Павел Григорьевич вскричал: „Борис! Борис! Прости!" За что просил прощения? — я никакой вины Антокольского не знаю. Или просто прощался?

Снова вспоминаю дарительные, ободряющие жесты Павла Григорьевича. Так бросился он к Шукшину, так — к Высоцкому. Павел Григорьевич всегда был очарован, прельщен талантом другого человека. Для меня это и есть доказательство совершенного таланта.

Есть книги, неопубликованные сочинения, но это уже дело литературоведов. Я ученик его и обожатель.

Июнь 1996

НЕ ЗАБЫТЬ

Памяти Василия Шукшина

Мы встретились впервые в студии телевидения на Шаболовке: ни его близкая слава, ни Останкинская башня не взмыли еще для всеобщего сведения и удивления. Вместе с другими участниками передачи сидели перед камерой, я глянула на него, ощутила сильную неопределенную мысль и еще раз глянула. И он поглядел на меня: зорко и угрюмо. Прежде я видела его на экране, и рассказы его уже были мне известны, но именно этот его краткий и мрачно-яркий взгляд стал моим первым важным впечатлением о нем, навсегда предопределил наше соотношение на белом свете.

Некоторые глаза — необходимы для зрения, некоторые — еще и для красоты, для созерцания другими, но такой взгляд: задевающий, как оклик, как прикосновение, — берет очевидный исток в мощной исподлобной думе, осязающей предмет, его тайную суть. Примечательное устройство этих глаз, теперь столь знаменитых и незабываемых для множества людей, сумрачно-светлых, вдвинутых в глубь лица и ума, возглавляющих облик человека, тогда поразило меня и впоследствии не однажды поражало.

Однако вскоре выяснилось, что эти безошибочные глаза впервые увидели меня скорее наивно, чем проницательно. Со студии имени Горького мне прислали сценарий снимающегося фильма „Живет такой парень" с просьбой сыграть роль Журналистки: безукоризненно самоуверенной, дерзко нарядной особы, поражающей героя даже не чужеземностью, а инопланетностью столичного обличья и нрава. То есть играть мне и не предписывалось: такой я и показалась автору фильма. А мне и впрямь доводилось быть корреспондентом столичной газеты, но каким! — громоздко-застенчивым, невнятно бормочущим, пугающим занятых людей сбивчивыми просьбами о прощении, повергающим их в смех или жалость. Я не скрыла этого моего полезного и неказистого опыта, но мне сказано было — все же приехать и делать, как умею. Так и делали: без уроков и репетиций.

Этот фильм, прелестно живой, добрый и остроумный, стал драгоценной удачей многих актеров, моей же удачей было и осталось — видеть, как кропотливо и любовно сообщался с ними режиссер, как мягко и безгневно осуществлял он неизбежную власть над ходом съемок.

Что касается моего скромного и невразумительного соучастия в фильме, то я вспоминаю его без гордости, конечно, но и без лишнего стыда. Загадочно неубедительная Журналистка, столь быстро утратившая предписанные ей сценарием апломб и яркость оперения, обрела все же размытые человеческие черты, отстранившие от нее первоначальное отчуждение автора и героя. Был даже снят несоразмерно долгий одинокий проход этого странного существа, не вошедший в заключительные кадры фильма, но развлекавший задумчивого режиссера в темноте просмотрового зала, где они шли навстречу друг другу через предполагаемую пропасть между деревенскими и городскими жителями во имя более важных человеческих и художественных совпадений. Преодоление этой условной бездны, не ощущаемой мною, но тяготившей его в ту пору его жизни, составило содержание многих наших встреч и пререканий. Опережая себя, замечу, что если он и принял меня вначале за

символ чуждой ему, городской, умственно-витие-
ватой и не плодородной жизни, то все же его благосклонность ко мне была щедрой и неизменной,
наяву опровергавшей его теоретическую неприязнь.

Со съемок упомянутого фильма началась наша причудливая дружба, которая и теперь преданно и печально бодрствует в моем сердце. Делая не-
обязательную уступку наиболее любопытным
читателям, оговариваюсь: из каких бы чувств, поступков, размолвок ни складывались наши отношения, я имею в виду именно дружбу в единственном и высоком значении этого лучшего слова. Это
вовсе не значит, что я вольна предать огласке все,
что знаю: это право есть у Искусства, а я всего лишь
имею честь и несчастье писать воспоминания.

В ту позднюю осень, в ту зиму мы оба, не
очень, правда, горюя, мыкались и скитались: он —
потому что это было первое начало его московской жизни, пока неуверенной и бездомной, я —
потому что тогда бежала благоденствия, да и оно за
мною не гналось. Вместе бродили и скитались,
но — не на равных. Ведь это был мой город, совершенно и единственно мой, его воздух — мне удобен, его лужи и сугробы — мне отрадны, я знаю на-
перечет сквозняки арбатских проходных дворов,

во множестве домов этого города я всегда имела приют и привет. Но он-то был родом из других мест, по ним он тосковал во всех моих чужих домах, где мрачнел и дичился, не отвечал на любезности, держал в лице неприступно загнанное выражение, а глаза гасил и убирал, вбирал в себя. Да и радушные хозяева не знали, что с гордостью будут вспоминать, как молчал в их доме нелюдимый гость, изредка всверкивая неукрощенным вольным глазом, а вокруг его сапог расплывался грязный снег.

Открою скобки и вспомню эти сапоги — я перед ними смутно виновата, но перед ним — нет, нет. Дело в том, что люди, на чьем паркете или ковре напряженно гостили эти сапоги, совсем не таковы были, чтобы дорожить опрятностью воска или ворса. Но он причинял себе лишнее и несправедливое терзание, всем существом ошибочно полагая, что косится на его сапог соседний мужской ботинок, продолговатый и обласканный бархатом, что от лужи под сапогами отлепетывают брезгливые капризные туфельки. То есть сапоги ему не столько единственной обувью приходились, сколько — знаком, утверждением нравственной и географической принадлежности, объявлением о презрении к чужим порядкам и условностям.

В тех же скобках: мы не раз ссорились из-за великого Поэта, про которого я знала и знаю, говорила и говорю, что он так же неотъемлем от этой земли и так же надобен ей, как земледелец, который свободен не знать о Поэте, этом или другом Поэте, всегда нечаянно пекущемся и о земледельце, и на них вместе и держится эта земля. Есть известный фотографический портрет Поэта: в конце жизни, на ее последней печальной вершине, он стоит, опершись о лопату, глядя вдаль и поверх.

— В сапогах! — усмехнулся тот, о ком пишу и тоскую.

Так или приблизительно так кричала я в ответ:

— Он в сапогах, потому что тогда работал в саду. И я видела его в сапогах, потому что была осень, было непролазно грязно в той местности! А ты...

А он, может быть, и тогда уже постиг и любил Поэта, просто меня дразнил, отстаивал своевольную умственную независимость от обязательных пристрастий, но одного-то он наверняка никогда не постиг: нехитрого знания большинства людей о существовании обувных магазинов или других способов обзавестись обувью и прочим вздором вещей.

И все же — в один погожий день, он по моему наущению был заманен в ловушку, где вручили ему сверток со вздором вещей: ну, костюм, туфли, рубашки… Как не хотел! А все же я потом посмотрела ему вслед: он шел по Садовому кольцу (по улице Чайковского), легкой подошвой принимая привет апрельского московского асфальта.

Кстати, я всегда с грустью и со страхом смотрю вслед тем, кого люблю: о, только бы — не напоследок.

Вот и все о бедных сапогах, закрываю скобки.

Да, о домах, куда хаживали мы вместе в гости, — ничего из этого не получилось. Поэтому чаще мы заходили в те места, в которые, знаете ли, скорее забегают, чем заходят. В одном из таких непритязательных мест на проспекте Мира, назовем его для элегантности „кафе", я заслужила его похвалу, если не хвалу — за то, что мне там хорошо, ловко, сподручно и с собеседниками я с легкостью ладила. Много таких мест обошли мы: они как бы посредине находились между его и моими родными местами. В окне висела любезная мне синева московских зимних сумерек, он смягчился и говорил, что мне надо поехать в деревню, что я непременно полюблю людей, которые там живут (а я их-то и люблю!), и что какие там в подполе крепкие, холодные огурцы (а я их-то и вожделею!), что все это выше и чище поэтической интеллигентской зауми, которую я чту (о, какие были ужасные ссоры!).

Многие люди помнят пылкость и свирепость наших пререканий. Ни эти люди, ни я, ни вы — никто теперь не может сказать в точности: что мы делили, из-за чего бранились? Ну, например, я говорила: всякий человек рожден в малом и точном месте родины, в доме, в районе, в местности, взлелеявшей его нрав и речь, но художественно он существует — всеземно, всемирно, обратив ум и душу раструбом ко всему, что есть, что было у человечества. Но ведь так он и был рожден, так был и так сбылся на белом свете. Просто он и я, он — и каждый человек, с которым он соотнесся в жизни и потом, — нерасторжимы в этой пространной земле, не тесной для разных способов быть, говорить, выглядеть, но все это — ей, ей лишь.

Последний раз увиделись в Доме литераторов: выступали каждый — со своим. Спросил с усмешкой: „Ну что, нашла свою собаку?" — „Нет". — „Фильм мой видела?" — „Нет". — „Посмотри — мне важно".

Получилось, что его последнего фильма я еще не успела посмотреть, но он успел прочесть объявление о пропаже собаки. Но над этим — сильно и в последний раз сверкнули мне его глаза. И — прыгнул, бросив ему руку, Антокольский: „Шукшин? Я вас — почитаю! Я вас — обожаю!“

Дальнейшее — обозначаю я безмолвием моим. Пусть только я знаю.

Около Новодевичьего кладбища рыдающая женщина сказала мне:

— Идите же! Вас — пустят.

Милиционер — не пустил, у меня не было с собой членского билета Союза писателей. Я сказала: „Я должна. Я — товарищ его. И я писатель все же, я член Союза писателей, но нет, понимаете вы, нет при мне билета“.

Милиционер сказал: „Нельзя. Нельзя“. И вдруг посмотрел и спросил: „А вы, случайно, не снимались в фильме „Живет такой парень“? Проходите. Однако вы сильно изменились с тех пор“.

Я и впрямь изменилась с тех пор. Но не настолько, чтобы — забыть.

1979

УРОЖДЕН ПОЭТОМ

Некогда, много лет назад, я увидела его веселым, сияющим, источающим сияние: глаз, лица, улыбки.

Я видела его последние, вернее, предпоследние дни. Трагическая, как бы несбывшаяся жизнь, совершенное одиночество, лютая унизительная нужда.

Я была его товарищ, желала быть вспомогательным другом. Но я не Тот, кто ведает жизнью и смертью.

Геннадий Шпаликов урожден поэтом. Читатель его вольных стихотворений и всегда подневольных сценариев поймет без моей указки и без моего указания, что Шпаликов — изначально поэт, ищущий воли, не добывший свободы, кроме той, о коей не пишу. А тут еще зависимость от кинематографа, этого ужасного, проклятого „совкино"... Это была подневольность свободолюбивых людей.

УРОЖДЕН ПОЭТОМ

Если принять к сведению ума, что это значит: „шестидесятники"? Булата Окуджаву раздражало и огорчало это неправедное сочетание слогов и людей. Геннадий Шпаликов — есть самый хрупкий, трагический силуэт и символ этого промежутка между временем и временем. Некоторые — и я — как-то выжили, прижились. Шпаликов — не сумел, не выжил. Это благородно.

Я полагаюсь на благородство читателей, которые поймут и возлюбят чистоту души поэта, изъявленную в его творчестве, в его жизни и смерти.

17 сентября 1998 г.

ЛАРИСА ШЕПИТЬКО

Так случилось, так жизнь моя сложилась, что я не то, что не могу забыть (я не забывчива), — я не могу возыметь свободу забытья от памяти об этом человеке, от утомительной мысли, пульсирующей в виске, от ощущения вины. Пусть я виновата во многом, но в чем я повинна перед Ларисой? Я долго думаю — рассудок мой отвечает мне: никогда, ни в чем.

Но вот — глубокой ночью — я искала бумаги, чтобы писать это, а выпал, упал черный веер. Вот он — я обмахиваюсь им, теперь лежит рядом. Этот старинный черный кружевной веер подарил мне Сергей Параджанов — на сцену, после моего выступления.

— При чем Параджанов? — спросит предполагаемый читатель. При том, что должно, страдая и сострадая, любить талант другого человека, — это косвенный (и самый верный) признак твоей одаренности.

Ну, а при чем веер?

Вот я опять беру его в руки. Лариса держала его в руках в новогоднюю ночь, в Доме кино. Я никогда не умела обмахиваться веером, но я никогда не умела внимать строгим советам и склонять пред ними голову.

— Я покажу Вам, как это делается, — сказала Лариса. — Нас учили этому во ВГИКе.

Лариса и веер — стали общая стройность, грациозность, плавное поведение руки, кружев, воздуха. Я склонила голову, но все же исподтишка любовалась ею, ее таинственными, хладными, зелеными глазами.

Откуда же она взяла такую власть надо мною, неподвластной?

Расскажу — как помню, как знаю.

Впервые, отчетливо, я увидела ее в Доме кино, еще в том, на улице Воровского. Нетрудно подсчитать, когда это было: вечер был посвящен тридцатилетию журнала „Искусство кино“ — и мне было тридцать лет. Подробность этого арифметического совпадения я упоминаю лишь затем, что тогда оно помогло мне. Я поздравляла журнал: вот-де, мы ровесники, но журнал преуспел много боле, чем я. Я знала, что говорю хорошо, свободно, смешно, — и согласная приязнь, доброта, смех так и поступали в мою прибыль из темного зала. Потом я прочитала мое долгое, с прозой, стихотворение, посвященное памяти Бориса Пастернака. Уж никто не смеялся: прибыль души моей все увеличивалась.

Но что-то сияло, мерцало, мешало-помогало мне из правой ложи. Это было сильное излучение нервов — совершенно в мою пользу, — но где мне было взять тупости, чтобы с болью не принять этот сигнал, посыл внимания и одобрения? Нервы сразу узнали источник причиненного им впечатления: Лариса подошла ко мне в ярко освещенном фойе. Сейчас, в сей предутренний час, через восемнадцать лет, простым художественным усилием вернув себе то мгновение, я вижу прежде не Ларису, а ее взгляд на меня: в черном коротком платье, более округлую, чем голос, чем силуэт души, чем тонкость, притаившаяся внутри, да просто более плотную, чем струйка дыма, что тяжеловесно, — такова я, пожалуй, в том внимательном взоре, хищно, заботливо, доблестно профессиональном. Сразу замечу, что по каким-то другим и неизвестным причинам, но словно шлифуемая, оттачиваемая этим взором для его надобности, я стала быстро и сильно худеть, — все легче мне становилось, но как-то уже и странно, рассеянно, над и вне.

Но вот я вглядываюсь в Ларису в тот вечер, в ее ослепительную невидимость в правой ложе, в ее туманную очевидность в ярком фойе: в отрадность, утешительность ее облика для зрения, в ее красоту. И — в мою неопределенную мысль о вине перед ней: словно родом из Спарты, она показалась мне стройно и мощно прочной, совсем не хрупкой, да, прочной, твердо-устойчивой, не хрупкой.

Пройдет не так уж много лет времени, будет лето, Подмосковье, предгрозье, столь влияющее на собак, — все не могла успокоить собаку, тревожилась, тосковала. Придут — и н-н-не смогут сказать. Я прочту потупленное лицо немого вестника — и злобно возбраню правде быть: нет! нельзя! не сметь! запретно! не позволяю, нет. Предгрозье разрядится через несколько дней, я запутаюсь в струях небесной воды, в электричке, в сложных радугах между ресниц — и не попаду на „Мосфильм".

Был перерыв в этом писанье: радуги между ресниц.

Но все это будет лишь потом и этого нет сейчас: есть медленный осенний предрассвет и целая белая страница для насущного пребывания в прошедшем времени, когда наши встречи участились и усилились, и все зорче останавливались на мне ее таинственные, хладные, зеленые глаза.

Впрочем, именно в этой драгоценной хладности вскоре стала я замечать неуловимый изъян, быстрый убыток: все теплела, слабела и увеличивалась зеленая полынья. Таянье тайны могло разочаровать, как апрельская расплывчатость льда, текучесть кристалла, но, кратким заморозком самообладания, Лариса превозмогала, сковывала эту самовольно хлынувшую теплынь как некую независимую бесформенность и возвращала своим глазам, лицу, силуэту выражение строго-студеной и стойкой формы, совпадения сути и стати.

Неусыпная художественная авторская воля — та главная черта Ларисы, которая, сильно влияя на других людей, слагала черты ее облика. Лариса — еще и автор, режиссер собственной ее внешности, видимого изъявления личности, поведения. Поведение — не есть просто прилежность соблюдения общепринятых правил, это не во-первых, хоть это обязательно для всякого человека, поведение есть способ вести себя под общим взором к своей цели: сдержанность движений, утаенность слез и страстей.

Эту сдержанность, утаенность легко принять за прочность, неуязвимость. Я любовалась повадкой, осанкой Ларисы, и уважение к ней опережало и превосходило нежность и жалость. Между тем я видела и знала, что ее главная, художественная жизнь трудна, непроста: вмешательства, помехи, препоны то и дело вредили ее помыслам и ее творческому самолюбию. Это лишь теперь никто не мешает ей и ее славе.

Влиятельность ее авторской воли я вполне испытала на себе. Лариса хотела, чтобы я снималась в ее фильме, и я диву давалась, замечая свою податливость, исполнительность: я была как бы ни при чем: у Ларисы все выходило, чего она хотела от меня. Это мое качество было мне внове и занимало и увлекало меня. Лариса репетировала со мной сначала у нее дома, на набережной, потом на „Мосфильме". Все это было совсем недолго, но сейчас я четко и длинно вспоминаю и вижу эти дни, солнце, отрадную близость реки. В силе характера Ларисы несомненно была слабость ко мне, и тем легче у нее все получалось. Лариса открыто радовалась моим успехам, столь важным для нее, столь не обязательным для моей судьбы, ведь у меня — совсем другой род занятий. Но я все время принимала в подарок ее дар, ярко явленный в ее лице, в ее указующей повелительности.

Все-таки до съемок дело не дошло, и я утешала ее: „Не печальтесь! Раз Вы что-то нашли во мне —

это не пройдет с годами, вот и снимите меня когда-нибудь потом, через много лет". Лариса сказала как-то грозно, скорбно, почти неприязненно: „Я хочу — сейчас, не позже".

Многих лет у нее не оставалось. Но художник вынужден, кому-то должен, кем-то обязан совершенно сбыться в то время, которое отведено ему, у него нет другого выхода. Я видела Ларису в расцвете ее красоты, подчеркнутой и увеличенной успехом, отечественным и всемирным признанием. Это и была та новогодняя ночь, когда властно и грациозно она взяла черный кружевной веер, и он на мгновение заслонил от меня ее прекрасное печальное лицо.

Милая, милая, хрупкая и беззащитная, но все равно как бы родом из Спарты, — простите меня.

Ноябрь 1985

ПОСЛЕСЛОВИЕ
К АВТОБИОГРАФИИ
МАЙИ ПЛИСЕЦКОЙ

* * *

Та, в сумраке превыспреннем витая,
кем нам приходится? Она нисходит к нам.
Чужих стихий заманчивая тайна
не подлежит прозрачным именам.

Как назовем породу тех энергий,
чья доблестна и беззащитна стать?
Зрачок измучен непосильной негой,
измучен, влажен и желает спать.

Жизнь, страсть — и смерть. И грустно почему-то.
И прочных формул тщетно ищет ум.
Так облекает хрупкость перламутра
морской воды непостижимый шум.

* * *

Глаз влажен был, ум сухо верил
в дар Бога Вам — иначе чей
Ваш дар? Вот старый черный веер
для овеванья чудных черт
лица и облика. Летали
сны о Тальони... но словам
здесь делать нечего... Вы стали —
смысл му́ки-музыки. В честь Тайны
вот — веер-охранитель Вам.

Вы — изъявленье Тайны. Мало
я знаю слов. Тот, кто прельстил
нас Вашим образом, о Майя,
за подвиг Ваш нас всех простил.

„Чем больше имя знаменито, тем неразгаданней
оно..." Это строчка из моего стихотворения, посвященного Блоку. Как можно соотнести этот маленький эпиграф с художественной судьбою, которая
сбылась с таким совершенством?

Творческий удел Майи Плисецкой — есть чудо,
дарованное нам. Человек получил свой дар откуда-то свыше и вернул его людям в целости и сохранности и даже с большим преувеличением. Так что

здесь нет ни одной маленькой убыли, нет ни одного маленького изъяна. И казалось бы, Майя Михайловна не оставляет нам никаких загадок. Она явила нам все, что ей назначено. И все-таки я применила эту строчку к раздумью о ней. Дело в том, что в исчерпывающей очевидности этого сбывшегося несравненного таланта всегда есть некоторая захватывающая тайна. И сколько бы я ни помышляла о Плисецкой или сколько бы раз я ни видела ее на сцене или просто ни следила бы вблизи за бликами, которые озаряют ее лицо и осеняют весь ее облик, всю ее повадку, всегда я усматривала в этом захватывающий сюжет, приглашающий нас к какому-то дополнительному раздумью. Действительно, ореол этой тайны приглашает нас смотреть в художественные, человеческие действия Плисецкой с тем же азартом, с каким мы можем следить поведение огня или поведение воды или всякой стихии, чье значение не вполне подлежит нашему разумению. И еще поражало меня — то есть несомненно, ничего не оставлено в тайне от нас, все предложено нашему созерцанию. И все-таки это тот простор, куда может углубиться наш действующий ум, любопытство наших нервов. Это огромный объем, оставленный нам для раздумья и для сильного умственного и нервного проникновения.

И еще меня поражает в ее художественном облике совпадение совершенно надземной одухотворенности, той эфемерности, которую мы всегда невольно приписываем балету, с сильной и мощно действующей страстью. Пожалуй, во всяком случае на моей памяти, ни в ком так сильно не совпала надземность парения, надземность существования с совершенно явленной энергией трагического переживания себя в пространстве. И может быть, все вот это и останется для нас непрерывным побуждением мыслить.

Мне однажды довелось видеть... Это было некоторое чудо. Я просто ждала в числе прочих Майю Михайловну около консерватории. И она подошла незаметно, и вдруг — был дождливый день — и вот в дожде этого дня вдруг отразился ее чудный мерцающий и как будто ускользающий облик. И еще раз тогда я подумала, что очевидность этой судьбы все-таки оснащена прекрасной тайной, вечной возможностью для нас гадать, думать, наслаждаться и никогда не предаться умственной лени и скуке.

1986

НОВЫЙ ГОД И МАЙЯ

> ...Смягчается времен суровость,
> Теряют новизну слова.
> Талант — единственная новость,
> Которая всегда нова.
>
> *Борис Пастернак*

С чего-то надобно начать (уже два раза луна сходила на нет и становилась совершенно округлой), а я все сижу, никакого толку, успела лишь спросить Евгения Борисовича Пастернака: смягчается? или меняется? Книги под рукой нет, есть неподалеку от руки. Да мне так легче, лучше: услышать этот голос. Две первые строки относятся к 1957 году, две вторые — ко всему и всегда.

„Времен суровость" — Майя Плисецкая знает это. Майя как бы с неба к нам пришла, прилетела, я видела, как летает, летит, сидит („Кармен-сюита", я имею в виду неописуемость этой позы, бурю и мглу, мощь и энергию движения, все-таки соотнесенного с заданной неподвижностью, с табуретом, не знаю, как назвать) или стоит на столе („Болеро").

Более всего я люблю видеть ее на сцене, на разных сценах видела, но вот, прикрываю глаза веками и вижу: на родной сцене Большого театра, сначала как бы вижу весь спектакль, все спектакли, на сцене — трагедия. Ее героиня — всегда трагедия и страсть, страсть как любовь и как страдание. Мои глаза влажнеют. Рядом сидящие малые дети спрашивают: „Ее — убьют?" Отвечаю: „Есть одна уважительная причина плакать — искусство". И дети запомнили, не плаксивы.

Спектакль кончается, и вы... — не вы-ходит? не вы-летает? Это у меня не выходит, не вылетает слово для объяснения того, что видела и вижу. Публика стоит и аплодирует, а на ту, чей дар трагедиен и отраден, на нее, к ней все падают, сыплются цветы. Цветы подносят и снизу, но я особенно дорожу теми, что летят сверху, с верхних ярусов, с галерки. Всякий раз мне перепадал цветок из ее долгой, прекрасной руки — потом, за кулисами, да простят мне эту щедрость дарители цветов не мне.

Открываю глаза, иначе бы я видела, но не написала, пишу, описываю: 1 января 1993 года. Я воочию вижу ее не на сцене, а дома, в московском доме на Тверской. Гляжу — не нагляжусь, улыбка радости наполняет, переполняет мое лицо, выходит за пределы лица, дома, Тверской улицы, Москвы, Замоскворечья, Твери и прочих мест, предместий, столиц, окрестностей. Улыбка радости заполняет весь белый свет, в котором столько печали. Почему же я улыбаюсь, и сейчас улыбаюсь? Чему я так радуюсь? Да — цветам сверху, дару свыше, ненаглядности красоты.

Февраль 1993

ВОЖДЬ
СВОЕЙ СУДЬБЫ

Меня утешает и обнадеживает единство нашего помысла и нашего чувства. Хорошо собираться для обожания, для восхищения, а не для вздора и не для раздора. И хотя по роду моих занятий я не развлекатель всегда любимой мною публики, я все-таки хотела бы смягчить акцент печали, который нечаянно владеет голосом каждого из нас.

Вот уже седьмой год, как это пекло боли, обитающее где-то здесь, остается безутешным, и навряд ли найдется такая мятная прохлада, которая когда-нибудь залижет, утешит и обезболит это всегда полыхающее место. И все-таки у нас достаточно причин для ликования. Завтра день рождения этого человека.

Мандельштамом сказано — я боюсь, что я недостаточно грациозно воспроизведу его формулу, — но сказано приблизительно вот что: смерть

Поэта — есть его художественное деяние. То есть смерть Поэта — не есть случайность в сюжете его художественного существования. И вот, когда мы все вместе, желая утешить себя и друг друга, все время применяем к уже свершившейся судьбе какое-то сослагательное наклонение, может быть, мы опрометчивы лишь в одном. Если нам исходить из той истины, что заглавное в Высоцком — это его поэтическое урождение, его поэтическое устройство, тогда мы поймем, что препоны и вредоносность ничтожных людей и значительных обстоятельств — все это лишь вздор, сопровождающий великую судьбу.

Чего бы мы могли пожелать Поэту? Нешто когда-нибудь Поэт может обитать в благоденствии? Нешто он будет жить, соблюдая свою живучесть? Нет. Сослагательное наклонение к таким людям неприменимо. Высоцкий — несомненно вождь своей судьбы. Он — предводитель всего своего жизненного сюжета.

И мне довелось из-за него принять на себя жгучие оскорбления, непризнание его как независимого литератора — было и для меня унизительно. Я знаю, как была уязвлена столь высокая, столь опрятная гордость, но опять-таки будем считать, что все это пустое.

Я полагаю судьбу Высоцкого совершенной, замкнутой, счастливой. Потому что никаких поправок в нее внести невозможно. Несомненно, что его опекала его собственная звезда, перед которою он не провинился. И с этим уже ничего не поделаешь, тут уже никаких случайностей не бывает. А вот все, что сопутствует Поэту в его столь возвышенном, и столь доблестном, и столь трудном существовании, — все это какие-то необходимые детали, без этого никак не обойдешься. Да, редакторы ли какие-то, чиновники ли какие-то, но ведь они как бы получаются просто необходимыми крапинками в общей картине трагической жизни Поэта, без этого никак не обойдешься. Видимо, для этого и надобны.

Но все же, опять-таки вовлекая вас в радость того, что этот человек родился на белом свете и родился непоправимо навсегда, я и думаю, что это единственное, чем можем мы всегда утешить и себя, и тех, кто будет после нас.

Он знал, как он любим. Но что же, может быть, это еще усугубляло сложность его внутреннего положения. Между тем, принимая и никогда не отпуская от себя эту боль, я буду эту судьбу полагать совершенно сбывшейся, совершенно отрадной для человечества.

24 января 1987

АРТИСТ И ПОЭТ

Я хочу еще раз восславить этого Артиста. Когда я говорю „Артист", я имею в виду нечто большее, нежели просто доблестное служение сцене, лишь театру. Артист — это нечто большее...

Я не хочу приглашать вас ни к какой печали — все-таки завтра день *рождения* Владимира Высоцкого. Получается, что рождение Поэта для человечества гораздо важнее, чем *все,* что следует за этим и что разрывает нам сердце. Блаженство, что он родился. Привыкшая искать опоры лишь в уме своем или где-то в воздухе, тем более что этот близлежащий воздух для меня благоприятен, я хочу сослаться на что-нибудь, найти какие-то слова, вроде эпиграфа.

И вот нахожу их. Это скромно и робко написано мною о Борисе Пастернаке.

Из леса, как из-за кулис актер,
он вынес вдруг высокопарность позы,
при этом не выгадывая пользы
у зрителя — и руки распростер.

Он сразу был театром и собой,
той древней сценой, где прекрасны речи.
Сейчас начало! Гаснет свет! Сквозь плечи
уже восходит фосфор голубой.

Вот так играть свою игру — шутя!
всерьез! до слез! навеки! не лукавя! —
как он играл, как, молоко лакая,
играет с миром зверь или дитя.

Нечаянно вспомнив эти свои строки, я хочу соотнести их с той моей уверенной, но, наверно, неоригинальной мыслью, что Владимир Высоцкий по урождению своему прежде всего был Поэт. Таков был способ устройства его личности, таков был сюжет его судьбы. То, что ему приходилось так много быть на сцене, — за это воздалось ему всенародной любовью и всенародной славой. Высоцкий всегда был всенародно любим, слава его неимоверна. Но что, собственно, есть слава? Где-то еще и докука, это еще и усугубление одиночества человека, которому нужно выбрать время и множество сил и доблести для того, чтобы сосредоточиться и быть наедине с листом бумаги, с чернилами.

Теперь, когда рукописи Владимира Высоцкого открыты — сначала для тех, кто этим занимались в интересах будущих читателей, а потом, надеюсь, все это будет доведено до сведения читателей, — теперь видно, как он работал над строкой, как он относился к слову. И единственное, что я могу сказать в утешение себе, — я всегда ценила *честь* приходиться ему коллегой, всегда пыталась хоть что-нибудь сделать, чтобы не скрыть его сочинения от читателей.

Мы мало преуспели в этом прежде, но путь Поэта не соответствует тому времени, в которое умещается его жизнь. Главное — это потом... И сейчас можно удостовериться, что та разлука, которую с таким отчаянием, с таким раздиранием души все время переживали соотечественники и современники Владимира Высоцкого не только из-за его смерти, а еще из-за того, что как будто некая *препона* стояла между ним и теми, для кого он был рожден и для кого он жил так, как он умел, эта разлука таит в себе и радость новых встреч.

Позвольте мне поздравить вас с счастливым днем его рождения. Это наша радость, это наше неотъемлемое достояние, и не будем предаваться отчаянью, а, напротив, будем радоваться за отечественную словесность.

24 января 1987

СОЮЗ РАДОСТИ
И ПЕЧАЛИ

Сколько раз мы слышали эти слова, и только что слышали: не успел ни дожить, ни допеть. И всякий раз они разрывают нам сердце. Но это же бедное, живучее сердце ищет себе какого-то утешения, и, по-моему, сегодня мы можем быть утешены одним: несомненно, он успел — он дожить, может быть, не успел, но он успел, исполнил свой художественный и человеческий долг перед всеми нами, перед своим народом, перед его будущим.

Вот мы открыли памятник. Это торжество особенно должно нас возвысить, потому что на моей памяти не открывали таких сооружений, которые были бы изделием народного сердца, а не навязаны ему какими-то сторонними силами. Да, конечно, хочется нечаянно повторить пушкинские слова о воздвигнутом памятнике нерукотворном. Они сейчас или обитают, или хотя бы гостят в наших умах, потому что торжество этого памятника крайне отрадно, но главный памятник он воздвиг себе действительно сам, и подтверждение этого мы можем читать в лицах друг друга или вот я с этого скромного возвышения.

И то, что наше собрание имеет такой благородный повод и помысел, — это есть утешение. Потому что, когда я вижу и читаю лица, глаза, я не должна думать, что народ наш утратил какие-то достоинства ума и духа. Нет, так не может быть. Это ободряет. И потом редко удавалось нам — во всяком случае при моем возрасте и жизни — собираться не по какому-то условному принуждению, а просто от единого человеческого чувства. И тогда возникшая мысль о том, что мы кем-то приходимся друг другу, что мы не одиноки в своем человечестве, в своем времени, что есть такие причины, которые могут объединить наши сердцебиения, уже не оставляет меня. В этом есть опровержение того, что сейчас как-то всуе повторяют: дескать, совсем мы пали и... Наверное, не совсем.

Наше чувство к Высоцкому всегда двояко: союз радости и печали. Это чувство усложнено и увеличено тем, что, восхищаясь им, мы как бы восхищаемся собственным уделом. Мы были его современниками, и, может быть, какие-то наши вины, какие-то наши грехи он взял на себя и, может быть, поэтому и не успел, как он сам думал, дожить.

В этом, мне кажется, свет торжества этого дня, в этом утешение. Позвольте мне прочесть короткое стихотворение. Оно написано 15 лет назад. Я его, разумеется, читаю с коленопреклоненной памятью о Высоцком, но оно сейчас посвящено вам, потому что у меня, в общем, человека, который редко счастливо для себя участвовал в каком-то коллективе, сейчас есть ощущение, что я действительно родилась и умру на этой земле, где я не одинока, где мы все можем встретить человеческий взор или протянуть друг другу руку.

Твой случай таков, что мужи этих мест и предместий
белее Офелии бродят с безумьем во взоре.
Нам, виды видавшим, ответствуй, как деве прелестной:
Так — быть? или — как? что решил ты в своем Эльсиноре?

Пусть каждый в своем Эльсиноре решает, как может.
Дарующий радость, ты — щедрый даритель страданья.
Но Дании всякой, нам данной, тот славу умножит,
кто подданных душу возвысит до слез, до рыданья.

Спасение в том, что сумели собраться на площадь
не сборищем сброда, бегущим глазеть на Нерона,

а стройным собором собратьев, отринувших пошлость.
Народ невредим, если боль о Певце — всенародна.

Народ, народившись, — не неуч, он ныне и присно —
не слушатель вздора и не покупатель вещицы,
Певца обожая, — расплачемся. Доблестна тризна.
Так — быть или как? Мне как быть? Не взыщите.

Хвалю и люблю не отвергшего гибельной чаши.
В обнимку уходим — все дальше, все выше, все чище.
Не скаредны мы, и сердца разбиваются наши.
Лишь так справедливо. Ведь, если не наши — то чьи же?

25 июля 1995

НОДАР ДУМБАДЗЕ

Именно сейчас, в этот солнечный день, я вдруг вспомнила другой солнечный день вблизи Тбилиси. Мы были вместе с Нодаром Думбадзе, меня попросили посадить маленькое дерево на память. Мне сказали, что это дерево — клен. Я тогда была очень счастлива, весела и всех тех служителей парка просила: только, пожалуйста, никогда не забудьте о нем, все-таки оно клен, оно, может быть, не очень привьется здесь. Могла ли я думать при том ослепительном сиянии неба, при цветении земных произрастаний, могла ли я думать, что мне следовало печься всей душой не о дереве, которое в сохранности, а о том человеке, который стоит рядом со мной и смеется.

Я знаю Нодара столько, сколько помню себя в соотношении с Тбилиси, в соотношении с Грузией. Мы умели смешить друг друга. Когда он однажды хворал и мне сказали, что лучше его не беспокоить, я все-таки помчалась к нему домой и стала шутить и говорить: „Ах, это все пустое, Нодар! Ничего, как-нибудь все это обойдется!"

Когда я печалилась, Нодар смешил меня. Я знаю, что он пришел для того, чтобы причинить людям радость, может быть, самой драгоценной чертой его человеческого таланта (я сейчас уже не говорю, что хорошо помню его блистательное литературное начало, то начало, которое принесло ему успех и всеобщее признание). Я думаю, что черта смеяться и смеяться как бы не над тем, что вокруг, а именно как бы над собой, смеяться над печалью, которая тебя именно осенила, может, и была той драгоценностью, которая входила в талант Нодара. Правда, я знаю, что, кроме того, что он сделал для людей как писатель, он старался помочь им как-то иначе, то есть разными способами, поскольку у него были такие возможности, и знаю, как много он делал. Однажды, я помню, мы были участниками одной поездки, возвращались поездом в Тбилиси, и я ему сказала: „Нодар, ты хочешь помочь очень многим людям, и у тебя для этого есть самые разные способы и возможности, но не отвлекает ли это тебя от твоего художественного дела? Может быть, главная помощь, которую художник может оказать и причинить другим людям, — это только его творчество".

Нодар тогда мне ответил: „Но иначе не выходит. Тот художник, который может художественно помочь людям, он нечаянно еще всасывается в разные проблемы человеческого существования и хочет им помочь даже в чем-то малом".

Я говорила о том, что мы много смеялись, всегда, даже когда Нодар был болен. Я, кстати, всю его семью и детей его так люблю, и они это знают. И хочу сказать, что, если человек пришел на белый свет не для того, чтобы опечалить того, кто его видит и кто его слышит, пусть мы всегда будем думать о Нодаре Думбадзе как о человеке, который умеет смеяться, и тут просто несколько строчек из моего стихотворения: смысл так прост, что уста человека, которые даны ему для изъявления души, могут открываться только по благородному поводу, и, пожалуй, этими строчками я завершила бы то, о чем говорила:

> Но если так надобно
> Снова, не зря, не для зла, неспроста,
> Но только для доброго слова, для смеха
> Откройтесь уста!

1987

ВАШЕ ВЕЛИЧЕСТВО ЖЕНЩИНА

Евгения Семеновна Гинзбург умерла 11 лет назад. Я имела честь и счастье знать ее лично. И счастлива тем, что судьба дарит возможность многим людям тоже познакомиться с этой удивительной женщиной. Потому что хроника ее — совершенная исповедь, где нет ни одного слова лукавого или обольстительного. Где нет и тени опустошенности и озлобленности.

„Каторга! Какая благодать!" — называется одна из глав. Это строчка из стихотворения Пастернака. Весь свой восемнадцатилетний крутой маршрут Евгения Семеновна прошла со стихами в душе. Самые ужасные обстоятельства способен вынести человек, если ему есть чем жить внутри себя. Хотя бы стихотворной строкой.

Рукопись посвящена внуку Алеше. Так же звали и сына Евгении Семеновны, который погиб в детприемнике для детей заключенных неизвестно когда и где. Какова же должна быть духовная оснащенность слабой женщины, чтобы вынести все это и пронести через мученическую жизнь неисчерпаемый запас доброты?! Поверьте, вы найдете ответ в книге, которую я считаю дважды великой: и как талантливейшее художественное произведение, и как достовернейшую хронику величия человеческого духа.

Один из экземпляров рукописи хранится у меня много лет. В последний раз перечитывала ее полгода назад. Перечитывала, совершенно не веря в возможность публикации. И сейчас не смею поверить. А Евгения Семеновна Гинзбург верила всегда, о чем и написала в предисловии. И если это все-таки произойдет, я буду считать себя совершенно счастливой. Потому и спешу поделиться своим счастьем с будущими читателями произведения, чье название и имя автора пока им ни о чем не говорят.

1988

БОРИС ПАСТЕРНАК

Однажды, давно уже, безымянное ощущение безысходности было во мне так велико и громоздко, что душа моя сторонилась меня, зная или догадываясь о возбраненном грехе отчаяния. Темя и прочее тело остались пустырем, безвластным вместилищем тоски: невспомогательный мозг терпел, но не объяснял, уживчивая плоть клонилась, выискивая опоры для горба, для ниспосланной лишней ноши, которую некуда деть. Вся эта конструкция вчуже казалась мне неприглядной, но она проста: согбенный хребет человека, низко опустившего лицо в ладони, еще не знающего, но уже унюхавшего... что? что?

Сначала, сквозь ладони — не фильтр, а сопричастный усилитель — в суверенное и совершенное устройство ноздри, грубым нашатырем против вялого обморока воли, явился в ум и потряс его многосложный запах всего огорода жизни, задиристо главенствовал и окликал обоняние укроп. Это не укор был и не упрек огороженной природы, а просто укроп, которым пахли стол и руки. На перекрестке той ночи и этой, в той же местности и на том же месте, возвращаю себе неразымаемую гущину запаха, вкуса, цвета и звука.

> Все снег да снег, — терпи и точка.
> Скорей уж, право б, дождь прошел
> И горькой тополевой почкой
> Подруги сдобрил скромный стол.
>
> Зубровкой сумрак бы закапал,
> Укропу к супу б накрошил,
> Бокалы — грохотом вокабул,
> Латынью ливня оглушил.
>
> Тупицу б двинул по затылку...

В ту ночь я не думала об этих стихах, да и можно ли осмыслить немыслимое лакомство невыговариваемости: „Укропу к супу б накрошил"? Да и не об этом я сейчас, не об этой замкнутой музыке препинаний, равно питающей слух, нюх, взгляд и ощупь, — только будемте нежны и осторожны, пожалуйста.

В ту ночь, давно уже, я извлекла лоб из ладоней и увидела на потолке плеск и блеск воды. Обещанная „латынь ливня" жила в саду за окном и отражалась в потолке Его Венецией…

1980-е гг.

ЛИЦО И ГОЛОС

Давай ронять слова,
Как сад — янтарь и цедру,
Рассеянно и щедро,
Едва, едва, едва.

Борис Пастернак

Я так сижу, я так живу, так я сижу там, где живу, что сто́ит мне повернуть голову, я сразу же увижу это Лицо, лучшее из всех прекрасных лиц, виданных и увиденных мной на белом свете. Лицо — шедевр (пишем по-русски) создателя (пишем с маленькой буквы, преднамеренно, потому что я не о Боге сейчас, не только о Боге, но и о сопутствующих обстоятельствах, соучастниках, незнаемых вспомогателях создателя, ваятеля этого Лица).

Живу, сижу, головы не поворачиваю, может быть, сейчас поверну и узнаю, чего сто́ит шее маленький труд повернуть голову и увидеть Лицо. Н-н-н-не могу.

Но Лицо смотрит на меня. Не на меня, разумеется, а в объектив когда-то (1921 год) фотографа, и потом на всех — с вопросительным, никого не укоряющим недоумением.

Не провиниться перед этим Лицом, перед этим никого ни в чем не укоряющим взглядом, перед вопрошающим значением глаз — жизнь моя ушла на это. Ушла, все же сижу, живу, а головы повернуть не могу, не смею. Провинилась, стало быть.

Но какое счастье — его детство, его юность, Марбург, несчастная любовь, Скрябин — „шаги моего божества".

Да, „шаги моего божества" — вот в чем смысл бессмысленного писания, разгадка и моей тайны, которую не хочу предать огласке.

А я и не разглашаю ничего. Но я не скрываю воспоминания о том дне, когда я впервые увидела его лицо и услышала его голос. Это вечером было, зимою 1954 года, в клубе МГУ.

У меня не было такого детства, из которого можно выпутаться без сторонних, высших вмешательств. Не выжить, я имею в виду, что было почти невозможно, „почти" — вот как вкратце на этот раз упоминаю всех и все, упасших и упасшее мою детскую жизнь. О, я помню, простите меня.

Но, выжив, — как, кем и зачем я должна была быть? Это не такое детство, где изначально лелеют слух, речь, совесть, безвыходную невозможность провиниться. Да, бабушка у меня была, Пушкин, Гоголь, Лермонтов были у меня, но где и как — это другое.

Я ходила в Дом пионеров — с Варварки, через Ильинский сквер, вдоль Маросейки на Покровский бульвар — чу́дный этот дом теперь не пионеров, других постояльцев — сохранен, как я люблю его первых обитателей, в каком-то смысле — тоже пионеров, да простят они мне развязную шутку.

В Доме этом действовали несколько студий, называемых „кружка́ми": литературная, драматическая и „изо", для художников. Усмехаясь над собою, а не над художниками, впервые написала „изо" — Леонид Осипович Пастернак не догадался бы, что это значит, но милый и знаменитый Валерий Левенталь — догадается, ежели спросить, — он начинал там свой художественный путь.

Детство — при загадочных словах, не в мастерской на Мясницкой.

Я прилежно ходила в этот дом для двух разных, родственных, двоюродно-враждебных занятий. Про драмкружок — потом, в другом месте и случае, но спасибо, спасибо, Екатерина Павловна.

Литературная же студия, кружок наш, как теперь я думаю, был весьма странен для той поры. Его попрекали, упрекали, укоряли и потом, при взрослой моей жизни — „декаденты", дескать. И то сказать — имя одного мальчика: Виталий Неживой. Надеюсь, жив он, хочу, чтобы благоденствовал. Мы все писали что-то заунывное, „загробное", мрачное. Смеюсь: в то же время, иногда — одновременно, в соседней комнате бывшего особняка я изображала Агафью Тихоновну, „даму приятную во всех отношениях", домработницу из пьесы В. С. Розова — и возвращалась в „загробную комнату". Два этих амплуа и теперь со мною — если бы мне было дано совершенно подражать великим людям, я бы не сумела выдумать ничего лучше, чем смех уст и печаль глаз.

Был там и другой мальчик, из этого кружка, из другого, как говорят, круга. Очень умственный и просвещенный мальчик.

Да, умственный мальчик из другого круга, тоже писавший стихи, всем изначальным устройством своим нечаянно опровергающий мимолетность слов из письма: „поэзия должна быть глуповата".

С ним, зимою 1954 года, я вошла в клуб МГУ — ему было известно имя того, кто стоял на сцене, в библиотеке его семьи (может быть, несчастной?) были книги стоявшего на сцене, но он не любил их, или сказал так.

Зал был пуст. Три первых ряда занимали — теперь и давно я знаю: кто и как прекрасны. Тогда я не знала ничего, но происходившее на сцене, происходившее на сцене... то есть это уже со мной что-то происходило, а на деревянном возвысии стоял, застенчиво кланялся, словно, да и словами, просил за что-то прощения, пел или говорил, или то и другое вместе, — ничего похожего и подобного я не видела, не увижу и никто не увидит. И не услышит.

Пройдет несколько лет, я прочту все его книги, возможные для чтения в ту пору, стихотворения (в журнале и во многих переписанных и перепечатанных страницах) и увижу его лицо и услышу его голос еще один раз, осенью 1959 года.

Мелкую подробность моей весны того года не хочу упоминать за ничтожностью, но пусть будет: из малостей состоит всякий сюжет, из крапинок — цвет. Велели — отречься от него. Но какое счастье: не иметь выбора, не уметь отречься — не было у меня такой возможности. Всего лишь — исключили из Литературного института, глумились, угрожали арестом — пустое все это. Лицо его и голос — вот перед чем хотелось бы не провиниться, не повредить своей грубой громоздкостью хрупкости силуэта, прочности осанки, — да не выходит.

Памяти Бориса Пастернака

Начну издалека, не здесь, а там,
начну с конца, но он и есть начало.
Был мир как мир. И это означало
все, что угодно в этом мире вам.

В той местности был лес, как огород, —
так невелик и все-таки обширен.
Там, прихотью младенческих ошибок,
все было так и все наоборот.

На маленьком пространстве тишины
был дом как дом. И это означало,
что женщина в нем головой качала
и рано были лампы зажжены.

Там труд был легок, как урок письма,
и кто-то — мы еще не знали сами —
замаливал один пред небесами
наш грех несовершенного ума.

В том равновесье меж добром и злом
был он повинен. И земля летела
неосторожно, как она хотела,
пока свеча горела над столом.

Прощалось и невежде и лгуну —
какая разница? — пред белым светом,
позволив нам не хлопотать об этом,
он искупал всеобщую вину.

Когда же им оставленный пробел
возник над миром, около восхода,
толчком заторможенная природа
переместила тяжесть наших тел.

Объединенных бедною гурьбой,
врасплох нас наблюдала необъятность,
и наших недостоинств неприглядность
уже никто не возмещал собой.

В тот дом езжали многие. И те
два мальчика в рубашках полосатых
без робости вступали в палисадник
с малиною, темневшей в темноте.

Мне доводилось около бывать,
но я чужда привычке современной

налаживать контакт несоразмерный,
в знакомстве быть и имя называть.

По вечерам мне выпадала честь
смотреть на дом и обращать молитву
на дом, на палисадник, на малину —
то имя я не смела произнесть.

Стояла осень, и она была
лишь следствием, но не залогом лета.
Тогда еще никто не знал, что эта
окружность года не была кругла.

Сурово избегая встречи с ним,
я шла в деревья, в неизбежность встречи,
в простор его лица, в протяжность речи...
Но рифмовать пред именем твоим?
О нет.

Он неожиданно вышел из убогой чащи пере-
делкинских дерев поздно вечером, в октябре, более двух лет назад. На нем был грубый и опрятный
костюм охотника: синий плащ, сапоги и белые вя-
заные варежки. От нежности к нему, от гордости к
себе я почти не видела его лица — только ярко-бе-
лые вспышки его рук во тьме слепили мне уголки

глаз. Он сказал: „О, здравствуйте! Мне о Вас рассказывали, и я Вас сразу узнал. — И вдруг, вложив в это неожиданную силу переживания, взмолился: — Ради Бога! Извините меня! Я именно теперь должен позвонить!" Он вошел было в маленькое здание какой-то конторы, но резко вернулся, и из кромешной темноты мне в лицо ударило, плеснуло яркой светлостью его лица, лбом и скулами, люминесцирующими при слабой луне. Меня охватил сладко-ледяной, шекспировский холодок за него. Он спросил с ужасом: „Вам не холодно? Ведь дело к ноябрю?" — и, смутившись, неловко впятился в низкую дверь. Прислонясь к стене, я телом, как глухой, слышала, как он говорил с кем-то, словно настойчиво оправдываясь перед ним, окружая его заботой и любовью голоса. Спиной и ладонями я впитывала диковинные приемы его речи — нарастающее пение фраз, доброе восточное бормотание, обращенное в невнятный трепет и гул дощатых перегородок. Я, и дом, и кусты вокруг нечаянно попали в обильные объятия этой округло-любовной, величественно-деликатной интонации. Затем он вышел, и мы сделали несколько шагов вместе по заросшей пнями, сучьями, изгородями, чрезвычайно неудобной для ходьбы земле. Но он легко, по-домашнему ладил с корявой бездной, сгустившейся вокруг нас, — с выпяченными, сверкающими звездами, с впадиной на месте луны, с кое-как поставленными, неуютными деревьями. Он сказал: „Отчего Вы никогда не заходите? У меня иногда бывают очень милые и интересные люди — Вам не будет скучно. Приходите же! Приходите завтра". От низкого головокружения, овладевшего мной, я ответила надменно: „Благодарю Вас. Как-нибудь я непременно зайду".

Из леса, как из-за кулис актер,
он вынес вдруг высокопарность позы,
при этом не выгадывая пользы
у зрителя, — и руки распростер.

Он сразу был театром и собой,
той древней сценой, где прекрасны речи.
Сейчас начало! Гаснет свет! Сквозь плечи
уже мерцает фосфор голубой.

— О, здравствуйте! Ведь дело к ноябрю —
не холодно ли? — вот и все, не боле.
Как он играл в единственной той роли
всемирной ласки к людям и зверью.

ЛИЦО И ГОЛОС

Вот так играть свою игру — шутя!
всерьез! до слез! навеки! не лукавя! —
как он играл, как, молоко лакая,
играет с миром зверь или дитя.

— Прощайте же! — так петь между людьми
не принято. Но так поют у рампы,
так завершают монолог той драмы,
где речь идет о смерти и любви.

Уж занавес! Уж освещают тьму!
Еще не все: — Так заходите завтра! —
О тон гостеприимного азарта,
что ведом лишь грузинам, как ему.

Но должен быть такой на свете дом,
куда войти — не знаю! невозможно!
И потому, навек неосторожно,
я не пришла ни завтра, ни потом.

Я плакала меж звезд, дерев и дач —
после спектакля, в гаснущем партере,
над первым предвкушением потери
так плачут дети, и велик их плач.

* * *

Он утверждал: „Между теплиц
и льдин, чуть-чуть южнее рая,
на детской дудочке играя,
живет вселенная вторая
и называется — Тифлис".

Ожог глазам, рукам — простуда,
любовь моя, мой плач — Тифлис!
Природы вогнутый карниз,
где Бог капризный, впав в каприз,
над миром примостил то чудо.

Возник в моих глазах туман,
брала разбег моя ошибка,
когда тот город зыбко-зыбко
лег полукружьем, как улыбка
благословенных уст Тамар.

Не знаю, для какой потехи
сомкнул он надо мной овал,
поцеловал, околдовал
на жизнь, на смерть и наповал —
быть вечным узником Метехи.

О, если бы из вод Куры
не пить мне!
И из вод Арагвы
не пить!

И сладости отравы
не ведать!
И лицом в те травы
не падать!

И вернуть дары,
что ты мне, Грузия, дарила!

Но поздно! Уж отпит глоток,
и вечен хмель, и видит Бог,
что сон мой о тебе — глубок,
как Алазанская долина.

Метель

Февраль — любовь и гнев погоды.
И, странно воссияв окрест,
великим севером природы
очнулась скудость дачных мест.

ВОСПОМИНАНИЯ

И улица в четыре дома,
открыв длину и ширину,
берет себе непринужденно
весь снег вселенной, всю луну.

Как сильно вьюжит! Не иначе —
метель посвящена тому,
кто эти дерева и дачи
так близко принимал к уму.

Ручья невзрачное теченье,
сосну, понурившую ствол,
в иное он вовлек значенье
и в драгоценность произвел.

Не потому ль, в красе и тайне,
пространство, загрустив о нем,
той речи бред и бормотанье
имеет в голосе своем.

И в снегопаде, долго бывшем,
вдруг, на мгновенье, прервалась
меж домом тем и тем кладбищем
печали пристальная связь.

Май 1989

ДЕНЬ СЧАСТЬЯ

О Николае Эрдмане, о его трагической судьбе — как общей, обязательной для всех, кто так или иначе причастен этому времени, — думают, воздумают, пишут и напишут.

Эти биографические и исторические сведения уже могут быть доступны вниманию неленивого читателя. Я — лишь о том, что я помню и знаю.

Впервые я увидела Николая Робертовича Эрдмана днем расцветшего лета в поселке Красная Пахра, вблизи Москвы. Я относительно молода была, но его имя, былая слава, две пьесы, стихи и сюжет судьбы — были мне известны: понаслышке и недозволенному чтению. Николай Робертович в ту пору снимал малый домик в этом поселке, времянку, или сторожку, как принято говорить в дачных местах. Времянка эта, или сторожка, наверное, и теперь сохранна во времени, пусть живет-поживает, сторожит воспоминания. Уверена, что хозяева ее больших денег с постояльцев не брали.

Соседи этого условного обиталища Верейские (художник Орест Георгиевич и жена его Людмила Марковна) сказали мне, что Николай Робертович приглашает меня увидеться с ним. Не совсем так — его тишина, скромность и любезность превосходят мою почтительность. Я пришла — он не сразу вышел, или я пришла раньше, чем указали, а он вышел из комнаты, но несколько минут оставалось до встречи. Там висела ситцевая занавеска, отделяющая кровать. Из-за ситцевой изгороди вдруг протянулась рука и донесся слабый голос: „Подойдите сюда". Это были рука и голос матери жены Эрдмана, Инны. Оказалось, что именно ей, не зная ее имени, по просьбе ее подруги, я послала письмо и стихи, когда она претерпевала тяжелый инфаркт. Незначительное мое послание она приняла за ободряющую, сторонне спасительную весть. Я упоминаю эту подробность не потому, что спешу отправиться в ад, где найдется место и тому, кто сделал как бы что-то доброе и предал это огласке, — такое добром не считается, совсем наоборот. Нет, потому лишь упоминаю, что жизнь, в проживании ее и описании, состоит не из расплывчатой бесформенности, а из точной совокупности подробностей, из суммы их, где важны лишь слагаемые.

Что-то безвыходное, обреченное было указано и продиктовано мне той рукой, тем голосом. Не меня касалось предопределение, но сбылось.

И сейчас вялый одушевленный ситец, тогда сокрывающий кровать и болезнь старой женщины, с которой заведомо соотнес меня любовный произвол неведомого сценариста и постановщика, отвлекает память зрения от яркого летнего дня, от ожидаемого и неожиданного лица и силуэта. Николай Робертович вошел, занавеска еще пестрела и рябила в глазах, но правая ладонь уже приняла в себя благовоспитанность, кротость, доброжелательность рукопожатия. Его урожденная хрупкость, поощряемая, если так можно сказать, обстоятельствами жизни и потом доведенная до совершенства, — не знаю: восхитила или испугала меня. Такая бесплотность — изящная доблесть, но и несомненная выгода в условиях, где и когда не дают есть или нечего есть. Малым прокормом обходится такая легкая плоть. Лицо содеяно не из броской видимости примет и очертаний, первый взгляд читает... да, пожалуй так... давнюю привычку лица не открываться для беглого прочтения.

Теперь я это ясно вижу. Прошло более четверти века, не впустую для меня. Капля воды не похожа на каплю воды. Лицо человека не похоже на лицо человека. Но есть общность выражения, присущая лишь тем, кто не сразу открывает для других тайнопись лица, не разбрасывается ладонью для приветствия, не позволяет голосу оговорок. Милостью судьбы считаю, что не удалось пребыть вчуже, створки лица не сомкнулись предо мной, следуя многоопытной опаске: содержание глаз — выражение любви, доброты, печали и прощения.

Пройдет тот летний день, наступят и пройдут другие дни, мы станем часто видеться, и Николай Робертович скажет мне про хрупкость и беззащитность, которые я любила и понимала как отвагу, противостоящую оскорблению: „Может быть, надо было не литературным занятиям предаваться, а упражнениям, укрепляющим оборонительные мышцы?" Приблизительно так, и, конечно, он шутил — с той милой, не явной усмешкой, свойственной избранникам, смеющимся не над другими.

В доме Родам Амирэджиби, вдовы Михаила Светлова и сестры известного писателя, не понаслышке знающей то, о чем речь, Николай Робертович читал вслух пьесу „Самоубийца". Пьеса, написанная им не свободно, но как изъявление попытки художника быть свободным, — в его одиноком исполнении была шедевр свободы артистизма. Особенно роль главного героя, бедного гражданина Подсекальникова, в тот вечер удалась трагически усмешливому голосу Эрдмана. Неповторимый затаенный голос измученного и обреченного человека как бы вышел на волю, проговорился. Знаменитый артист Эраст Гарин, близкий Эрдману, умел говорить так, в честь дружбы и курьеза их общего знания, но и это навряд ли сохранилось, прошло.

В этом месте страницы нечаянно вижу прекрасное лицо Михаила Давыдовича Вольпина, самого, сколько знаю, близкого Николаю Эрдману человека. Только его могу я спросить: так ли? нет ли неточности какой? С безукоризненным достоинством снес он долгую жизнь и погиб летом прошлого года в автомобильной катастрофе. Он тоже не имел обыкновения лишнего с лишними говорить. Но, если закрываю глаза и вижу его прекрасное лицо, — все ли прошло, все ли проходит?

Лето же, и несколько лет, — проходили. Инна и матушка ее, оправившаяся от болезни, затеяли строить дом в том же поселке, на его окраине. Мысль о доме, здравая, обнадеживающая, всегда естественная для человечества, — в том случае ощущалась мной как каторга: неподъемлемость, бессмысленная громоздкость, преодолеваемая лишь Сизифом для подвига и мифа.

Деньги, надобные для жизни, Николай Робертович зарабатывал тем литературным трудом, который особенно труден, потому что не освободителен, не утешителен для автора. Сразу же четко замечу, что жена его и теща не были корыстны, были добры и щедры. Многие обездоленные животные, собаки и кошки, также растения обрели неисчислимую долю любви и приют вблизи строящегося дома. Просто — не об участке, об участи речь, о несчастии, диким и убогим памятником которому стоит этот дом, не знаю, кому принадлежащий. В нашей общей местности, или в моей, как истолкуем английскую поговорку про дом и крепость? Все — пустое.

Один вечер радости все же был в этом доме на моей памяти. Нечто вроде новоселья, но Николай Робертович не имел дарования быть домовладельцем. Среди гостей — Михаил Давыдович Вольпин, Андрей Петрович Старостин, Юрий Петрович Любимов, никогда не забывавшие, не покидавшие своего всегда опального друга.

В последний раз я увидела Николая Робертовича в больнице. Инна, опустив лицо в ладони, сидела на стуле возле палаты. Добыванием палаты и лекарств занимался Юрий Петрович Любимов. И в тот день он добыл еще какие-то лекарства, тогда уже не вспомогательные, теперь целебные для меня как воспоминание — добыча памяти со мной.

Я вошла. Николай Робертович уже подлежал проникновению в знание, в которое живые не вхожи. Всею любовью склонившись к нему, я бессмысленно сказала: „Николай Робертович, Вы узнаёте меня? Это я, Белла". Не до этого узнавания ему было. Глядя не на меня, не отсюда, он сказал: „Принесите книги". Дальше — точно. „Какие книги, Николай Робертович?" — „Про революцию... Про гражданскую войну... Я знаю... Они напечатают... Поставят..." Слова эти были произнесены человеком, совершенно не суетным при жизни, лишь усмешку посылавшим всякой возможной поблажке: публикации ли, постановке ли. Но это уже не при жизни было сказано. Художественное недосказание и есть подлинная трагедия художника, а не жизнь его, не смерть. Так я поняла это последнее признание и предсказание.

Но, пока строился упомянутый дом, — был у меня день совершенного счастья, вот каков был. Растения росли, животные ластились к человеку, боле других помню большого дворнягу с перебитой и исцеляемой, уже исцеленной лапой, звали: Рыжий. Другие собаки и кошки сновали возле, цвели цветы (ими, животными и растениями, был полон участь-участок). Дом, ни в чем, кроме тщетности усилий не повинный, — возводился.

Николай Робертович и я сидели вдвоем в... что-то вроде беседки уже было возведено или осталось от чьей-то бездомности, домовитости. Сиял день — неописуемого золотого цвета, отраженный в рюмках коньяка, в шерсти оранжевой собаки, в бабочке, доверчиво сомкнувшей крылья на грани отблеска, в этом лишь гений бабочки сведущ.

Если назвать беседкой прозрачное укрытие, сплетение неокрепших вьющихся растений, все же не назову беседой мое молчание и радость смотреть на моего собеседника, на цвет дня, на солнце, наполняющее рюмку в его изящной руке...

Тот день счастья, с его солнцем, растениями, животными, — навсегда владение тех, о ком вспоминаю и думаю с любовью.

Январь 1989

ДИНАРА АСАНОВА

Никто ни на кого не похож. Одно не похоже на другое. Капля воды лишь для незорких похожа на соседку: на каплю воды.

Но совпадения — бывают.

Когда я в первый раз увидела Александра Вампилова (я уже читала написанное им, и „Утиную охоту") — он стоял спиною ко мне, лицом к Даугаве, ловил рыбу на удочку. Ничего он не поймал, а я сильно любовалась им. Он обернулся — мы засмеялись от совпадения глаз и скул, от грядущих шуточек и печали.

У Шукшина Василия Макаровича тоже были глаза и скулы, большого значения.

Скулы Динары — отсутствие щек, отсутствие всего лишнего, мешающего глазам. Глаза — вот и вся Динара. Отсутствие плоти, присутствие глаз.

Много, много лет назад, робко коснувшись моей руки, как бы не смея просить помощи и совета, Динара сказала мне: „Я скоро умру".

В этом была такая детская вопросительность, такая просьба о жизни.

Ей предстояла жизнь, впереди у нее были успех, радость — но как помню я биенье пульсов в ее хрупкой руке, в маленьких косточках запястья. Так все билось и дрожало, так безутешно темнели глаза.

Любой человек, который пытался спасти птицу, залетевшую в дом, не умеющую из дома вылететь, разбивающуюся о закрытое стекло или о зеркало, не умеющую вылететь в открытое окно по ошибке птицы, чей гений поведет ее потом через океан и обратно, — любой такой человек, взявший в руку птицу для выпускания, знает, как предсмертно бьется ее сердечко, все множества ее пульсов.

Так в моей руке — мгновение всего лишь — обитала и трепетала рука, ручка Динары.

Я строго сказала: „Вы ошибаетесь, успокойтесь. Это — тахикардия, при этом можно жить столько, сколько нужно". На самом деле навряд ли я точно так думала и точно так сказала.

Мы тогда обе были бездомны — Динара с Колей, и я сама по себе, и другие люди, не имевшие приюта, и собаки, и кошки — мы все тогда жили у великодушных и терпеливых Россельсов.

Но мое бездомье, совершенно искреннее, с взглядом моим на Окна, где горят люстры и мебель, наверное, отражает свет люстр и торшеров, — бездомье это нравилось мне, было моей художественной прихотью, своеволием, да и неплохо жилось мне у Россельсов.

Но у Динары было еще художественное отчаяние, безвыходное, как ей казалось. Да и я, жалея и губя трепещущую птичку ее руки, врала ей как умею: обойдется! все остальное приложится!

У меня было все, что мне надобно для писания и летания, Россельсы все давали: еду, питье, бумагу — только пиши, только летай. Но Динаре, по ее обреченности к ее роду занятий, нужны были: студия какая-нибудь, оператор, множество аппаратуры или хоть сколько-нибудь чем снимают, и позволение снимать. И ничего этого не было. Были только глаза и скулы. Скулы обострялись, глаза увеличивались. Впрочем, в остроте ее скул были плавность, мягкость, уступчивость. Что это: уступчивость? По-человечески — это заведомое уважение к другому лицу, к другой личности, я все уступаю Вам, Вы говорите, я молчу. Вежливость, короче говоря. Но — режиссер? Только воля и сила режиссе-

ра могут содеять из изначального безволия, бесси-
лия артиста волю, силу, свободу...

Прошло некоторое время. Я стала счастливым зрителем и очевидцем успехов Динары Аса-
новой...

1989

ЧАС ДУШИ

...НАСТАНЕТ час души!

Анастасия Цветаева. „Утешение"

В глубокий час души,
В глубокий — ночи...
(Гигантский шаг души,
Души в ночи.)

Марина Цветаева. „Час Души"

26 сентября — День рождения Анастасии Ивановны Цветаевой. 99 лет назад в семье Ивана Владимировича Цветаева и Марии Александровны,
урожденной Мейн, родилась дочь, при крещении
нареченная Анастасией. Старшей сестре ее Марине было два года. Какая радость написать это на
бумаге, прочесть и заново узнать то, что всем из-

вестно, как ободряющую и восхитительную новость.

8 сентября 1993 года выше постижимой высоты, утешительно, да, но и терзающе — или так не позволительно сказать? — звучали слова заупокойной службы в храме Николы в Пыжах, на Ордынке. Особенно, не стесняя силы собственного, личного чувства, служил отец Александр. В проповеди помянул он всех тех неисчислимых, родных, знаемых или для нас безымянных, навсегда оставшихся в стылой земле насильного севера, да и повсюду в нашей земле. Опасаюсь неточности или неправедности изъяснения, но возрастающая сумма всех моих пульсов, нервов, грехов, отяжелевших глаз, лица́, заслоненного рукой, стала неприлично чрезмерной и виновной пред гармонией священного обряда. Сложное это непригожее месиво болезненно сторонилось жа́ра свечей, взглядов, касаний, обращений шепотом, на которые не снисходило отвечать, едва не приняв за толчею бедное, единственное, возлюбленное человечество. Иному кому-нибудь зачем здесь быть? Велико ли множество, притиснувшее меня к стене возле входа, по сравнению с прочим, обратным и бо́льшим множеством, — не знаю, но его совершенно довольно, дабы не впасть в опасно близкий и зама-

нивающий смертный грех уныния, отчаяния. Чрез потупленные головы я не могла и не тщилась увидеть ту, к которой пришли, зрячий и зримый, для робкой ощупи внятный свет главенствовал в воздухе церкви и над: заведомо простившая всех, и бывших гонителей, мучителей своих, очевидно продолжала прощать и любить. На паперти я тупо, с отвращением к замаранности суетой, воззрилась на неузнаваемый и неуместный предмет микрофона. Нечто похожее ощущаю я и сейчас, когда пишу: если и следует предавать огласке, то — как? дана ли мне такая возможность?

При стройном многолюдии, при хладном блеске ранней осени свершилось отпевание новопреставленной рабы Божией Анастасии. Но я ведь о новорожденной Анастасии. Этот сентябрь на исходе, а тот не пройдет никогда. Какая радость принять щекою его острую свежесть, а жадным вместительным зрачком — зеленый двор и дом в Трехпрудном переулке. Не удалось разрушителям преуспеть во зле: как это — нет, если ярко и выпукло вижу тополиный двор, комнаты и закоулки дома, залу, рояль, лестницу, вверх по которой шелестит быстролетным шелком прелестная, навсегда прекрасная Лера, даже бело-голубую молочную кружку вижу как трогаю, ласкаю. В том сентябре

Марине два года, мне — по ее младенческой фотографии, подаренной Анастасией Ивановной, близким — из близи, видна ли особая мета, осеняющая чудный облик ребенка? Не надо! Стану смотреть на избыточно счастливую, роскошно данную длительность времени, словно дающий загодя знал, за что, за какое грядущее дарит, осыпает, как бы ничего не оставляя про запас. Сумерки Сочельников, сверканья Рождества, книги, альбомы, гравюры, портрет Наполеона в киоте, свирепо защищенный старшей дочерью от гнева ужаснувшегося отца.

На „Песочную" дачу стану любоваться сколько хочу, хоть сама стояла на останках ее фундамента, где резвилась танцплощадка дома отдыха имени Куйбышева, разыгрывалась викторина, спрашивалось: „Какой крейсер?", и один прыткий старик сразу догадался — какой. Во мне прочней, чем в почве склона, ведущие к Оке ступени, вырубленные Сережей Иловайским. Милые, обреченные Сережа и Надя Иловайские, для них та длительность оказалась краткой, но вот ненаглядность их лиц — жива. „...Я хочу воскресить весь тот мир — чтобы все они не даром жили — и чтобы я не даром жила!" Так написала Марина Цветаева, так поступили обе сестры, и детище их отца, „младший брат" их — МУЗЕЙ — заглавно белеет среди их Москвы, удос-

товеряя мои сбивчивые речи. Открытка от Анастасии Ивановны к Софии Исааковне и Юдифи Мат-
веевне Каган: „Проходя по Волхонке, вспомните
нашего с Мариной отца... (Волхонка, 12)... Споры
филологов из папиного кабинета, как мамина рояль (вся классическая музыка!), питали детство, как
земля питает росток... Но — самое главное, Юдя,
никаких падений духа, от неудач, первых, вторых,
третьих, — неудачи неизбежны и даже обязатель-
ны для человека!" Обратный адрес — загадочные
цифры какие-то, но, если разгадать их, получится
Дальлаг (1945 г.).

Какая радость, что родилась! Когда вскоре кре-
стили и так же свет стоял в церкви, провидела ли
высшая любовь и опека, каков упасающий — и упа-
сет — крест над купелью? В 17-м году, почти одновременно, смерть мужа и сына, три ареста, тюрьмы,
десять лет лагерей, ссылки, „вечное поселение" —
до 1956 года, и худшее: смерть сестры, о которой
узнала от вещего сна, но от людей два года спустя,
в лагере. В этом году — смерть старшего сына Андрея Борисовича Трухачёва, а молодую жизнь его
присвоили тю́рьмы, лагеря, ссылки. „Памятник сыну" — не дописан, но уверена, что содеян.

Но какая радость задувать свечи на празднич-
ном пироге, с каждым годом больше свечей, боль-

ше радости, какие подарки, какие нарядные, любимые гости, влажно и нежно смотрят родители и родные, зеленеет драгоценными глазами сестра. Разве можно попасть даже в малую невзгоду из-под такого призора, из таких объятий?

Мое обиталище — мастерская художника Мессерера, приют друзей, животных, причудливых одушевленных вещей, не состоящих на службе у быта. На снимке 80-х годов видно, как любо это пристанище Анастасии Ивановне. Улыбается, расточительно излучает свет, наверное, смотрит на детей или на зверей, тем и другим говорит „Вы", тех и других крестит перед расставанием, за тех и других молится по вечерам. Впрочем, ласка ее и молитвы простерты надо всем, что есть, и, может быть, поэтому есть и пребудет. Я и сама чувствую, что наше вольное жилище тайными, но явно мерцающими пунктирами соотнесено с Цветаевыми, не только из-за книг, писем, портретов, скрытных вещиц, впрямую связанных с ними, но и другим волшебным способом. Вот, например, старый фонарь, свисающий с разрисованного дождями потолка (это же чердак, над-этажный, надземный, поднебесный). Стеклянной оболочке предполагаемого огня, цвета аметиста, однажды улыбалась Анастасия Ивановна. Я вспомнила, что Марина

Ивановна в детстве желала или примеривалась, играючи, побыть, погостить, пожить еще где-то, и в фонаре. Я сказала: „И просторный, и цвета аметиста — идеальное прибежище". Улыбка, обращенная вверх, была и общий смех двух сестер. Улица, где живем, — Поварская, прилегающие переулки: Борисоглебский, Мерзляковский, Хлебный, Скатертный — все это неотъемлемые владения величественно бескорыстных Цветаевых. В соседнем с нашим доме жила „Драконна" — так звали две девочки ту изумительную, все-добрую, утром в день открытия Музея принесшую их отцу смутивший его лавровый венок. По соседству в другую сторону жили Муромцевы. Вера Николаевна, впоследствии Бунина, была из немногих в Париже, жалевших, желавших помочь.

Это о человечестве. Но никак не менее важно — о собачестве, кошачестве, обо всем родимом зверинстве, тут сестры Цветаевы прежде, первее всех. Только дарительность, спасительность жеста, готовность к непосильной жертве, обожание и сострадание ко всему живому обозначены именами и образами животных, птиц, насекомых, растений, любимых ими, спасаемых, ласкаемых, воспетых. Как-то (в 78-м году) Анастасия Ивановна сказала мне: „С о б а к у пишу не с большой буквы, а вообще большими буквами". „Воспоминания", „Моя Сибирь", „Непостижимое" — эти книги Анастасии Цветаевой лучше знают и рассказывают, чем я.

На Ваганьковском кладбище — много людей, давно дорогие и вовсе незнакомые дорогие лица, бедное, родное, возлюбленное человечество. Последнею, вместе с Надеждой Ивановной Катаевой, подхожу. Надежда Ивановна опускается на колени. Цветы, сдержанность черт или слезы, скорбный ропот: „Осиротели..." Так ли это? Губы узнают холод, глаза и душа узнают свет. Рядом с родителями, рядом с сыном.

Когда Юдифь Матвеевна оповестила мать о смерти Анастасии Ивановны, София Исааковна сказала: „Это неправда". Мне приходится верить этим словам.

„Марина! Свидимся ли мы с тобою иль будем врозь — до гробовой доски?" Это Анастасия Цветаева написала в заключении, в 1939 году. Отвечала себе словами молитвы: „Господи, дай мне силу перенести утомление наступающего дня и все события в течение его! Руководи моею волею и научи меня молиться, надеяться, верить, любить, терпеть и прощать! Аминь".

Сентябрь 1993

УСТРОЙСТВО ЛИЧНОСТИ

Счастливый день, счастливое собрание... В судьбе Булата, не столько соседствующей с нашей судьбою, а, пожалуй, возглавившей ее течение, то вялое, то горестное, в этой судьбе есть нечто, что всегда будет приглашать нас к пристальному раздумью. Может быть, устройство личности Булата, весьма неоткровенное, не поданное нам на распахнутой ладони... Устройство этой личности таково, что оно держит нас в особенной осанке, в особенной дисциплине. Перед ним, при нем, в связи с ним, в одном с ним пространстве не следует и не хочется вести себя недостойно, не хочется поступиться честью, настолько, насколько это возможно. Все-таки хочется как-то немножко выше голову держать и как-то не утруждать позвоночник рабским утомленным наклоном. Булат не повелевает, а как бы загадочно и кротко просит нас не

иметь эту повадку, эту осанку, а иметь все-таки какие-то основания ясно и с любовью глядеть в глаза
современников и все-таки иметь утешение в человечестве. Есть столько причин для отчаянья, но
сказано нам, что уныние есть тяжкий грех. И может быть, в нашей любви, в нашем пристрастии к
Булату есть некоторая ни в чем не повинная корысть, потому что, обращаясь к нему, мы выгадываем, выгадываем свет собственной души.

У меня много есть всяких посвящений и одно
совсем малозначительное, но все ж прочту... Оно короткое. Когда-то на одной сцене мы с Булатом выступали, и он подарил мне ключик, маленький ключик.
И я им с ненасытностью владею. Стишок мой — он
вообще экспромт, шутка — называется „Песенка для
Булата".

Песенка для Булата

Мой этот год — вдоль бездны путь.
И если я не умерла,
то потому, что кто-нибудь
всегда молился за меня.

Все вкривь и вкось, все невпопад,
мне страшен стал упрек светил,

338

зато — вчера! Зато — Булат!
Зато — мне ключик подарил!

Да, да! Вчера, сюда вошед,
Булат мне ключик подарил.
Мне этот ключик — для волшебств,
а я их подарю — другим.

Мне трудно быть не молодой
и знать, что старой — не бывать.
Зато — мой ключик золотой,
а подарил его — Булат.

Слова из губ — как кровь в платок.
Зато на век, а не на миг.
Мой ключик больше золотой,
чем золото всех недр земных.

И все теперь пойдет на лад,
я буду жить для слез, для рифм.
Не зря — вчера, не зря — Булат,
не зря мне ключик подарил!

9 мая 1994

ВСЕХ ОБОЖАНИЙ
БЕДСТВИЕ ОГРОМНО...

Впервые я услышала имя Анны Ахматовой в школе. У меня были добрые, неповинные в общем зле учителя, но им было велено оглашать постановление: Ахматова и Зощенко.

Я пойму это потом, но из непонятных „обличающих" Анну Ахматову слов возник чудный, прелестный, притягательный образ.

Воспитание может иметь обратное значение.

Прошло некоторое время. Я раздобыла стихотворения Ахматовой и написала убогое посвящение. Вскоре я его порву и выкину. Подозреваю прекрасного Александра Володина, всегда любимого мной, в том, что он успел передать Анне Андреевне Ахматовой случайно уцелевший черновик.

Из всего этого помню строфу:

> Об это старинное древо
> утешу ладони мои.
> Достанет Вам, Анна Андреевна,
> покоя, хвалы и любви...

Ужасно, но далее будет ужаснее.

Однажды, в скромном начале дня, выхожу из дома. В этом же доме жили Наталия Иосифовна Ильина и Александр Александрович Реформатский, звавший меня: Гуапа, их собаку-спаниеля звали Лада.

Наталия Иосифовна говорит: „Зачем Вы избегаете встречи с Ахматовой? Анна Андреевна в Москве, я еду к ней, Вы можете поехать со мной".

Я: „Нет, я не могу. Не смею, не хочу, и не надо".

Тот день (для меня) стал знаменательным.

Я привечала Анджело Мариа Рипеллино, знаменитого слависта, и журналиста, для меня безымянного, виновата.

На бензоколонке на Беговой опять встречаю Наталию Иосифовну. Н.И.: „Не передумали? Я к Ахматовой еду".

Я: „Нет, не могу. И не надо".

Я развлекала итальянцев: показывала уцелевшую старую Москву, ярко бедную, угнетаемую и свободную мастерскую художника Юрия Васильева.

Итальянцы стояли в гостинице „Пекин". Что-то им понадобилось там. Подъехали к гостинице. Передо мной, резко скрипнув тормозами, остановилась машина Ильиной. Я знала, кто пассажир этого автомобиля. Лицо знало, как бледнеет, ноги не знали, как идти. Сказала: „Ну смотрите, синьоры, больше вы этого не увидите". (Я ошиблась: итальянцы увидели Ахматову — в Таормине, в пальто Раневской.) Подошла. Н.И. с жалостью ко мне весело объяснила Ахматовой: „Она так любит Вас, что не хочет видеть Вас".

Я же видела дважды: грузный, вобравший в себя страдания и болезни лик и облик и тончайший профиль, столь известный, столь воспетый.

Молча поклонилась. Вернулась к итальянцам. Мое лицо было таково, что они забыли, что они забыли в гостинице „Пекин".

Анджело Мариа Рипеллино спросил: „Что с Вами?" — „Там была Ахматова".

Далее — повезла их в забегаловку, в Дом литераторов, не обещая кьянти, что-нибудь взамен обещая. Вернула их к гостинице „Пекин".

Подъехала к дому. В лучах фар стояла Ахматова: ждала Ильину. Это не имело значения, если не считать разрыва ума, сердца, зрения. Сказала: „Ан-

342

на Андреевна, Бог знает, я не хотела видеть Вас, но вижу Вас второй раз в этот день". Ахматова: „Верите в Бога?" Я: „Как не верить? Вы не только от Ваших родителей родились, произросли и осиянны. И я это вижу". Я и видела ярко бледное осиянное лицо Ахматовой в потемках двора.

К счастью моему, спустилась со своего этажа Наталия Иосифовна Ильина и засмеялась. Анна Андреевна величественно-милостиво сказала: „Едем к Ардовым на Ордынку. Может быть, желаете сопровождать?" Я тупо плюхнулась на заднее сиденье. Ехали по Ленинградскому проспекту. Фонарь и нефонарь, свет и тень, я видела, не могла видеть, но видела профиль, силуэт. Модильяни? Альтман?.. Нет. В Оспедалетти, в 12-м году?.. Нет, эту фотографию мне подарят много позже.

Когда проезжали мимо поворота к больнице Боткина, Анна Андреевна великим голосом произнесла: „Я бывала в этой больнице. Лежала около окна. Другие старухи хотели занять мое место. Ко мне пришел шведский корреспондент в белой рубашке, столь белой, что меня стали уважать".

Я читала эти (приблизительно) слова у Лидии Корнеевны Чуковской. Но я эти слова — слышала.

Приехали на Ордынку. Н.И.: „Проводите Анну Андреевну через двор и наверх".

Двор состоял из рытвин. Я поддерживала хрупкий утомленный локоть. Поднялись пешком на указанную верхотуру. Я чувствовала пульс, сильный и сильно убывающий.

У Ардовых играли в карты. Алеши Баталова не было. Мы прошли в его комнату. Анна Андреевна сразу прилегла и спросила: „Кто были те двое у Вас в автомобиле?" Сила зоркости обошлась мне холодом мурашек. Я не могла понять, как Ахматова, не обернув головы, сумела разглядеть еще кого-то. В ум вступило изобретенное Лесковым слово „мелкоскоп". Ответила: „Двое итальянцев: Анджело Мариа Рипеллино и..." Ахматова (с надменно-ласковой усмешкой): „Как? Этот мерзавец?" Я: „Неужто он в чем-нибудь провинился перед Вами?"

Анна Андреевна слабым жестом указала, слабым голосом приказала: „Там сердечные капли. Подайте, пожалуйста". Я исполнила указание и приказание.

Анна Андреевна показала итальянскую книгу: „Мне жаль, что я не могу подарить книгу. У меня нет другой".

Я: „Зачем? Не о чем сожалеть. Я не знаю итальянского языка... Ваш — знаю, этого знания достанет для многих..."

Не знаю, как спустилась по лестнице, пересекла двор. Н. И. ждала не суетно, не торопливо.

На этой странице злоключения обожания не завершаются. Переходим на следующую.

Я увидела Анджело Мариа Рипеллино, в последний раз, он приехал в Москву.

Я: „Анджело Мариа, что ты содеял, написал? Ахматова сказала: мерзавец".

А.М.Р.: „Что есть „мерзавец"? Кто-то, погибший от мороза?" (Стало жалко воображаемого озябшего мерзавца.)

Я: „Спрашивай у Даля (он спрашивал), признавайся: что написал?"

Признался (воспроизвожу по памяти, текста не видела): „Анна Ахматова ныне есть единственный классик великой русской литературы".

То есть: опять какое-то старинное древо, утешающее чьи-то лишние ладони.

Бедствие обожания набирало силу. Я слабела, чем и теперь занимаюсь.

Прошло некоторое время.

Позвонила Н.И.: „Вы уже видели Ахматову — дважды в один день. Можно и привыкнуть. Анна Андреевна хочет поехать за город. Я сегодня не могу повезти ее. Позвоните ей, повезите. Вот номер телефона".

Ахматова тогда остановилась у своей знаменитой приятельницы, на Садовом кольце, рядом с площадью Маяковского.

Глубокое чувство обреченности овладело мной. В этом не было мистики. Был автомеханик Иван Иванович, гений своего дела, он сурово учил меня ездить, менять колесо за пять минут — не дольше! Заклеивать мылом бензобак — в случае протечки (мыло — было). Но вот когда „иглу заливает бензином“, — он мог это исправить, я уже ничего не могла поправить.

Позвонила по указанному телефону. Великий голос (я всегда слышу: „Дорога не скажу куда...“) ответил: „Благодарю Вас. Жду Вас в двенадцать часов. В полдень“.

Я понимала, что не в полночь. Не понимала: что надеть? В уме стояло воспоминание: Чехов едет к Толстому в Гаспру, думает: что надеть? (Описано Буниным.)

Надела то, что под руку попалось: синие узкие брюки, оранжевый свитер, это уже входило в обреченность. Ровно в полдень (помедлив возле дома) поднялась, позвонила в дверь.

Прекрасная дама, в черном платье, встретила меня, справедливо-брезгливо оглядела меня, сказала: „Анна Андреевна ждет Вас. Вы умеете это делать?" (изящными запястьями изобразила руль автомобиля.)

Плохие предчувствия крепчали, хороших не бывает.

Вышла Ахматова, в черном платье.

Сине-оранжевая, я опять держала ее локоть, плавно-громоздко мы спустились по лестнице, я открыла дверь автомобиля, села за руль. У следующего перекрестка (при повороте на Петровку) машина остановилась навсегда. Это и была игра иглы с бензином. Я сидела, ничего не делая. Мешала проехать грузовику, водитель кричал: „Баба за рулем! Две дуры — молодая и старая!"

Его зоркость, обращенную ко мне, тоже следует отметить: он высунул голову из кабины. Я показалась себе ровесницей горя, старше беды.

„Вам никакой не подходит?" — спросила Ахматова: цвет, цвет, цвет светофора менялись несколько раз.

Подошел великодушный милиционер. Водитель грузовика продолжал кричать, я — молчать.

Великодушный милиционер прикрикнул на водителя грузовика: „Вылезай! Помоги откатить машину к тротуару. Женщине плохо..."

Мне и не было хорошо.

Тот послушался. Машину перекатили к тротуару, грузовик отпустили. Великодушный милиционер, у него была дирижерская палочка в руках, сказал: „Хочу Вам помочь".

Я: „Помогите. Я вижу телефон-автомат напротив. Помогите перейти дорогу". Позвонила: „Пришлите автомобиль: Ахматова, игра иглы с бензином..."

Непонятливый испуг ответил: „Не бойтесь, не двигайтесь с места. Сейчас приедем".

Вернулась: „Анна Андреевна, сейчас приедет другая машина".

Анна Андреевна сказала: „Я ничего не предпринимаю во второй раз".

Снова я держала локоть — поднимались по лестнице на восьмой этаж. Прекрасная дама в черном не удивилась, как если бы знала о моей автомобильной и всей судьбы неудаче.

Несколько дней после этого я не могла говорить: немая была.

Куда делись брюки, автомобиль, свитер — не любопытствую знать.

„Всех обожаний бедствие огромно..." — есть у меня такое стихотворение. Я стояла возле могилы Ахматовой, никого не было, цветы были — как всегда. Величие ласково-надменной и прощающей усмешки я ощутила и приняла как осязаемую явь бессмертия.

Я не бежала, как бы упадала из Комарово в Репино по быстрой дороге вниз. Это само собой сочинилось.

Мне довелось читать (и сейчас читаю) и видеть Льва Николаевича Гумилева. Однажды, в беспечном, а для меня напряженном застолье, Лев Николаевич вдруг спросил: „Вы так любите е е?"

Слабоумным голосом третьегодника с последней парты я спросила в ответ: „Кого? "

Лев Николаевич Гумилев объяснил: „Вы знаете — к о г о". Он не ошибся.

Вы, любезные читатели, не ошибайтесь — любите.

Всегда Ваша Белла Ахмадулина

Август 1996

СРЕДИ ДОЛИНЫ
РОВНЫЯ...

Недавно я получила от глубокоуважаемой госпожи Нелли Биуль-Зедгинидзе книгу: „Литературная критика журнала „Новый мир" А.Т. Твардовского (1958—1970)" — с предшествующей надписью: „На память об эпохе". Весомый и обстоятельный том содержит замечательно тщательное, кропотливое и доблестное исследование всех свершений и злоключений знаменитого журнала. В многотрудном реестре действует множество событий, перипетий, грозных вмешательств и мелких козней, присутствуют неисчислимые лица и характеры, мельком упоминаюсь даже я. Это незначительное обстоятельство живо вернуло мне упомянутую эпоху — „чудище обло, озорно, огромно, стозевно и лаяй", имевшее некоторые промашки и огрехи. На соотношение с ним, пусть косвенное, уходила жизнь, но кое-что спасительно оставалось на разживу. Исчерпывающая серьезность книги и других трудов освобождает меня от многозначительных рассуждений, дозволяя легкость или легкомыслие воспоминаний.

Долгое время я соседствовала с Александром Трифоновичем Твардовским в дачном подмосковном поселке. Его придирчивость к новому литературному поколению поначалу распространялась и на меня, но вскоре сменилась прямой милостью и снисходительностью. Это соседство казалось моему отцу несоразмерным и непозволительным: Василий Теркин был главным сподвижником и любимцем его солдатской жизни. После войны, раненый и контуженный, он часто бредил и, не просыпаясь, громко читал отрывки из поэмы, просвещая мои детские ночи. Впоследствии мы в два голоса читали классическое стихотворение „Из фронтовой потертой книжки", до сих пор мной любимое.

Мой вид и повадка его смущали. Однажды, уже расположившись ко мне, он робко спросил: „Уж если непременно надо носить брюки, — нельзя ли — чтобы черные?"

Мое пылкое отношение к Пастернаку, изъявленное и в стихах, Твардовский находил чрезмерным, незрелым и витиеватым. Стихи, с прозой внутри, дороги мне и теперь: они вживе сохранили для меня случайную встречу с Борисом Леонидовичем глубокой переделкинской осенью 1959 года. В посвящение ему я уже была исключена из Литературного института, мелкие невзгоды и угрозы льнули ко мне, но что значил этот воспитующий вздор вблизи его лица, голоса, ласкового приглашения зайти, которому я, от обожания, не откликнулась? Гонения и издевательства, павшие на Пастернака, Твардовский близко, но неопределенно принимал к сердцу. Не знаю, мог ли он тогда примерять к себе крайнюю степень возвышенного, оскорбленного, недоумевающего одиночества, разрушающего организм, причиняющего болезнь и смерть.

По мере жизни и бесед его рассуждения об Ахматовой и Цветаевой становились все мягче и проницательнее. Анна Андреевна особенно понравилась ему в Италии, он покорно принял на себя власть ее стати и голоса, отметив, как, отвергнув поднесенный бокал, она величественно и твердо сказала: „Благодарю вас, но дайте-ка мне рюмку водки".

Нас сблизила страсть к Бунину, открытому ему в молодости смоленским учителем. Меня он недоверчиво и ревниво спросил: „Это вы-то знаете Бунина?" Я и тогда говорила, что сочинения Бунина возвращают мне отъятую урожденность земли и речи, осязаемую и обоняемую как явь. Об унижении запрета ответить Бунину он умалчивал, но видно было, что оно не заживало.

Твардовского забавляло и чем-то радовало, что, несмотря на его повторяющиеся приглашения, я не печаталась в „Новом мире“: чем приветливее он был, тем менее приходило мне в голову ему докучать. Стихов ему я тоже не читала. Однажды он настоял, и я прочла длинное стихотворение, посвященное Цветаевой. Он удивился: „И все это вы помните наизусть?“

Чаще всего мы встречались в милом, радушном доме Верейских: с Орестом Георгиевичем, Ориком, Твардовский был очень дружен еще с военных времен. Являлись гости, завсегдатаями были Наталия Иосифовна Ильина и Александр Александрович Реформатский, жизнь щедро обманывала нас шутками и радостями застолья. Иногда и я рассказывала смешные истории, угождая Твардовскому простонародными словечками и оборотами, изображая разных персонажей, подчас зловещих. Про последних он как-то со вздохом обмолвился: „Эх, делали бы они столько зла, сколько надобно им для прожитку, так нет — всегда с запасом, с излишком“.

Твардовский неизменно называл меня: Изабелла Ахатовна, выговаривая мое паспортное имя как некий заморский чин. Однажды, опустившись передо мной на колено, он важно-шутливо провозгласил: „Первый поэт республики у ваших ног". Я отозвалась: „А вы все это называете республикой?"

Думаю, что первым поэтом условной республики он себя ответственно и тяжело ощущал. Так и в учебниках было объявлено, так он и смотрелся: непререкаемо-крупный, недоступный для бойкой докуки. Но бремя это, чтимое окружающими, утяжелялось и оспоривалось препонами, придирками, стопорами, искушениями уловок, уступок, косвенных поисков выхода. Для преодоления всего этого было бы сподручней уродиться чем-то более мелким, прытким и уклончивым. Русский язык был его исконным родовым владением, оберегаемым от потрав и набегов. И перу подчас приходилось опасаться сторонней опеки, но, в добром расположении духа, говорил он замечательно. Его полноводная речь наступательно двигалась, медля в ложбинах раздумья, вздымаясь на гористые подъемы деепричастных оборотов, упадая с них точно в цель. Некоторые слова были для меня пра-родительно новы — я запоминала и спрашивала Даля.

Казалось бы, это была избранная достопочтенная среда, оснащенная дачными угодьями и достатком. Но время продиралось сквозь изгороди и садовые заросли, вмешивалось в обеденные ритуалы террас разговорами об арестах и обысках. Будоражили мысль и совесть прибывающие свежие таланты, особенно — благородная проголодь гонимых питерских корифеев, по счастью, еще с юности моей, меня привечавших.

Но, конечно, главное было — Солженицын. Его разразившееся явление потрясло и переменило жизнь, во всяком случае мою.

Неповоротливая, привычно удушающая эпоха перестала казаться непоправимо бесконечной. Раньше никто, даже самым смелым помыслом, не надеялся ее пережить. Вдохновению слабых надежд сопутствовали сильные дурные предчувствия.

Уезжая в редакцию и возвращаясь, Твардовский был нелюдим и мрачен. Окрестная природа предлагала свои кроткие утешения. (Одно мое описание ее благолепия кончалось так: „Никто не знал, как му́ка велика за дверью моего уединенья".)

В зимнем лесу я часто встречала приметные следы Твардовского. Он шел медленно, грузно, там, где он останавливался, его палка оставляла на снегу глубокую темную вмятину, как бы помечавшую место его особенно печального раздумья. Его подавленность я относила не только к „Новому миру", но и ко всему ходу жизни, к молодости, к роковому раскулачиванию его семьи, об этом — упаси Бог! — мы никогда не говорили. Вернувшись с похорон матери, он долго молчал, потом удрученно выговорил: „Только копань остался от всего, что было".

(Во внимательных скобках замечу, что воспоминания Ивана Трифоновича Твардовского, появившиеся в печати много позже, поразили меня силой и простотой художественного слога. Я возразила Наталье Ильиной, что я не углядела в них укоризны, бросающей тень на не сумевшего помочь брата. Только го́ре, безысходное общее го́ре вставало из скорбного бесхитростного повествования. Мое сострадание к Твардовскому, постоянно несшему испепеляющую, не прощенную себе вину, лишь усилилось и многое прояснило в его тяжелых молчаниях и умолчаниях.)

Как-то мы сидели в поздних сумерках, при сильном запахе влажных предосенних флоксов. Бледно-голубые глаза Твардовского серебряно светились. Он таинственно и тихо заговорил: „А вот что случилось у нас на Смоленщине с одним кузнецом. Только пробило полночь, как слышит он: кто-то стучит кнутовищем в кузню и покрикивает, да так протяжно, властно: „Кузнец, а кузнец, отвори ворота́". Делать нечего, кузнец отворил. Видит тройку коней, у седока лицо темное, сокрытое. Тот ему, словно в насмешку: „Что, кузнец, можешь подковать моих лошадей?" Спорить не стал, начал с левой пристяжной. Заглянул ей сбоку в морду, а это и не морда вовсе, лицо Маланьи, что о прошлый год в пруду утопилась. Видит кузнец: дело-то нечисто, да отступать боязно. А правая пристяжная — точь-в-точь сосед Степан, его на сенокосе молоньей убило. Коренник не хотел себя показывать, воротил рожу, но скалился по-знакомому — был у нас пришлый лихой мужик, озоровал на дорогах. Седок поблагодарил: „Ты — добрый кузнец, откинь-ка фартук, я тебе награды насыплю". Насыпал в большой кожаный фартук видимо-невидимо золота — и укатил. Кузнец очухался, заглянул в фартук, а там не золото, а — неловко сказать — говно. Вот: подсобил вражьей силе".

В доверительном, волнующем рассказе я не усомнилась. Сторонне желалось для Твардовского другой жизни, другого детства, с ребятишками, скачущими в ночное, с шепотами у костра на Бежином или другом лугу, да, видать, не обойтись нам без вмешательства „вражьей силы".

История мне полюбилась. Однажды, при многих людях, я попросила рассказчика повторить ее. Он сурово, с гневом и обидой, меня одернул, словно я дерзнула предать грубой огласке доверенную мне тайну. Потом я прочла у Бунина очень похожую запись, но одно другому не мешает: в разных губерниях водятся родственные небылицы, легко принимаемые за собственный опыт.

Все племя леших, водяных, домовых и прочих их сородичей Твардовский по-крестьянски, не без тайного уважения, величал: „ОНИ". Я сказала: „Ваши „ОНИ" — существа, в общем, игривые и безобидные, и креста боятся. А я, вкратце, говорю „ОНИ" про других, действительно страшных". — „Это про кого же?" — помрачнел и напрягся Твардовский. „Да про всех вредителей живой жизни, вам ли не знать? Это „ОНИ" глумятся над вами и вашим журналом, всем людям от них продыху нет, и от них не открестишься". Твардовский очень осерчал и прикрикнул на меня: „Вы не смеете об этом судить! Вы — главного не видите. А в главном — мы всегда были правы!" Это схематическое отвратительное главное давно мне наскучило, я разозлилась: „А вы себя в „ОНИ" зачислили? Все я вижу! Для „НИХ" главным всегда было уничтожать, душегубствовать, раскулачивать!" Твардовский поднялся, стукнул палкой: „Если бы вы были в моем доме, я попросил бы вас выйти вон!" Размолвка происходила у Антокольских, и хрупкая доблестная Зоя Константиновна бросилась на мою защиту: „Александр Трифонович, пока еще вы в моем доме и сами можете выйти, если хотите". Это было так неожиданно и слишком, что все невольно смягчились. Антокольский засмеялся, Твардовский сел, опершись подбородком на набалдашник подобревшей палки. Я подытожила: „Александр Трифонович, разговор с вами вот так выглядит — я построила из рук треугольник, широко разведя локти и сомкнув пальцы, — начинаешь на равных и заходишь в тупик. А следовало бы вот так", — я свела локти и обратила отверстые ладони к предполагаемому мирозданию. „Это что же за фигура такая?" — заинтересовался он. „Это наглядное пособие я сейчас специально для вас придумала". — „Ну, это еще куда ни шло, а я было испугался, подумал: сюрреализм".

Некоторые невинные „сюрреализмы" с нами порой случались. Вьюжным мартовским вечером сидели мы у Верейских. Твардовский пришел с опозданием и, по обыкновению последнего времени, выглядел угрюмым, раздражительным, утомленным. Рюмка ненадолго его оживляла. Грустно было видеть, как малою помощью вина пытался он облегчить необоримую душевную тяжесть. Расслабившись в тепле при близкой заоконной вьюге, потягивая вино, все несколько рассеянно слушали разговорившегося Твардовского, то и дело возвращавшегося к снедающей его теме „Нового мира". Взоры были обращены к собаке Дымке. Разлегшись у камина, чуя ласковое внимание, она переворачивалась с боку на бок, укладывалась на спину и, закинув голову, оглядывала зрительскую публику. Пламя отражалось в ее длинной серебряной шерсти. Ее отвлекающее соперничество стало раздражать Твардовского, признававшегося в сокровенном, насущном. Он заметил, что собаке так же естественно находиться в сторожевой будке, как прочей скотине в хлеву. Вдруг у калитки позвонили. Оказалось, что за мной заехала искавшая меня компания. В снежных вихрях я различила моего дорогого, задушевного друга художника Юрия Васильева со спутниками. Он объяснил, что это — замечательное художественное семейство Дени (Денисовых), но главная удача и радость заключалась в том, что вместе с ними прибыла обезьяна Яша — для моего потрясения и восхищения. Мы направились к дому, где я жила. Твардовский заявил, что крепко привадился к главенствующему обществу животных и теперь — куда обезьяна, туда и он.

Наскоро собрали на стол. Яша, в красном кафтанчике, с неудовольствием проверил угощение. Художник Дени благодарил Твардовского: „Я знаю, что это не вы, но все равно спасибо, низкий поклон вам от всей земли русской!" Когда его уверили, что подделки нет, он впал в неистовое вдохновение декламации и поминутно простирал руки к окну, к буре и мгле. Я бы не удивилась, если бы нас проведал седок, правящий тройкой. Жена художника оказалась прекрасной певуньей и несколько раз спела „Летят утки...", чем очень растрогала и утешила Твардовского. Часто встречаясь с ним, я редко видела его лицо ясным, открытым, словно он привык оборонять его урожденное беззащитное добродушие от любопытного или дурного глаза. Твардовский затянул: „Славное море, священный Байкал..." Кажется, этой замечательной, любимой им, песней он проговаривался о чем-то подлинно г л а в н о м, при словах „волю почуя..." усиливая голос и важное, грозное лицо, высоко вздымая указательный палец.

Напитки быстро иссякали, я вспомнила о початой бутылке джина. Твардовский гнушался чужестранными зельями, но сейчас с предвкушением, большим отвращения, смотрел на последнюю полную рюмку. В это время обезьяна Яша, ученый человеческим порокам, схватил рюмку и дымившуюся „Ароматную" сигарету Твардовского и вознесся на шкаф, где и уселся, лакомясь добычей и развязно помахивая ножкой.

Твардовский всерьез обиделся и стал одеваться. Собрались в долгую дорогу и другие гости. Со мной остались Яша и молоденькая дочка Денисовых, красивая молчаливая девочка, столь печальная, что грусть ее казалась не настроением, а недугом. Она сразу же ушла в душ и долго не возвращалась. Яша, привязанный поводком к ножке шкафа, смотрел на меня трагическим и неприязненным взглядом. Я отвязала его, и он больно ущипнул меня за щеку. Я хотела уйти, но он догнал меня и обнял за шею маленькими холодными ладошками: никого другого у него не было в чужой, холодной, метельной ночи. Мне сделалось нестерпимо жалко его крошечного озябшего тельца, да и всех нас: Юру Васильева, недавно упавшего с инфарктом на пороге Союза художников после очередных наставлений, эту девочку, осененную неведомым несчастьем, Твардовского с его „Новым миром", обреченно бредущего сквозь пургу. Все мы показались мне одинокими неприкаянными путниками, и дрожащая фигурка Яши как бы олицетворяла общее разрозненное сиротство.

В 1965 году затевалась помпезная и представительная поездка русских поэтов во Францию. Я о ней и не помышляла: за мной всегда числились грехи, но Твардовский решительно настаивал на моем участии. Он взял меня с собой в ЦК. Я дичилась, и он крепко вел меня за руку по дремучим коридорам. Встречные приветствовали его по-свойски, без лишнего подобострастия. В одном кабинете он ненадолго оставил меня. Беседа была краткой: „Есть решение: вы поедете. САМ за вас партийным билетом поручился, так что — смотрите".

„Ну вот, — засмеялся Твардовский, — отправимся мы с вами, как Левша, смотреть заграничные виды".

Парижа, пленительно обитавшего в воображении, я как бы не застала на месте. Нет, Париж, разумеется, был во всем своем избыточном блеске, загодя были возожжены Рождественские елки, витрины сияли, беспечные дамы и господа посиживали в открытых кафе. Я двигалась мимо всего этого, словно таща на спине поклажу отдельного неказистого опыта, отличающего меня от прочей публики. Ночью я смотрела в окно на огни бульвара Распай, на автомобили с громко переговаривающимися и смеющимися пассажирами, на высоких красавиц, беззаботно влачивших полы манто по мокрому асфальту, и улыбалась: „Превосходно, жаль только, что — неправда". Опровергая подозрение в нереальности, утром в номер подавали кофе с круассанами, Эйфелева башня и Триумфальная арка были литературны, но вполне достоверны. Меж тем советская делегация привлекала к себе внимание, в основном посвященное Твардовскому. Каждое утро, в десять часов, в баре отеля его поджидали журналисты. Он отвечал им спокойно, величественно, иногда — раздраженно и надменно: дескать, куда вам, французам, разобраться в наших особых и суверенных делах. На пресс-конференциях наиболее „каверзные" вопросы — главным образом об арестованных Синявском и Даниэле — храбро принимал на себя Сурков. Его ораторский апломб, ссылавшийся на новые изыскания следствия и точное соблюдение отечественных законов, туманил и утомлял здравомыслие прытких корреспондентов, и они отступались. Торжественное выступление русских поэтов в огромном зале и отдельный вечер Вознесенского и мой прошли с успехом.

Усилиями Эльзы Триоле была издана по-французски обширная антология русской поэзии, ее покупали, с присутствующими авторами искали знакомства. Официальным ходом громоздких, пышно обставленных событий, да, по-моему, и всем положением советской литературы во мнении французского общества, единовластно ведала Эльза Триоле, Арагон солидно и молчаливо сопутствовал. Твардовский тайком бросал на них иронические проницательные взгляды. Эльза Юрьевна не скрывала своей неприязни ко мне: на сцене приостановила мое, ободренное аплодисментами, чтение, потом, у нее дома, когда Кирсанов, переживавший ее ко мне немилость, попросил меня прочитать посвящение Пастернаку, с негодованием отозвалась и о стихах, и о предмете восхищения. Все это не мешало мне без всякой враждебности принимать ее остроту, язвительность, злоязычие за некоторое совершенство, точно уравновешивающее обилие обратных качеств, существующих в мире. Она удивилась, когда я похвалила ее перевод „Путешествия на край ночи" Луи Селина, тогда мало известный.

Вынужденно соблюдая правила гостеприимства, Триоле и Арагон пригласили меня и Вознесенского на премьерный концерт певца Джонни Холидея. Среди разноликой толчеи, сновавшей вокруг нашей группы, выделялась экспансивная дама русского происхождения. Восклицая: „Наш Трифоныч!", она постоянно норовила обнимать и тискать Твардовского, от чего он страдальчески уклонялся. Она объявила мне, что появиться в театре „Олимпия" без шубы — неприлично и позорно для нас и наших пригласителей. Обрядив меня в свое норковое манто и атласные перчатки, она строго напутствовала меня: „Не вздумай проговориться, что манто — не твое". Наши места были на балконе, и сверху я с восхищением озирала парижские божества, порхающие и блистающие в партере при вспышках камер. Эльза Юрьевна утомленно прикрыла рукой лицо от одинокого фотографа „Юманите". С пронзительной женственностью оглядев меня, она тут же спросила: „Это манто вы купили в Париже?" — „Это не мое манто", — простодушно ответила я, о чем, неодобрительным шепотом, было доложено Арагону. Жалея бумаги, все же добавлю: в Москве я должна была передать маленькую посылку сестре Лиле Юрьевне Брик. Было очень холодно, и моя приятельница закутала меня в свой каракуль. „Это манто вы купили в Париже?" — незамедлительно спросила Лиля Юрьевна. Ответ был тот же. Сразу зазвонил телефон из Парижа, и в возбужденной беседе сестер слово „манто" было легко узнаваемо.

В Париже Твардовский чувствовал себя скованно, тяжеловесно, не сообщительно. И Париж был не по нему, и мысли о Москве угнетали. Как-то посетовал: „Не только говорить — мы и ходить, как они, не умеем, словно увечные на физкультпараде. А ведь раньше любой наш повеса здесь прыгал и болтал не хуже, чем они".

Все же мы частенько захаживали в кафе, и Твардовский дивился понятливости официантов. Однажды в „Куполе" к нам, при Триоле и Арагоне, присоединился веселый и элегантный Пабло Неруда. Меня удивило, что к моей сухости к коммунистическим идеалам он отнесся без всякой предвзятости, радостно заказывал рюмки и купил для меня фиалки у цветочницы. Потом он посвятил мне изящное стихотворение, полученное мной после его смерти.

Твардовский тихонько жаловался, что за ним по пятам ходит Сурков, остерегающийся возможных непредвиденностей. Я, тоже тихонько, посоветовала: „А вы — улизните".

Однажды Твардовский не спустился к журналистам ни к десяти часам, ни позже. В отеле его не было, служащие ничего о нем не знали. Сурков был охвачен паникой. Я робко спросила: „Что с вами, Алексей Александрович? На вас лица нет". Он разъяренно ответил: „У меня ЧП!" — и ехидно добавил: „А вы часом не в курсе дел?"

Твардовский появился после полудня, отмахнулся от Суркова и, не сказав никому ни слова, поднялся к себе в номер. Вечером мы должны были идти на прием в студенческий клуб. Никто не решался к нему обратиться, меня послали за ним. Как ни странно, он был в неплохом настроении: ему удалось-таки увильнуть от присмотра. Оказалось, что в пятом часу утра, видимо, „волю почуя!", он вышел из отеля и пошел в неизвестном направлении. Несмотря на ранний час, в Париже было достаточно многолюдно. Он сам добрался до Сены и в предутренних сумерках разглядывал поразившие его химеры Нотр-Дам. Многие заведения были открыты. Возле одного из них он быстро подружился с толпой приветливых оборванцев, двое из них говорили по-русски. „Да и остальных я стал понимать", — заметил он с гордостью. Угощая их вином, он вместе с ними достиг „Чрева Парижа", где отведал лукового супа. (К другим парижским разносолам он относился с осторожностью и предубеждением, на одном обеде до дурноты испугавшись устриц.) „С хорошим народом познакомился, — сказал он с удовлетворением, — хоть один раз приятно провел время".

Вечером, побаиваясь Суркова, мы старались держаться вместе. Когда стали обносить напитками, к удивлению собравшихся, он и я выбрали „Пепси-колу". „Хмель-то входит в это пойло? — брезгливо спросил Твардовский. — Недаром у нас ругают эту гадость". Сурков не знал что и думать о нашем маневре.

На следующий день Твардовский твердо объявил о своем возвращении в Москву. Перед отъездом он застенчиво сказал мне: „Пожалуйста, облегчите мое затруднение, возьмите у меня французские деньги, они мне больше не нужны, а вы остаетесь. Не могу я смотреть, как вы на каблуках ходите, — ради меня, купите себе ботинки". Я засмеялась: „Александр Трифонович, я же не ношу ботинки". — „Ну, тогда полуботинки", — жалобно попросил он.

Он и потом, в Москве, так же смущенно, потупив лицо, предлагал мне помощь, ссылаясь на то, что время трудное, и не только ему, и мне не удастся к нему приноровиться. Может быть, мне больше, чем другим, выпало слышать мягкие, уступчивые, вопросительные изъявления его голоса.

Все внимательно следили за событиями в „Новом мире", но развитие их явственно читалось в его внешности: поступь утяжелилась, следы палки в лесном снегу становились все более частыми и глубокими, ослабевшая открытость лица стала как бы пригласительной для грядущих невзгод.

Иногда обманное воображение самовластно рисует другую, шекспировскую картину его ухода:

вольный и статный, очнувшийся в урожденном великанстве, свободно и вальяжно входит он в ничтожный кабинет и говорит: „Ну, вот что, ребята, вы надо мной всласть потешились, с меня довольно. Вы — неизвестно что за людишки, а я — Твардовский, и быть по сему".

Это измышление для меня отчетливей и убедительней унижения, угасания в их же Кремлевской больнице и всеми оплаканной смерти. В нем было много всего, и что-то важное, сокрытое, самовольное, как счастливая парижская прогулка, утешительно для нас, он оставил себе в никем не попранное, никому не подвластное владение.

Декабрь 1996

ВОЗВРАЩЕНИЕ НАБОКОВА

В седьмом часу утра рука торжественно содеяла заглавие, возглавие страницы, и надолго остановилась, как если бы двух построенных слов было достаточно для заданного здания, для удовлетворительного итога, для важного события. Плотник, возведший стропила поверх еще незримой опоры, опередил тяжеловесные усилия каменщика, но тот зряче бодрствовал, корпел, ворочал и складывал свои каменья, его усталость шумела пульсами в темени и висках, опасными спектрами окружая свет лампы и зажигалки.

Меж тем день в окне заметно крепчал, преуспевал в тончайших переменах цвета. Я неприязненно глядела на неподвижную правую руку, признавая за ней некоторые достоинства: она тяжелей и ухватистей левой сподвижницы, удобна для дружеского пожатия, уклюжа в потчевании гостей, грубо не родственна виноградным дамским пальчикам, водитель ее явно не белоручка, но зачем нерадивым неслухом возлежит на белой бумаге, обязанная быть ее ретивым послушником? Рука, как умела, тоже взирала на меня с укоризной: она-то знает, у какого вождя-тугодума она на посылках, вот подпирает и потирает главу, уже пекущуюся о завтраке для главы семейства, о собаке, скромно указующей носом на заветную дверь прогулки. (Анастасия Цветаева: „Не только Собаку пишу с большой буквы, но всю СОБАКУ пишу большими буквами". Анастасия Ивановна малым детям и всем животным говорила: „Вы" и за всех нас поровну молилась и сейчас, наверное, молится.)

Меж прогулкой и завтраком — несколько слов о СОБАКЕ, недавно, не задорого, выкупленной мной из рук, вернее, из запазухи невзгоды, не оглянувшейся на них при переходе в мои руки и запазуху. Коричневая такса, напрямик втеснившаяся в наше родство, не случайна в произвольном повествовании. Эта порода была почитаема в семье Набоковых. Сначала — неженки, лелеемые беспечным великодушием изначальных „Других берегов", вместе с людьми вперяющие пристальный взгляд в объектив фотоаппарата, словно предзная, что, утвердившись на кружевном колене, позируют истории на-

372

всегда, напоследок, и потом, в хладном сиротстве Берлина, — уже единственная драгоценность прекрасной матери Набокова, нищая „эмигрантская“ СОБАКА, разделившая с хозяевами величественную трагическую судьбу. Не этот ли взгляд воскрес и очнулся за продажным воротом бедственной шубейки и выбрал меня для созерцания, сумею ли защитить его от непреклонного окуляра, неспроста запечатлевающего хрупкое мгновение?

Пусть и рука свободно погуляет без поводка, — усмехнувшись, я расстегнула пуговицу рукава, и благодарно вздохнули ребра, встряхнулся загривок, чьи нюх и слух выбирают кружной, окольный путь для изъявления прямого помысла.

Привиделись мне или очевидно не однажды посещали меня тайные приветы земного и надземного Монтрё, они кажутся мне большею явью, чем явь двух моих посещений этих мест — при жизни их повелителя и обитателя и восемь лет спустя.

Последний раз это было недавней весной на берегу Финского залива, отороченного мощными торосами льда, воздвигнутыми их слабеющей Королевой. Сиял, по лучезарному старому стилю, День рождения Владимира Владимировича Набокова и, по развязному новому стилю, — мой, заведомо подражательный и влюбленный, десятый день апреля. Ровно напротив ярко виднелся Андреевский собор Кронштадта, слева подразумевался блистающий купол Исаакия, в угол правого глаза вступал не столько Зеленогорск, сколько Териоки, снимок начала века, изображающий властно сосредоточенного, рассеянно нарядного господина — старшего Владимира Набокова. Но вся сила радостно раненного зрения была посвящена чудесной вести, поздравительному сокровищу: БАБОЧКЕ, безбоязненно порхающей во льдах, в обманном зное полдневного зенита. Ее пресветлый образ вчерне хранится в сусеках ума — не в хлороформе, а в живительной сфере, питающей и пестующей ее воскрешение. Тогда же попарное множество лебедей опустилось на освобожденные воды залива, и только один — или одна — гордо и горестно претерпевал отдельность от стаи. Стало избыточно больно видеть все это, и я пошла назад, к Дому композиторов, законно населяющих обитель моего временного, частого и любимого постоя. По дороге, на взгорке, где уже возжелтела торопливая мать-мачеха, я нашла голубого батиста, с обводью синей каймы, платок, помеченный вензелем латинского „эн". За обедом никто не признался в пропаже, и я присвоила и храню нездешнюю находку как знак прощения и поощрения.

По мере иссякающего дня рука отбыла повинности житья-бытья и на ночь глядя вернулась к бумаге. Жаль и пора покинуть на время просторное, суверенное именье ночи. В окне и на циферблате — седьмой час утра. Препоручу-ка день спозаранок проснувшемуся лифту, сошлю себя на краткий курорт кровати.

Из дневного отчуждения косилась я на выжидательно отверстую страницу: куда-то заведет, заманит путника ее пространный объем, оснащенный воспитующим стопором скорому ходу? Так, однажды, задолго до апрельской БАБОЧКИ, шла я зимним днем по еще невредимому льду упомянутого залива, получилось: неизвестно где и куда. Возросший непроницаемый туман сразу же сокрыл берег и дом с башней — его островерхая, воспетая кровля умещается под кровлей заглавия, дом приходится ровесником и мимолетным свидетелем счастливому детству Того, о ком пишу. Я плутала в млечной материи прочного воздуха, может быть, уже в угодьях Млечного Пути, чрезмерных и возбранных, — я чураюсь отважной вхожести в превыспренные небеса. Возвышающее удушье постыдного страха овладело мной, но я спасительно наткнулась на подвижника подледного лова. Здраво румяный среди сплошной белизны, он добродушно указал мне идти по его следам, еще заметным меж его лункой и берегом.

Суровая ночная лампа притягательна для мотыльков измышлений и воспоминаний, в их крылатой толчее участвуют и подлинные соименники, виденные мной на изысканной выставке в американском университете с привходной мемориальной доской в честь диковинного энтомолога и писателя. Изумрудно-изумляющие, мрачно-оранжевые, цве́та солнца и солнечного затмения, бессмертно мертвые тела царственных насекомых оживлялись соответствующими текстами Набокова, равными одушевленным самоцветам природы. Устройство его фразы подобно ненасытной, прихотливо длительной охоте рампетки за вожделенной добычей, но вот пал безошибочный хищный сачок, сбылась драгоценная поимка точки.

Разминувшись со следами рыболова, уже по своим следам — ловца знаемой, неопределенно возвещенной цели, продвигаюсь я к совсем другим берегам, к давнему былому времени. Радуясь до́стали новой ночи и свежей бумаги, я врасплох застаю себя в Брюсселе, где много лет назад оказалась вместе с группой туристов, уже подписав некоторые беззащитно-защитительные письма, по недосмотру адресатов или под испытующим присмотром.

Все мои спутники были симпатичные, знакомые мне люди, и даже нестрогий наш пастырь имел трогательный изъян в зловещем амплуа: он то и дело утешал себя припасом отечественного хмеля, примиряющего с чуждой цветущей действительностью. За нашей любознательной вереницей, в осторожном отдалении, постоянно следовала изящная печальная дама, несомненно и, с расплывчатой точки зрения бдительного опекуна, нежелательно русская, но с французской фамилией мужа. Она останавливала на мне выборочно пристальный взор и, улучив момент, робко пригласила к обеду. За мной непозволительно заехал не ученый конспирации любезный бельгийский муж. По дороге он бурно грассировал, втолковывая стоеросовому собеседнику, что весьма наслышан о Поэте, чьи сочинения в переводе не оправдывают юношеского прозвища „Француз", но, не правда ли, есть и другое, „Ле Крике", „Сверчок", а также он читал великий роман „Война и мир", отчасти превосходно написанный по-французски.

Дом, помещенный в несильном чуженебном закате, был увит смуглым, с бледно-розовыми соцветьями, плющом, легкое вино розовело в хрустальных гранях, розы цвели в палисаднике и на столе с прозрачно-розовыми свечами. Какая-то тайна содержалась в незрело ущербном, неполно алом цвете — ей предстояло грянуть и разрешиться. Радушному бельгийцу вскоре прискучила чужеродная речь, он откланялся и прошумел куда-то прытким автомобилем. Как ни странно, нам предстояло еще раз увидеться впоследствии, и он преподнес мне бутоньерку с прелестной орхидеей.

Не тогда, а время спустя, когда окреп запретный пунктир нежной прерывистой связи меж нами, я догадалась и узнала, что изящная печальная дама была поэтесса Алла Сергеевна Головина, некогда известная и даже знаменитая в литературных кругах, сначала упомянутая Цветаевой в письмах к Анне Тесковой просто как некая дама с пудреницей, а потом ставшая ее другом и конфидентом. Тот блекло-розовый вечер разразился-таки ослепительной вспышкой. Хозяйка дома вышла в другую комнату и вернулась с папкой потускневших бумаг, исписанных страстными красными чернилами: это были рукописи Марины Цветаевой, стихотворения и письма. Я невменяемо уставилась на зарево, возалевшее предо мной, не умея понять, что Алла Сергеевна просит меня содействовать возвращению этого единственного почерка на родину, где ему и ныне нет и не будет упокоения. Я в ужасе отреклась от непомерного предложения: „Что вы! Это отберут на границе! Это канет бесследно! Это надобно прочно хранить и предусмотреть незыблемое безопасное хранилище". — „Что же станется со всем этим? — грустно сказала Алла Сергеевна. (Я не знаю, что сталось: обмениваясь краткими редкими приветами, мы навсегда разминулись с Аллой Головиной, когда она, наконец, сумела приехать в Москву.) — Вот, познакомьтесь с моим наследником". В столовую вошел полнокровно пригожий мальчик, благовоспитанно скрывающий силу и нетерпеж озорства. „Ваня, — сказала ему мать, — скажи нашей гостье что-нибудь по-русски", — на что Ваня приветливо отозвался: „Бонжур, мадам". Потрясенный тем, что, на родном ему языке, я с трудом считаю до десяти, он дружелюбно принял меня в слабоумные однодетки, деликатно показал мне не более десяти своих ранних рисунков, доступных моему отсталому разумению, и удалился для решения многосложных задач.

— А вы, — неуверенно, боясь задеть меня, спросила Алла Сергеевна, — знаете ли вы Набокова, о Набокове? Ведь он, кажется, запрещен в России?

Этот экзамен дался мне несколько легче: я уже имела начальные основания стать пронзенной бабочкой в коллекции обожающих жертв и гордо сносить избранническую участь. За это, перед прощанием, Алла Сергеевна подарила мне дорогую для нее „Весну в Фиальте", прежде я не читала этой книги, не держала ее в руках, пограничный досмотр мной не интересовался, и долго светила мне эта запретная фиалковая „Весна" в суровых сумерках московских зим.

Всегда была у меня кровная неотъемлемая вотчина родной словесности, обороняющая от окрестной причиненной чужбины попранных земли и речи. Этого самовластного невредимого мира, возглавленного лицейским вольнодумным „Французом" и всем, что вослед ему, предостаточно для надобного счастья. Были со мной Лесков, Платонов, огромно был Бунин — сначала голубым двухтомником, поразившим молодое невежество, потом девятитомным изданием с опальным последним томом — скорбным предотъездным подарком Георгия Владимова. Подарил он мне и БАБОЧКУ — застекленное в старину изображение красавицы, исполненное выпуклыми блестками во весь ее крупный и стройный рост. Насильная географическая разлука с Владимовыми — одно из самых безутешных переживаний. „Целую Вас — через сотни разъединяющих верст!" (Цветаева).

И после девятого тома увеличивался, прибывал утаенный Бунин, возвращая отъятую подлинность места урождения. Каждый день проходила я по Поварской мимо до́ма Муромцевых, многоопытного в „Окаянных днях"; Борисоглебский, Скатертный, Мерзляковский переулки опровергали косноязычную беспризорность. Присваиваемая родина, до вмешательства Набокова, была выжидающе неполна, как розовый, рапидный, глициниевый вечер до вторгшейся „Весны в Фиальте". Годы спустя, горестно и ревниво ликуя, незваным татарином вкушала я обед автора „Других берегов" с Нобелевским лауреатом тридцать третьего года. Набегом и покражей личного соучастия я взяла себе любезное противоборство двух кувертов, двух розно-породистых лиц, ироническую неприязнь первого к „водочке" и „селедочке", вопросительную безответную благосклонность второго, тогда — далеко Первого и старшего. Вот — давно лежит передо мной нерасшифрованный номерок с вешалки какой-то пирушки или велеречивого сборища, прижившийся к подножию лампы, а я, сквозь овальную пластмассу, вижу сигарный дым парижского ресторана, позолоченного швейцара, бесконечность шарфа, петлисто текущего из рукава бунинского пальто, и меня вовлекшую в эпическую метафорическую путаницу. Впрочем, не уверена, что в том заведении выдавали подобную арифметику в обмен на шубы и трости, на пальто и шарф, но здешняя усталая гардеробщица наверняка кручинилась о пропаже.

Не в ту ли пору чтения, впервые став лишним сотрапезником описанного обеда, придумала я мелочь поговорки: из великих людей уютного гарнитура не составишь.

Новехонькая полночь явилась и миновала — самое время оказаться в Париже шестьдесят пятого, по-моему, года. Ни за что не быть бы мне там, если бы не настойчивое поручительство Твардовского, всегда милостивого ко мне. Его спрашивали о „Новом мире", Суркова — об арестованных Синявском и Даниэле, меня — о московской погоде и о Булате Окуджаве, Вознесенского окружал яркий успех. Я подружилась с Юрием Анненковым, легко принимала раздражительный гнев Эльзы Триоле, дома угощавшей поэтов салатом, однажды в „Куполе" — полудюжиной устриц, порочно виновных в том, что „свежо и остро пахли морем". Твардовский автора строк отстраненно почитал, но источником морского запаха, бледнея, брезговал и даже видеть его гнушался.

В этом месте и времени витиеватого сюжета накрепко появляются русские Маша и Витя, родившиеся не в России, всеми силами и молитвами сéрдца любящие Россию, вскормившие своих детей русским языком, моих — швейцарским детским питанием. Они специально приехали на объявленные литературные чтения, но опасались вредительно ранить приезжую отечественную боязливость. Прибыли они на автомобиле из Цюриха, где Маша преподает в университете российскую словесность, а Витя служит в известной электронной фирме, чьи сувенирные, шикарноновогодние календари я неизменно получаю в течение переменчивого времени, большего трех десятилетий, — не считая других даров и гостинцев и постоянной душевной заботы, охранительной и заметной. Маша и Витя украдкой пригласили меня в укромное монмартрское кафе. Нежно-аляповатая церковь Сокровенного Святого Сердца сверкала белизной, туристы сновали, художники рисовали, прелестницы уминали мороженое и каштаны, дюжие пышно-шевелюрные шевалье сопровождали или жадным поедом зрачков и очков озирали их высокие ноги, Синявский и Даниэль обретались — сказано где, Горбаневская еще не выходила с детьми к Лобному месту, я потягивала алое вино. Поговорив о погоде и о Булате, я внимала доверительным и странным речам. Маша и Витя жарко признались, что почитают своим долгом разделять судьбу России, а не Швейцарии, не в альпийских лугах, а в перелесках или даже в тайге. Я сочла своим долгом заметить, что нахожу их благородное стремление неразумным и безумным, хотя бы в отношении их урожденно-швейцарских детей. Недрами глубокой боли они вопросили: „А как же все остальные? Как же вы?" — на что я загадочно ответствовала, что это — совсем другое дело, не предпринятый, а предначертанный удел. Но я звала их приехать в Москву, уверяя, что в Сибирь их не пустят. Так они и поступали не однажды, особенные препоны и неприятности, подчас унизительные, сопутствовали дорогой Машиной маме Татьяне Сергеевне, ныне покойной московской уроженке.

В первый свой приезд Маша сказала мне, что в пустынном кафе с клетчатыми скатертями на них более убедительно, чем моя откровенность, подействовал некий, не виданный ими прежде, нервный тик: я часто оглядывалась через плечо на отсутствующего соглядатая и слушателя.

Маша желала усыновить, больше — удочерить одинокого русского ребенка, маленькие ее сыновья теперь почтенные семейные люди, говорящие с родителями на их и моем языке, с прочим населением мира — на свойственных ему языках. Исполнение Машиной грезы, возможно, было бы спасительно для сироты, но непозволительно.

В монмартрском кафе я спросила Машу и Витю о Набокове, удивив их силой не любознательного, а любящего чувства и тем, что я не знаю его а́дреса: Монтрё, отель „Монтрё-Палас“, где живет он замкнуто и плодотворно. Позднее, в год его семидесятилетия, слагалось и бродило в моей душе туманное письмо к Набокову, так и не обращенное в письмена. Нашлись бы способы их отправить, да и отважная Маша рискованно взялась бы мне содействовать, чего бы я не допустила. Но — пора не пришла.

Если бы и сейчас оглядывалась я через плечо на стороннего чужака, он вправе был бы спросить: а при чем здесь все это? не слишком ли витийствуют мои ночи? не чрезмерен ли круг гостящих в уме персонажей? Но я не приглашала его привередничать, моя ночь (новая) — моя свобода, пусть говорит память, подпирает лоб рука; изымая из него упорный диктант. Все помещается в путанице бунинского шарфа: Набоков и мы, Маша и ее несбывшаяся дочь, может быть, и ныне хлебающая горюшко или, наоборот, обретшая маловероятное благоденствие.

Ночь кажется особенно тихой, в горние выси вознесенной. Днем на лестнице шумно трудится ремонт, заядлая дрель победительно вершит свое насущное авторство. Сегодня, уже вчера, шла я по теплой, словно нездешней, осени к близкому физкультурному учреждению, куда я не по чину наведываюсь в промежутках меж ночными сидениями.

Влюбленный мальчик начертал мелом на пришкольном асфальте: „МАША!" Кто-то другой, более восклицательно, вывел поверх первой надписи: „ТАМАРА!!!" и увенчал имя пририсованной короной. Я воздержалась от шулерской литературщины, оставив ту „Машеньку", бывшую Тамарой, в цветных стеклах усадьбы Рукавишниковых, в полях и аллеях, в разлучающем холоде Петербурга и неизвестно где.

Все прохожие представлялись мне выпукло-яркими прообразами, уготованными для грядущих воспеваний, позирующими вымыслу обликом и судьбой. По дороге к „спортивному комплексу" встретилась мне прелестная, взросло и лукаво ясноглазая девочка-подросток, в теплых шортах и сапожках. К моему смущению, она доверчиво попросила у меня огня для сигареты. Жалея прозрачные легкие, я протянула ей зажигалку, оторопело заметив, что расхожий предмет, для трезвой насмешки над мелочными совпадениями или во славу девочки, имеет название: „Лолита". На теннисных кортах и в бассейне порхало и плескалось целое скопище эльфов-Лолит — не опустела ли на миг обложка романа с мыкающимся внутри Гум Гумычем?

Наступивший после снотворного перерыва день — рассеянней и тесней ночного дозора, ничего, скоро заступать. И во дне продолжаю я извилистый окольный путь к Женевскому озеру, чиня себе препятствия, удлиняя зигзаги, словно страшась желанной призывной цели, оберегая ее от огласки, но напрямик, наотмашь, в нее не попадешь. Снова поглядываю я в швейцарскую сторону Маши, испытанного ниспосланного проводника. Ее европейская сдержанность дисциплинированно облекает укрощенную бурю энергий, но христианка Маша никак не может быть тихим омутом с теми, кто в нем обычно водится. Даже ее визиты в Россию многозначительным намеком соответствовали опасному маршруту героя „Подвига", исполняли его волю.

В декабре 1976 года я и Борис Мессерер оказались в сияющем пред-Рождественском Париже по приглашению Марины Влади и Владимира Высоцкого. Если бы не влиятельное великодушие Марины, не видать бы нам чужого праздника. Мы были частные, условно свободные, лица, но советское посольство не оставляло нас небрежной мрачной заботой. Когда мы в первый раз явились в него по недоброжелательному приглашению, сразу погасло недавнее Рождество. Автоматическая входная дверь автоматически не открылась, одолев ее вручную, мы столкнулись с угрюмым маститым привратником. Искоса оглядев нас прозорливыми желваками щеки, он прикрикнул на нас с вышки пограничного стула: „Кто такие, куда идете, закройте за собой дверь!" Растлившись в парижском воздухе, я с неожиданной злобой ответила: „Моя фамилия вам ничего не скажет, но потрудитесь встать и закрыть за мной дверь". Видимо, это произвело некоторое загадочное впечатление, потому что впоследствии он нехотя закрывал дверь, то ли думая: а черт их знает, кто они такие, или попросту оберегая себя от докучной парижской прохлады. Проходя по брусчатому двору старинного оскверненного особняка, Борис обмолвился, что растрата оборонительного чувства на нижние чины излишня. Надо сказать, что, по мере возвышения чинов, примечательная привычка смотреть куда-то мимо глаз возрастала: советник по культуре владел ею в совершенстве. Незлопамятно подтверждаю, что ему удалось быть затмевающим соперником Эйфелевой башни и замков на Луаре.

Беседа с ним не имела другого культурного значения, кроме настоятельного предостережения от встреч со знакомыми, от знакомств, от общения с русскими и французами, особенно со славистами, от всех здешних жителей, имеющих неодолимую склонность провоцировать простоватых соотечественников. С рабской тоской я молча думала: кто же будет заниматься этим вздором в подаренном ненадолго городе, если не вы и ваши приспешники?

Покинув отечественную территорию, мы зашли в кафе, где балетно-изящный официант провокационно подал нам по рюмке литературно близкого кальвадоса, который мы уже повадились свойски называть „кальва".

Все же Париж расточительно брал и отдавал свое. Стояла нежная влажная зима, не вредящая уличной разновидности бальзаминов, цветущих в горшках отечества под прозвищем „Ванька-мокрый", по утрам из всех пригласительных дверей пахло кофе и круассанами, мы неизбежно встречались со старыми и новыми знакомыми, с русскими и французами, особенно со славистами, тщательно упасавшими нас от провокаций, понятно чьих. Редкие мои выступления посещали поддельно художественные или интеллектуальные лица, при появлении которых публика умолкала или оживленно интересовалась влиянием Марселя Пруста на русские умы. На одном чтении Гладилин в первом ряду громко уронил магнитофон и послал мне дружескую, испуганно-извиняющуюся гримасу, на что я ободряюще сказала: „Толя, не валяй дурака". Возле места, где мы жили, между бульваром Распай и Монпарнасом, сострадая, наблюдали мы разрозненные шествия слепых, постукивающих тростью по мокрому асфальту, сначала принимаемые мною за таинственный знак, понукающий глядеть, вглядываться, разглядывать и наслаждаться этим даром, оказалось, что неподалеку помещалась школа для людей, пораженных слепотою. Мы виновато смотрели во все глаза. Но главное счастье обитало вместе с нами в маленькой Марининой квартире на рю Руссле: можно было неспешно и огражденно жить внутри отверстого Парижа, дарительной властью Марины вызволившего нас на время, но и навсегда, из объятий Китайской или Берлинской стены. Маринины волосы особенно золотились, когда редко и прекрасно приезжал Володя. Однажды она и меня превратила в блондинку, я с отчуждением спрашивала свое новое, омытое Парижем, лицо: а помнит ли оно, откуда оно и куда, но ему напоминали. Как-то мы заблудились рядом с „Гранд-Опера", и Володя задумчиво сказал мне: „Знаешь, в одном я тебя превзошел". Я удивилась: „Что ты! Ты — во всем меня превзошел". — „Да нет, я ориентируюсь еще хуже, чем ты". И теперь я не знаю: так ли это?

Маша часто звонила нам из волнующей швейцарской близи.

И вот, осмысленным приступом одной целой ночи, я, без черновика и второго экземпляра, написала письмо Набокову и поздним утром опустила его в почтовый ящик, дивясь простоте этого жеста. Теперь оно незначительно принадлежит архивам Набокова и, вскоре продиктованное по памяти, — коллекции Рене Герра.

Нынешней глубокой ночью, двадцать лет спустя, я могу лишь приблизительно точно восстановить отправленный из Парижа текст, точнее, конспект его, но смысл послания жив и свеж во мне, усиленный и удостоверенный истекшим временем. Эта ночь оказалась много трудней и короче той.

Дневная репродукция вкратце такова. Я писала Набокову, что несмелая весть затеяна вдалеке и давно, но всегда действовала в содержании моей жизни. Что меня не страшила, а искушала возможность перлюстрации: де, пусть некто знает, что все подлежит их рассмотрению, но не все — усмотрению, но в этом случае письмо разминулось бы с получателем или поставило бы его в затруднительное положение иносказательного ответа или неответа. Что я прихожусь ему таким читателем, как описано в „Других берегах" кружение лепестка черешни, точно-впопад съединяющегося с отражением лепестка в темной воде канала, настигающего свою двуединую цельность. И совсем не одна я не слабоумно живу в России, которую ему не удалось покинуть: почитателей у него больше, чем лепестков у черешни, воды у канала, но все же он величественно вернется на родину не вымышленным Никербокером, а Набоковым во всей красе. (Мне доводилось в воду смотреть: когда-то давно я ответила директору издательства на упреки в моем пристрастии к Бродскому, мешающем, вместе с другими ошибками, изданию моей книги: „О чем вы хлопочете? Бродский получит Нобелевскую премию, этого мне достанет для успеха".) Я подробно описывала, как я, Борис Мессерер и его кузен Азарик Плисецкий пришли в дом Набоковых на Большой Морской в Петербурге, тогда — на улице Герцена в Ленинграде. Злобная бабка — таких сподручно брать в понятые — преградила нам путь. Я не обратила на нее внимания. За препятствием бабки, внизу, некогда жил припеваючи швейцар Устин — но и меха подаваючи, и двери открываючи, что было скушнее господских благодеяний. Это он услужливо преподнес восторжествовавшим грабителям открыто потаенную шкатулку, чьим волшебно переливчатым содержимым тешила молодая мать Набокова хворобы маленького сына. В новой, посмертной для Устина, но не иссякающей жизни, повышенный в звании, он вполне может служить синекуре посольской охраны. Сейчас снизу несло сильным запахом плохой еды. Витраж, судя по надписи в углу, собранный рижским мастером, кротко мерцал, как и в былые дни, но причинял печаль. Я говорила, что вон там стояла мраморная безрукая Венера, а под ней — малахитовая ваза для визитных карточек. Бабка, всполошившись, побежала за начальником ничтожного учреждения. Вышел от всего уставший начальник. За эти слова, в немыслимом, невозможном будущем, похвалит меня Набоков. Потом я узнаю, что сестра его Елена Владимировна прежде нас посетила этот дом, но бабка ее не пустила: „Куда идете, нельзя!" — „Я жила в этом доме..." — „В какой комнате?" — „Во всех..." — „Идите-ка отсюда, не морочьте голову!" Уставший от всего начальник устало оглядел нас: „Чего вы хотите?" — „Позвольте оглядеть дом. Мы — безвредные люди". И он позволил. Дом был изувечен, измучен, нарушен, но не убит, и, казалось, тоже узнал нас и осенил признательной взаимностью. К тому времени сохранились столовая, отделанная дубом, где и обитал уставший начальник, имевший столовую в бывшем Устиновом жилище, на втором этаже — комната с эркером, где родился Набоков.

Письмо вспоминается ощупи более объемистым, чем уму, думаю, в нем содержались и другие доказательства того, что лепесток настиг свое отражение и с ним неразлучен.

Разговаривая с Машей по телефону о возможной поездке в Швейцарию, я не думала о Монтрё: Набоков был повсеместен, моя подпись под письмом это заверяла, мне полегчало.

В Париже мы много читали, но для присущей нам сообщительности времени щедро хватало. Мы подружились с Наталией Ивановной Столяровой, гостившей у Иды Шагал. Рожденная в Ницце Муза блестяще несчастного Бориса Поплавского в молодости стремилась в Россию, где и провела в лагерях лучшую пору жизни. Теперь она с молодым смехом почитывала газетные программы вечерних увеселений, подчас фривольных, и мы частенько посещали их вместе со Степаном Татищевым. На одном из них, куда мы по ошибке затесались, женщин, кроме нас с Наталией Ивановной, не было, на нас поглядывали, и Степан Николаевич тайком шепнул ей, с чу́дной парижской усмешечкой: „Мадам, я скажу папа́, куда вы меня заманили".

Степан Татищев, родившийся во Франции, много сделал для русской литературы, и для нас — по доброте и веселости сердца. Он давно умер в День четырнадцатого июля, как если бы для совершенной свободы не выпало ему соответствующего русского числа, а стройная его жизнь была прочно зависима от России. Где-то ждет своего часа бутон моего черновика, воспевшего розовые соцветья хрупко-мощной магнолии во дворе его дома в пригороде Фонтанэ-о-Роз. Как-то вечером Степан дал нам, на одну ночь прочтения, неотчетливую машинопись повести „Москва — Петушки", сказав, что весьма взволнован текстом, но не грамотен в некоторых деталях и пока не написал рецензию, которую срочно должен сдать в издательство. Утром я возбужденно выпалила: „Автор — гений!" Так я и Борис впервые и навсегда встретились с Веничкой Ерофеевым и потом (сначала Борис) вступили с ним в крайнюю неразрывную дружбу.

Меж тем консульство легко дозволило нашу поездку в Швейцарию и Италию — при условии точного соблюдения всех иностранных формальностей, придирчивых к нам и педантичных, отечественная виза имела полугодовую длительность. Из всего этого я сделала свои неопределенные, очень пригодившиеся нам выводы.

В Женеву отправилась с нами и Наталия Ивановна. На перроне нас встречала Маша с друзьями. Завидев их, Наталия Ивановна встрепенулась: „Это не опасно для вас? Вы хорошо знаете этих людей?" Я радостно утвердила: „О да!" Устроились в гостинице, заказали ужин. Вдруг Борис спросил Машу: „Монтрё — далеко отсюда?" Маша ответила: „Это близко. Но еще есть и телефон". Я испугалась до бледности, но Маша, поощряемая Борисом, сразу позвонила Елене Владимировне Набоковой (в замужестве Сикорской). Та откликнулась близким обнимающим голосом: „Брат получил ваше письмо и ответил вам. Он будет рад вас видеть. Сейчас я съединю вас с ним". Мы не знали, что в наше отсутствие консьержка Марининого дома взяла из рук почтальона автограф Набокова, хранимый нами. Бывало, прятали его от каких-нибудь устинов, но они, открытым способом, не пожаловали. Телефон сработал мгновенно и невероятно, но я успела расплакаться, как плакса. Я не посягала видеть Набокова. Трижды терпела я бедствие обожания: при встрече с Пастернаком, с Ахматовой, и вот теперь, с небывалой силой. ГОЛОС — вступил в слух, заполнил соседние с ним области, не оставив им ничего лишнего другого: „Вам будет ли удобно и угодно посетить нас завтра в четыре часа пополудни?" Замаранная слезами, я бесслезно ответила: „Да, благодарю вас. Мы всенепременно будем".

Утро помню так: Женевское озеро, завтрак вблизи блистающей воды, среди ранне-мартовских и вечно цветущих растений, ободряющую ласку Елены Владимировны, ее вопрос, должно быть, имеющий в виду отвлечь меня от переживания: „Как по-русски называется рыба „соль"?" — „Не знаю. У русских, наверное, нет такой рыбы. Соль есть".

Елена Владимировна простилась с нами до новой встречи. Мы помчались. Маша предупредила меня, что на дороге, около Веве, нас поджидает англичанин, местный профессор русской литературы, любитель кошек, мне, почитателю кошек, желающий их показать. Есть у него и собаки. Симпатичный профессор, действительно, радушно ждал нас на обочине. По моему лицу, ставшему бледным компасом, он определил: „В Монтрё? А в паб успеем заглянуть?" Кошек и собак мы не увидели, в паб заглянули, процессия увеличилась.

Следующую часть воспоминаний, в россказнях моих, я называла: цветочная паника в Монтрё. Некоторые улицы маленького города были закрыты для автомобилей, мы спешили, я хотела купить цветы для Веры Евсеевны Набоковой. Мы с Машей посыпались вниз по старой покатой мостовой. До четырех часов оставалось мало времени, наши спутники волновались. Наконец, мы влетели в цветочный магазин, а их вокруг было множество.

Уклюжая, европейски воспитанная Маша при входе толкнула прислугу, несшую кружку пива для величавой хозяйки магазина, восседающей на плюшевом троне. Кружка упала и покатилась, угощая пол, игриво попрыгивая в раздолье собственного хмеля. Цветущая хозяйка разглядывала невидаль нашего вторжения с праздничным интересом. Мы пререкались на языке непостижимого царства: „Маша, пожалуйста, я сама куплю несколько роз". — „Нет, я куплю несколько роз, а вы преподнесете".

Интерес хозяйки к нашей диковинке радостно расцветал. Я заметила: „Маша, по-моему, вам следует перейти на французский, нас не совсем понимают". Маша, помедлив меньше минуты, заговорила по-французски: „Мадам, я заплачу́ за кружку и за пиво. У вас есть розы?" Царственная хозяйка ответила: „Мадам, пивная — рядом, там достаточно пива и кружек, они не входят в ваш счет. Это — цветочный магазин. Розы — перед вами, извольте выбрать". Маша заплатила за розы. Мы побежали вверх к отелю „Монтрё-Палас" и точно успели, хоть Маша, розы и я чуть не задохнулись.

На трудные подступы к цели и многие помехи ушли не письменные ночь, день, ночь. Движение, опережающее свои следы на бумаге, все же продолжалось. Натруженный исток глаз опять снабжает их маленькими северными сияниями, предостерегающе добавленными к свету лампы, к огоньку зажигалки.

...Без пяти минут четыре мы с Машей, запыхавшись, присоединились к спутникам при входе в отель. Услужающий почтительно предупредил, что нас ожидают наверху, в „Зеленом холле". Поднялись Маша, Борис и я.

„Зеленый холл" был зелен. Перед тем как, с боязливым затруднением, вернуться в него сейчас, ноябрьской московской ночью, я, на пред-предыдущей странице, прилежно зачеркнула пустозначные эпитеты, отнесенные к Голосу, услышанному в телефоне, и не нашла других. Этот Голос пригласил Машу остаться: „Вы не хотите побыть вместе с нами? Я не смогу долго беседовать: неловко признаваться, но я все хворал, и теперь не совсем здоров". Благородная Маша отказалась, ничего не взяв себе из целиком оставленного нам события. Был почат март 1977 года. Правдивая оговорка имела, наверное, и другой, робко-защитительный, смысл: званые пришельцы, хоть и умеющие писать складно-бессвязные письма, все же явились из новородной, терзающей, неведомой стороны. Пожалуй, наши вид и повадка опровергали ее предполагаемые новые правила, могли разочаровывать или обнадеживать. Сначала я различала только сплошную зелень, оцепенев на ее дне подводным тритоном.

Прелестная, хрупкая, исполненная остро грациозной и ревнивой женственности, Вера Евсеевна распорядилась приютить цветы и опустить прозрачные зеленые шторы. Стало еще зеленее.

Голос осведомился: „Что вы желаете выпить?" Подали джин-тоник, и спасибо ему.

Меня поразило лицо Набокова, столь не похожее на все знаменитые фотографии и описания. В продолжение беседы, далеко вышедшей за пределы обещанного срока. Лицо нисколько не имело оборонительной надменности, запрета вольничать, видя, что такой угрозы никак не может быть.

Я выговорила: „Владимир Владимирович, поверьте, я не хотела видеть вас". Он мягко и ласково усмехнулся — ведь и он не искал этой встречи, это моя судьба сильно играла мной на шахматной доске Лужина. Осмелев, я искренне и печально призналась: „Вдобавок ко всему, вы ненаглядно хороши собой". Опять милостиво, смущенно улыбнувшись, он ответил: „Вот если бы лет двадцать назад, или даже десять..." Я сказала: „Когда я писала вам, я не имела самолюбивых художественных намерений, просто я хотела оповестить вас о том, что вы влиятельно обитаете в России, то ли еще будет — вопреки всему". Набоков возразил: „Вам не удалось отсутствие художественных намерений. Особенно: этот, от всего уставший, начальник". Я бы не удивилась, если бы впоследствии Набоков или Вера Евсеевна мельком вернулись к этой встрече, исправив щедрую ошибку великодушной поблажки, отступление от устоев отдельности, недоступности, но было — так, как говорю, непоправимым грехом сочла бы я малое прегрешение пред Набоковым. Он доверчиво спросил: „А в библиотеке — можно взять мои книги?" Горек и безвыходен был наш ответ. Вера Евсеевна застенчиво продолжила: „Американцы говорили, что забрасывали Володины книги на родину — через Аляску". Набоков снова улыбнулся: „Вот и читают их там белые медведи". Он спросил: „Вы вправду находите мой русский язык хорошим?" Я: „Лучше не бывает". Он: „А я думал, что это замороженная земляника". Вера Евсеевна иронически вмешалась: „Сейчас она заплачет". Я твердо супротивно отозвалась: „Я не заплачу".

Набоков много и вопросительно говорил о русской эмигрантской литературе, очень хвалил Сашу Соколова. Его отзыв был уже известен мне по обложке „Школы для дураков", я снова с ним восторженно согласилась. Когда недавно Саша Соколов получал в Москве Пушкинскую премию Германии, я возрадовалась, подтвердив слова Набокова, которые я не только читала, но и слышала от него самого. Он задумчиво остановился на фразе из романа Владимира Максимова, одобрив ее музыкальность: „Еще не вечер", что она означает? Потом, в Москве, всезнающий Семен Израилевич Липкин удивился: неужели Набоков мог быть озадачен библейской фразой? В Тенишевском училище не навязчиво преподавали Закон Божий, но, вероятно, имелись в виду слова не из Священного Писания, а из романа. Перед прощанием я объяснила, что они не сознательно грубо бытуют в просторечии, например: я вижу, что гостеприимный хозяин утомлен еще не прошедшим недугом, но не захочу уходить, как недуг, и кощунственно промолвлю эти слова, что, разумеется, невозможно.

Я пристально любовалась лицом Набокова, и впрямь, ненаглядно красивым, несдержанно и открыто добрым, очевидно посвященным месту земли, из которого мы небывало свалились. Но и он пристально смотрел на нас: неужто вживе есть Россия, где он влиятельно обитает, и кто-то явно уцелел в ней для исполнения этого влияния?

Незадолго до ухода я спросила: „Владимир Владимирович, Вы не охладели к Америке, не разлюбили ее?" Он горячо уверил нас: „О нет, нимало, напротив. Просто здесь — спокойнее, уединенней. Почему вы спросили?" — „У нас есть тщательно оформленное приглашение Калифорнийского университета UCLA (Ю СИ ЭЛ ЭЙ), но нет и, наверное, не будет советского разрешения". С неимоверной живостью современной отечественной интонации он испуганно осведомился: „Что они вам за это сделают?" — „Да навряд ли что-нибудь слишком новое и ужасное". Набоков внимательно, даже торжественно, произнес: „Благословляю вас лететь в Америку". Мы, склонив головы, крепко усвоили это благословение.

Вот что еще говорит память утренней ночи. Набоков сожалел, что его английские сочинения закрыты для нас, полагался на будущие переводы. Да, его самородный, невиданный-неслыханный

403

язык не по уму и всеведущим словарям, но впору влюбленному проницательному предчувствию. Он сказал также, что в жару болезни сочинил роман по-английски: „Осталось положить его на бумагу". Откровенно печалился, что его не посетил очень ожидаемый Солженицын: „Наверное, я кажусь ему слишком словесным, беспечно аполитичным?" — мы утешительно искали другую причину. Вера Евсеевна с грустью призналась, что муж ее болезненно ощущает не изъявленную впрямую неприязнь Надежды Яковлевны Мандельштам. Я опровергала это с пылким преувеличением, соразмерно которому, в дальнейшем, Н. Я. круто переменила свои чувства — конечно, по собственному усмотрению, но мы потакали. (Надежда Яковлевна зорко прислушивалась к Борису, со мной любила смеяться, шаля острязычней: я внимала и подыгрывала, но без вялости.)

Еще вспомнилось: Владимир Владимирович, как бы извиняясь перед нами, обмолвился, что никогда не бывал в Москве, — но имя и образ его волновали. Меня задело и растрогало, что ему, по его словам, мечталось побывать в Грузии (Борису кажется: вообще на Кавказе): там, по его подсчетам, должна водиться Бабочка, которую он нигде ни разу не встречал. (Встречала ли я? Водится ли теперь?)

Внезапно — для обомлевших нас, выдыхом пожизненной тайны легких, Набоков беззащитно, почти искательно (или мы так услышали) проговорил: „Может быть... мне не следовало уезжать из России? Или — следовало вернуться?" Я ужаснулась: „Что вы говорите?! Никто никогда бы не прочитал ваших книг, потому что — вы бы их не написали".

Мы простились — словно вплавь выбираясь из обволакивающей и разъединяющей путаницы туманно-зеленых колеблющихся струений.

После непредвиденно долгого ожидания наши сподвижники встретили нас внизу с молчаливым уважительным состраданием.

Перед расставанием, у подножия не достигнутой Кошачьей и Собачьей вершины, очаровательный английский профессор русской литературы продлил мимолетность многоизвестного Веве: „Полагаю, теперь-то у нас достаточно времени вкратце за-бе-жать в паб? (на побывку в паб-овку)".

В Женеве мы еще раз увидели Елену Владимировну. Она радостно сообщила, что говорила с братом по телефону и услышала удовлетворительный отзыв о нашем визите.

Далее — мы погостили у Маши и Вити возле Цюриха, принимая безмерную ласку Татьяны Сергеевны и милых ее внуков, поднимались на автомобиле в Альпы, где нарядные, румяные лыжники другого человечества сновали вверх и вниз на фуникулерах и беспечных крыльях. Среди веселой и степенной толчеи мы, как захребетный горб, бережно несли свою независтливую и независимую инопородность. Грустно и заботливо провожаемые Машей и Витей, мы на поезде уехали в Италию, в дарованные красоты Милана, Рима и Венеции. Монтрё — не проходило, сопутствовало и длилось, неисчислимо возвышая нас над ровней всемирного туризма. Встречали мы и сплоченные стаи соотечественников, многие нас подчеркнуто чурались, несмотря на посылаемые мной приниженные родственные взгляды. Борис во взглядах не участвовал, но как раз про меня кто-то из них потом рассказывал, что я заносчиво или злокозненно сторонилась сограждан и льнула к подозрительным заграничным персонажам. И то сказать: диковато неслась по Риму, словно взяв разгон со славной „Башни" серебряного века, чужеродная крылатка Дмитрия Вячеславовича Иванова, и мы за ней — почему-то мимо тратторий в „Русскую чайную". И устроительница нашего итальянского путешествия красавица Ляля заметно выделялась надменностью взора и оперения.

В Милане, в доме итальянки Марии, встречали мы день рождения Бориса. Картинно черноокая и чернокудрая Мария и гости в вечерних нарядах, не видевшие нас всю свою жизнь, теперь не могли на нас наглядеться и нарадоваться. Сорок четыре свечи сияли на просторном, сложно-архитектурном торте, осыпавшие его съедобные бриллианты увлекли мое слабоумное воображение. Приветы, подарки, заздравные тосты в честь нас и нашей далекой родины так и сыпались на нас. Удивительно было думать, что в это время кто-то корпит и хлопочет, радея о разлуке людей, о причинении им вреда и желательной погибели.

В Париж мы вернулись самолетом в день моего выступления в театре Пьера Кардена. В метро мы видели маленькие афиши с моим мрачным лицом, не завлекательным для возможной публики. Кроме Марины, вспомогательно восклицавшей „Браво!", кроме прекрасной и печальной, ныне покойной, ее сестры Тани — Одиль Версуа, участвовавшей в исполнении переводов, кроме многих друзей, в зале открыто и отчужденно присутствовали сотрудники посольства. По окончании вечера, нелюдимо и условно пригубив поданное шампанское, как всегда, отводя неуловимые глаза, они угрюмо поздравили меня с выступлением и тут же попеняли мне за чтение в Сорбонне, в Институте восточных языков. Я попыталась робко оправдаться: „Но там изучают русскую словесность". — „Они и Солженицына изучают", — был зловещий ответ. Я невнятно вякнула, что началу всякого мнения должно предшествовать изучение. Меня снова, уже с упором и грозной укоризной, предостерегли от „врагов", употребив именно это слово. Притихшее множество „врагов", заметно украшенное Шемякиным, стояло с бокалами в отдалении. По неясному упоминанию о театрах и балете я могла ясно понять, что они знают о наших встречах с Барышниковым, прилетавшим из Нью-Йорка по своим делам и успевшим изящно и великодушно нас приветить. Но, во-главных, они объявили мне, что в понедельник в девять часов утра я должна увидеться с посольским советником по культуре, и сразу ушли. Все повеселели и гурьбой направились домой к Тане — в изумительный, одухотворенный историей и Таней, особняк, бывший когда-то посольской резиденцией России.

В автомобиле я расплакалась на „вражеском" плече погрустневшего Степана Татищева.

Была пятница. Взамен субботы и воскресенья наступило длительное тягостное ничто, Париж утратил цвет, погас, как свеча, задутая мощным темным дыханием.

В понедельник, удрученно переждав малое время в знакомом привале кафе, без пяти минут девять, мы опять свиделись с властолюбивым привратником. На этот раз дверь он открыл и закрыл, но, для разнообразия, поначалу не желал пропустить Бориса. Имеющие скромный опыт борьбы с бабкой в доме Набоковых на Большой Морской и самим властолюбцем, мы вошли. Столь близкие и одинокие в покинувшем нас Париже, мы стояли на брусчатой мостовой двора. В десять минут десятого врата отворились, и в черном „мерседесе", в черном костюме, в непроницаемых черных очках, вальяжным парадом въехал советник, более сказочный и значительный, чем в „Щелкунчике". Я, в неожиданное соблюдение отечественных правил, не преминула посетовать на гордого привратника, выскочившего кланяться и кивать в нашу сторону. Хозяин кабинета, по обыкновению, выбрал целью зрения не собеседника, а нечто другое — вверху и сбоку. Для приветственного вступления он, без лишнего опрометчивого одобрения, сдержанно похвалил меня за — пока-известное ему отсутствие грубых провокаций. С подлинным оживлением поинтересовался: правда ли, что мы видели Шагала? Кажется, посольство имело к Шагалу неподдельный, подобострастный и, наверное, наивно хитроумный своекорыстный интерес. Мы, действительно, по наущению и протекции Иды, продвигаясь вдоль Луары к югу Франции, видели Шагала в его доме, мастерской и музее близ Ниццы. Это посещение столь важно и великозначно, для Бориса во-первых, что я не стану его мимоходом касаться, как не коснулась пышных ранимых мимоз возле и вокруг дома Шагала, позолотивших пыльцой наши ноздри и лица. Но одним лишь целомудренным умолчанием не решусь обойтись.

В ту пору Марк Захарович работал над крупными, заказанными ему, витражами. Пока мы ожидали его, Валентина Григорьевна наставительно предупредила нас, что мы не должны говорить с ее мужем ни о чем печальном, тяжелом, Боже упаси о смерти его знакомых. К тому времени умерли столь многие, в тихой бедности умер Артур Владимирович Фонвизин, но, и утаив все это, мало имели мы веселеньких сведений. Шагал появился — легкий, свежий и светлый, как мимозовая весна за всеми окнами, огорчать его даже малой непогодой было бы грубо и неуместно. Он несколько раз возвращался к работе и вновь приходил. Видя нашу робость, он пошутил: „В сущности, я все тот же — бедный еврей из Витебска, а вот Валентина Григорьевна — не мне чета, она происходит из великой фамилии киевских сахарозаводчиков Бродских". Время от времени из художественных кулис выглядывала строгая красивая дама и весело озирала докуку нашей помехи. Марк Захарович попросил меня прочитать что-нибудь. Среди нескольких стихотворений я прочла посвящение Осипу Мандельштаму — осторожно покосившись на Валентину Григорьевну, Шагал сказал, что помнит Мандельштама по восемнадцатому году в Киеве и, подражательно, закинул вдохновенную голову. Он сказал: „Вы хорошо пишете. Вот описали бы мою жизнь: вы бы сидели, я бы рассказывал". Прельстительную картину этого несостоявшегося сидения, вблизи дивных, известных нам, картин на стенах, описываю долгим любящим вздохом. (Впоследствии я удивилась, узнав от художника Анатолия Юрьевича Никича, что пришлась-таки вниманию мастера примеченной им деталью. Он указал на стул: „Вот здесь сидела Ахмадулина и читала стихотворение о Мандельштаме".)

Марк Захарович повел нас к своим витражам, они сильно светились в оконных просветах темного помещения. С лестницы, как с таинственных высот, привычных для его персонажей, он ребячливо поглядывал на нас и, специальной краской, прописывал и дописывал на стекле сложную логику узоров...

...Я подтвердила: „Мы были у Шагала" — и добавила: „Видели мы также, в Швейцарии, Набокова". Советник напряженно подумал и сказал после паузы: „Не знаю".

Затем, уже определенно глядя в сторону запретного континента, он строго осведомился: что за слухи ходят о нашем намерении отправиться в Америку? Он мог иметь в виду „Голос Америки", с ведома нашего и Марины оповестившего о почетном университетском и академическом приглашении, нами принятом. Опять с искренней живостью он захотел знать: если бы это вдруг стало возможным, как мы собираемся там жить? на какие деньги и какое время? Это было очень интересно только в смысле нашей наглости, про остальное было понятно, что бабушка надвое сказала и не то еще скажет. Я объяснила, что у нас есть контракт, условия которого вполне обеспечивают трехмесячное пребывание в США. Терять мне было нечего, и я не скрыла, что до Америки мы намерены побывать в Англии, на фестивале в Кембридже, где мы единственные представители России, и было бы невежливо отказаться. Тут советник сурово спохватился: „Ну, насчет Англии мы еще посмотрим, а на Америку обождите замахиваться, надо обсудить с Москвой". — „А когда вы обсудите?" — „Не знаю, это бы-

412

стро не делается. Позвоните мне через неделю-другую". — „Все-таки когда?" — „Я сказал". На этой твердой точке мы распрощались и больше не встретились. Мы позвонили через неделю, потом через другую. Высокопоставленный абонент нелюбезно и раздраженно отвечал, что Москва и он еще не решили. По истечении двух недель, впервые вкушая поступок отчаянного и опасного веселья, я сказала брошенной в посольстве трубке: „Адье, месье". (Так Твардовский, напевая „Баргузина", останавливался, высоко вздымая многозначительный указующий перст: „В о л ю п о ч у я!")

В тот же день мы вылетели в Лондон вместе с Наталией Ивановной Столяровой. Мы подбивали ее пуститься во все тяжкие — в Америку, обещая дружбу и поддержку, но, не вняв урожденно грассирующему гневу и воспитанному английскому произношению бывшей зэка Наталии Ивановны, непреклонные британско-американские чиновники виз ей вежливо не дали. Наши документы и билеты пунктуально лежали в Американском посольстве Великобритании.

В Кембридже я читала стихи, сопровождаемые красивыми, точь-в-точь непохожими на суть переводами. Но суть была в том, что я воочию видела, как лепесток черешни точно попадает в свое отражение.

Мы могли проведать комнату, где студентом жил Владимир Набоков, и своеобычные угодья его профессора, но, иносказательно выражаясь, остереглись развязно уподобиться давнему застенчивому гостю и, уже в третий раз, ступить неосторожной ногой в помещенный на полу чайный сервиз.

В Лондоне, в пабе, куда, говорят, захаживал Диккенс, как бы с ним и со всемирно сущими друзьями мы отметили мое сорокалетие.

Простор близлежащей белой бумаги можно было бы посвятить чудесам Америки и чуду всемогущей Москвы, вдруг ослабевшей и, после скрытого от нас умственного труда, разрешившей продление наших советских виз. Сотрудники консульства в Сан-Франциско, в охранительном присутствии двух элегантных дам — профессоров славистики, вернули нам взятые для изучения дерзко растолстевшие паспорта, наш напряженный интерес к ним их забавлял: за последствия самовольного странствия отвечала Москва. Дамам, с проницательным ироничным радушием, предложили армянского коньяка, меня попросили поделиться впечатлениями, откровенно благоприятными.

В отличие от любимого мной Эмпайр стейт билдинга, нью-йоркский консул, или заместитель его, недоброжелательно не скрывал, что наше посещение уже излишне, но наша поутихшая удаль уже репетировала возвращение. На стене висел рекламный плакат: притворно гостеприимный и великолепный Калининский проспект, сосед нашей Поварской. Не глядевшее на меня лицо все же спросило: „Чему это вы улыбаетесь?" — „Да вот думаю: пора мне занять мое место в очереди в Новоарбатском гастрономе". Так оно вскоре и вышло.

В Париже бледный молодой человек, должный поставить последнюю отметку в наших паспортах, взирал на меня с явным ужасом и затаенным справедливым укором. С искренним сочувствием я сказала ему: „Мы вас специально не предупредили, опасаясь неприятностей для вас. Мне очень жаль, если мы вам чем-нибудь повредили. Но вы же не виноваты, вы ничего не знали. От начальства мы не таились, оно знало". Молодой человек подвижнически прошептал: „Оно — откажется. Вы лучше о себе подумайте".

Все это и многое другое давно миновало.

Светало, темнело, скоро опять рассветет. Мы с Собакой выходили в яркое совершенное полнолуние. Луна, недавно бывшая вспомогательным месяцем, как ей и подобает, преуспела много больше, чем я.

В конце прошлого года Борис и я оказались в Женеве — участниками равно глубокомысленного и бессмысленного конгресса. Азарик Плисецкий, с которым навещали мы дом Набокова, работает в

Швейцарии у Мориса Бежара. Мы увидели замечательную, тревожащую балетную постановку „Короля Лира". Пугающе одинокий, поверженный, безутешный старый Король и был сам Бежар. (То-то бы осерчал Толстой.)

Вместе с Азариком, в его машине, медленно пронеслись мы мимо Лозанны, мимо Веве, где добрый английский профессор уже не мог ожидать нас на дороге и заманивать в паб.

Мы поднялись на кладбище Монтрё и долго недвижно стояли возле мраморных могильных плит Владимира Владимировича и Веры Евсеевны Набоковых.

Внизу ярко, по-зимнему серьезно, мерцало Женевское озеро, цветные автомобили мчались во Францию, в Италию, в Германию — кто куда хочет. Справа, в невидимой прибрежной глубине, помещался замок „Шильонского узника". Пространная лучезарная округа, ограниченная уже заснеженными горами, отрицала свою тайную связь с Петербургом, станцией „Сиверская", с Вырой, Рождеством, солнце уходило в обратную им сторону.

Наверное, нет лучшего места для упокоения, чем это утешное, торжественное, неоспоримое кладбище. Но нам, остро сведенным тесным сиротским братством, невольно и несправедливо подумалось: „Почему? За что?"

ВОЗВРАЩЕНИЕ НАБОКОВА

На обратном пути мы помедлили возле отеля „Монтрё-Палас". Праздничная чуждая суТолока не иссякла: швейцары и грумы распахивали дверцы лимузинов, отводили их на место, уносили багаж, на мгновение открывали зонты над нарядными посетителями, дамы, ступая на ковер, придерживали шляпы и шлейфы. Нам отель показался необитаемо пустынным, громоздко ненужным.

Тогда, в 1977 году, наше путешествие вызвало нескончаемые расспросы, толки и пересуды. Все наши впечатления превысила и на долгое время остановила весть о смерти Владимира Владимировича Набокова, настигшая и постигшая нас вскоре после возвращения. Пределы этой разрушительной вести и сейчас трудно преступить.

Дом на Большой Морской давно опекаем, жива спасенная Выра, книги Набокова можно взять на прилавке и библиотеке, но, напоследок согбенно склоняясь над многодневными и многонощными страницами, я помышляю о чем-то большем и высшем, имеющем быть и длиться. Так или иначе, все это соотнесено с названием вольного изложения значительной части моей жизни.

Ноябрь 1996
в Москве

Статьи, эссе, выступления

МИГ ЕГО ЗРЕНИЯ

Четыре года, между 1837-м и 1841-м... За этот срок юноша, проживший двадцать три года, должен во что бы то ни стало прожить большую часть своей жизни — до ее предела и до высочайшего совершенства личности.

Зрелость человека прекрасна, но коротка в сравнении с тем временем, которое он тратит, чтобы ее достигнуть... И он бросается в эти четыре года, чтобы прожить целую жизнь, а это дорого сто́ит. Так, в любимой им легенде путник вступает в высокую башню царицы, чтобы в одну ночь испытать вечность блаженства и му́ки, и еще неизвестно, действительно ли он не ведает, во что это ему обойдется.

Ему удается совершить этот смертельно-выгодный для него обмен: две жизни в плену — „за одну, но только полную тревог..."

Итак: „Погиб поэт..."

Я знаю, это несправедливое пристрастие — начинать счет с этого момента, с этой строки, но для меня отсюда именно начинается эта сиротская, тяжелая любовь к нему.

Я до сих пор — а прошло сто лет и еще столько, сколько исполнилось мне в этом году, — не знаю: какое это стихотворение. То есть какова стихотворная, литературная его сторона. Я помню его только нагим, анатомически откровенным черновиком: первая, одним порывом написанная часть, потом — зачеркнуто, зачеркнуто, это где надо описать убийцу. Не убить убийцу, не свести на нет силой брезгливого гнева, а попробовать говорить о нем так, как будто убиваешь. А рука — нетверда от боли. Потом — устал. Нарисовал профиль справа и внизу. Потом — ясно, сразу написано: „Не мог понять в сей миг кровавый, на что́ он руку поднимал!.." Ну да. Ведь это так ужасно: погиб, все кончено, но еще, если представить себе, каким образом, — дурное, малое ничто поднимает руку — на что? На все, на лучшее, на то, чего никогда уже не будет, и ничего нельзя поделать.

...В ссадинах выхожу я из этого чтения. И так велико и насущно ощущение опасности, каждодневно висящей над ним, — при его-то таланте

протянуть руку и о пустой воздух порезаться, как
об острие. И вдруг короткий отдых такой чистой,
такой доброй ясности — „и верится, и плачется, и
так легко, легко…" О, знаю я эту легкость: все быстрее, быстрее бег его нервов, все уже духота вокруг,
и настойчивое, почти суеверное упоминание о
близком конце, и эта оговорка: „Но не тем холод-
ным сном могилы…"

И еще очень люблю я в нем небесные просветы такой прохладной, такой свежей простоты, что
сладко остудить о них горячий лоб. А это, может
быть, больше всего: „Пускай она поплачет… Ей ничего не значит!" Это — как в Ленинграде: если переутомишь себя непрерывным трудом восхищения,
захвораешь перевозбуждением от того, что всякое
здание требует художественной разгадки, то пойдешь невольно на неясный зов какой-то бездны. И
увидишь: долгое здание, приведенное в сосредоточенный порядок строгой дисциплиной колонн, и
такая в этом справедливость и здравость рассудка
Кваренги, что разом опечалишься и отдохнешь.

Можно играть в эту игру с былыми годами и не
надолго, и не на самом деле обмануть себя: быть в
Михайловском, но не подняться в Святогорский
монастырь, где по, ночам так ярко белеют маленький памятник и звезды августовского неба. И ду-

мать: то, что живо в тебе густой толчеей твоей крови и нежностью памяти, то живо и впрямь. Это ничему не помогает. И все же я не добралась еще до Пятигорска. Я остановилась на той горе, где живы еще развалины монастыря и скорбная тень молодого монаха все хочет и хочет свободы, а внизу, в дивном и нежном пространстве, Арагва и Кура сближаются, словно для поцелуя, возле древнего Мцхетского храма. И он некогда стоял здесь и видел все это, и оттого, что я повторила в себе какой-то миг его зрения, мне показалось, что на секунду и навеки он возвращен сюда всевластным усилием любви. Там я и оставила его — он стоит там обласканный южным небом, но хочет вернуться на север, туда, куда ему нельзя не вернуться.

1964

ПУШКИН.
ЛЕРМОНТОВ...

Когда начинаются в тебе два этих имени и не любовь даже, а все, все — наибольшая обширность переживания, которую лишь они в тебе вызывают?

Может быть, слишком рано, еще в замкнутом и глубочайшем уюте твоего до-рождения на этой земле, она уже склоняется и обрекает тебя к чему-то, и объединяет эти имена со своим именем в неразборчивом вздохе, предрешающем твою жизнь.

Но что я знаю об этом? Сначала — ничего. Потом — проясняется и темнеет зрачок, и в долгом прекрасном беспорядке младенческого беспамятства обозначается тяжелое качание ромашек где-то под Москвой, появляются другие огромные пустяки, и на всем этом — приторно-золотой отсвет первого детского блаженства. Потом, ни с того ни с сего, в Ильинском сквере, — слабый, голубоватый цвет мальчика, тяжело перенесшего корь, острохудого, как малое стеклышко. Он умудрен и возвышен болезнью, и мы долго с важностью ходим, взявшись за руки. Из одной ладони в другую легонько упадает вздох живой кожи, малость какая-то, которой тесно, — его последняя крапинка кори. Сквозь корь я с неприязнью различаю, что взрослых отвлекает от меня какая-то плохая забота, являются новые запахи и звук, чьей безнадежной протяженности тогда я не оценила. Наконец куда-то везут, и в ярком пробеле вагонной двери я вижу небо, короткую зелень травы, коров и в последний раз понимаю, что все — прекрасно.

Потом — в темноте эвакуации, в чужом дому, бормочут над моим полусном большие бабушкины губы. Давно уже, в крошечном „всегда", прожитом к тому времени, висят надо мной по вечерам два этих бормотания, слух помнит порядок звуков в них, но только тогда, внезапно, я узнаю́ в звуках слова́, а в словах — предметы мира, уже ведомые мне.

— Буря мглою небо кроет... — и вдруг такая беспросветная тоска, такая боль неуюта и одиночества, беспечного сознания защищенности и в помине нет, а бабушка, которой прежде всегда доставало для блаженства, — что она может поделать с великой непогодой над миром?

Потом наступает довольно долгий отдых како́-то безразличия. Бешеной детской памятью ты мгновенно усваиваешь даты и стро́ки, связанные с этими двумя именами, смело бубнишь: „Великий русский поэт родился...", и все это придает тебе какой-то свободы и независимости от них. Во всяком случае так это было со мной. И только много позже ты обращаешься к ним всей энергией своего существа, и это уже навсегда. Потому много позже, что, кажется, человек дважды существует в полном объеме своего характера — в раннем детстве и в зрелости.

И вот приходит пора, когда ни о чем другом и думать не можешь, словно разгадываешь тайну. Единым страданием прочитываешь все сначала, но что-то еще остается неясным. Все исследования, все сторонние мнения вызывают вдруг ревность и раздражение: в тебе есть уже непослушание истине, самостоятельность любви, в далеко стоящей личности великого человека ты различаешь еще нечто — малое, живое, родимое, предназначенное только тебе.

Тобой овладевает беспокойная корысть собственного поиска, ты хочешь сам, воочию, убедиться, принять на себя ту, уже неживую, жизнь.

...В Царскосельском парке, на повороте аллеи, я столкнулась лбом с коротким и твердым ветром,

427

не имевшим причины в этой погожей тишине. Вероятно, воздух, вытесненный полтора века назад бешенством его детского бега, до сих пор свистел и носился в этих местах. С ним здесь нельзя было разминуться — нога повсюду попадала в его след — лукавый и быстрый, как улыбка. Он так осенил и насытил собой эти деревья, небеса и во́ды, статуи, разумно белеющие среди зелени, что все это не выдержало вдруг избытка его имени и радостно выдохнуло его мне в затылок. И вдруг, в радостном помрачении рассудка, сместившем время, я засмеялась: Слава Богу! Один еще бегает здесь, пробивая прочную зелень крепкой смуглостью детского лба, а тот, другой, верно, и не родился пока! Какое редкостное благополучие в мире!

...В ту ночь в Михайловском тишина и темнота, обострившиеся перед грозой, помогали мне догнать его тень, и близко уже было, но вдруг быстрый, резкий всплеск многих голосов заплакал над головой — это цапли, живущие высоко над прудом, испугались бесшумного бега внизу. И я одна пошла к дому. Бедный милый дом. Бедный милый дом — столько раз исчезавший, убитый грубостью невежд и снова рожденный детской любовью людей к его хозяину. Из него можно выйти на крыльцо, сверху глядящее на реку. Но лучше не выходить и не видеть того, что видно. Потому что река, скромно сияющая в просвете деревьев, и простые поля за рекой, не остановленные никаким пределом, расположены там таким образом, что легкие вдыхают вдруг боль и нет такого „ах", чтобы ее выдохнуть. Это есть твоя земля, но в таком чрезмерном средоточии, в такой высокой степени наглядности, что для одного мгновения твоей жизни это невыносимо много.

Но дом был темен и пуст. Где же его хозяин? В Тригорском, конечно!

Ученый и добрый человек разгадал мою чу́дную тоску и ничего не стал запрещать мне в ту ночь. Я взяла подсвечник, который был старше меня на двести лет, но прочнее и новее меня, засверкал он тремя свечами. Я вошла одна в этот длинный, под фабрику строенный дом, более всех домов в мире населенный ревностью, любовью и тоской, — все здесь обожено и заплакано им. Медленно, медленно моих губ коснулся сумрак той осени — минута в минуту сто сорок лет назад. И тогда, остановив меня на пороге гостиной, маленьким нежным рыданием заиграл золотой голосок. Я не испугалась! Я знала эту игрушку — бессмертная птичка в клетке, умеющая открывать жалобно поющий металлический клюв. Как тосковал тот, кто завел ее ночью и слушал один! А как затоскует он зимой! Буря мглою... нет сил.

Что же, он был там? Конечно. А я его видела? Нет, я осторожно пошла прочь. Если очень любишь свою тайну, я думаю — не надо заставать врасплох ее целомудрие и доводить ее до очевидности.

Ну, а тот, другой, ради которого я вспоминаю все это и не называю, берегу в тишине второе и тоже единственное имя — долгое, прохладное, сложное на вкус, как влага, которой никто не пил? С ним пока все еще не так плохо, но и радоваться нечему: ему минуло уже десять лет, а он рано узнает печаль.

Однако, как летит время, особенно если ты, случайной кривизной памяти, попал в прошлый век.

И вот я в квартире на Мойке, столько раз реставрированной и все же хорошо сохранившей выражение неблагополучия. Несколько посетителей, застенчиво поместив руки за спиной, из некоторого отдаления протягивают лица к стендам, и оттого все кажутся длинноносы и трогательно нехороши собой.

Ученая женщина-экскурсовод самоуверенным голосом перечисляет долги, ревность, одиночество, обострившие тупик его последних дней. Еще немного — и она, пожалуй, договорится до его трагической гибели. Но мне невмоготу это слушать, и я бегу от того, что принадлежит ей, к тому, что принадлежит мне.

Если он так жив во мне, может быть, есть какая-нибудь надежда. Но я смотрю в стекло, под которым... Нет никакой надежды. Там, под стеклом, помещен небольшой кусок черной материи, приведенной портным к изящному и тонкому силуэту. Это — жилет, выбранный великим человеком утром рокового дня. Его грациозно малый размер так вдруг поразил, потряс, разжалобил меня, и вся живая прочность моего тела бросилась на защиту той родимой, горячей, беззащитной худобы. Но давно уже было позади, и слезы жалости и недоумения помешали мне смотреть, — неся их тяжесть в глазах и на лице, я вышла на улицу.

Что осталось мне теперь?

О, еще много — четыре с лишним года от этого января и до того июля. Пока неизвестно, что будет потом. Только едва ощутимый холодок недоброго предчувствия, как тогда, вернее — как потом, в моем детстве, в эвакуации.

Эти четыре года, между 1837 и 1841, — самый большой промежуток времени из всех, мне известных. За этот срок юноша, проживший двадцать два года, должен во что бы то ни стало прожить бо́льшую часть своей жизни — до ее предела, до высочайшего совершенства личности.

Зрелость человека прекрасна, но коротка в сравнении с тем временем, которое он тратит, чтобы ее достигнуть. Но этому юноше она нужна немедленно — он остался один на один с обстоятельствами великой поэзии, и они вынуждают его к мгновенному подвигу многолетнего возмужания. Разумеется, это естественная, единственно возможная судьба его, а не преднамеренное усилие воли.

И он бросается в эти четыре года, чтобы прожить целую жизнь, а это дорого сто́ит. Так, в любимой им легенде путник вступает в высокую башню царицы, чтобы в одну ночь испытать вечность блаженства и му́ки, и еще неизвестно, действительно ли он не ведает, во что это ему обойдется.

Ему удается совершить этот смертельно-выгодный для него обмен: две жизни в плену — „за одну, но только полную тревог".

Итак: „Погиб поэт..."

Я знаю, это мое, несправедливое пристрастие — начинать счет с этого момента, с этой строки, но для меня — отсюда именно начинается эта сиротская, тяжелая любовь к нему. Я поздно спохватилась: остается лишь четыре года.

Я до сих пор — а прошло сто лет и еще столько, сколько исполнилось мне в этом году, — не
знаю: какое это стихотворение. То есть какова стихотворная, литературная его сторона. Я помню его
только нагим, анатомически откровенным черновиком: первая, одной быстрой му́кой, одним порывом почерка написанная часть, потом — зачеркнуто, зачеркнуто, это где надо описать убийцу. Не
убить убийцу, не свести на нет силой брезгливого
гнева, а попробовать говорить о нем. А рука — нетверда от боли. Потом — устал. Нарисовал профиль справа и внизу. Потом — ясно, сразу написано: „Не мог понять в сей миг кровавый, на что он
руку поднимал!..“ Ну да. Ведь это так дополнитель-
но ужасно: погиб, все кончено, но еще, если представить себе, каким образом, — дурное, малое ничто поднимает руку — на что? На все, на лучшее, на
то, чего никогда уже не будет, и ничего нельзя поделать.

И это — отдельно написанное, благородное,
абсолютное, наивное, даже детское какое-то проклятье в конце.

Для меня — это последнее его стихотворение,
оставляющее мне возможность обывательской
растроганности: Господи! А ведь он еще так молод!
Дальнейший его возраст — лишь неважная, житей-

ская примета, ничего не объясняющая в завершенной, как окружность, наибольшей и вечной взрослости духа, не подлежащей вычислению.

В спешке жажды и тоски по нему сколько жизни проводим мы среди его строк, словно локти разбивая об острые углы раскаленного неуюта, в котором пребывала его душа. В ссадинах выхожу я из этого чтения. И так велико и насущно ощущение опасности, каждодневно висящей над ним, — при его-то таланте протянуть руку и о пустой звук порезаться, как об острие. И вдруг короткий отдых такой чистой, такой доброй ясности — „И верится, и плачется, и так легко, легко". О, знаю я эту легкость: все быстрее, быстрее бег его нервов, все у́же духота вокруг, и настойчивое, почти суеверное упоминание о близком конце, и бедная эта живая оговорка: „Но не тем глубоким сном могилы..."

И еще очень люблю я в нем небесные просветы такой прохладной, такой свежей простоты, что сладко остудить о них горячий лоб. А это, может быть, больше всего: „Пускай она поплачет... Ей ничего не значит!" Это — как в Ленинграде: если переутомишь себя непрерывным трудом восхищения, захвораешь перевозбуждением оттого, что всякое здание требует художественной разгадки, то пойдешь невольно на неясный зов какой-то белизны.

И увидишь: долгое здание, приведенное в сосредоточенный порядок строгой дисциплиной колонн, и такая в этом справедливость и здравость рассудка Кваренги, что разом опечалишься и отдохнешь.

Можно играть в эту игру с былыми годами и не надолго и не на самом деле обмануть себя: быть в Михайловском, но не подняться в Святогорский монастырь, где по ночам так ярко белеют монастырь, маленький памятник и звезды августовского неба. И думать: то, что живо в тебе густой толчеей твоей крови и нежностью памяти, то живо и впрямь. Это ничему не помогает. И все же я не добралась еще до Пятигорска. Я остановилась на той горе, где живы еще развалины монастыря, и скорбная тень молодого монаха все хочет и хочет свободы, а внизу, в дивном и нежном пространстве, Арагва и Кура сближаются возле древнего Мцхетского храма. И он некогда стоял здесь и видел все это, и оттого, что я повторила в себе какой-то миг его зрения, мне показалось, что на секунду и навеки он возвращен сюда всевластным усилием любви. Там я и оставила его — он стоит там обласканный южным небом, но хочет вернуться на север, туда, куда ему нельзя не вернуться. И он вернется.

Но почему два имени сразу? Не знаю. Так случилось со мной. Недавно, в чужой стране, в большом городе, я и два человека из этого города, и один человек из моего города стояли и смотрели на чужую прекрасную реку. И кто-то из тех двоих мельком, имея в виду что-то свое, упомянул эти имена. Мы ничего не ответили им, но наши лица стали похожи. Они спросили: „Что вы?" Я сказала: „Ничего". И выговорила вдруг „ак, как давно не могла выговорить: ПУШКИН. ЛЕРМОНТОВ.

И в этом было все, все: они, и имя земли, столь близкое к их именам, и многозначительность души, связанная с этим, все, что знают все люди, и еще что-то, что знает лишь эта земля.

1965

ВСТРЕЧА

Он умер, прошло сто лет и еще столько, сколько было мне в прошлом году, когда в августе, вечером, после дождя, я остановилась посреди парка, где некогда он бывал каждый день. Только что на повороте аллеи я столкнулась лбом с коротким и твердым ветром, не имевшим причины в этой погожей тишине. Вероятно, воздух, полтора века назад вытесненный бешенством его детского бега, до сих пор свистел и носился в этих местах. Испытав раздражение, как если бы он, действительно, пробегая задел меня локтем, я повернулась и пошла обратно.

При поспешности его движений он все здесь осенил и насытил собой, и с памятью о нем нельзя было разминуться — нога повсюду попадала в его след. И все-таки ощущение совпадения с ним было искусственным и неточным.

Чтобы полностью воспроизвести в себе какой-то миг его зрения, я расчетливо направилась туда, где это было наиболее возможно, — к источнику, который он любил наблюдать. Нетерпеливая корысть владела мною. Я уже устала думать о нем, выслеживать его дыхание, уцелевшее в пространстве, мое возбуждение нуждалось в очевидной удаче и взаимности.

Я явилась со стороны кустов, чтобы застать в спину и врасплох обнаженную мраморную фигуру, обязанную стать посредником между моим и его настроением. Я горячо ждала от нее, что она вернет моим глазам энергию его взгляда, воспринятую смуглым камнем в начале прошлого столетия. Приняв страстное заблуждение мозга за острие совершенного расчета, я могущественно нацелила его на ясные черты статуи и тут же поняла, что промахнулась, как человек, поцеловавший пустоту.

Да, конечно, он стоял именно здесь, в августе, вечером, после дождя, и видел юное бессознание этого тела, простое лицо со слабым выражением какой-то полудогадки, нежное, поникшее плечо, острую грудь, бесхитростные колени, открытые влажному падению кленовых листьев... Бог с ним! Теперь мне это было совершенно безразлично.

Разом утомившись и заскучав, я на всякий случай еще раз обошла вокруг, но так и не испытала никакого ответа. Я попила с ладони холодной воды, пустой и скушной на вкус, и, вдруг ощутив злобу и гнев, пошла прочь.

Но постепенно мои нервы опять сосредоточились на нем, и влияние его парка мучительно управляло мной, как сильный взгляд в спину, придающий движениям скованность и нетрезвость. Я тупо и ловко пробивалась вперед, сквозь оранжевую мощь заходящего солнца, обезумев от сильного предчувствия, заострившись телом и помертвев, как пес, прервавший слух и зрение, чтобы не мешать ноздрям вдохнуть короткую боль искомого запаха. И вот острым прови́дением лопаток я уловила тонкий сигнал привета, заботливо обращенный ко мне. Помедлив, я в торжественной тишине пульсов обернулась к этим деревьям, небесам и водам, к изваяниям, разумно белеющим среди зелени, ко всему, что не выдержало вдруг избытка его имени и в тоске и любви выдохнуло его мне в затылок.

В глубоком объеме сумерек чисто мерцало небольшое строение с хороводом колонн возле округлого входа. Откликнувшись призыву яркой белизны, я подошла и на песке возле ступеней различила

439

резвый след маленькой ноги, лукавый и быстрый, как улыбка. Радостно засмеявшись, я ласкалась лбом к доброй прохладе колонн, обретая простоту и покой. Я знала, кто возвел их так справедливо, и благодарила его за ясность ума. Беспечная свобода удлиненного здания сдерживалась суровой и прочной дисциплиной колонн, и в их соразмерном порядке было легко на душе, как под защитой простого закона. Вероятно, и тот, ради кого я пришла сюда, отдыхал здесь от жгучей и неопределенной вспыльчивости юного мозга, упершись сильным лбом в трезвую зрелость мраморных полукружий. Образ его, утомивший меня сегодня, притих и утратил настойчивость, и я могла расстаться с ним с приятным чувством победы.

Я вернулась в город и прекрасно спала в маленьком старомодном номере, даже во сне радуясь его тихому плюшу и бесполезной меди канделябров.

Утром я пошла в дом, где он жил и умер, и, привязав к обуви огромные шлепанцы, поднялась в небольшую квартиру, много раз реставрированную и все же хорошо сохранившую выражение неблагополучия. Несколько посетителей, застенчиво поместив руки за спиной, из некоторого отдаления протягивали лица к многочисленным стендам, и в этой осторожной позе все казались длинноносы и трогательно нехороши собой.

Я сразу же попала в острое чувство разлуки с ним, как будто не застала его дома вопреки ожиданию. Все его изображения и копии писем и документов не открывали мне смысла его тайны, а, напротив, отводили меня вдаль от нее, в сторону чужого и общепринятого объяснения его личности великого человека.

В одной из комнат я столкнулась с большой группой экскурсантов, возглавляемой ученой сотрудницей музея. Уверенным голосом она перечисляла печальные приметы его жизни, безошибочно тыкая указкой в долги, ревность, одиночество, обострившие тупик его последних дней. Мне невмоготу было это слушать, и, мельком глянув на меня, она, видимо, заметила в моем лице непослушание истине, самостоятельность любви, неподвластную ее хозяйской воле. С каким-то злорадным упорством она стала обращать свои пояснения ко мне, и, попав в неловкую зависимость от ее сурового взгляда, я не могла уйти. Оценив мое смирение и несколько смягчившись, она, как для пения, возвысила голос, чтобы объявить мне о его трагической гибели, но я, с неожиданной непринужденностью, повернулась к ней спиной и вышла.

Теперь я очень торопилась, желая разминуться с экскурсией. И все же я задержалась возле скромной витрины, хранящей под стеклом полметра мягкой черной материи, приведенной портным к изящному точному силуэту. Это был жилет, выбранный великим человеком утром рокового дня. Его грациозно малый размер поразил и разжалобил меня, и живая прочность моего тела встрепенулась в могучем сострадании, готовая к прыжку, чтобы защитить собой чью-то родимую, горячую беззащитную худобу...

Внизу, во дворе, где флигели и сирень все еще пребывали в кротком уюте прошлых столетий, маленькая чужая девочка радостно уставилась на меня и сказала с чистосердечной любовью: „Здравствуй!" Я посчитала это доброй приметой и заторопилась ехать, как если бы он ждал меня и я знала где.

Теперь, когда я знала, что скоро уеду, я шла медленно, чтобы утомить и измучить себя этим городом и не жалеть о разлуке с ним. Он был слишком просто сложен, чтобы не замечать этого. Каждая его улица, блистающая логикой и прямизной, требовала художественной разгадки и угнетала разум непрерывным трудом восхищения. Старинные здания, населенные современной обыденной жизнью, казались мне нездешними и необитаемыми, как Парфенон, и, запрокинув голову к их ясным фасадам, я испытывала темное беспокойство невежды, взирающего на небеса. Тот, чьи следы привели меня сюда, с легкостью любил этот город: для него совершенство было будничным и непроизвольным вариантом формы, ничего другого ему и в голову не приходило.

1966

ВЕЧНОЕ
ПРИСУТСТВИЕ

Сначала слышалось только: „Бу-бу-бу..." Это большие бабушкины губы бубнили над непрочным детским теменем, извещая его о грядущей истине, о радости, дарованной всем ни за что ни про что, просто за заслугу рождения. Потом, в сиротстве эвакуации, бормотание прояснилось в слова — до сих пор пугаюсь их нежной и безвыходной жути: „Буря мглою небо кроет..."

Много лет спустя в Тригорском, при буре и мгле, при подсвечнике в три огня, услышу, как сама по себе, отвечая заводу прошлого столетия, расплачется в клетке маленькая золотая птичка — услада одиноких зимних вечеров. Может быть, и не было ее здесь тогда — тем хуже! Как тосковал он, как бедствовал в этих занесенных снегом местах!

Между этими двумя ощущениями — много жизни, первое беспечное обладание Пушкиным и разлука с ним на время юношеского смятенного невежества. Взрослея, душа обращается к Пушкину, страстно следит за ним, берет его себе, и этот поиск соответствует поиску собственной зрелости. Какое наслаждение — присвоить, никого не обделив, заполучить в общение эту личность, самую пленительную в человечестве, ободряюще здоровую, безызъянную, как зимний день.

Любоваться им — нелегко, мучительна тайна его ничем не скованной легкости. Откуда берется в горле такая свобода?

> Подъезжая под Ижоры,
> Я взглянул на небеса...

О, знаем мы эту легкость и эту свободу. За все за это — загнанность в угол, ожог рассудка и рана в низ живота. Так и мыкаемся между восторгом, что жив и ненаглядно прекрасен, и страшной вестью о его смерти, всегда новой и затемняющей зрение.

> И воспомнил ваши взоры,
> Ваши синие глаза.

Как это делается? Кажется, понимал это лишь А.Н. Вульф, считавший себя соучастником стихотворения, — ах, пусть его, наверно, так и было. Но с кем? С никудышным Алексеем Николаевичем ехал, доверчиво сиял глазами, подъезжал под Ижоры, а меня и в помине не было. Ужас тоски и ревности.

Ревности к Пушкину, как всегда, много. Все мы влюблены и ревнуем, как милое и обширное семейство Осиповых — Вульф, — к друзьям, к возлюбленным, к исследователям, к чтецам, ко всем, посягающим на принадлежность Пушкина лишь нашему знанию и сердцу.

Все мы чего-то ждем, чего-то добиваемся от Пушкина, — что ж, он никому не отказывает в ответе. Достаточно сосредоточить на нем душу, не утяжеленную злом, чтобы услышать спасительный шум его появления — не более заметный, чем при возникновении улыбки или румянца. Но не следует фамильярничать с его именем. Он знает, чем мы ему обязаны, и разом поставит нас на место с ликующей бесцеремонностью, позволенной только ему, — ему-то не у кого спрашивать позволения: „Читатель ждет уж рифмы розы..." Так и будем стоять с дурацким видом, поймав на лету его галантную и небрежную розу — в подарок или в насмешку.

Мы — путники в сторону Пушкина, и хотя это путь нашего разума, нашей нравственности, географически он приводит нас в Михайловское: где же быть Пушкину, как не здесь? Хранитель заповедных мест, или директор заповедника, С.С. Гейченко говорит, что нужно уметь позвать того, кто насытил своим очевидным присутствием воздух парка, леса и поля, и он незамедлительно ответит: „Ду!" Милый Семен Степанович, судя по вашему многознающему лицу, заглянувшему в тайну, вам не раз выпадала удача этой переклички.

Стало быть, му́ки, раны и смерти, подтвержденной непреложностью белого памятника за оградой монастыря, все же недостало Пушкину для отсутствия в мире?

Представляю, как белые аисты, живущие над входом в усадьбу, тревожно косят острым зрачком на многотысячную толпу.

Впрочем, про множество людей, сведенных в единство просвещенной любовью, уместнее сказать: человечество. К каким его счастливцам обращено „ау", смутно брезжущее в парке, будто бы ответная приязнь, привет Пушкина — нам?

1969

ЧУДНАЯ ВЕЧНОСТЬ

Такая маленькая, родом из Выборга, и в облике — особенное выражение, по которому часто можно угадать истинных ленинградцев: неизгладимый отсвет благородного города, который день за днем отражался в пристальном лице человека и запечатлелся в нем чертой красоты. И — слабая голубая тень, неисцеленность от блокады, от страдания, перенесенного в младенчестве. Выпуклость лба — нежная и прочная вместе, как у людей, усугубивших врожденную склонность к знанию кропотливым трудом.

Но не в учености было дело, а в более грозной и насущной страсти, это я сразу поняла, когда увидела, как та, маленькая, с насупленным лбом, стоит одна между Пушкиным и множеством людей, пропуская через себя испепеляющую энергию этой вечной взаимосвязи. Казалось бы: много ли удали надо — быть экскурсоводом, но как доблестно, как отважно стояла, вооруженная указкой, готовая сопроводить к Пушкину или заслонить его собой, если вдруг сыщется среди паломников человек случайный, ленивый, грубый и невежда! И представьте себе — сыскался.

Она говорила приблизительно вот что. В тот день Пушкин проснулся, разбуженный своей улыбкой, словно внушенной ему извне в знак близкого и неизбежного счастья. Он заметался, домогаясь найти причину нарастающей радости, выскочил на крыльцо и, по привычке зрения к простору здешних мест, глянул широко, с размахом, но близоруко увидел лишь спуск к реке, потому что над Соротью стоял туман и не пускал смотреть дальше. И вдруг, разом, без проволочки обнажилось сияющее пространство на том берегу — и душа, ликуя, ринулась на приволье. Он уже несколько часов бодро жил наяву, а непреодолимая улыбка все длилась. Он совсем забыл, почему оказался в этих отрадных местах. А ведь он всегда, ожогом гордости, помнил об этом. Не потому ли, что часть его сильной крови была сведуща в незапамятном опыте черного рабства, кровь его болела и запекалась в затылке, когда его неволили и принуждали? Но сегодня он был совершенно свободен. Только эта улыбка — кто-то поддерживал и разжигал ее своей непреклонной властью, и, когда он хотел переменить выражение губ, получался — смех... Если бы ему сказали тогда, что этот день пройдет, как все остальные, что его жизни, столь молодой, минет сто семьдесят пять лет и все люди, обнимаясь и плача, оповестят друг друга об этой радости, — о, какую гримасу скуки выразил бы он переменчивым и быстрым лицом! Что значат эти пустяки в сравнении с тем, что вот-вот должно случиться! Он с утра, с начала улыбки знал, что обречен к счастью, и все же кружева, порхнувшие в двери, застали его врасплох — он испугался, что так не умен. А она, как вы знаете, была гений и светилась себе на сильном солнце, не имея ни единого изъяна, как белый день и природа. Вот, кстати, ее плавный профиль, рисованный его рукой.

Но какой двоякий у нее голос: нежный и важный, как у благовоспитанного ребенка, но с потайным дном темной глубины, на устах детский лепет, а в изначалье горла — всплески бездны, взрослой, как мироздание.

По этой аллее они гуляли, он все был неловок, и она споткнулась — о, ужас! — не был ли при этом поранен ее башмачок? Нет, слава Богу, нисколько, вот на этой скамеечке, обитой зеленым, он гостил,

CH
НАЯ ВЕЧНОСТЬ

целый и невредимый, видите подпалину на увядшей зелени? — это он потом поцеловал незримый след того башмачка. Вот каково было ч у д н о е мгновенье его жизни, ставшее для прочих людей чудной вечностью наслаждения.

Тогда тот случайный и небрежный гость — помните, я говорила, что такой сыскался? — обратился к экскурсоводу и сказал приблизительно вот что. Все это нам и без вас известно. Но не кончилось же на этом дело, были у них другие мгновенья! Прошу внести ясность в этот вопрос для сведения вот этих доверчивых и наивных граждан.

Та, маленькая, со лбом и указкой, выдвинулась вперед прыжком, на который не имел права Данзас, и, обороняя уязвимую хрупкость, чьи изящные очертания сохраняет маленький жилет на Мойке, стала в упор смотреть на противника, пока он не превратился в темный завиток воздуха, вскоре развившийся в ничто. Даже жаль его, право, — разве что пошлый, а так безобидный был человек, как, впрочем, и победители роковых поединков, за смутное сходство с которыми он поплатился.

Та, о которой речь, хоть речь, как всегда, о Пушкине, жила в пристройке к длинному несуразному барскому дому, не однажды переделанному, горевшему и опять живому и здоровому. Некогда здесь обитало семейство, расточительное на дружбу и гостеприимство, возглавляемое просвещенной, пылкой и снисходительной маменькой и теткой. Барышень, своих и приезжих, всегда было в избытке, был и брат, резвый в шалостях и рифмах, не любимый мной единственно из упрямства и своеволия. Все это летало, лепетало, шелестело громоздким шелком, пело, пререкалось по-французски, было влюблено в Пушкина и любимо, дразнимо, мучимо и воспето им.

По вечерам из пристройки нам было слышно, как за стеной вздыхают одушевленные вещи, клавиши позванивают во сне, плачет заводная птичка, постукивают разгневанные или танцующие каблуки, спорят и любезничают голоса. Когда они уж очень там расходились, владелица указки строго глядела в их сторону — я знала, что она пылко ревнует Пушкина, и справедливо: он был ее жизнь и судьба, но, нимало не заботясь об этом, предавался дружбе, влюблялся, любил, а когда стоял под венцом, был бы вовсе бел лицом, если бы не его неискоренимое африканство.

Не от этой ли непоправимой тоски гуляла она вчера с приезжим бородачом, горестно запрокинув к пушкинскому небу юное старинное лицо? Впрочем, бородач в каморку не был допущен, и, когда нам уже не хватило свечи сидеть и разговаривать, мы услышали, как вошел Пушкин и уселся на табурет, подвернув под себя ногу по своему обычаю.

Вы скажете: это не Пушкин был! А я скажу: чьи же еще белки умеют так светиться в ночи, а губы темнеть в потемках, потому что их кровь смуглее, чем мрак? К тому же в эту ночь пламенно белел Святогорский монастырь, и прямо над ним дрожало и переливалось причудливое многоцветье, не виданное мной доселе.

Вы скажете: это северное сияние проступило из соседних сфер. Я скажу: пусть так, а все же не раз приходил, сиживал неподалеку и однажды совсем втеснялся в наше братство, хоть и скучал от наших разговоров о его вездесущей и невредимой жизни и славе.

Но тут, как на грех, случилась из города золотоволосая гостья, не сведущая в пятистопном ямбе. Она забрала себе все пламя свечи и стояла — насквозь золотая, как гений, как вечная суть женственности и красоты. Она имела в виду проведать упомянутого бородача, а того, кто сидел, подвернув ногу, она не узнала, да он ей и ростом мал показался, но она за дверь — и он за ней, только их и видели.

Вы скажете: а может, это все-таки не наяву было, а в стихах, например? Я скажу: если житье-бытье и бои с неукрощенным бытом — меньшая явь, чем стихи, как стану жить?

Чтобы окончательно запутать литературоведение, добавлю, что в ту недавнюю пору и в тех благословенных местах Пушкин был повсюду и на диво бодр и пригож — ведь был октябрь, любезный его сердцу.

А может быть, дело просто в том, что Пушкина достанет на всех людей и на все времена, он один у всех и свой у каждого, и каждый волен общаться с ним по своему доброму и любовному усмотрению, соотносить с ним воображение, чувства и поступки.

1974

СЛОВО О ПУШКИНЕ

Александр Пушкин. „Элегия ":

> Безумных лет угасшее веселье
> Мне тяжело, как смутное похмелье.
> Но, как вино, — печаль минувших дней
> В моей душе чем старе, тем сильней.
> Мой путь уныл. Сулит мне труд и горе
> Грядущего волнуемое море.
>
> Но не хочу, о други, умирать;
> Я жить хочу, чтоб мыслить и страдать;
> И ведаю, мне будут наслажденья
> Меж горестей, забот и треволненья:
> Порой опять гармонией упьюсь,
> Над вымыслом слезами обольюсь,
> И может быть — на мой закат печальный
> Блеснет любовь улыбкою прощальной.

150 лет без Пушкина — да так ли это? Я думаю, что и одной минуты не удалось бы всем нам прожить без его несомненного и очевидного присутствия.

А стихотворение Пушкина, что я прочла, для нас не есть его пророчество, а есть еще просто радость, радость и причина для ликования — он родился на белом свете.

Он знал, зачем ему надобно жить — затем, чтобы мыслить и страдать. И смерть поэта — есть его художественное деяние, достижение. Впрочем, это я неточно пересказываю слова Мандельштама.

Пушкин не собирался умирать и не желал умирать, но то, что он должен был сделать для нас, он сделал. И всякий раз, возвращаясь нашей трагической мыслью, возвращаясь к дню его смерти, мы все-таки должны быть уверены еще в одном: смерть его — это есть завершение его художественного существования и начало жизни для всех нас.

Правда 10 февраля, в этом году особенно тяжело это пережить, и все, кто идет вослед Пушкину, все взяли на себя осознанную или неосознанную ответственность перед русским словом и перед судьбою, в том смысле, как судьба эта связана с Пушкиным.

России без Пушкина в нашем представлении нет и быть не может. То, что всякая мысль о Пушкине связана с судьбой России, доказали великие люди. Нам остается только думать, думать и наслаждаться.

И если мне и приходится говорить о самом ужасном несчастье, которое нас постигло, — о смерти Пушкина, то все-таки я говорю это в утешение тем, кто может меня услышать — только снести миг этого осознания. Вот как Пушкин умирает и говорит Далю: „Все выше, выше...“

Из записок Даля:

„Собственно, от боли страдал он, по его словам, не столько, как от чрезмерной тоски... „Ах, какая тоска! — восклицал он иногда, закидывая руки за голову, — сердце изнывает!“

...„Кто у жены моей?“ — спросил он между прочим. Я отвечал: много добрых людей принимают в тебе участие, — зала и передняя полны с утра до ночи. „Ну, спасибо, — отвечал он, — однако же поди, скажи жене, что все, слава Богу, легко; а то ей там, пожалуй, наговорят“.

...Ударило два часа пополудни, 29 января, — и в Пушкине оставалось жизни только на три четверти часа. Бодрый дух все еще сохранил могущество; изредка только полудремотное забвенье на несколько секунд туманило мысли и душу. Тогда умирающий, несколько раз, подавал мне руку, сжимал ее и говорил: „Ну, подымай же меня, пойдем, да выше, выше..."

Мы всегда можем получить ответ от того поэта, которого мы любим. Но Пушкин наиболее расположен к этому — по его счастливому устройству характера. Он как бы соучаствует в игре человека, который его любит. Он обязательно отзовется: он пошлет или привет, или маленькое утешение, или какое-нибудь чудо обязательно случится, потому что в характер Пушкина входит еще неимоверная доброта и благородство, почему так еще душа разрывается, почему так жалко.

Я знаю, что может быть много открытий еще будет, связанных с Пушкиным: можно найти еще письмо или еще можно найти какие-то свидетельства, вещи. Мне же доставало строки Пушкина, чтобы в пределах этой строки делать открытия.

Нам остается только по мере сил наших не провиниться перед именем Пушкина, перед тем, что он сделал для нас.

1987

„О ВРЕМЯ, ПОГОДИ!"

Маленькое предисловие

Свеча ли неуместно и нежно загорится по чьей-то прихоти, мелькнет ли луна среди зимних бесовских туч, или зажелтеют листья за старой решеткою сада — и вдруг невесомо и больно ляжет на душу тень прошлого столетия, всегда похожая на тень Пушкина, на тень Лермонтова. Жизнь каждого человека, для которого русский язык — кровно-изначальный, колыбельно-родимый, с младенчества и навсегда так наполнена Пушкиным и Лермонтовым, что он ими двумя озаглавливает и населяет первые десятилетия девятнадцатого века и невольно соотносит с ними все остальные события, судьбы и лица. О чем бы ни шла речь, мы думаем: „Боже мой, да они оба еще были живы тогда, а все остальное как-нибудь обойдется!" Или читаем про какого-нибудь ни в чем не повинного благополучного старца и люто придираемся к его долголетию: раньше Пушкина родился, век на исходе, а он живехонек! Что ж, то горькое время России в одном отношении было для нее драгоценно счастливым: в ней одновременно, ни разу не встретившись на аллее или в гостиной и ни разу не разминувшись в памяти потомков, были молоды, жили, творили сразу два великих поэта!

Но почему же — два? Ведь совсем рядом с ними по времени, в 1803 году, родился великий русский поэт Федор Иванович Тютчев. Почему же мы называем Пушкина и Лермонтова прежде всего, как бы на едином выдохе любви, а уже потом, выждав маленькую паузу сердца, поминаем и утверждаем величие Тютчева? Разве он дальше от нашей жизни, от нашего сознания и пребывает с ними как бы в двоюродной близости? Нет, ни в коем случае. Думаю, что дело не в этом и не в том, что в личности и судьбе Тютчева нет того явного, мучительного, трагического ореола, который так терзает нас при мысли о Пушкине и Лермонтове, — ведь их злодейски убили, это непоправимо во веки веков, и, безутешно мучаясь и жалея, мы любим их еще больнее и больше. Федор Иванович Тютчев претерпел много страданий, страстей, разочарований, но, на радость нам и тем, кто будет после нас, дожил до семидесяти лет, и наше воображение обычно видит его уже не молодым, с гордым высоким лбом, умудренным долгой и сильной жизнью ума, в легких и зорких очках, изящным и не то чтобы несколько чопорным, но строгим и недоступным для вольного или пошлого обращения. Может быть, дело в том, что Пушкин и Лермонтов сопровождают нас с первых дней создания, они нас баюкают, учат говорить, писать, втолковывают нам красу земного бытия и родной речи, сопутствуют детству, юности и затем — всей дальнейшей жизни, словно меняясь, взрослея и старея вместе с нами. Тютчев же, как мне кажется, поэт именно для зрелости, для сложившегося ума, для упрочившегося сердца. Если душа твоя стала жадно искать утешения и поучения в Тютчеве, — что же, немолодой и многоопытный школьник, видимо, ты перешел в следующий и счастливый класс твоей жизни. Если же, напротив, томик Тютчева внушает тебе лишь почтительную вялость и отчуждение, — останься в нем на второй, на третий год, не торопись, все придет в свое время. Но пусть непременно придет, потому что без Тютчева ты все-таки не сможешь постичь язык, на котором говоришь с рождения, сам лишишь себя выгоды и блага узнать, что несколько слов в дивном и математически точном порядке строки определяют необходимую тебе истину. Годы, на которые Тютчев пережил Пушкина и Лермонтова, упрочили затеянную ими речь и возвели ее в степень совершенства — дело было за великими русскими поэтами, которые вот-вот должны были родиться. Может быть, тяга к Тютчеву зависит не только от собственного возраста человека, но и от общего возраста нашей культуры. В таком случае, сегодня люди вновь обратятся к поэзии Тютчева с особенно нежным и пристальным вниманием. Столько событий произошло в мире. Столько шумных поэтических выступлений в огромных аудиториях было за последние годы. Прекрасно, когда поэту внимает множество людей. Но необходимо, чтобы иногда к поэзии прибегал не слушатель, а читатель, остающийся с книгой один на один. Помните — у Тютчева:

> Треск за треском, дым за дымом,
> Трубы голые торчат,
> А в покое нерушимом
> Листья веют и шуршат.

Тютчев уводит нас прочь от вздора, от суеты, учит тишине, сосредоточенности, внятности мысли, исчерпывающему значению слова. Но я не ученый, не литературовед и не беру на себя дерзость рассуждать о стихотворениях Тютчева — они сами

расскажут вам гораздо больше, чем тот, кто о них
рассуждает. Добавлю лишь, боясь сказать лишнее
слово, что та любовь, которая стала таким страданием для Тютчева, стала счастьем многих людей,
потому что теперь она принадлежит им, воплощенная в дивные и необъяснимые строки.

> Вот бреду я вдоль большой дороги
> В тихом свете гаснущего дня...
> Тяжело мне, замирают ноги...
> Друг мой милый, видишь ли меня?

Когда-то людская молва жестоко осудила женщину, любившую так сильно, страдавшую так много, умершую так рано. Теперь людская молва благо-
словляет ее незабвенное имя.

1977

ПОЗВОЛЬТЕ ПОЗДРАВИТЬ ВАС...

(к 190-летию со дня рождения
А.С. Грибоедова)

Поздравим друг друга с днем рождения Александра Сергеевича Грибоедова!

Собственное мнение, суждение о Грибоедове — для меня невозможны: Пушкин исчерпал эту возможность. Допускаю, что кто-нибудь удачливей меня и преуспел в намерении раздобыть и возыметь оригинальную точку зрения, но мне эта удача кажется чрезмерной и излишней. Пушкин, нечаянно и непринужденно, для нас и вместо нас взял на себя труд (какой ценой — известно) безукоризненно стройной мысли. Нам остается легкое занятье: любоваться силой и статью этой мысли, на этот раз — помыслами Пушкина о Грибоедове.

Поскольку день рождения — о „Грибоедове", о 1829 годе не станем помышлять — ан не выходит: сразу очнулись боль и тоска. Только стоит вспомнить его щемящее признание: „Прощайте, прощайте на три года, на десять лет, может быть, навсегда. О Боже мой! Неужели я должен всю мою жизнь провести там, в стране, столь чуждой всем моим чувствам, моим мыслям".

Превосходная степень ума, лицо, содержащее тайну, силуэт безупречного благородства. Впрочем, когда мы восхищаемся отвагой, честью без единой помарки — великие люди, где-нибудь там, недоумевают: а что, бывает как-то иначе?

Вот первая моя вина пред Грибоедовым (а вдруг — не худшая?): в детстве я написала продолжение „Горя от ума". К моему отчаянию, жуткая эта вещица (Чацкий, конечно, на Сенатской площади и потом на каторге, Софья благоденствует замужем за генералом почему-то Хрюкиным, Молчалин, кажется, усложняется в какую-то ястребиную моль) — вещица эта, к моему отчаянию, сохранилась и не отдается мне владельцем для сожжения.

Только никогда, никогда не осерчайте на меня, моя дорогая, любимая учительница Елена Николаевна Домбек! Благодарю Вас — за Грибоедова, за поощрение моих сочинений — Вы их любили, простите меня за все и за то, что, не подумав, я так грубо отозвалась об обласканной Вами вещице. Просто у меня тогда ни горя, ни ума не было. Примите привет моей признательной души. Позвольте поздравить Вас с днем рождения Грибоедова!

Всех, всех, каждого учителя моего сей (пятый пополуночи) час, при пушкинской луне, я вспомнила. Странная судьба: все были ко мне добры, все — великодушны. Всем в ноги кланяюсь, кому — с Новым годом! Кому — вечная память!

Я призналась, что не владею собственным мнением о Грибоедове, но зато некоторое время я владела его наволочкой (подарил известный тбилисский житель Додик Давыдов — я повладела и отдала Семену Степановичу Хейченко, как взволновал его отчетливо сохранный, шелком вышитый вензель: А.Г.). Хрупкий, нежный, потускневший батист — но довольно! Не то сразу затмит глаза греза о Грузии, о садах Цинандали, о Той красавице, всех превзошедшей грациозностью ума и сердца... Нет, навряд ли Грибоедов приглашает меня говорить о его любви. В Грузии же мы окажемся вместе на следующей моей странице. (А я опять уезжаю туда сегодня вечером.)

Пушкина — не перемыслишь, но Пушкин не возбраняет нам м ы с л и т ь и с т р а д а т ь.

Ленинград усугубляет мысль и страдание о Грибоедове.

Однажды мне довелось целую неделю жить прямо на бывшем Екатерининском, ныне — его собственном, Грибоедовском канале. (Моим ненаглядным соседом был Булат Окуджава.) Тогда починяли или как-то прихорашивали храм Спаса на крови — я отворачивалась: Грибоедов его не видел, он жил вон там, в доме близ Харламова моста. Меня туманило и волновало, что много раз надню я поминаю имя Грибоедова: Булата и меня то и дело спрашивали, где мы обитаем (это были две маленькие соседствующие квартиры, предоставленные нам Театральным обществом). Но имя я не всуе поминала, не как просто адрес.

По многим моим причинам я люблю бывшую Большую Морскую, ныне улицу Герцена. И здесь жил Грибоедов, и рядом, на Исаакиевской площади, и на Невском проспекте, и в гостинице Демута, и... Да что значит: жил, ведь не о житье-бытье речь! Здесь бодро и светло действовали его ум и душа, драгоценный след этого действия невредим, открыт для зрения.

Мне всегда казалось, что заколдованный этот город содеян дыханием его великих обитателей. Что-то отсутствует, что-то обманно, лишь их присутствие в их городе для меня непререкаемо и очевидно.

А чудный дом Лаваля на набережной, опекаемый неусыпно лежащими львами! Не так уж давно: 16 мая 1828 года — сам Автор читал здесь „Бориса

Годунова". Представляю, как слушал его Грибоедов. Бывает же такое на свете! Будем считать, что это случилось с нами. Да так оно и есть.

Но вот и Грузия, вот и Тбилиси. В декабре прошлого года я впервые привезла туда двух моих детей. Мы поднимаемся на фуникулере: четверо моих московских друзей, мои дочери, дорогие для меня грузинские дети — две девочки, Бася и Тамрико. Все шире, все нежней открывается нам этот столь влиятельный, столь влияющий на судьбу город. Сколько раз все это уже было со мною! — но даже сейчас, когда я пишу об этом, сердце терпит уже ритуальное для него затруднение непереносимой любви и печали. В крайнем волнении достигаем мы вершины святой горы Мтацминда. Долго глядим вниз. Бася и Тамрико как-то очень возвышенно и изящно ласкают и ободряют моих детей: не трудно ли им? понятно ли им? Мне даже начинает казаться, что милосердные старшие дети хотят упростить, облегчить силу впечатления от их родного города, мягко загладить обольщающую вину его величия, подготовить младших детей и старших гостей к тому, что ждет их внизу, возле церкви Святого Давида.

Мы спускаемся. Я смотрю на бледную младшую дочь, на гвозди́ки в ее руках, ярко алеющие в синеве сумерек. Девочка склоняется перед оградой надгробий, кладет гвоздики: это — Ей! это — Ему! — и с напряжением читает вслух: „Ум и дела твои бессмертны в памяти русской, но зачем пережила тебя любовь моя"...

Я невольно пытаюсь утишить пульс, отстраняю и скрываю лицо (то же и сейчас) и думаю: все сбылось, этот миг моего бытия совершенен, большего желать не следует и невозможно.

1984

ПРЕКРАСНЫЙ ОБРАЗ

Выступление на вечере, посвященном
70-летию со дня рождения М. Цветаевой

Я не прочитаю своего стихотворения, я хочу сказать только несколько слов о Марине Цветаевой.

В русской литературе есть судьбы, которые странны и прекрасны игрой обстоятельств, как-то все время перемещаются в своем масштабе величавые явления, значительное становится чрезвычайно близким.

Марина Цветаева писала, что ей было жалко Пушкина, как будто он ее дитя, а не умер давно, просто был прекрасный мальчик. У Марины Цветаевой все самое далекое проходило через ее живое тело, через ее живую душу. Она так писала о Пушкине, как будто бы он был частью ее организма. Каждое ее слово приобретало достоверность.

Я навсегда осталась в ее невероятной, странной власти, как если бы я имела основание вспоминать ее, зная ее лично. Ее прекрасный образ всегда близко стоит от меня, и на щеках своих я чувствую дух ее поэзии, чувствую всю прелесть ее поэзии.

Она была большим и близким человеком, большим явлением в русской литературе. Она была дитя каждому из нас. Она была дитя человечества.

Марина Цветаева была величава и прекрасна и в то же время беззащитна в своей судьбе. Она была огромной человеческой доброты, это вытекает из всей логики ее личности. Это несомненно было так.

Цветаева, на мой взгляд, явление чисто русское хотя бы по жадности к жизни, по огромности дарования, по той энергии, которая в ней жила.

Она писала и стихи, и прозу, и все это выходило, слепя глаза. Когда я это вижу, голова кружится от безмерной человеческой радости, которая в ней жила. Она ни перед чем не останавливалась до самой смерти.

В этой трагической судьбе были свои поучительные и счастливые моменты. Ее жизнь при всех обстоятельствах все равно была исполнена счастья, ее дарование цвело в высоких образах ее поэзии. Поучительность такого счастья и ее открытый несгибаемый дух должны остаться с нами. Мы должны ее любить и безмерно гордиться ею, как человеком огромной отечественной культуры, должны уметь воспринимать ее всем сердцем.

Прочту ее стихотворение „Тоска по родине".

Тоска по родине! Давно
Разоблаченная морока!
Мне совершенно все равно —
Где совершенно одинокой

Быть, по каким камням домой
Брести с кошелкою базарной
В дом, и не знающий, что — мой,
Как госпиталь или казарма.

Мне все равно, каких среди
Лиц ощетиниваться пленным
Львом, из какой людской среды
Быть вытесненной — непременно —

В себя, в единоличье чувств.
Камчатским медведем без льдины
Где не ужиться (и не тщусь!),
Где унижаться — мне едино.

Не обольщусь и языком
Родным, его призывом млечным.
Мне безразлично — на каком
Непонимаемой быть встречным!

ПРЕКРАСНЫЙ ОБРАЗ

(Читателем, газетных тонн
Глотателем, доильцем сплетен...)
Двадцатого столетья — он,
А я — до всякого столетья!

Остолбеневши, как бревно,
Оставшееся от аллеи,
Мне всé — равны, мне все — равно,
И, может быть, всего равнее —

Роднее бывшее — всего.
Все признаки с меня, все меты,
Все даты — как рукой сняло:
Душа, родившаяся — где-то.

Тáк край меня не уберег
Мой, что и самый зоркий сыщик
Вдоль всей души, всей — поперек!
Родимого пятна *не* сыщет!

Всяк дом мне чужд, всяк храм мне пуст,
И все — равно, и все — едино.
Но если по дороге — куст
Встает, особенно — рябина...

(1934)

1962

О МАРИНЕ ЦВЕТАЕВОЙ

Выступление в Литературном музее

Перед тем как будет то, что будет, чему должно быть, я должна сказать несколько слов, естественно, вежливой и пылкой благодарности некоторым людям.

Во-первых, я благодарю сотрудников и стены Литературного музея, что они позволили нам собраться здесь вместе по столь высокому поводу.

Я почтительно и нежно благодарю прекрасную Анастасию Ивановну Цветаеву, которая превозмогла некоторую усталость, некоторую временную, как мы уверены, хрупкость самочувствия и вот — здесь, передо мной, и возвышает наш вечер уже до каких-то надзвездных вершин.

Несравненный Павел Григорьевич, Павлик для Марины Ивановны и для всех нас, спасибо вам всегда и сегодня.

Я особенно благодарю Владимира Бронислававовича Сосинского (не вижу его в зале, надеюсь, что он здесь), благодарю за все — за долгий опыт жизни, за то, что не только мне помог он в сегодняшний вечер, любезно предоставив многие материалы и документы, принадлежащие ему и его семье, а также благодарю его за то, что он и близкие ему люди помогали Марине Ивановне Цветаевой тогда, когда она в этом особенно нуждалась.

С особенным чувством хочу упомянуть Льва Абрамовича Мнухина, нашего молодого современника, замечательного подвижника благородного книжного и человеческого дела, который собрал драгоценную коллекцию рукописей, книг, вещей Марины Ивановны Цветаевой, собрал, разумеется, не для себя, а для всех нас, для тех, кто будет после нас. Я ему также обязана многими сведениями, многими документами, многими бумагами, которые он мне доверительно открыл.

И в завершение моего краткого вступления я от всей души благодарю вас всех, кто пожаловал сегодня сюда не из-за меня, а из-за того, что причина нам сегодня собраться столь долгожданна и столь возвышает и терзает наше сердце.

Я сказала: перед тем, что будет. А что, собственно, будет? Я и сама не вполне знаю. Некогда Марина Цветаева написала Анне Ахматовой: „Буду читать о Вас — первый раз в жизни: питаю отвращение к докладам, но не могу уступить этой чести никому. Впрочем, все, что я имею сказать, — осанна!"[1] Доклад, который имеется в виду, не состоялся. Я имею в виду тоже сказать: осанна! — и думаю, что доклад, который я имею в виду, — не состоится.

Доклад... не только по старинной своей сути бюрократической, но и по устройству слова, по устройству названия должен был быть чужд Марине Ивановне Цветаевой. Мы все знаем ее хваткость к *корню,* ее цепкость к *середине,* к сути слова. Это у других людей приставка — просто так, приставленное нечто. У Марины Ивановны Цветаевой приставка — всегда ставка на то, в чем триумф слова. То есть как, например:

> Рас — стояние...
> Нас рас — ставили, рас — садили,
> Чтобы тихо себя вели
> По двум разным концам земли[2].

Или „до": до — мой (в огнь — синь), до — жизни,

---

1 „На днях буду читать о Вас — в первый раз в жизни: питаю отвращение к докладам, но не могу уступить этой чести другому. Впрочем, всё, что я имею сказать, — осанна!" (*Марина Цветаева.* Собрание сочинений. В 7 т. М.: Эллис Лак, 1994—1995 (далее — СС), т. 6, с. 203).
2 СС, т. 2, с. 258.

до — детства. И „до" как высочайшая и первая нота среди столь ведомой Марине Ивановне гаммы.

В этом смысле до — клад — это что? Преддверье клада. И вот как изложена тема моего сегодняшнего, не знаю, как, — сообщения, вот к чему она сводится: к *кладу* именно, не к тому, что *до,* а к кладу. Я приглашаю вас к созерцанию клада, к пересыпанию из ладони в ладонь его драгоценных россыпей. Потому что речь идет о чем? О нашем несметном национальном богатстве, о нашем достоянии, которого хватит нам и всем, кто будет после нас. Мы будем одарять друг друга сегодня тем, что было и есть несравненный дар Цветаевой. Потому что дар в понимании Цветаевой и в понимании всех, кто понимает, — это как: дар оттуда, свыше, предположим ей или мне, — и дар сюда. Дар и дар, то есть одарение других[1]. Вот об этом как бы и пойдет речь.

Сказано в программе вечера, в билете: поэт о поэте. Я скажу иначе: поэт о Поэте. Это очень важное соотношение для меня звуковое. Видите ли, соотношение моего имени, кровного имени, с именем Цветаевой и с именем Ахматовой если и было

---

1 „Ум (дар) не есть личная принадлежность, не есть взятое на откуп, не есть *именнóе.* Есть вообще — дар: во мне и в сосне" (СС, т. 7,с. 396).

для меня честью, то причиняло мне много страданий. Я утверждаю мое *право* на трезвость к себе в присутствии имени, в присутствии имен Анны Ахматовой и Марины Цветаевой.

Почему я вообще соединила эти имена? Не я — новая наша жизнь, быт, обмолвки... Многие люди, особенно начальственные лица, обращаются ко мне: Белла Ахматовна. То есть оговорка. На самом деле так проще, так как-то ближе. Я как бы отмежевываюсь. Я делаю это не в свою пользу, а в пользу этих высочайших имен.

Право на трезвость... У меня где-то написано:

Но, видно, впрямь велик и невредим
рассудок мой в безумье этих бдений,
коль возбужденье, жаркое, как гений,
он все ж не счел достоинством своим.

Рас — судок... Опять-таки слово, не применительное к Марине Ивановне, к ее грамматике. Сказано ею про кого-то: „Ее, как меня, *нельзя* судить, — ничего не останется"[1]. А мы и не станем судить, не станем рассуждать — станем любоваться. В одном письме она пишет некоторому человеку, своему знакомому, который, видимо, ее не понимает. И

1 СС, т. 6, с. 750. Речь идёт об Анне Ильиничне Андреевой (1883—1948), жене писателя Л.Н Андреева.

она не приглашает его понимать, она сразу говорит ему: рассуждать обо мне невозможно. Вам только надо поверить мне на слово, что я — чудо, принять или отвергнуть[1]. И надо иметь много доблести, чтобы сказать о себе так.

Хорошо. Сошлемся на слово „мозг", потому что это слово приемлемо Цветаевой. Она не однажды упоминает это слово и это состояние, это качество своего организма. Вот пишет: мозг, о чьем спасении никто никогда не хлопочет, видимо, в отличие от души, — не дог ли ведает им?[2] Дог будем читать как черт, как ту милую нечистую силу, которую Марина Ивановна соотносила с собакой.

Так вот, я все это склоняю к некоторой чрезмерной осмысленности того, что я иногда говорю и пишу о Цветаевой. Мешающая мне промозглость, смысл, взымающий мзду с вольного пения души, — вот что пагубно отличало меня от чудно поющего горла Цветаевой.

---

1 „Из меня, вообще, можно было бы выделить по крайней мере *семь* поэтов, не говоря уже о прозаиках, рода́х прозы, от сушайшей мысли до ярчайшего живописания. Потому-то я так и трудна — как *целое, для охвата и сознания*. А ключ прост. Просто поверить, просто понять, что — чудо" (СС, т. 7, с. 394).

2 *„...мозг.* (О бессмертии мозга никто не заботится: мозг — грех, от Дьявола. А может быть мозгом заведует *Дог?)"* (СС, т. 6, с. 669).

Все мы помним роковое лето таинственного указания „поэзия должна быть глуповата" и никогда не узнаем, что это значит. Но за это — право „ногу ножкой называть", данное лишь одному человеку.

Так, страдая от желанной, но недостижимой для меня роли, любезно предлагаемой мне добрыми мечтающими почитателями, я скорбно и нескладно сумничала про себя и про Цветаеву:

Молчали той, зато хвалима эта.
И то сказать — иные времена:
не вняли крику, но целуют эхо,
к ней опоздав, благословив меня.

Зато, ее любившие, брезгливы
ко мне чернила, и тетрадь гола.
Рак на безрыбье или на безглыбье
пригорок — вот вам рыба и гора.

Людской хвале внимая, разум слепнет.
Пред той потупясь, коротаю дни
и слышу вдруг: не осуждай за лепет
живых людей — ты хуже, чем они.

Коль нужно им, возглыбься над низиной
из бедных бед, а рыбья немота

не есть ли крик, неслышимый, но зримый,
оранжево запекшийся у рта.

Все это я привожу лишь для надобности моего
сюжета, а цену себе вообще я знаю. Начало моего
сюжета относится к вычислению соотношения: она
и я. Все это склоняется лишь к уточнению скромно-
сти моей роли в том, что сегодня происходит.

Не ее превосходство в этом соотношении
терзает и мучит меня. Потому что, по Цветаевой,
любить человека или лучшего из людей, как она
полагает, любить поэта — это как? Это — распрос-
тертость ниц, это — простертость рук снизу вверх,
это — жертвовать собой и обожать другого. И так
следует поступать. Я поступала так и, обращаясь к,
может быть, лучшему, может быть, к равному, может быть, не к лучшему, может быть, не к равному,
говорила... там... что-то в его пользу. Мне сказали:
зачем? Я сказала: имею право и возможность рас-
точать. Я не оскудею.

Так вот, мучась несовершенством, несовершенством моего дара, о чем говорить в предисловии мне необходимо, презирая ночную тьму, про-
жигая взором потолок, сквозь потолок, сквозь все,
что на́д потолком, в самую-самую вершину небес,
туда, куда устремляет каждую ночь всякий человек

взор — всякий человек, который, разумеется, имеет совесть, — вот, глядя туда, я говорила: Прости, не знаю, кто там — ангелы или природа, спасение или напасть, кто Ты ни есть — твоя свобода, твоя торжественная власть... Так вот то, что есть возбудитель нашей совести, к этому обращаясь, я говорила: Прости мне! Прости суету, праздность, жестокосердие, скудость души моей — но дай мне ВСЁ!

И какой же ответ? А предупреждаю тех, кто не верит, что ответ, ответ доносится. Ответ такой. Сначала как бы вопрос: а за что? за что человеку дается то ВСЁ, что было у Цветаевой?

Спросим у Цветаевой. Она скажет, при этом скажет задолго до ее крайней крайности, задолго до смертного часа: Ни с кем. Одна. Всю жизнь. Без книг. Без читателей. Без друзей. Без круга. Без среды. Без всякой защиты. Без всякой причастности. Без всякой жалости. Хуже, чем собака. А зато... А зато — ВСЁ![1] Прибавим ко всему, что перечислено, то, что мы знаем о конце ее дней, и мы поймем, какою ценою человеку дается ВСЁ.

---

1 „...ни с теми, ни с этими, ни с третьими, ни с сотыми, и не только с „политиками", а я и с писателями, — *не*, ни с кем, одна, всю жизнь, без книг, без читателей, без друзей, — без круга, без среды, без всякой защиты, причастности, хуже, чем собака, а зато —
А зато — всё" (СС, т. 7, с. 384).

Рассудим так. Поэт, как ни один другой человек на свете, может быть, любит жизнь, имеет особенные причины. Ну, во-первых, один из поэтов сказал: сестра моя — жизнь. На что Цветаева не замедлила восхищенно отозваться: Каков! По-человечески так не говорят![1] Так каковы же эти поэты, которые жизнь могут назвать своею сестрой? И что же делает она специально для них?

Жизнь благосклонна к поэтам совсем в другом смысле, чем к людям-непоэтам, словно она знает краткость отпущенных им, возможную краткость отпущенных им дней, возможное сиротство их детей, все терзания, которые могут выпасть им на долю. И за это она так сверкает, сияет, пахнет, одаряет, принимает перед ними позу такой красоты, которую никто другой не может увидеть. И вот эту-то жизнь, столь драгоценную, столь поэту заметную и столь им любимую, по какому-то тайному уговору с чем-то, что выше нас, по какому-то честному слову полагается, то есть полагается быть готовым в какой-то момент отдать ее как бы за других. Очень может быть, что не взыщут, что она останется с нами до глубокой старости, и блаженство нам тогда. Но может быть, что взыщут. Во вся-

1 „Сестра моя Жизнь, так люди жизни не зовут" (СС, т. 5, с. 381).

ком случае поэт, который просит для себя всего, должен быть к этому готов, Цветаева всегда была к этому готова. За это так много дано. Вот это, то, что мы говорим условно, то есть называем высшей милостью, или Божьей милостью, — страшно подумать, какая это немилость всех других обстоятельств. Тот, кто готов подставить свой лоб под осененность этой милостью, должен быть готов к немилости всего остального.

Так вот, это все относится к моим мучениям соотносить себя и ее. Но осознать свою усеченность в сравнении с чьей-то завершенностью, совершенной замкнутостью круга — это уже попытка совести, способ совести, которого на худой конец достаточно.

Опять: она и я:

> Растает снег. Я в зоопарк схожу.
> С почтением и холодком по коже
> увижу льва и — Это лев! — скажу.
> Словечко и предметище не схожи.
>
> А той со львами только веселей!
> Ей незачем заискивать при встрече
> всем, о которых вымолвит: Се лев.
> Какая львиность норова и речи!

Я целовала крутолобье волн,
просила море: Притворись водою!
Страшусь тебя, словно изгнали вон
в зыбь вечности с невнятною звездою.

Та любит твердь за тернии пути,
пыланью брызг предпочитает пыльность
и скажет: Прочь! Мне надобно пройти.
И вот проходит — море расступилось.

Кое-что объясняю в этом стихотворении. Лев — почему? Ну, во-первых, нежная домашняя игра Цветаевых — Эфрон, подробности, которые не обязательно знать. Во всяком случае знаю: у Ариадны Сергеевны Эфрон записано еще в детском дневнике: „Се лев, а не собака", — и все в это играют, и все поэтому почему-то ликуют. А что значит „Се лев, а не собака"? Мы знаем, и Анастасия Ивановна знает, что же для Цветаевых — собака. Собака — божество. Всю жизнь так было. Анастасия Ивановна сказала мне третьего дня: „Собаку пишу не с большой буквы, а вообще большими буквами". Каково! А почему? К этому еще вернемся. Но вот воспоминания молодой знакомой Марины Ивановны парижского времени. Уже хорошего мало, и голод, и все. Эта знакомая завела большую собаку. Приходит Марина Ивановна, становится на колени, падает ниц перед своим божеством и, заглядывая в большую, а вдруг опасную, но, разумеется, не опасную пасть, говорит: „Божество мое, сокровище мое", — а в руках держит пакет обрезков. Знакомая пишет: всегда большой. Что значит — во время бедности, а пакет для собаки большой. Так вот: собака — божество, перед которым надо падать ниц, но лев — ровня, которого можно потрепать по загривку. И этот лев, который так таинственно приснился однажды Марине Ивановне (я не нашла сегодня, когда искала, описания точного этого сна, но помню, что снился лев), и она так это попросила: подвинься, дескать, и он подвинулся — она прошла[1]. Лев как символ чего-то чу́дного. Вот, например, тарелка, упоминаемая и Ариадной Сергеевной Эфрон, и само́й Мариной Ивановной Цветаевой, — тарелка с изображением льва. (Мне, кстати, подарили такую. И там — лев.) Она видит в этом милое и любезное ей сходство с Максимилианом Волошиным. То есть что она в этом читает? Гриву,

1 „...Сон 23 апреля 39 г. Иду вверх по узкой тропинке горной — ландшафт Св. Елены: слева пропасть, справа отвес скалы. Разойтись негде. Навстречу — сверху лев. Огромный. С огромным даже для льва лицом. Крещу трижды. Лев, ложась на живот, проползает мимо со стороны пропасти. Иду дальше" (СС, т. 4, с. 608).

доброту, обширность лица, безмерность характера. И что еще? Все помним: часто, не однажды, Марина Ивановна говорит: кого люблю на белом свете... Вот кого не люблю, все знают — только вредителей духа, только обывателей. Остальных — любит. Но кого превыше всего? Высочайших аристократов и простых-простых людей, и, наверное, простых людей более всего. И вот лев. Не есть ли он символ как бы? Царственность, но какая? Не царствовать и бездельничать, а царственность, добывшая красоту непрестанным рабочим трудом мышц.

Да, кстати о снах Марины Ивановны, описанных ею не однажды. Они все замечательны, наводят на многие размышления. И опять поражаешься ее не-отдыху никогда. У нее есть такая оговорка: Рабочий после завода идет в кабак и — прав. Я — вечный завод без кабака[1]. Вечный труд, без забытья, без отдыха, даже без сна, потому что терпеть такие сновидения — это значит творить, никогда не отступиться от единственного дела на белом свете.

Хорошо, со львом разобрались. А море? (Это все к тому стихотворению.) А море? Что же море? У Марины Ивановны Цветаевой с морем всегда ка-

---

1 „Рабочий после завода идет в кабак — и прав. Я — рабочий без кабака, вечный завод" (СС, т. 6, с. 702).

кие-то пререкания, всегда какие-то к морю с ее стороны придирки. Попробуем разобраться, что это значит. Обожает строчку „Прощай, свободная стихия!". Или любит у Пастернака: „Приедается все. Лишь тебе не дано примелькаться". Это любит, но это значит, что она любит образ. Кстати, по ее собственному утверждению, она не знает разницы в драгоценности между вещью и образом, между предметом и словом, и сама говорит: Я никаких умерших поэтов не знала, для меня умерший поэт — всегда живая, нуждающаяся в защите личность[1]. Предмет и слово в ее исполнении почти всегда совпадают. Так вот. Это море она любит как слово, как образ, но пререкается со стихией. Не однажды об этом читаю: то купается в море, плавает в море, но пишет как бы вокруг да около: Не могу пробиться к сути. Это она-то, которая даже про любовь сказала: Никогда не хотела *на* грудь, всегда хотела *в* грудь, всегда хотела внутрь[2]. Ну, не всякий

---

[1] „...для меня каждый поэт — умерший или живой — действующее лицо в моей жизни. Я не делаю никакой разницы между книгой и человеком, закатом и картиной. — Всё, что люблю, люблю одной любовью" (СС, т. 6, с. 120).

[2] „Я никогда не хочу на грудь, всегда в грудь! Никогда — припасть! Всегда пропа́сть! (В про́пасть)" (СС, т. 4, с. 525).

еще (мы потом об этом поговорим), не всякий еще на это согласится, и море, тем более, не соглашалось. Нет, оно если берет, то навсегда. Марина Ивановна боялась этого. И уже в печальное время последних ее двух лет где-то записала, уже думая о том, о чем не хочется говорить сегодня: И заведомая враждебность воды, заведомое неприятие воды как последнего, последнего прибежища[1]. Так вот, мы все знаем, что Марина Ивановна любила ходить. Входило это в завод ее организма. Ходила. Уж и есть-то, казалось бы, нечего, а она все пишет в Берлин куда-нибудь: Туфли, туфли, туфли! Но какие, не на каблучке же, а такие, в которых ходить, пешеходничать. Любила пространство. Преодолевала его и разумом, и впрямую — ходьбой. Сердилась на море, что занимает то место, которое нужно ей для ходьбы. Пастернаку написала, что опять оно вот тут, не дает где ходить. И вдруг пишет: Оно ко мне подлизывается[2], — с торжеством! Каково! Какой апломб! Но имеет право. Что же это есть? Не есть ли это ревность и соперничество двух стихий?

---

1 „...враждебность, *исконная* отвратительность *воды*" (СС, т. 4, с. 610).
2 „...*я не люблю моря*. Не могу. Столько места, а ходить нельзя". „А знаешь, Борис, когда я сейчас ходила по пляжу, волна явно подлизывалась" (СС, т. 6, с. 252, 256).

Сошлемся на воспоминание Бунина о том, что сказал Чехов о Толстом. Зачарованный, вернулся из Гаспры, кажется, и говорит: Да нас-то он всех любит, мы-то ему что, а вот Шекспир уже его раздражает[1]. То есть нашел себе, кто по росту, и пререкается. Не есть ли и это, не есть ли и это величие двух, двух равновеликих действующих в пространстве, в мироздании сил?

Все так, про море как бы договорились. Море при этом. А вот при чем же, при чем же здесь я? Начнем с несходства во многом, даже не говорю сейчас, не сравниваю равноценность, там, дарований — это исключаем. Просто даже способ быть, писать. Марина Ивановна, во всем исходя из Пушкина, вела нас к иному слову, то есть куда-то туда, как полагалось по времени. Я же теперь полагаю, что приходится вести немножко туда, к былой речи, то есть проделать как бы весь этот путь сначала

---

1 „Знаете, что меня особенно восхищает в нем, это его презрение к нам как писателям. Иногда он хвалит Мопассана, Куприна, Семенова, меня... Почему? Потому что он смотрит на нас, как на детей. Наши рассказы, повести и романы для него детская игра, поэтому-то он в один мешок укладывает Мопассана с Семеновым. Другое дело Шекспир: это уже взрослый, его раздражающий, ибо пишет не по-толстовски..." (*Бунин И.А.* Собрание сочинений: В 9 т. М.: Худож. лит., 1967, т. 9, с. 203).

в одну сторону, потом в другую и искать утешение в нравственности и в гармонии нашего всегда сохранного и старого в том числе, русского языка. Обратно к истокам.

Совершенная противоположность пред-предрождения. Никакого сходства ни в родителях, ни в обстоятельствах. Совершенно две разные России, совершенно разные деторождения. Больше этого. В том году, в котором я родилась, дочь и муж Марины Ивановны Цветаевой прибывают в Россию из Франции. И я, неизвестно откуда, тоже прибываю впервые. Два года спустя, в 1939 году, прибывает и Марина Ивановна. Я, как вспоминают у меня в семье, вижу вот такой вот цветочек и впервые говорю внятно: „Я такого не видала никогда". Что же это значит? Я вижу ослепительное пространство, полное цветами, желтизною, красотою и зеленью. В этом пространстве все смерклось для Марины Ивановны. В августе 1941 года Марина Ивановна в Елабуге, я — в Москве, в кори. Помню мальчика, от которого заразилась корью, и даже как бы этот жест мне запомнился как величественный: никто с ним не играл, нельзя было брать заразного мальчика за руку, взяла — и взяла из его ладони его болезнь, захворала. Потом, в эвакуации, все думаю теперь, в тот день, когда не стало Марины Ивановны, что изменилось в малом ребенке, обреченном потом всю жизнь ее помнить? Про это не говорим. Вспоминаю фантастическое невежество моей юности, мой мозг, заросший такими сорняками, о которых даже не хочется сейчас вспоминать. Почему именно это темное сознание, эта духота спертого, неразвитого юношеского ума, почему именно это стало прибежищем на многие годы для Марины Ивановны, для ее сло́ва или для ее тени? Почему именно в этот бурьян души вселилась? Может быть, издалека присматривалась и выбирала себе место, где быть. Помните, в детстве когда-то, всегда хотела где-то жить, например, в фонаре? Говорила, что хочу жить в фонаре. Еще вспоминаю такую грустную, грустную и прелестную историю, связанную с семьей Цветаевых, то есть не вполне с семьей, но с Иловайскими, короче говоря. Вы помните, может быть, были девочка и мальчик, Надя и Сережа, и больны чахоткой, и умер сначала прелестный мальчик, потом умерла чу́дная девочка и была спящей царевной в гробу. Умерла 20 лет, Надя Иловайская. Анастасия Ивановна и Марина Ивановна тогда были в Швейцарии, сколько я помню, в пансионе. Марина Ивановна пишет, что когда она получила от отца сообщение о смерти Нади Иловайской, это так поразило ее, и она долгое время с ней играла в какую-то безвыходную гибельную игру: то поднималась в дортуар, где вдруг ожидала ее увидеть, то, наоборот, от нее куда-то уходила... И сама же пишет: Зачем, зачем так преследовала она меня? неужели дальновидно рассчитывала быть мною воспетой?[1] И вот это помещение Марины Ивановны тут во всех людях — просто каждому надо по-своему об этом сказать — но вот, я говорю о себе — помещение Цветаевой вдруг во мне, вместо всего: вместо дома в Трехпрудном переулке, вместо даже могилы с мраморным надгробием, как полагается у приличных людей, стало быть во мне и в вас — вот единственное известное прибежище. Эта осознанность ее присутствия всегда была во мне и всегда меня страшно терзала, но, впрочем, и обязывала, даже как бы заставляла собой отчасти дорожить, пока не буду уверена, что где-то еще, где-то еще воочью существует. Помните, Марина Ивановна в тех случаях, когда люди помогали ей (а к нашему счастью, люди

1 „Почему именно за мной ходила, передо мной вставала, — именно мной из всех тех, которые еще так недавно за тобой и вокруг?

Может быть, милая Надя, ты, оттуда сразу увидев всё будущее, за мной, маленькой девочкой, ходя — ходила за *своим* поэтом, тем, кто воскрешает тебя ныне, без малого тридцать лет спустя?" (СС, т. 5,с. 133).

помогали ей, в человечестве такие люди были, и они иногда предоставляли ей комнату, чтобы жить, и вообще место, где бы жить), она, наверное, как написано и как мы все можем предположить, не была легкий жилец и как бы теснила хозяев из их законного жилища. И вот опять-таки, в продолжение того, что сказала, хочу прочесть, как томила, как перенасыщала меня и как тяжело было...

Морская — так иди в свои моря!
Оставь меня, скитайся вольной птицей!
Умри во мне, как в мире умерла,
темно и тесно быть в твоей темнице.

Мне негде быть, хоть все это мое.
Я узнаю твою неблагосклонность
к тому, что сперто, замкнуто, мало.
Ты — рвущийся из тесной кожи лотос.

Ступай в моря! Но коль уйдешь с земли,
я без тебя не уцелею. Разве
как чешуя, в которой нет змеи,
лишь стройный воздух, длящийся в пространстве.

Но чтобы уточнить все это и лишить это некоторого поэтического преувеличения, хочу сказать, что я также точно, как вы, как всякий из нас, я —

лишь длительность жизни, неизбывность нашего отечества, продолжение его истории. Просто один из тех, к кому прямее, чем к своим современникам, обращалась Марина Цветаева и даже в юности, когда говорила, что „моим стихам, как драгоценным винам, настанет свой черед". Так и случилось, только другое дело, что ви́на, производимые ею, всегда были совершенно зрелые. Дозревать до этих вин по мере жизни оставалось нам, человечеству.

Я очень ценю взор Марины Ивановны Цветаевой (о котором мы еще поговорим просто как о физическом взоре на вас или мимо вас), вообще превозмогающий ее знаменитую близорукость, ее всевидящий дальновидный взор туда, в грядущее, то есть приблизительно в наше время. Всегда знала, всегда знала, что люди не разминутся с ней, и я думаю, что это будет всегда счастливым утешением для нас, когда мы будем думать про Цветаеву. Всегда твердила одно: знаю, знаю, как буду нужна, как оценят! Пишет: Я все всегда знала отродясь. Пишет в одном письме: Я и теперь знаю, как буду любима через сто лет[1]. Это написано всего лишь со-

---

1 „Драгоценные вина" относятся к 1913 г. Формула — наперёд — всей моей писательской (и человеческой) судьбы. Я *всё* знала — отродясь".
„И — главное — я ведь знаю, как меня будут любить (читать — что!) через сто лет!" (СС, т. 7, с. 383; т. 6, с. 684).

рок с чем-то лет назад, что будет через сто лет. И еще одно: И, может быть, будет человек, может быть, поэт, может быть, женщина, который поймет, который отзовется, который послужит посредником между одним человеком и другим. И главное в нашем собрании — ответить ей теперь, через то время, которое она когда-то превозмогла вот этим своим дальновидным обращением и уже давно ждет ответа. Главное в нашем собрании — удостоверить это „да", сказать: „Да! Так оно все по Вами писанному и вышло! Не разминулись. Безмерно и всенародно любима".

Очевидность Марины Ивановны, очевидность ее присутствия в пространстве, в ее стране для меня не менее реальна, чем, например, звонок маленькой девочки по телефону. Пишет стихи. И говорит: — Ну, Вы, наверное, не обратили на мой конверт внимания. — А как, простите, Ваша фамилия? — Чýдный детский голос: — Цветаева. Совпадение всего лишь. Дай Бог, чтобы стихи были хорошие, но растрогана была, и воздух, наверное, был растроган, сквозь который донеслось это вдруг повторенное имя.

Хорошо, а почему именно Марина Ивановна Цветаева? Почему именно она, ее судьба и почему ее имя, почему *это* вынуждает нас к особенному

496

стеснению сердца и особенной спертости воздуха в горле? Мы, человечество, сызмальства закинувшие голову под звездопад шедевров; мы, русские, уже почти двести лет как с Пушкиным и со всем пушкинским; мы, трагические баловни двадцатого века, получившие от него такой опыт, который, может быть, и понукает нас к изумительному искусству, — почему мы, имеющие столько прекрасных поэтов, почему особенной му́кой сердца мы устремляемся в сторону Цветаевой? Что в ней, при нашем богатстве, что в ней из ряду вон, из ряду равных ей, что? Может быть, и наверное, особенные обстоятельства ее жизни и смерти, чрезмерные даже для поэта, даже для русского поэта. Да, может быть и это, но это для детской, простоватой стороны нашей сущности. Для той именно детско-житейской стороны, с которой мы не прощаем современникам Пушкина, что именно он был ранен железом в живот, в жизнь, в низ живота, как пишет Цветаева. И ведь как бы ни говорили, есть некоторая двоюродность, пока мы совсем не повзрослеем, есть некоторая двоюродность, в отношении, например, к Тютчеву. И, может быть, вот эта наша детская насупленность к нему, которую нужно преодолеть специальным просветлением мозга, может быть, она связана именно с тем, что он не был, не был же убит на дуэли. И только сосредоточившись на ясном разуме, мы вспомним о его страдании другого свойства. Вспомним, как Тургенев увидел его в парижском кафе и не вынес этого зрелища, потому что, как пишет Тургенев, и рубашка его стала мокра от слез. Или как он шел и у него замирали ноги, и в муке, значение которой мы еще не знаем, он, там, говорил это свое знаменитое „Ангел мой, ты видишь ли меня?". Не говоря уже о старике, который покинул Ясную Поляну и несся по мирозданию — сам был соперник мироздания, — несся куда-то неизвестно куда, все такой же, каким он когда-то шел с Буниным по Девичьему полю и говорил после смерти маленького Ванички: Смерти нету! Смерти нету! А смерть меж тем была, а разгадки ей, разгадки ей до последней минуты так и не было.

Да. Особенные обстоятельства жизни и смерти, которые мы все знаем и которых мы никогда не забудем. Судьбы страшнее Марины Цветаевой я не знаю[1], — сказала та, сказал тот человек, чью осве-

1 „Я не знаю судьбы страшнее, чем Марины Цветаевой" (Мандельштам Н. Вторая книга. Paris: YMCA-PRESS, 1972, с. 523).

домленность в страдании мы, как говорится, на сегодняшний день вынуждены считать исчерпывающей. И все-таки страдание и гибель — это лишь часть, часть судьбы Цветаевой. Это не все о ее судьбе. Судьба Цветаевой совершенна дважды: безукоризненное исполнение жизненной трагедии и безукоризненное воплощение каждого мига этой трагедии, воплощение в то, что стало блаженством для нас. И в этом смысле нам остается считать судьбу Цветаевой счастливейшей в истории нашей словесности, потому что редко кому дано так воплотить все, что даровано в идеале человечеству, а в нашем случае ей одной — Марине Цветаевой. Еще учтем, что она была не нам чета. Она была вождь своей судьбы, и воинство ее ума и духа следовало за этим вождем.

Чтобы отвлечься от Елабуги, хочу сказать, что некоторые люди — здесь ли у нас, во Франции ли — как-то словно извинялись и передо мной, и в моем лице перед кем-то другим, что, вот, в свое время они не сумели помочь Цветаевой ну хотя бы малой человеческой помощью, и вот, дескать, теперь эта тень всегда лежит на их душе. Я слушала это со скукой, особенно в некоторых случаях. Я думала: „Э, мадам, это мания величия с Вашей стороны. Вы полагаете, что Вы, Вы можете помочь Марине Цветаевой?!" Эта старая дама жива до сих пор[1]. Она со мной говорила об этом недавно. Я слушала ее с состраданием, когда она сострадала судьбе Цветаевой. Нет, ей об этом жалеть не приходится. Хотя... И потом Марина Ивановна сама никогда не склоняла нас к злопамятству и упреку. Упрек — не цветаевский способ соотноситься с собеседником. Она сказала: Не бойся, что из могилы я поднимусь, грозя! Я слишком сама любила смеяться, когда нельзя![2]

Но все-таки соблазн упрекать кого-то велик. И вот у меня есть совершенно вне гармонии написанный упрек. Получилось так: в Доме творчества все обедают, а я читала письма к Тесковой:

> А вы, пожиратели жира,
> под чайною розой десерта
> сосущие сласть углевода,
> не бойтесь голодной Марины!
>
> Марина за вас отслужила
> труд бедности и милосердья.

1 Поэтесса Ирина Владимировна Одоевцева скончалась в Санкт-Петербурге в 1991 г.
2 Не думай, что здесь — могила,
  Что я появлюсь, грозя...
  Я слишком сама любила
  Смеяться, когда нельзя!
  (СС, т. 1, с. 177).

Поэтому — есть и свободна!
А вас — иль нет, иль незримы!

Но все-таки, опять говорю, что не дано было, не дано... И я еще и искренне никого не виню. Потому что если мы представим себе то время и все, что с нами тогда происходило... В общем, как-то недостает совести упрекать едва выживших людей в том, что они не помогли другому человеку. Но вот то, что смерть Марины Ивановны была ее собственный великий поступок, — это все-таки я в последний раз отмечаю. Написала так:

Нам грех отпущен, ибо здесь другой
убийца лишний. Он лишь вздор, лишь мошка.
Такое горло лишь такой рукой
пресечь возможно.

Но отвлечемся от житья-бытья и от смерти, входящей в житье-бытье, потому что житье-бытье не было, не было стихией Цветаевой. Она не любила быт, который, правда, всю жизнь ей пришлось укрощать, и так и не удалось с ним совладать. Но тем не менее душа ее парила. Вот она пишет: Боюсь, что беда, судьба — во мне. Я ничего по-настоящему, до конца, то есть *без конца,* не люблю, не умею любить, кроме своей души, то есть тоски, расплесканной и расхлестанной по всему миру и за

501

его пределы. Мне во всем, в каждом человеке и чувстве — тесно, как во всякой комнате, будь то нора или дворец. Я не могу жить, то есть длить, не умею жить в днях, каждый день, всегда живу *вне* себя. Эта болезнь неизлечима и зовется — душа[1].

Вот это то главное преувеличение, с которым во вселенной выступает Цветаева. Ду — ша. У всех вдох приблизительно равен выдоху, то есть вдыхаем больше, чем выдыхаем, потому что что-то остается на пользу организма. У Цветаевой — не то. Берет меньше, чем отдает. Осыпает больше, чем берет для себя. Возвращает с избытком, касается ли это просто доброты или касается это предмета и его воплощения в слове. Видит, например, просто рояль, а возвращает нам какое-то чудо из чудес, громоздкость, которой достанет всему литературоведению на долгие годы.

Подходим как бы к главному, для меня во всяком случае. Чрезмерность того, что Цветаева назы-

---

1 „Боюсь, что беда (судьба) во мне, я ничего по-настоящему, до конца, т.е. *без* конца, не люблю, не умею любить, кроме своей души, т.е. тоски, расплесканной и расхлестанной по всему миру и за его пределами. Мне во всем — в каждом человеке и чувстве — тесно, как во всякой комнате, будь то нора или дворец. Я не могу жить, т.е. длить, не умею жить во днях, каждый день, — всегда живу *вне* себя. Эта болезнь неизлечима и зовется: душа" (СС, т. 6, с. 708).

вает душой, и ее несовместимость *с,* ее невместимость *в.* Ее слова:

> Что́ же мне делать, слепцу и пасынку,
> В мире, где каждый и отч и зряч...

> Что́ же мне делать, певцу и первенцу,
> В мире, где наичернейший — сер!
> Где вдохновенье хранят, как в термосе!
> С этой безмерностью
> В мире мер?![1]

Чрезмерность для мира мер, может быть, и есть наш путь к разгадке таинственного дара Цветаевой и также к попытке разгадать ее трагическую судьбу. Эту чрезмерность, эту непомерность, эту громоздкость и — даже нет такого величественного суффикса, чтобы определить то, как представляю я себе, — вот эту, что я назвала, кунсткамерность дара („кунсткамерное чудо головы" — я написала), то есть эту вот именно из ряда вон, неприемлемость для простого житейского понимания, то есть приблизительно так, как Цветаева в детстве слышала и видела слово „гиппопотам". То есть она думала: вот похоже на рояль, то есть гиппо-по, а еще хвост, потому что это где-то там. То

---

1 СС, т. 2, с.185—186.

есть такая неумещенность в одном пространстве. И, может быть, вот эта ее чрезмерность, она как-то и определяла ее литературную и человеческую судьбу. Она сказала про рояль, уже упомянутый мною, что ведь это он так, только вблизи громоздкий, если на него смотреть. Дайте роялю место, где быть, и он станет изящен, совершенно эфемерен[1]. И вот, может быть, только теперь у Цветаевой есть такое место, где ей есть где быть. Она написала: Что до меня, — вернусь в Россию не допущенным „пережитком", а желанным и жданным гостем[2]. Вот, мы свидетели того времени, которое уже длится давно при нас, свидетели того времени, когда она совсем, когда она впопад вернулась в Россию. И здесь ей достанет места, чтобы выглядеть не обре-

1 „И еще — сама фигура рояля, в детстве мнившаяся мне окаменелым звериным чудовищем, гиппопотамом, помнится, не из-за вида, — я их никогда не видала! — а из-за звука: гиппопо (само тулово), а хвост — там".

„...ведь рояль только вблизи неповоротлив на вес — непомерен. Но отойди в глубину, положи между ним и собой всё необходимое для звучания пространство, дай ему, как всякой большой вещи, *место стать собой,* и рояль выйдет не менее изящным, чем стрекоза в полете" (СС, т 5, с. 29).

2 „Что до меня — вернусь в Россию не допущенным „пережитком", а желанным и жданным гостем" (СС, т. 4, с. 619).

504

менительной, а как раз уместной, как раз точно, как раз без промаха и впопад.

Здесь теперь раздолье, но это теперь уместно. Если соотнести эту огромность с живой человеческой жизнью, то, может быть, вот есть о чем подумать. Я, некогда для себя выясняя, что же, например, Цветаева, что она, например, в соотношении с Ахматовой, когда-то думала, то есть сравниваю лишь просто, как два чуда, на равных, и думала: Ахматова есть воплощенная гармония и, может быть, поэтому как-то небесно прекрасна. Цветаева — *больше* гармонии, а больше гармонии нельзя быть, это дисгармония, так не должно. И вдруг через много лет в записях Ариадны Сергеевны Эфрон читаю про Цветаеву, про Ахматову: Она гармония — и только[1]. То есть она, значит, сама как бы это знала и имела на это как бы другой взгляд. Но ее пример отношения вообще к себе, к своим человеческим способностям... (Анастасия Ивановна, опять я все про этот рояль и музыку!) И сказано

---

1 „Абсолютная гармоничность, духовная пластичность Ахматовой, столь пленившие вначале Цветаеву, впоследствии стали ей казаться качествами, ограничивавшими ахматовское творчество и развитие ее поэтической личности. „Она — совершенство, и в этом, увы, ее предел", — сказала об Ахматовой Цветаева" (*Эфрон А.* Страницы воспоминаний // Звезда, 1973, № 3, с. 177).

там: Ну да, у меня были недюжинные способности. И вдруг брезгует этим, как какой-то малостью, как бездарностью! Сколько же ей было нужно, если этим погнушалась, как каким-то вздором!

И вот, значит, такая преувеличенность ее личности. А личность и есть душа. Сама пишет про себя: У меня душа играет роль тела, то есть что у других тело — у меня душа, то есть диктатор, главное, главное существование. И вот эта преувеличенность ее души, может быть, она сказывалась и на ее соотношениях не только с житьем-бытьем, но и на отношениях с великими современниками. Чужеземный исследователь говорит про Цветаеву и про Ахматову: Цветаева любила Ахматову так, как Шуман любил Шопена, то есть он восхищался и относился к нему снизу вверх; тот отделывался лишь оговорками[1].

Мы все знаем, как рано, с первой книжки, Цветаева пылко и безгранично полюбила Анну Ахматову. Потом, кажется, в 16 году был разгар этой любви. И так она все это любила, воспела, так это и

---

1 „Вы [Ахматова] относитесь к Цветаевой так, как Шопен относился к Шуману. — Шуман боготворил Шопена, а тот отделывался вежливыми, уклончивыми замечаниями" (*Адамович Г.* Мои встречи с Анной Ахматовой // Воздушные пути, 1967, V, с. 110).

осталось: Анна всея Руси. Потом прошло время, они увиделись, и как бы из этого союза, кроме безмерной печали, ничего не вышло. Я склонна истолковывать и эту одинокость Цветаевой как бы в пользу и Цветаевой, и Ахматовой. Потому что мы не можем предложить людям из ряду вон соотноситься на доступный нам, на человеческий манер.

И, может быть, самое убедительное подтверждение вот этой чрезмерности одарения, когда уже, как Пастернак написал про природу, „ты больше, чем просят, даешь", может быть, самое горестное подтверждение этому — отношения Цветаевой и Пастернака. То есть все знаем переписку, частично опубликованную, какая это любовь и до чего-же это доходит. То есть уже когда начинаешь читать эти письма, то вдруг понимаешь — кто-то один должен устраниться, выдержать такого нельзя, от этого умирают. И Цветаева сама как бы это осознает. Она предлагает Пастернаку такую высоту, такую высокопарность общения, такое парение над всем, что выше человеческого здравомыслия, что, действительно, вынести это невозможно. И сама ему пишет в одном письме: Я как-то чувствую, что Вы от этого отстраняетесь, что величина того, что я Вам даю, уже становится для Вас обременительной. И действительно, потом это становится каким-то ликующим и безумным ТЫ, трубящим вообще сквозь, от Франции до России. Потом грядущий сын, почти назначенный к тому, чтобы быть Борисом. И естественно, что один кто-то устраняется. Два, два великих человека не могут петь на одной ноте. И вот и в этом, и в этом ее ждет одиночество, когда она возвращается сюда.

А с Рильке... Все их отношения с Рильке... Может быть, он, он бы, может быть, понял, он же сам, сам написал ей: Вот мы небо, Марина, там, мы море...[1] Но из этого ничего не вышло по чисто таким, трагическим жизненным обстоятельствам.

Вот здесь, может быть, во славу Цветаевой нужно отметить ее отношение к Маяковскому, к человеку, к поэту, который как бы не был специально для нее уготован, специально для ее любви рожден. Напротив, она — за вечность, а он — за апофеоз, вот, того времени. Кстати, я всему литературоведению предпочитаю ее литературоведение, ее проникновение в сходство и разницу между Пастернаком и Маяковским, ее фантастический анализ Пушкина, например „Капитанской дочки". И как бы и получается, что и Маяковский как бы остается в долгу пе-

---

1 „Волны, Марина, мы море! Звезды, Марина, мы небо!" (*Рильке Р.М.* Новые стихотворения. М.: Наука, 1977, с. 322).

ред ней. Потому что пока она восхваляла его все, пока она приветствовала его в Париже в ущерб себе, в ущерб своей эмигрантской репутации, в общем не нашло это никакого отклика в нем.

И вот ее соотношение с революцией, вообще с той порою, когда все это происходило. Опять-таки как-то получается, что все это в пользу Цветаевой складывается. Вот она пишет, о революции именно, в статье „Поэт и время": Второе и главное: признай, минуй, отвергни Революцию — все равно она уже в тебе — и извечно. И извечно стихия, и с русского 18 года, который хочешь не хочешь — был. Все старое могла оставить Революция в поэте, кроме масштаба и темпа. Ни одного крупного русского поэта современности, у которого после Революции не дрогнул и не вырос голос, — нет[1]. При том это совпадает с вообще присущей ей мятежностью, о которой она пишет просто по ходу своего рассуждения в статье „Пушкин и Пугачев", то есть

[1] „Второе и главное: признай, минуй, отвергни Революцию — все равно она уже в тебе — и извечно (стихия) и с русского 1918 г., который хочешь не хочешь — был. Все старое могла оставить Революция в поэте, кроме масштаба и темпа".
„Ни одного крупного русского поэта современности, у которого после Революции не дрогнул и не вырос голос — нет" (СС, т. 5, с. 338).

восхваляет заведомую готовность человека к мятежу и как бы даже поощряет пребывание в этом состоянии. Кроме того, ее любовь к тому, что вот мы называем народом (и на самом деле так оно и есть), то есть это просто ее многократные пылкие утверждения: *Я вообще люблю простых людей, вообще люблю народ...* И желание все отдать... Сами знаете, где-то упомянуто, ей никогда ничего не было жалко, если думать, что это пошло на пользу другим, — ни денег, разумеется, которыми она никогда не дорожила, а, наоборот, только презирала, ни... ничего, чем она располагала. И вот как бы получается, что не мы, что не мы, послереволюционные люди, что... что не она перед нами — мы перед нею в долгу. Потому что, в конце концов, здесь музей, построенный отцом, нам, народу так называемому, принадлежат две библиотеки цветаевской семьи и вся ее жизнь, до последнего ее дыхания. Нам остается только прибегнуть к здравомыслию и отслужить ей все это, поставить все на должные места.

Вообще эта чрезмерность, о которой я говорила, наверно, страшно обременяла людей, на которых падала благосклонность Цветаевой. Вот я уже говорила: не *на* грудь, а *в* грудь, до — мой в огнь — синь... Тут надо было иметь большую крупность грудной клетки, огромность воображения, чтобы пойти на это и не закапризничать от столь бурного, столь сильного вселения в тебя другого, любящего человека. Вот знаем, что она сотворяла еще себе человека (те, кто помнят ее, говорят об этом), сотворяла себе его, когда любила, по своему усмотрению. И правильно делала, иначе бы ей пришлось обходиться тем, что я назвала „мышиный сброд умишек". Когда любила человека, человека мужского пола, например, то приходилось и додумывать, наверное, дотягивать этот образ несколько до себя. И какие-то разочарования, наверное, и в этом ее ждали. И эта чрезмерность, или непомерность, или как ни скажи — это не вмещает. Откуда вообще все это? И вкратце лишь я берусь проследить истоки, нисколько не склоняясь к литературоведению и никогда не упоминая вообще никаких биографических данных, кроме того, что кажется мне основоположным.

Мать и музыка, пишет Цветаева, отец и Владимирская губерния, и все, что там, все, что там, — сельские священники, и трудолюбие, и совершенная, совершенная честность к труду и к людям. И получается, что вот такие чудовища, откуда берутся? Мать у них — музыка, отец — просто впрямую отечество. Марина Ивановна как бы не рассуждала о России, как бы не пререкалась с собственным отношением к России. Она была человек русский в величайшем смысле этого слова, хотя бы потому, что это никогда, ее великая русская суть никогда не шла в ущерб другому народу. Более того, она единственный, кажется, русский человек, который во всеуслышанье, да еще когда, уже во время фашизма, говорит о своей любви к Германии. Потому что никогда, никакой мелочности взора, никогда никакой мелочности в отношении со страной или с человеком. Ей говорят: но там Гитлер, вы что, там, не видите? Она говорит: А я и не смотрю: я вижу Рейн и гетевский, гётевский лоб среди тысячелетий[1]. И вот эта ее мерка подхода к тому, что проис-

---

1 „— Что Вы любите в Германии?
— Гёте и Рейн.
— Ну а современную Германию?
— Страстно.
— Как, несмотря *на...*
— Не только не смотря — *не видя!*
— Вы слепы?
— Зряча.
— Вы глухи?
— Абсолютный слух.
— Что же Вы видите?
— Гётевский лоб над тысячелетьями".
(СС, т. 4, с. 550. Дневниковая запись сделана в 1919 г. „Несмотря *на...*" — это о Первой мировой войне, а не о Гитлере.)

ходит во вселенной, выводит ее, конечно, из малости нашего житья-бытья.

Я сказала про Германию. Так же она любила Чехию, любила все, что есть в любой стране. И благо — много было ей дано для этого в детстве — совершенная открытость всей культуры для ее жизни.

Вот ненависть ко всякому подавлению. Мы говорили о собаках, которые божество. Сюда же, кажется, относятся поэты, негры, евреи, то есть все, которые подлежат гонению, все, которые рискуют быть обиженными человечеством. Мы знаем, как изящно владеет речью Марина Ивановна Цветаева. Из ее письма: собрание, там, каких-то младороссов. Выступает человек, говорит про Гитлера и про евреев. Из зала кто-то: „Сам, небось, из жидов". Все молчат. Одна Марина Ивановна, совершенно беззащитная, совершенно покинутая всеми, встает и говорит: „Хам-ло!" Зал замирает. Она еще раз говорит: „Хам-ло!" Тот, по-французски, видимо, говорит, что не понимает. Говорит: Не понимаешь, скотина? Когда человек вместо „еврей" говорит „жид" да при этом, при этом прерывает оратора, он — хам-ло! И с этим покидает собрание[1].

---

1 „Я: — „Не поняли? Те, кто вместо еврей говорят жид и прерывают оратора, те — хамы. (Пауза, и созерцательно:) ХАМ-ЛО". Засим удаляюсь. (С КАЖДЫМ говорю на ЕГО языке!)" (СС. т.7, с.384).

И так в отношении ко всему. Этот негр, который собственно, никем Цветаевой не приходился, ну разве что „Хижина дяди Тома" Бичер-Стоу... И все-таки он, по своему цвету кожи будучи символом какого-то гонения... И, кстати, это я тоже почему-то, просто по своему совпадению случайному с ней, всегда разделяла.

Жест ее — защищающий и дарящий — только. Между тем, кто беззащитней, кто слабей ее, кажется, был. Между тем, стоит кому-то обидеть Мандельштама (ну так — просто написать какой-то вздор), одна Цветаева пишет статью, которую, разумеется, никто и не печатает. Она всей душой и всей своей бедной силой бросается на защиту того человека, который и здесь уже, в крайние дни *своей* беззащитности опять-таки бросался защитить кого-то, например Хлебникова. Значит, черта поэта — вообще защитить. Ну, например, Пушкина... Пушкина оплакивал весь народ. Но, позвольте, кто один защитил его и заплатил за трагедию своею жизнью? Да, мы знаем, что Мартынов был самолюбив. Но что свело Лермонтова с самолюбивым Мартыновым? Начинается все с этого, с того, что заступился за другого.

Я не уверена, что каждый из нас, каждый из вас читал все, что написано Мариной Ивановной и

Анастасией Ивановной Цветаевыми о их семье. И я здесь только просто лишний раз с благоговением хочу упомянуть имена великих их родителей, которые содействовали тому, что мы теперь располагаем нашей драгоценностью. Анастасия Ивановна сказала, что Марина Ивановна говорила: Дар... то есть за дар нельзя хвалить, это — от Бога. Разумеется, но и от родителей. И, видимо, вот это: то, что музыка и Германия, то, что Россия и все, что за этим, видимо и есть лишний повод вспомнить дом в Трехпрудном, в котором некогда жили две чудные девочки. И вот я люблю по книге Анастасии Ивановны Цветаевой, а теперь уже как бы по моему собственному житейскому впечатлению, люблю думать, представлять себе, как они шли в морозный день, в платках поверх шапок, люблю думать, как они шли вниз по Тверской на Кузнецкий мост, чтобы купить гравюру или альбом. Чередовались, там, голубые и розовые фонари, и шли два чудных ребенка, обреченных к столь неимоверному опыту жить, страдать и оставить людям столько всего. Но, тем не менее, это та Москва, к которой я имею ностальгическое как бы чувство, и мы не можем этого забыть, потому что это та Москва, та столица и той нашей родины, которая непременно входит в наше душевное воспитание.

Еще вот, когда мы говорим об истоках, нельзя не упомянуть — Тарусы. Потому что — Владимирская губерния, да, и Цветаева, кажется, была там, именно тогда, когда Мандельштам у нее гостил, и не была на родине своего отца, если я не ошибаюсь, — но вот то, что мы называем средней полосой, — Таруса. Странное странище странных этих мест... Безусловно, они тоже взлелеяли незыблемо русскую суть Цветаевой. Я там была некоторое время назад и, конечно, не предполагала, что мне придется огласить то, что я тогда думала там. Но тем не менее я каждой секундой душою моей соотносилась с Анастасией Ивановной, с Мариной Ивановной Цветаевыми.

Все знают знаменитую зелень цветаевских глаз. Написано: зеленый взблеск глаз. Звериная зеленая роскось глаз, тех странных цветаевских глаз, которые как-то умели смотреть, судя по воспоминаниям современников, как-то странно, как бы не на вас, а как бы мимо вас, как-то в обхват вас, как бы в вашу суть и потом еще улыбались уже тому, что они видят, как бы сами сотворив зрение[1]. И вот там

___

[1] „Беглый взблеск зеленых глаз, какая-то, я бы сказала звериная, роскось — в сторону: видит вас, но как будто смеясь, как будто прячась от вас, — очень светлых и очень зеленых прозрачных глаз. Это ее повадка (звери-

516

все так зеленело — зеленела Ока, зеленели деревья, — и я не написала стихотворения, но некоторая строчка запела во мне, и я... она принадлежит всего лишь письму, моему письму к Анастасии Ивановне Цветаевой. Но там я увидела длительность, безмерную длительность цветаевской жизни.

Какая зелень глаз вам свойственна однако!
И тьмы подошв такой травы не изомнут.
С откоса на Оку вы глянули когда-то —
на дне Оки лежит и смотрит изумруд.

Какая зелень глаз вам свойственна однако!
Давно из-под ресниц обронен изумруд,
или у вас — ронять в Оку и в глушь оврага
есть что-то зеленей — не знаю, как зовут?

Какая зелень глаз вам свойственна однако!
Чтобы навек вселить в пространство изумруд,

ная), обижавшая некоторых людей: не смотрит на вас, когда разговаривает" (*Колбасина-Чернова О.* Марина Цветаева // Мосты. Мюнхен, 1970, № 15, с. 311).
„У нее [Цветаевой] было два взгляда и две улыбки. Один взгляд, как будто сверху — тогда она шутливо подсмеивалась. Другой взгляд — внутрь и в суть и — улыбка разгадки, улыбка мгновенно сотворенному образу" (*Чирикова В.* Костер Марины Цветаевой // Новый журнал. Нью-Йорк, 1976, № 124, с. 141).

вам стоило взглянуть и отвернуться: надо
спешить — уже темно, и ужинать зовут...

С замиранием сердца мы с моими спутниками
приблизились к тому месту, где некогда стоял знаменитый цветаевский дом. Мы не знали, в каком
это месте, никто нам сначала не мог указать, потом — указали. На этом месте ныне танцплощадка.
Я опять-таки прочту стихотворение, которое опять
выпадает из моих представлений о гармонии, и,
видимо, в этом — урок, что если хочешь писать хорошо, не надо свирепствовать, исходи из каких-то
высших побуждений.

> Здесь дом стоял. Столетие
> назад был день — рояль в гостиной водворили,
> ввели детей, открыли окна в сад...
> Здесь ныне люд — ревнитель викторины.
>
> Ты победил. Виктория — твоя!
> Вот здесь был дом, где ныне танцплощадка,
> площадка-танц иль как ее... Видна
> звезда небес, как бред и опечатка
>
> в твоем дикоязычном букваре.
> Ура, что победил! Недаром злился!
> И морщу лоб — при этих, в серебре,
> безумных и недремлющих, из гипса.

Прости меня, чудовищный старик!
Ты победил. Тебе какое дело,
что вижу я, как дом в саду стоит
и бренное твое истлело тело.

Я говорила об очевидности бессмертия, о котором много размышляла Марина Ивановна Цветаева. Вот в раннем письме Василию Васильевичу Розанову она пишет, что не верит в Бога и поэтому не верит в загробную жизнь и так пользуется каждой минутой живой, именно сейчас данной жизни[1]. Потом, когда эта данная живая жизнь стала отказывать ей в том благе, на которое имела она право, она сама пишет: Будет суд, перед которым уже я буду не виновата, потому что там будут судить не по платью, не по уменью напоминать всех остальных, а только по тому, что я внутри себя имею[2]. Такое вре-

1 „...я совсем не верю в существование Бога и загробной жизни.
...Безумная любовь к жизни, судорожная, лихорадочная жадность жить" (СС, т. 6, с. 120).
2 „Вы верите в другой мир? Я — да. Но в грозный. Возмездия! В мир, где царствуют Умыслы. В мир, где будут судимы судьи. Это будет день моего оправдания, нет, мало: ликования! Я буду стоять и ликовать. Потому что там будут судить не по платью, которое у всех здесь лучше, чем у меня, и за которое меня в жизни так ненавидели, а по сущности, которая здесь мне и мешала заняться платьем" (СС, т. 6, с. 307).

мя как бы подошло. И вот еще где-то пишет в одном письме, Людмиле Евгеньевне Чириковой пишет: Я увидела фонари, там, во время какой-то прогулки с вами, и цепочка фонарей всегда мне напоминала бессмертие[1]. Сегодняшней ночью, когда душою моею, но никак не разумом готовилась я к тому, что сейчас происходит, я видела в окно цепочку фонарей вдоль Тверского бульвара. Она, к счастью, мне просто видна. И смотрела на желтую милую эту светлость и думала, опять-таки вспомнила, как некогда шли здесь две чудных девочки. Одна из них незадолго до этого позвонила, и сквозь Мерзляковский, Хлебный, Борисоглебский, сквозь все то, где всегда жила или ютилась или торжествовала жизнь Цветаевых, сквозь все это донесся прелестный, совершенно живой и живучий голос Аси, которая вот...

Анастасия Ивановна здесь, и я надеюсь, что именно в этом месте ей будет уместно меня перебить на столько, на сколько ей будет угодно. А нам остается только ликовать, что мы ее сейчас услышим.

1978

1 „Жаль, что Вас нет. С Вами бы я охотно ходила — вечером, вдоль фонарей, этой уходящей и уводящей линией, которая тоже говорит о бессмертии" (СС, т. 6, с. 309).

БОЖЬЕЙ МИЛОСТЬЮ

Выступление на вечере, посвященном
90-летию со дня рождения
Марины Цветаевой

В сей день — потому, что: День рождения, с которым мы друг друга поздравляем, но почему во всякий день Марина Цветаева, ее имя, все, что названо этим именем, вынуждают нас к особенному стеснению сердца, к особенной спертости воздуха в горле? Мы, человечество, сызмальства закинувшее голову под звездопад, к шедеврам; мы, русские, уже почти двести лет, как с Пушкиным; мы, трагические баловни двадцатого века, понукаемые его опытом к Искусству; мы, имеющие столько прекрасных поэтов, — почему особенною мукой сердца устремляемся мы в сторону Цветаевой? Что в ней, при нашем богатстве, — из ряду вон, из ряду равных ей? Может быть — особенные обстоятельства ее жизни и смерти, чрезмерные даже для поэта, даже для русского поэта? Может быть, и это, но для детской, простоватой стороны нашей сущности, для той пылко-детско-житейской стороны, с которой мы не прощаем современникам Пушкина, что именно он был ранен железом в живот, в жизнь, в низ живота — так Цветаева пишет о детском ощущении Пушкина, которое еще не мысль, но уже боль. Да, особенные обстоятельства жизни и смерти, осведомленность в страдании, которую приходится считать исчерпывающей. Но страдание и гибель — лишь часть судьбы Цветаевой, совершенной дважды: безукоризненное исполнение жизненной трагедии и безукоризненное воплощение каждого мига этой трагедии, ставшее драгоценной добычей нашего знания и существования. В этой прибыли нет изъянов, она загадочно абсолютна, и в этом смысле судьба Цветаевой — одна из счастливейших в русской словесности. Сам по себе образ рока более вял, чем образ Цветаевой, она была вождь своей судьбы, воинство ее ума и духа следовало за этим вождем, охраняя не поэта, а его дар — свыше — нам, все то, что, упустив его жизнь, мы от него получили.

Поэт особенным образом любит жизнь и имеет для того особенные причины. Поэт сказал: сестра моя жизнь. На что Цветаева не замедлила восхищенно отозваться: „Сестра моя Жизнь, так люди — жизни не зовут". Кто же те, единственно имеющие право называть ногу ножкой, а жизнь сестрою? И что делает эта сестра специально для них?

Жизнь благосклонна к поэтам совсем в другом смысле, чем к людям — не-поэтам, словно она знает краткость, возможную краткость отпущенных им дней, возможное сиротство их детей, все терзания, которые могут выпасть им на долю. И за это она так сверкает, сияет, пахнет, одаряет, принимает перед ними позу такой красоты, которую никто другой не может увидеть. И вот эту-то жизнь, столь поэту заметную и столь им любимую, по какому-то тайному уговору с чем-то высшим, по какому-то честному слову полагается быть готовым в какой-то, словно уже знакомый, момент отдать — получается, что отдать все-таки за других. Взыщут или нет — но поэт к этому нечаянно готов. За то, что мы называем Божьей милостью, — страшно подумать, какая за это немилость всех других обстоятельств. Трудное совпадение того и другого поэт принимает за единственную выгоду и благодать. Спросим Цветаеву, что он за все это имеет? Она скажет, при этом скажет задолго до крайней крайности, до смертного часа: „...ни с теми, ни с этими, ни с третьими, ни с сотыми, и не только с „политиками", а я и с писателями — *не*, ни с кем, одна, всю жизнь, без книг, без читателей, без друзей, — без круга, без среды, без всякой защиты, причастности, хуже, чем собака, а зато — а за то — все". Прибавим к перечисленному то, что мы знаем о конце ее дней, и мы поймем, какой ценой дается ВСЁ. Но, если про прочих нас скажут: все то, что им дано, про Цветаеву скажут: то ВСЁ, что дано Цветаевой. И: все то, что отдали они, и то ВСЁ, что отдала Цветаева.

Вскользь упомянем, что она и житейски — даритель, раздаватель, заступник (за Маяковского, за Мандельштама, за Германию: профиль Гёте над тысячелетьями).

Торжественно вспомним, что Иван Владимирович Цветаев отдал жизнь на принадлежащий нам Музей. Народу отданы две цветаевских библиотеки. Но главное не менее Музея — все то, что мы ненасытно брали и берем, что будем всегда брать у Цветаевой, от Цветаевой на тех необременительных для нас условиях, что она отдала нам ВСЁ...

1982

ПОЭЗИЯ — ПРЕЖДЕ ВСЕГО

К 80-летию со дня рождения Галактиона Табидзе

О, друзья, лишь поэзия — прежде, чем вы,
прежде времени, прежде меня самого,
прежде первой любви, прежде первой травы,
прежде первого снега и прежде всего...

Так — приблизительно так, ведь это всего
лишь перевод — сказал он в ту прекрасную пору
жизни, когда душа художника испытывает молодость и зрелость как одно состояние, пользуется
преимуществами двух возрастов как единым бла-
гом: равновесием между трепетом и дисциплиной,
вдохновением и мастерством. В мире свершились
великие перемены, настоящее время ощущалось
не как длительность, а как порыв ветра на углу
между прошлым и будущим. Энергия этого ветра
развевала знамена, холодила щеки, предопределя-
ла суть и форму стихов. Он был возбужден, зачаро-

ван. Он ликовал. К этому времени он пережил и написал многое.

> Светает! И огненный шар
> раскаленный встает из-за моря...
>
>> Скорее — знамена!
>
> Возжаждала воли душа
> и, раннею ранью, отвесной тропою,
> раненой ланью спеша,
>
>> летит к водопою...
>
> Терпеть ей осталось немного.
>
>> Скорее — знамена!
>
> Слава тебе, му́ку принявший
> и павший в сражении витязь!
> Клич твой над нами витает:
> — Идите за мною, за мною!
> Светает!
> Сомкнитесь, сомкнитесь, сомкнитесь!
> Знамена, знамена...
>
>> Скорее — знамена!

(1917)

Еще в двенадцатом году было написано и с тех пор пребывает в классике грузинской поэзии и всей поэзии стихотворение „Я и ночь". „В классике" — звучит величественно и отчужденно, словно вне нас, в отторженном бессмертии, в торжественном „нигде", так звучит, а значит — именно „везде", в достоверной материи пространства, в живой плоти людей. Ночь — время и место поэтического действия, предмет созерцания и сама соглядатай, ночь — образ мироздания, вплотную подведенный к зрению и слуху. Я — и ночь, я — и мерцающая Вселенная, и неутолимая мука, творящаяся между нами, — суть моего ремесла, от которого нет отдыха и защиты. Можно сказать так, но это совсем не похоже на волшебство, ускользающее от иноязыкого исследователя этого стихотворения. Попробую сказать по-другому:

> Только ночь — очевидец
> невидимой му́ки моей,
> И мое тайнословье —
> всеведущей — ведомо ей.

Почти точно, но какая пустая бездна несоответствия вмещается в это „почти"! Но он сказал: „Я и ночь", раз навсегда присвоив ночь себе и предав себя ей, станемте искать его в ночи, павшей на тбилисские улицы, дворы и закоулки.

В пятнадцатом году — „Мери". Бедная, счастливая, неверная, прекрасная Мери! Все уста, открытые для грузинской речи, вовеки будут повторять ее имя, и все потому, что с другим, с другим венчалась она в ненастную ночь, не оставив поэту никакого утешения, кроме его собственных стихов, да Шекспира, который один мог соответствовать этой скорби.

Ночь, Мери, Знамена. Ранящий мир, любовь, события истории воспринимаются и воспроизводятся им с равным пристрастием сердца, единственным ведомым ему способом.

> Наши души белеют белее, чем снег.
> Занимается день у окна моего.
> И приходит поэзия — прежде, чем свет,
> прежде Свети-Цховели и прежде всего.

Так написал он, когда был еще молод и уже достаточно многоопытен, чтобы сформулировать свою главную страсть и доблесть и вынести ее в заглавие личности, своей судьбы, драгоценных для Грузии и общей культуры людей. Нет ли в этой формуле профессиональной замкнутости, усеченности? Видимо, нет. Ведь, когда он писал это, его звали: Галактион Табидзе, а вскоре стали звать и теперь зовут: Галактион, и только, потому что на его земле его имя не требует уточнения, он — единственный. И я счастлива, что неисчислимо много раз я видела, как действует это имя на самых разных жителей

Грузии, каким выражением света и многознания отзываются их лица на заветный пароль этого имени. Счастлива, что вообще на свете бывает такая любовь всех, действительно всех людей к своему поэту, к своей поэзии. Только об этой любви и хотела я повести речь, чтобы вовлечь, заманить в нее новых пленников, как меня когда-то вовлекли и заманили добрые люди — а потом уже сам Галактион, когда душа была возделана, готова и открыта для любви. Все мы знаем, что многие творения великих грузинских поэтов блестяще переводились на русский язык, но это не вполне относится к Галактиону Табидзе, чья хрупкая и прихотливая музыка легко разрушается даже от бережного прикосновения, — в чем тут дело, я не берусь судить. Иногда кажется, что сами стихи его одушевленно упорствуют в непреклонном желании остаться в естественной и неприкосновенной гармонии родного языка, не хотят нести неизбежного убытка.

Пристальное чтение станет легче и благодатней для нас, если мы предпошлем ему предысторию заведомой нежности к поэту, к его мятежному и сложному нраву, к его обширному, непростому, многообразному творчеству, столь дорогому для тех, кто говорит с ним на одном языке. А уж в этом надо поверить им на слово.

Так я поверила Вам, батоно Сандро, старый кахетинский крестьянин, чьи руки можно читать как книгу о щедрой земле, о долгом труде. Спасибо Вам, что Вы позвали нас в дом лишь за ту заслугу, что мы были путники, бредшие мимо, что луна вставала над виноградником, что стихи Галактиона, сложные для некоторых специально ученых людей, для Вас были вовсе просты.

Вы, пекари из райской преисподней, где всю ночь сотворяется хлеб, мне жаль, что мой перевод „Мери" много несовершенней горячего хлеба, вознаградившего меня за этот труд.

Вы, несравненный Ладо Гудиашвили, как я люблю Ваш дом — я только в последний раз заметила, как он красив сам по себе, прежде я все не замечала, что вообще есть дом, — все смотрела, как Вы похаживаете возле Ваших дивных полотен, застенчиво объясняя их названия и смысл, ободряя родительским взором соцветья и созвездья красок. Ваша память и Ваше искусство многое знают о Галактионе.

А Вас мне не сыскать, ночной сторож, мы грелись возле Вашего костра. Вы не раз видели Галактиона, он бродил по этим улицам, ему было легко и просто говорить — Вы сказали: „Говорить со мной, с такими, как я ". Таких, как Вы, я не встречала боль-

ше, но и другие люди рассказывали похожие истории...

И вот, всех упомянутых и всех неупомянутых
людей я поздравляю с лучшей радостью, с днем
рождения великого поэта, чья жизнь все будет
длиться и расти, и смерти его не останется вовсе —
останутся рождение и стихи.

Что же, город мой милый, на ласку ты скуп?
Лишь последнего жду я венка твоего.
И уже заклинанья срываются с губ:
Жизнь, и смерть, и поэзия — прежде всего.

1973

ЖИЗНЬ ТИЦИАНА ДЛИТСЯ...

Выступление на вечере памяти Т. Табидзе

Человек, написавший в стихах о том, что он не слагает стихи, не пишет их, а сам написан ими, как всегда, сказал правду. Тициан Табидзе действительно являет собою измышление поэзии, ее шедевр, в гармонии объединяющий все достоинства без единого изъяна. Он отчетливо и прекрасно нарисован нам в белом пространстве. Нам предъявлена красота его черт, его доброта, его неувядаемая гвоздика в петлице и роза на устах, которые никогда не открывались для тщеты, для хулы или для вздора. Этот человек словно желает показать нам, каков должен быть и каков есть поэт в человечестве. Он лишает нас раздумий о совместимости гения и злодейства, он убеждает нас в том, что гений есть великодушие, благородство, доброта.

Сегодня много раз упоминалось драгоценное имя Бориса Пастернака, и вновь душа возвращается к нему, потому что встреча двух этих людей, замечательных не только потому, что речь России и речь Грузии вновь с нежностью и силой объединились, но потому, что их жизнь, их торжественная и доблестная дружба оставляют нам на память о человечестве, о нашей принадлежности к человеческому роду, замечательный документ, который говорит о том, что люди все-таки прекрасны и не следует винить их в жестокости, а, наоборот, нужно дивиться их мужеству, долготерпению и умению спасать друг друга.

Переписка Нины Табидзе и Пастернака останется для грядущих поколений как свидетельство величайшего напряжения человеческой нравственности, человеческого ума. Меж бездной и бездной в мироздании дует сквозняк и задувает то одну, то другую свечу. Наташа Пастернак, дорогая, вот здесь внук Тициана, вот внуки Бориса Леонидовича Пастернака, чьи таинственные прекрасные лица обещают нам, что эта свеча не задута, что свет ее будет длиться во времени. Может быть, в чьей-нибудь бедной и скудной жизни бывает так, что смерть является самым существенным событием в судьбе человека. У поэта — не то. Он тратит мгновение на краткую последнюю му́ку и потом становится вечным приливом к нашему уму, способствующим нашему спасению. Жизнь Тициана длится в его внуках, длится в неиссякаемых гвозди́ках в цветниках человечества, длится в каждом из нас, кто расположен к добру, расположен к поэзии. Два этих дома обласкают еще многих: дом Тициана в Тбилиси — все мы еще раз увидим картины Пиросмани, пианино, подаренное когда-то Борисом Пастернаком, и дом в Переделкине — тоже будет обязывать нас к доблести духа.

Я прочту два стихотворения — одно Тициана Табидзе — „Маш гамарджвеба" по-грузински, — „Итак, да здравствует":

Брат мой, для пенья пришли, не для распрей,
для преклоненья колен пред землею,
для восклицанья:
— Прекрасная, здравствуй,
жизнь моя, ты обожаема мною!

Кто там в Мухрани насытил марани
алою влагой?
          Кем солнце ведо́мо,
чтоб в осиянных долинах Арагви
зрела и близилась алавердоба?

Кто-то другой и умрет, не заметив,
смертью займется, как будничным делом...

О, что мне делать с величием этим
гор, обращающих карликов в дэвов?

Господи, слишком велик виноградник!
Проще в постылой чужбине скитаться,
чем этой родины невероятной
видеть красу и от слез удержаться.

Где еще Грузия — Грузии кроме?
Край мой, ты прелесть
                              и крайняя крайность!
Что понукает движение крови
в жилах, как ты, моя жизнь, моя радость?

Если рожден я — рожден не на время,
а навсегда, обожатель и раб твой.
Смерть я снесу, и бессмертия бремя
не утомит меня... Жизнь моя, здравствуй!

И второе — мое:

Сны о Грузии — вот радость!
И под утро так чиста
виноградовая сладость,
осенившая уста.

Ни о чем я не жалею,
ничего я не хочу —

в золотом Свети-Цховели
ставлю бедную свечу.

Малым камушкам во Мцхета
воздаю хвалу и честь.
Господи, пусть будет это
вечно так, как ныне есть.

Пусть всегда мне будут в новость
и колдуют надо мной
милой родины суровость,
нежность родины чужой.

Что же, дважды будем живы —
двух неимоверных стран
речь и речь нерасторжимы,
как Борис и Тициан.

1976

СТИХОТВОРЕНИЕ, ПОДЛЕЖАЩЕЕ ПЕРЕВОДУ...

Стихотворение, подлежащее переводу, проживает сложную, трехкратную жизнь. Оно полнокровно существует на родном языке и потом как будто умирает в подстрочнике. Лишенное прежней стройности и музыки, оно кажется немым, бездыханным. И это — самый опасный, самый тревожный момент в судьбе стихотворения. Как поступит с ним переводчик? Сумеет ли он воскресить его, даровать ему новую жизнь, не менее щедрую и звучную, или так и оставит его неодушевленным?

Мне всегда казалось, что в подстрочном переводе есть что-то обнаженное, беззащитное. Он — как дитя, оставленное без родительского присмотра. Теперь от переводчика, человека постороннего, зависит: усыновить ли это дитя, вдохнуть ли в него всю свою нежность и заботу, или так и оставить его убогой сиротой в чужом языке.

Поэтому я думаю, что перевод — это проявление огромного доверия двух поэтов, где один из них приобщает другого к своей сокровенной тайне. И тому, другому, нужно иметь много деликатности, проницательности и фантазии, чтобы по контурам подстрочника восстановить действительный облик стихотворения, подобно тому, как ученый восстанавливает по черепу черты прекрасного древнего лица.

Вероятно, смысл перевода сводится к одному — переведенное стихотворение должно стать не смутным намеком на его первоначальные достоинства, а полноправным участником другой поэзии, праздником другого языка.

Но все это — очевидно, и спор возникает только вокруг пределов точности, не установленных до сих пор.

Мне хотелось бы сослаться на свою работу над переводами грузинских поэтов — не потому, что я считаю ее поучительным примером, а просто потому, что в ней я осведомлена больше, чем в какой-либо другой, может быть, более удачной.

Должна признаться, что я никогда не старалась соблюдать внешние приметы стихотворения: размер, способ рифмовки — исходя при этом из той истины, что законы звучания на всех языках различны. Полная любви и участия к доверенным мне стихам, я желала им только одного — чтобы они стали современными русскими стихами, близкими современному русскому читателю.

Пытаясь сохранить нежную, сбивчивую, трепетную речь Анны Каландадзе, прекрасную странность ее оборотов, я часто прибегала к свободным, необременительным размерам. Я брала за основу стро́ки подлинника, цельность которых не имела права нарушить: „О, есть что-то, безмерно заставляющее задуматься...", „Я слечу на твои синие ветки, сирень..." — и приспосабливала к ним все стихотворение. Кроме того, этим замедленным ритмом мне хотелось подчеркнуть задумчивость, сердечную рассеянность поэтессы, необыкновенную привольность ее души. И напротив, напряжение острого чувства, патриотического, любовного, я пробовала передать короткой, напористой строкой, отчетливыми рифмами.

Я точно повторяла вслед за Каландадзе все географические названия в их подборе — тоже качество ее поэтического характера, ее страстная привязанность к Грузии.

Иногда, увлекаясь стихотворением, я позволяла себе некоторую свободу — но для того только, чтобы компенсировать потери, обязательные при переводе на другой язык.

Для грузинского читателя не секрет, что в прекрасном стихотворении Симона Чиковани „По пути в Сванетию" нет строк, впоследствии появившихся в переводе: „Теперь и сам я думаю — ужели по той дороге, странник и чудак, я проходил..." Но не думаю, чтобы этим определением — „странник и чудак", выбранным по собственной воле, я обманула русского читателя — я хотела еще раз напомнить ему о том, как причудлив, капризен внутренний мир этого поэта.

Мне пришлось несколько упростить стихотворение „Девять дубов", чтобы сделать его доступным русскому воображению, не испытывающему благоговения перед таинственной цифрой девять, плохо осведомленному в повадках дэвов.

Чтобы читатель не был строг к замысловатым образам стихотворения, не спрашивал с них строгой реальности, я ввела в конце стро́ки, намекающие на восточную сказочность, на волшебство, открытое поэту: „В глаза чудес, исполненные света, всю жизнь смотрел я, не устав смотреть".

Я думаю, что иногда переводчик волен опустить те или иные детали, имея в виду не только разницу языков, но и разницу в поэтической психологии, в кругу образов различных народов.

В стихотворении Чиковани „Задуманное поведай облакам" есть стро́ки: „Красотой своей ты наполнила кисеты моей души..." Полностью доверяя поэту, мне очень дорогому, я ни минуты не сомневалась, что по-грузински этот образ поэтичен и закономерен. Но в дословном переводе на русский язык он звучит грубо, почти вульгарно, и я попыталась обойтись без него, тем более, что очарование женщины и чувство поэта и так были очевидны.

Таким образом, автору угрожают две опасности со стороны переводчика, две свободы: преувеличение или преуменьшение. Мне кажется, в интересах стихотворения и то и другое в какой-то мере допустимо. И вряд ли удастся точно установить, математически вычислить — в какой именно мере. Вероятно, определить это может только сам поэт, в одном случае поступая так, в другом — иначе. Достоверным кажется мне только одно — свобода переводчика возможна до тех пор, пока она не наносит ущерба свободе автора. *При переводе должны оставаться неприкосновенными весь внутренний мир поэта, лад его мышления и существенные конкретные детали поэтического материала.* Так, было бы грешно, да и не нужно, изменить эти, например, точные строки Чиковани: „А после — шаль висела у огня...", „Колени я укрепил ходьбою...",

„Изогнутою, около Двуречья тебя увидеть захотел я вдруг...". В них и поэтическая мысль, и заведомое русское звучание настолько полноценны, что нет нужды их переиначивать. Это тот случай, когда грузинская грамматика обогащает русский текст. Я надеюсь, что стихотворение „Олени в гумне" обладает самостоятельным русским звучанием, и все же, конечно, это совершенно грузинское стихотворение — не только из-за отраженной в нем географии, но и из-за такого, например, странного на первый взгляд, прекрасного грузинского образного поворота: „И вдруг, подобная фазану, невеста вышла на крыльцо..." И, наверно, переводчик должен быть очень бережен к этим проявлениям щедрого национального своеобразия.

Невольно присоединившись к дискуссии, я, кажется, не возразила ни той, ни другой стороне. Я просто хотела поделиться с товарищами по делу перевода некоторыми соображениями и подтвердить мою благодарность, мое глубокое пристрастие к грузинской поэзии, давшей мне много радости.

1960

ГРУЗИНСКАЯ ПОЭЗИЯ
БУДЕТ ВСЕГДА
СО МНОЙ

Мне бы тоже изложить мою точку зрения на дело художественного перевода, но у меня нет точки зрения, а есть зрение. У меня есть руки, которыми я пишу, есть мое сердце, при помощи которого я работаю, и дальше я пойти не могу.

Здесь много говорили о том, как следует переводить. Это полезно, это поучительно, и я все-таки не знаю, как надо переводить. Если бы мы знали, было бы больше прекрасных переводов Галактиона Табидзе и других.

Я еще хочу сослаться на обязательный момент — деловитость. Будем рассматривать наши совещания не только как программу работы Союза писателей, как мероприятие нашей общественной жизни, но подумаем, *что* привело нас друг к другу, *что* влечет нас встречаться и говорить об одном и том же. Я имею в виду искусство, то, что всегда сближает нас, а кроме этого у нас нет ничего.

Я рассматриваю перевод, как любовь одного человека к другому. Я так говорю не только потому, что мне довелось любить поэтов, которых я переводила, что через стихи Симона Чиковани, Анны Каландадзе я видела их облик, а потому, что я бесконечно доверяла им как поэтам и очень любила их.

Здесь говорили о подстрочниках. Наверное, жестокие слова, сказанные о подстрочнике, очень справедливы, но я думаю, что мы можем не признаваться друг другу в том, каким образом работали. Давайте будем делиться результатами нашей работы, и они скажут сами за себя.

Я не собираюсь упрекать Пастернака в том, что он прибегал к подстрочнику, потому что он *постигал* величайшую грузинскую поэзию, и было бы кощунством упрекать его. Я нежно отношусь к подстрочникам. Мне кажется, что подстрочник — это дитя, если можно так сказать, которое беззащитно, оно потеряло ту жизнь, в которой оно жило на родном языке, и еще не определило новой жизни. Пока это только дитя, с которым можно сделать все, что угодно. И лишь настоящее искусство поставит, направит, усыновит это дитя, сделает его не только своим ребенком, но отнесет ко всему миру, чтобы весь мир принял его в свои объятия.

Я не позволю глумиться над этим ребенком, не позволю сделать нечто дурное, пусть дитя всегда будет прекрасным.

Мне кажется, что есть еще один обязательный прием перевода, это — одержимость. Я буду на этом настаивать, и я говорю это не о себе, а о других. Товарищи, которые принимают участие в этом совещании, — это люди, вооруженные не только знанием своего дела, но и своей способностью познать поэзию по подстрочнику. В наших условиях это обязательный технический прием, необходимый для художественного перевода. По подстрочнику только истинный поэт может понять смысл стихотворения.

Я все время говорю о поэзии, потому что больше ее знаю, и я уверена, что только настоящий поэт восстановит облик стихотворения, как облик прекрасного лица. Я ссылаюсь на себя не потому, что считаю себя примером в работе переводчика, просто я это больше знаю. Следует говорить о том, что знаешь лучше, о своем опыте, и я ссылаюсь на грузинскую литературу не в ущерб другой литературе, а опять-таки потому, что я ее больше знаю. Я специально ограничила себя переводом грузинской поэзии. Я хочу сосредоточить себя на этом языке. Я узнаю грузинские слова из тысячи других слов, я настроила себя на это и думаю, что это очень важно.

Мы говорили о пределах вольности перевода. Я думаю, что математическим способом не удастся вычислить должный предел. Мы всегда можем говорить, что можно сделать так или иначе, мы добивались переводов точных и неточных, и я знаю, что я делала. Я считаю, что истинно точным перевод можно сделать путем каких-то неточностей, потому что потери при переводе с одного языка на другой обязательно бывают. Мне никогда не удавалось восстановить звучание грузинских слов, я подчас специально нарушала размер и строй грузинского стихотворения, потому что то, что может звучать в грузинском размере, не может звучать в русском.

Опять-таки мне посчастливилось, я переводила те стихи, которые казались мне прекрасными, иначе я не могла бы работать над ними. Но есть моменты, которые не подлежат точному воспроизведению. Я уже говорила когда-то, как я переводила стихи Симона Чиковани. Там были вещи, которые я не могла воспроизвести точно, потому что, при всем доверии к Симону Чиковани, при огромной нежности к его поэзии, я знала, что по-грузински это прекрасно, а по-русски это не может так звучать. И при переводе Галактиона Табидзе „Тебе тринадцать лет" — эти слова по-русски не звучат поэтически, и по-русски нельзя это сказать таким образом.

Я уважаю многих товарищей, которые упрекали меня в вольности перевода Галактиона Табидзе. Дело в том, что Галактион принадлежит Грузии, но каждый грузин не обязан знать, что может угрожать Галактиону. То, что мы даем из грузинской поэзии, — это очень много, но не для Грузии, а для России. Я хочу донести стихотворения Галактиона Табидзе до русского читателя и считаю это возможным. Я не выкидывала ни строчки, не проявляла небрежности, а если и делала что-либо по-своему, то потому, что хотела осветить Галактиона по-русски так, как слышала по-грузински. Когда я хожу по ночам в Тбилиси, мне кажется, что хожу вместе с тенью Галактиона. Я знаю его стихотворение, я знаю, в чем его смысл, оно не чуждо логике, но оно все держится на музыке, которую я не могу точно воспроизвести, — не просите у меня невозможного. Я могу только сказать русскому читателю, что это звучит на грузинском языке божественно. Я хочу, чтобы русский читатель поверил мне на слово, что Галактион — великий поэт. Если бы для этого мне нужно было бы танцевать, я бы танцевала.

Я говорила, что иногда сама работа вынуждает нас к вольности. Когда я переводила стихотворение Симона Чиковани „Девять дубов", я тревожилась за него, я боялась, что это „дитя" не станет любимым русским читателем. У нас число девять не принято обыгрывать. Я специально ввела в конце стихотворения стро́ки, которых не было у Чиковани. Я хотела, чтобы читатель понял, что поэт играет с ним, я хотела облегчить русскому читателю восприятие этого стихотворения.

Но есть какая-то точность, которую нельзя нарушить, и для этой точности нам нужно менять размер и находить пути, которые должны оставить неприкосновенными грузинские обороты тогда, когда они звучат прекрасно и по-русски.

Иногда я переводила стихотворения Симона Чиковани, Анны Каландадзе несоответствующим им размером, с тем чтобы передать ту сердечную сбивчивость, которая там была, чтобы донести ее до русского читателя.

В заключение я хочу сказать, что у нас очень много работы. Но я считаю грузинскую поэзию своей, и у меня не будет покоя, пока я не переведу всего того, что должна перевести.

Грузинская поэзия всегда будет со мной. Я буду служить искусству, которое сближает нас, дарует нам счастье и всех нас украшает.

1962

...К ТАЙНЕ ПЕРВОНАЧАЛЬНОГО ЗВУЧАНИЯ

Было, бывало, будет и впредь, есть и сейчас — сей, третий, час с начала дня, и все же до его начала, потому что еще длится непрочное мгновение июньской ночи — уж вы-то его растянете, используете во всю длину сновидений, вы, баловни, счастливцы, не знающие, о чем идет речь. Выглядит это так: большая, пустая, нехорошо горячая тяжесть лба прячется в ладони, и все это рушится, клонится к столу. Озвучивается это так: „Я любил этот труд превыше всякого другого труда... я служил ему как мог... но я изнемог... неужели я навеки сослан на нежную каторгу чужой души, чужой любви, чужого представления обо всем, что есть?.. Дудки, довольно...” И все это — чистосердечно, и все это — ложь, друзья мои, потому что я не умею, не желаю жить без этого, да и не пробовала никогда. Но если вы и впрямь не знаете, о чем идет речь, — да все о том же: о таинственном, доблестном, безвыходно-счастливом деле перевода — я расскажу вам, как это начинается, как это для меня начиналось. Вот — ты молод, толст, румян, собственную неуязвимость принимаешь за ранимость, застенчивость выдаешь за надменность, и, украшенный всем этим, ты приезжаешь в иную страну — назовем ее: Сакартвело — благосклонно взираешь, внимаешь, уезжаешь и понимаешь, что, уехав, ты остался навсегда в капкане нежности к ее говору, говорению, приговариванью, к ее чужому, родимому языку, загромоздившему твою гортань горой, громом, горечью, виноградной гроздью огромного, упоительного звука. Так и будешь всю жизнь горевать по нему, по его недостижимости для твоих губ и горла. Речь идет о деле перевода, и пора бы уже упомянуть какой-нибудь исчерпывающий, все объясняющий термин, но мне неведомо литературоведение, я не преуспела в нем, не начать ли мне со слова „обреченность". Обреченность — этому ремеслу, этому языку, этому человеку — переводимому тобой поэту, а ты и не знал, что он — твой родимый брат, точно такой же, как ты, но лучше, драгоценнее тебя, и вовсе не жаль расточить, истратить, извести на него свою речь, жизнь и душу. Вот он сидит рядом с тобой, вы говорите о пустяках, любуясь друг другом, сходством, братством, нерасторжимостью навеки, но он сходит с крыльца, удаляется, углубляется в снегопад, Господи Боже, не тяжел ли этот снегопад его хрупким плечам, его бедному пальто, в котором нет нужды в стране Сакартвело, там в зимних садах голубеют цветы иа, или фиалки, как вам угодно. Бывало ли с вами то, что было со мной: он всего лишь спускался с крыльца, оборачивался, помахивал рукой, не было в этом никакой многозначительности, его звали Симон Чиковани, я совершенно не умела без него обходиться, да и не будет в этом никогда нужды, он просто спускался с крыльца, но я точно знала, что больше я его никогда не увижу. С того снегопада, в который он ушел, начался мой иной возраст, который больнее, печальнее, но лучше молодости. Этот возраст удобен для мастерства перевода. Симон, Симон Иванович, любовь моя, радость, благодарю, что меня во мне меньше, чем вас, я вас переводила, перевела — в себя и во что-то иное, дальнейшее, чему и мой уход в снегопад вовсе не помешает. Да вот вам и термин: подстрочник. Вот какой расшифровывается: стихотворение жило, ликовало, лепетало в своем родном единственном языке, и вот оно насильственно умерщвлено, распластано перед тобой на столе — нагое, бездыханное, беззащитное, оно — подстрочник, ты —

переводчик, теперь все от тебя зависит: ты можешь причинить ему грубый вред дальнейшей мертвости или дать ему его же собственную, принадлежащую ему по праву, вторую, вовсе не лишнюю жизнь. И если ты не дашь ему всего, чего оно просит: музыки, утверждающей предмет его любви, свободы в твоем языке — не меньшей, большей, чем у тебя самого, — если ты не дашь, значит, — возьмешь, значит, — ты и не переводчик вовсе, а грабитель, отниматель чужого, обкрадыватель человечества, единственного и полноправного владельца всех прекрасных стихотворений и музык. А как ты все это сделаешь, как ты вынудишь подстрочник проговориться в тайне первоначального звучания, как найдешь точное соответствие между драгоценной сутью и новым звуком, — этого я не знаю...

   1970

ЖИВОЕ
СЕМИЦВЕТЬЕ

Не помню, как мы познакомились. Да мы и не знакомились вовсе: мы учились вместе в Литературном институте, виделись мимоходом и часто на Тверском бульваре, в Переделкино кивали друг другу с торопливой приветливостью, а сейчас редко встречаемся.

Но когда я вижу что-нибудь синее, оранжевое, золотое — любую милую яркость, которой одаряет нас мир, я вспоминаю юношу в блеклом лыжном костюме и свое нежное уважение к нему, к его восприимчивости к тем краскам, что украшают жизнь своим живым семицветьем. Вспоминаю, как однажды, давно уже, мы столкнулись с ним в долгом вечернем сумраке опустевшего институтского коридора, и я заметила, что он невелик ростом, а в скромном, тихом лице его есть второе, глубокое выражение: какой-то страстной сосредоточенности и доброй печали. Может быть, это остро-черные, пристально нацеленные в упор зрачки придавали его простым чертам многозначительность. Я знала о нем, что он — чуваш, из маленькой далекой деревни, и в Москве недавно.

— Ну, как дела? — спросила я на ходу.

Он быстро глянул своими, словно остроконечными, метко видящими зрачками и, простив мне условность вопроса и радуясь собеседнику, рассказал мне о своей деревне, как он скучает по ней, как сильно окрашено все там: небо, ягоды, вода, глаза лошадей, и все такого прекрасного, все-объемлюще синего цвета.

Впервые я услышала о его стихах от Михаила Аркадьевича Светлова: он всем нам причинил то или иное добро, но хвалил нас не так уж часто. Юношу в синем костюме он, не остерегаясь, хвалил.

Впоследствии я эти стихи слышала, читала, перечитывала. Они могут показаться сложными, несколько витиеватыми, но мне думается, что не нарочитость виной тому, а серьезная и подлинная сложность, которую ощущает в мире и в себе юный, наивно-проницательный человек, сильно, азартно устремивший в жизнь зрение, слух, руки. Он пристально смотрит вокруг, и нет такой малости, которая не показалась бы ему значительной, располагающей к раздумью. В будничном, привычном он отгадывает возвышенность и красоту, делает их предметом искусства. Многие чудеса поражают его: поезда, мелькнувший фонарь, такой таинственно-светлый, как будто маленький Пимен поместился в нем и завершает сказанье, белый архипелаг сада, дивный овал человеческого лица, человеческие выдумки и творенья и все, чего так много и из чего и возникает постепенно непростой и прекрасный мир, близко подступающий к глазам. И как щедро, буйно и родимо этот мир расцвечен: в нем и радуги, и Йиржи Волькер, и черный куст в розовом пространстве, и лиловые маляры.

Он — поэт. Вот в чем дело. Зовут его Геннадий Айги.

1964

О ЕВГЕНИИ
ВИНОКУРОВЕ

Я пишу все это десятого апреля, при сильном весеннем солнце, в день моего рождения, тридцати восьми лет от роду. Я имею в виду написать статью о поэте, для меня драгоценном, и знаю, что ничего из этого не выйдет, потому что — разве пишут статьи о нежности, теснящей сердце, о безрассудной приязни ума? В изначалье нового возраста сижу за столом, улыбаюсь и не умею писать.

Сколько же лет, как много лет назад это было! Ведомая непреклонной сторонней силой, которую для быстроты можно назвать судьбой, я шла по Москве той давней ослепительной зимой, и пылание моих молодых щек причиняло урон снегопаду: сколько снега истаяло на моем лице, пока я шла! Прихожу. Литературное объединение завода имени Лихачева. Это даже не робость — уж не смерть ли моя происходит со мной в мои семнадцать лет?

О, как я страшусь и страдаю, как мне тяжела моя громоздкая нескладность (это моя прелесть была), как помню я это теперь, как глубоко уважаю муку — быть юным. Спрашиваю надменно: „Это вы — поэт Евгений Винокуров?" Жадно подсматриваю за его лицом: не таится ли в нем усмешка взрослого высокомерия? Но вижу лишь выражение совершенной благосклонности и пристального любопытства. Евгений Винокуров в ту пору руководил упомянутым объединением, и я стала руководима, его легкой рукой водима по началу жизни, которое — из-за Винокурова, лишь по причине его поощрения — весьма счастливо сложилось. Этот первый его урок — расточительной доброжелательности, свойственной людям прекрасного дара, я надеюсь если не вполне усвоить, то вполне отслужить. Потом, к лучшей моей радости, мы стали коллеги, товарищи и ровесники, но тогда между мной и первым моим учителем зияла бездна разницы, в которой смутно клубилось мое чудовищное невежество (Винокуров был поражен им, но не раздражен), угрюмая застенчивость под видом апломба и страсть писать, воплощенная в длинные вялые строки. Не к моим достоинствам, но к таланту Винокурова отношу я его доброе и сильное участие к моим бедным детским стихотворениям, которые он — впервые и лишь собственным усилием — напечатал со своим предисловием, и других людей пригласил к интересу к моей фамилии, звучавшей так непривычно и витиевато.

Наши беседы, которые случались все чаще и длились все дольше, учили меня тому, что поэт — не надземен, что и в житье-бытье его разум внятен, точен и не способен к расплывчатости суждений. Поэзия — не спорить же с Пушкиным! — глуповата, но поэт — всенепременно умен.

Но не обо мне, пылко признательной Винокурову, речь, а лишь о нем, о его многозначительной личности, равной его книгам, сейчас разложенным на моем столе и всегда существующим в нашей памяти и жизни. Если счастливый случай сводит нас с поэтом в соседство знакомства и дружбы — это чрезвычайное и уже лишнее благо, ничего не меняющее в его главном значении для нашей судьбы. Не умея подвергать творчество Винокурова ученому обзору и умному суду, оставляя каждому читателю свободу располагать подарком его дарования по собственному усмотрению, я хотела бы не навязчиво упомянуть лишь некоторые приметы, по которым мы с легкостью и мгновенно отличим и узнаем речь этого истинного поэта. Винокуров известен и знаменит — своим, особенным и очень достойным способом: просто и отчетливо и вне поверхностного шума. Меж тем о нем легко и удобно было бы шуметь: он смел и дерзок в обращении со словом, как если бы он пошел на преднамеренный вызов выспренности, высокопарности, о которых принято думать, что они и отличают поэзию от прочих речей и разговоров, которыми так легко провести слух неопытного слушателя (Винокуров не часто читает, вслух не произносит свои стихи, но ведь и глазами лишь принимая стихи, мы их сразу же слышим). Он предпочел (естественно, непринужденно, но как будто с осмысленным азартом и озорством поступил) "слова, которыми на улицах толкуют". Все большие поэты, как бы высоко ни пела их гортань, все же говорили на языке своих сограждан, даже проще умея, даже грубей назвать любой предмет и ощущение по имени. Еще: строка Винокурова подобна безошибочной формуле точных наук, которую следовало бы изобразить не так: слова... а так: слово. Слово. То есть не бесформенность, где все не обязательно подлежит возможной перемене, а точность, найденная раз и навсегда. Дело читателей — любить Винокурова, но дело грядущего и тонкого исследователя заметить и доказать, как его труд сказался на труде других, вовсе не похожих на него, поэтов. Во всяком случае, я эту благотворную зависимость всегда ощущаю как свою выгоду и пользу.

"Как хорошо лицо свое иметь..." — так он написал, и что же, он завидно преуспел в этом — даже не намерении, а исполнении человеческого долга: быть таким, как все люди на твоей земле, не уклониться от общей судьбы, работать, страдать, воевать — точно, как все, не выгадав отдельности и поблажки, но всегда иметь "лицо свое", не похожее ни на одно другое, оснащенное прекрасным выражением сосредоточенного ума, доброты и таланта.

Еще: я пишу все это и знаю, что Евгений Михайлович Винокуров зайдет ко мне сегодня и поздравит меня с днем рождения. А я ему скажу: месяц без одного дня пройдет и будет День Победы. Я помню, как это было тридцать лет назад. Какое ликование было. Какая печаль, какой изъян на белом свете без тех, которые не вернулись. "Сережка с Малой Бронной и Витька с Моховой". Но — День Победы. Ты — жив. Ты — вернулся. Я тобой горжусь. Я тебя благодарю. Я тебя поздравляю.

1975

СЧАСТЛИВЫЙ ДАР

Некогда Евгений Михайлович Винокуров поздравил меня с моим условным совершеннолетием — с моими бедными восемнадцатью годами, со способностями, которые он благосклонно предполагал во мне и опекал, с грядущей судьбой, к осуществлению которой он приложил легкую и добрую руку.

Я не скрываю моей непреклонной добропамятности и с любовью, объединившей почтительность к наставнику и нежность к товарищу, поздравляю его с подлинным совершенством лет: с его славными пятьюдесятью годами, с его счастливым даром и с трудом, который ему предстоит. Нынешний день его рождения совершенен не потому лишь, что отсчитан торжественно округлым числом, но и потому, что величина даты, без потерь и изъянов, соразмерна величине личности, которая убедительно сбылась и без утайки предъявлена всевидящему суду читателей.

Я уважаю редкую и завидную удачу Винокурова: безукоризненное совпадение предмета, который он имеет в виду, и слова, которое он говорит, — точно впопад, без расточительных затрат многословия. Дисциплина его языка такова, что между сутью вымысла и облекающей ее формой нет неопрятного зазора пустоты.

Художник всегда подлежит мощной диктовке пространства, звездопаду сторонней музыки, от которого некуда спрятать голову. В этом поединке исполнитель не всегда поспевает за указкой великого дирижера. Муза же Винокурова явно ладит с повелевающим смыслом, воплощая его в безошибочный звук. Мне кажется, что он чужд разлада с желаемым и еще до склона лет, до тютчевских седин, решил задачу, заданную его таланту, приводя ее к единственно правильному ответу в пределах каждого стихотворения.

Винокуров, разумеется, взрослел и менялся по мере жизни, но его младость и зрелость, мальчик в шинели и маститый поэт трогательно и чудесно схожи меж собою и не пребывают в разлуке. Он сразу преуспел в доказательстве задиристо приметного своеобразия, на том стоит и тем легок для памяти. Его именем называем мы не только человека, известного уму и родимого сердцу, но и целую отвлеченную громоздкость — самостоятельную грамматику, особый штиль речи: рассуждать о возвышенном на уровне земли с ее травой, суглинком и житьем-бытьем сограждан. Этот способ стихосложения дерзит сладкой для слуха витиеватости пиитов и самоотверженно не ищет выгоды быстрого успеха. Водится за Винокуровым и еще одна доблесть: его замкнутая сосредоточенность на прямой цели поэтического труда, решительная не склонность к эстраде, прочно повенчавшей в наше время поэзию и ее почитателей. Стихи Винокурова в меньшей мере собственность слушателей, чем пристальных и вдумчивых читателей, и эта старинная принадлежность кажется мне достойной и чистой.

Я всегда помню и упоминаю, что Винокуров приходился мне учителем, с тем большей благодарностью, что, пестуя мое ученичество, он вовсе не ждал и не просил моего уподобления ему, поощряя лишь несходство и независимость, подобающие человеку.

Я радуюсь всем его удачам и накликиваю их во множестве на его голову вместе с вдохновением и здоровьем. Я приношу Евгению Винокурову мои почтительные поздравления — сама по себе и от имени всех его учеников, которых у него столько же, сколько читателей.

1975

ПРОЩАЯСЬ С
П. Г. АНТОКОЛЬСКИМ...

Так вот какова эта ночь на самом деле. Темно, и в мозгу — стороннее причитание безутешного пульса: где ты сейчас, где ты, любовь моя, радость? Там, где твой мальчик в шинели, там, где твоя Зоя, там, где настигну тебя. Но где это? Почему это так непроницаемо для мысли? Или это запекшееся, изнывающее место в груди, видимо, главное в ночной муке, и есть твое нынешнее вместилище, твоя запасная возможность быть и страдать?

Давно, трепеща за него и обрываясь, душа уже попадала в эту ночь из предыдущего времени, примеряла к себе ее неподъемность, но в должный час оказалась неопытной, не готовой перенести. И сам он, зимою сидючи со мною на кухне, описывал мне эту ночь, предписывая и утешая, но вглядываясь в нее особенным взором, стараясь разглядеть. Как тяжек тогда мне был этот взор, а ведь это было счастье: он издалека смотрел на эту ночь, он был жив. Я сказала: „Полно, полно! Я не собираюсь доживать до этого!" — чем испугала и расстроила его, и он прикрикнул: „Молчи!"

Вот по его вышло, не по-моему. А я и впрямь не собиралась, не умела вообразить этого. Из нас никто никогда не жил и не обходился без него, этому только предстоит учиться. Мы родились — он обрадовался нам, мы очнулись от детства — он уже ждал, протягивая навстречу руки, мы старились — он благословлял нашу молодость. Мы разнежились в этой длительности, обманчиво похожей на бесконечность. Простое знание, что он — несомненно — чудо, было на стороне не тревоги, а детской надежды: он будет всегда, без него ничего не бывает.

Впервые я увидела его осенью 1955 года: он летел по ту сторону окон, чтобы вскоре влететь. Пока же было видно, как летит: воздев палку, издавая приветственный шум. Меня поразили его свирепая доброжелательность и его хрупкость, столь способная облечь и вытерпеть мощь, пыл, азарт. Он летел, неся деньги человеку, который тогда был молод, беден и захворал. Более с ним не разминувшись, я вскоре поняла, что его положение и занятие в пространстве и есть этот полет, прыжок, имеющий целью отдать и помочь. В его существе обитала непрестанная мысль о чьей-то нужде и невзгоде. Об этом же были его последние слова дочери Наталии Павловне. Раздаривание — стихов, книг, вещей, вещиц, взглядов, объятий и всего, из чего он неисчислимо состоял, — вот его труд и досуг, прибыль расточителя, бушующего и неубывающего, как прибой: низвергаясь и множась.

И вот, мыкаясь в этой ночи, до которой довелось-таки дожить, что сейчас кажется мне пронырливым, хитроумно-живучим, я считаю все, данное им. Без жалости к себе я знаю, что взяла все его дары и подарки, и это единственное, что я для него сделала. Я не удержала его жизни — пусть вычитанием дней из своей. То есть они вычтены, конечно, но уже без пользы для него, наоборот. Долго идя к нему в последний раз, я опоздала на час — навсегда. Почему, пока мы живы, мы так грубы, бестолковы и никуда не успеваем? Он успевал проведать любую простуду и осведомиться о благополучии всех, и собаки.

И как сформулировать то, что подлежит лишь художественной огласке? Он это знал, когда писал о Сыне и Зое Бажановой.

Чтобы описать эту ночь, предоставленную нам для мысли о том, что он приходился нам жизнью, эту степень нашего родства с ним, — надо писать, а здравого ума пока нет.

Я знаю, что книги остаются. Я убедилась в этом, открывая его книги на исходе ночи, когда проступал уже день, обезображенный его отсутствием, понимаю, конечно, что просто новый день ни в чем не повинный. Он продолжал оставаться чудом: жалел и ободрял, и его обычный голос отвечал мне любовно и внятно.

Я знаю его внуков и правнуков, в которых длится бег его крови.

Знаю, что жизнь его обращена к стольким людям, сколько есть их на белом свете, и это не может быть безответно и бесследно.

Но на самом деле я знаю, что утешения нет.

Октябрь 1978

СКЛОНЯЮ ГОЛОВУ

„Тишина, ты — лучшее из всего, что слышал".

Эта строка Пастернака самовольно обитала в моем слухе и уме, затмевая слух, заменяя ум, 20 августа 1987 года, когда Москва прощалась с артистом Андреем Мироновым.

В тот день в последний раз его пребывания на сцене я не видела его, стояла неподалеку, рядом, положила цветы, смотрела на прибывающие слезы и цветы, слышала упомянутую строку.

Когда в тот день я подошла к его Театру, я оробела перед неисчислимым множеством людей, желавших того же: войти в Театр. Хотела отступиться, уйти, и это уже было невозможно. Люди — избранники из множественного числа толкающегося и пререкающегося беспорядка — отступились от честной своей очереди, я вошла, они остались. И снова (Шукшин, Высоцкий, Миронов) я подумала:

множество людей не есть сборище толпы, но человек, человек, человек... — человечество, благородное и благодарное собрание народа, понесшего еще одну утрату.

Артист, о котором... без которого...

Сосредоточимся. Начнем сначала, лишь изначальность соответствует бесконечности, детство — зрелости. Талант и талант, имя и имя его родителей — известны и досточтимы. Счастье заведомо сопутствовало его урождению и воспитанию. От природы и родителей — сразу данный, совершенный дар безукоризненной осанки, повадки, грациозного поведения тела в пространстве, музыкальности и иронии. Прирожденный ум рано встретился с прекрасными книгами, у него была драгоценная возможность читать, читать. Всегда любуясь им, я любила совпадение наших читательских пристрастий.

Старая привычка к старинному просторечию позволяет мне написать: „из хорошей семьи". Устаревшее это определение (и не жаль его языковой низкородности) состоит в каком-то смутном родстве с прочным воспоминанием о том, как я увидела Андрея Миронова в первый раз, не из зала, а вблизи, в общей сутолоке житейского праздника. Он был неимоверно и трогательно молод, уже знаменит, пришел после спектакля и успеха, успехи же только брали разгон, нарастали, энергия нервов не хотела и не умела возыметь передышку, в гостях он продолжал быть на сцене, взгляда и слуха нельзя было от него отвлечь. Все это вместе пугало беззащитностью, уязвимостью, в моих нервах отражалось болью, причиняло какую-то старшую заботливую грусть. Он непрерывно двигался и острил, из глаз его исходило зимнее голубое облачко высокой иронии, отчетливо различимое в дымной голубизне воздуха, восхищение этим зрелищем становилось трудным, утомительным для зрения. Но вот — от вежливости — он придержал предо мною крылья расточительного полета, я увидела бледное, утомленное лицо, украшенное старинным, мягким, добрым изъявлением черт, и подумала: только дисциплина благовоспитанности хранит и упасает этого блестящего молодого человека от рискованной грани, на ней, „на краю".

Притягательность „опасной бездны" — непреодолима, неотвратима для Артиста и непоправима для его почитателей.

Эльдар Рязанов рассказывал, какие доблесть и изящество надобны для того, чтобы безупречным поступком прыжка соединить разъединяющиеся части моста и себя — с близким присутствием льва.

Услышав, что Андрей Александрович Миронов хотя бы льва несколько опасался, чего на экране не видно, с безутешной нежностью и тоской я улыбнулась. Любой человек, и путник в львиной пустыне, может разминуться со львом. Артист — не может. Так же он не может препоручить дублеру подвиг всего, что должен сам исполнить при жизни — и потом.

Андрею Миронову удалось совершенство образа и судьбы. Известно, что он дочитал монолог Фигаро доиграл свою роль до конца — уже без сознания, на пути в смерть. Это опровергает разумные и скудные сведения о смерти и бессознании. Остается — склонить голову.

Август 1987

ПАМЯТИ
А.Г. ТЫШЛЕРА

Милый, великий Тышлер

— Вы напишете о Тышлере?

— О, да!

„О" — это так, самовольное изъявление одушевленных легких, мнение любящего без сознания, не спросившего у старших ответственных сил, которым дана маленькая пауза, чтобы сильно увидеть, обежать ощупью нечто, чего еще вовсе нет, в чьем неминуемом наличии клянется твердое:

„Да!"

Все дело — в кратком препинании голоса, в препоне осознания, в промежутке, обозначенном запятой, на которую уйдут три времени года.

О — запятая — да.

Автор — всего лишь этого восклицания, усугубленного запятой, — недвижно сидит и смотрит в окно: на снег, на цветущую зелень, на шорох падающих листьев, сейчас — идет дождь.

Он так занят этим недвижным неотрывным взглядом, словно предполагает в нем трудовую созидательную энергию, соучаствующую в действиях природы, и, видимо, ждет от окна, что именно в нем сбудется обещание, данное им три времени года назад.

Он как бы смотрит на свою мысль, ветвисто протяженную вовне, соотнесенную с ним в питающей точке опоры. Разглядывая со стороны это колеблющееся построение, он усмехается, узнав в нем нечто мило-знакомое, не ему принадлежащее. Преданно помышляя о Тышлере, он зрительно превратился в его измышление, почти изделие: в продолговатый силуэт, простодушно несущий на голове прозрачную многослойную громоздкость, домики какие-то, флажки, колокольчики, человечков, занятых трудами и играми.

Весело покачивать надо лбом трогательное подобие земного бытия, приходиться ему скромным основанием, опекающим его равновесие и сохранность. Остается вглядеться в это цветное нагромождение и с любовью описать увиденное.

Этому легкому труду предшествует бархатное затемнение, мягкая чернота, облекающая выпуклый золотой свет: елку, или сцену, или улыбку лица — подарок, для усиления нашей радости заточенный до времени в нежную футлярную тьму.

Почему это вступительное ожидание, чья материя — бархат, предваряет в моей памяти образ Тышлера? Не потому ли, что он, в нашем зрении, так связан с Театром — не со спектаклями, которые содеял, а с Театром вообще, с его первобытным празднеством, прельстившим нас до нашего детства: в общем незапамятном детстве людей?

Вот он говорит: „До сих пор я живу детскими и юношескими воспоминаниями. На меня очень подействовали народные театры, балаганы, народные праздники и представления". — И добавляет: „Это очень важно".

Я так и вижу эти слова на его губах, в его увлекательном лице, возымевшем вдруг наивно-важное выражение совершенной детской хитрости. Я видывала и слыхивала эти его слова, относящиеся к невидимым и неведомым подробностям сокровенного художества.

Думаю о нем — и улыбаюсь, вижу со стороны лицо, улыбку, не обозначенную чертой рта, зримое построение над головой, на голове: город, города, ярмарка, флажки, кораблики, свечи, лестницы, переходы из одного в другое.

Лицо, — я сейчас вижу его как бы со стороны: незаметная улыбка, очевидное для невидимого очевидца построение над головой, моей же, — мысль о нем, о Тышлере. На этот раз — не метафора, ничего не могу поделать с явью, Александр Григорьевич.

Я ведь в окончательную смерть не верю — не в том смысле, что собираюсь уцелеть, быть, еще раз быть, сбыться вновь, иначе. Смерть — подробность жизни, очень важная для живущего и жившего, для тех, кто будет и не будет вживе. Что и как сбылось — так будет и сбудется, но я не об этом, Александр Григорьевич.

Просто сижу, улыбаюсь, вижу и вспоминаю. Построение над головой, иногда без четкой опоры на темя, вольно в небе, лучшее в мире, кроме самого́ этого мира, белый свет, уже во второй раз даруемый нам художниками. Без них, наивысших страдальцев, — как понять, оценить, возыметь утешение?

У Александра Григорьевича Тышлера была чудная ребячливая улыбка, вернее: усмешка чу́дного ребенка, доброго, не лукавого, но не простоватого, претерпевшего положенный опыт многознания. Простодушно, но не простоумно, с превосходством детской хитрецы взирал он на события жизни, на гостей — я среди них видела только почитателей его, но до и без меня, он знал, видел и понимал, чему он приходится современником, жертвенным со-участником.

Построения на голове — мое неуклюжее, до-стоверное построение из головы, над головой глав-нейшее изъявление мысли о Тышлере. Вот и сижу, улыбаюсь, вспоминаю...

1980-е гг.

Дитя Тышлер

„Поэзия должна быть глуповата", — Пушкин не нам это писал, но мы, развязные читатели писем, — прочли. Что это значит?

Ум — да, но не умственность суть родители и созидатели искусства. Где в существе человека по-мещается и умещается его талант, его гений? Мно-го надобно всемирного простора.

Но все-таки это соотнесено с головой и с тем, что — над головой, выше главы, выше всего.

Тышлер — так рисовал, так жил. Всегда — что-то на голове: кораблики ли, театрики ли, города́, анти-корриды, женщины, не известные нам до Ты-шлера.

Эти построения на голове пусть разгадывают и разглядывают другие: радость для всех, навсегда.

Художник Борис Мессерер познакомил... представил меня Александру Григорьевичу Тышлеру и Флоре.

Я от Тышлера глаз не могла отвести. Я — таких не видела прежде. Это был — многоопытный, многоскорбный ребенок. Он говорил — я как бы слышала и понимала, но я смотрела на него, этого было с избытком достаточно.

Привыкнуть — невозможно. У меня над головой, главнее головы, произрастало нечто.

Александр Григорьевич и Флора приехали к нам на дачу. Как желала я угостить столь дорогих гостей: сварила два супа, приготовила прочую еду.

— Александр Григорьевич, Вы какой суп предпочитаете?

— Я съем и тот, и другой, и прочая...

Исполнил обещания и стал рисовать.

Однажды в предрождественскую ночь в мастерской Мессерера — гадали: холодная вода, горячий воск.

Больно мне писать это. Были: обожаемый Юрий Васильев, художник, обожающий Тышлера (я знаю, так можно: обожаемый — обожающий), Тышлер, Флора, Боря и я.

Когда воск, опущенный Тышлером в воду, обрел прочность, затвердел, Юрий Васильевич Васильев воскликнул или вскричал:

— Александр Григорьевич! У Вас из воска получается совершенство искусства. Позвольте взять и сохранить.

Александр Григорьевич не позволил и попросил? повелел? разрушить. Так и сделали. Не я. Борис и я — не гадали, я все смотрела на Тышлера и до сих пор не насмотрелась.

Что он видел, глядючи на воск и воду? Судьбу? Она уже свершилась. Художник исполнил свой долг.

Александр Григорьевич подарил мне корабельный подсвечник.

— Вы не думаете, не опасаетесь, что я, на корабле, попаду в шторм?

— Все может быть. У Вас будет подсвечник.

Все может быть. Или не быть. Но у всех у нас есть устойчивый подсвечник. У всех есть Тышлер.

А почему — дитя?

Выражение, вернее — содержание лица и облика — детское многознание.

Смотрю на корабельный подсвечник: вот он.

Александра Григорьевича Тышлера вижу во сне. Вчера видела: глаз не могла отвести, пока глаза не открылись.

Март 1996

ПАРИЖ — ПЕТУШКИ — МОСКВА

Впервые я прочла „Москва — Петушки" много лет назад, в Париже, не зная автора и об авторе.

Мне дал рукопись, для прочтения за ночь, благородный подвижник русской словесности — урожденно русский, родившийся во Франции.

Но я-то не во Франции родилась. Вот он и попросил меня прочесть за ночь и сказать: каково это на мой взгляд? живут ли так? говорят ли так? пишут ли так в России?

Всю ночь я читала. За окном и в окне был Париж. Не тогда ли я утвердилась в своей поговорке: Париж не стоит обедни? То есть (для непосвященных): нельзя поступиться даже малым своеволием души — в интересах души. Автор „Москва — Петушки" знает это лучше других. Может быть, только он и знает.

В десять часов утра я возвращала рукопись.

— Ну что? — спросил меня давший ее для про-чтения.

Все-таки он родился во Франции, и, с любо-вью оглядев его безукоризненно хрупкий силуэт, я сказала:

— Останется навсегда, как... Скажем: как „О-пасные связи" Шодерло де Лакло...

Все-таки он был совершенно русский, и мы оба рассмеялись. Он понял меня: я имела в виду, что прочтенное мной — сирота, единственность, не имеющая даже двоюродного родства с осталь-ными классическими сочинениями. Одинокость, уникальность, несхожесть ни с чем.

Так — не живут, не говорят, не пишут. Так может только один: Венедикт Ерофеев, это лишь его жизнь, равная стилю, его речь, всегда собственная, — его талант.

Какое счастье — что талант, какая тоска — от-четливо знать, что должен претерпеть его счастли-вый обладатель.

Свободный человек — вот первая мысль об ав-торе повести, смело сделавшем ее героя своим со-именником, но отнюдь не двойником. Герой — Ве-ничка Ерофеев — мыкается, страдает, вообразимо и невообразимо пьет, существует вне и выше пред-писанного порядка. Автор — Веничка Ерофеев, сопровождающий героя вдоль его трагического пути, — трезв, умен, многознающ, ироничен, великодушен.

В надежде, что вещь эта все-таки будет напечатана на своей родине, не стану касаться ее содержания. Скажу лишь, что ее зримый географический сюжет, выраженный в названии, лишь внешний стройный пунктир, вдоль которого следует поезд со всеми остановками. На самом деле это скорбный путь мятежной, любящей, царящей и гибельной души. В повести, где действуют питье, похмелье и другие проступки бедной человеческой плоти, главный герой — непорочная душа чистого человека, с которой напрямую, как бы в шутку, соотносятся превыспренние небеса и явно обитающие в них кроткие, заботливые, печальные ангелы. Их заметное присутствие в повествовании — несомненная смелость автора перед литературой и религией, безгрешность перед их заведомым этическим единством. Короче говоря, повесть — своим глубоким целомудрием изнутри супротивна своей дерзкой внешности и тем возможным читателям-обвинителям, которые не имеют главного, в суть проникающего взгляда. Я предвижу их проницательные вопросы касательно „морального облика" автора. Предвижу и отвечаю.

Писатель Ерофеев поразительно совпал с образом, вымышленным мною после первого прочтения его рукописи. Именно поэтому дружбой с этим удивительным человеком я горжусь и даже похваляюсь.

1988

ПАМЯТИ ВЕНЕДИКТА ЕРОФЕЕВА

Слова заупокойной службы утешительны: „...вся прегрешения вольныя и невольныя... раба Твоего... новопреставленного Венедикта...”

Не могу, нет мне утешения. Не учили, что ли, как следует учить, не умею утешиться. И нет таких науки, научения, опыта — утешающих. Наущение есть, слушаю, слушаюсь, следую ему. Себя и других людей утешаю: Венедикт Васильевич Ерофеев, Веничка Ерофеев, прожил жизнь и смерть, как следует всем, но дано лишь ему. Никогда не замарав неприкосновенно опрятных крыл души и совести, художественного и человеческого предназначения тщетой, суетой, вздором, он исполнил вполне, выполнил, отдал долг, всем нам на роду написанный. В этом смысле — судьба совершенная, счастливая. Этот смысл — главный, единственный, все справедливо, правильно, только почему так больно, тяжело? Я знаю, но болью и тяжестью делиться не стану. Отдам лишь легкость и радость: писатель, так живший и так писавший, всегда будет утешением для читателя, для нечитателя тоже. Нечитатель как прочтет? Вдруг ему полегчает, он не узнает, что это Венедикт Ерофеев взял себе печаль и му́ку, лишь это и взял, а все дарованное ему вернул нам не насильным, сильным уроком красоты, добра и любви, счастьем осознания каждого мгновения бытия. Все это не в среде, не среди писателей и читателей происходило.

Столь свободный человек — без малой помарки, — он нарек героя знаменитой повести своим именем, сделал его своим соименником, да, этого героя повести и времени, страдающего, ничего не имеющего, кроме чести и благородства. Вот так, современники и соотечественники.

Веничка, вечная память.

1990

„ПРОЩАЙ, СВОБОДНАЯ СТИХИЯ"

Я приняла весть и убрала лицо в ладони. Не то чтобы я хотела утаить лицо от людей: им не было до меня дела, ведь это было на берегу моря, люди купались, смеялись, пререкались, покупали разные предметы, покрикивали на детей, возбужденных припеком юга и всеми его соблазнами, так или иначе не вполне дозволенными. Я услышала сильную, совершенную тишину. Неужели дети и родители наконец послушались друг друга? Нет, просто слух мой на какое-то время стал невменяем, а внутри стройно звучало: „Прощай, свободная стихия..." Пора домой, на север, но звучание это, прозрачной музыкой обитающее в уме, на этот раз, наверное, относилось к другому прощанию. Среди людей и детей, вблизи или вдалеке от этого чу́дного бедного моря, где погибают дельфины, я никогда не встречала столь свободного человека, каковым был и пребудет Сергей Параджанов.

Я еще сижу, закрыв лицо руками, у меня еще есть время видеть то, что вижу. Вот я в Тбилиси, поднимаюсь круто вверх на улицу Котэ Месхи. Я знаю, что не застану обитателя комнаты и веранды, он опять в тюрьме, он виноват в том, что — свободен. Он не умещается в предложенные нам обстоятельства, он вольный художник, этой волей он заполняет пространство и тем теснит притеснителей, не знающих, что это они — обитатели той темницы, где нет света, добра, красоты. Нечто в этом роде тогда я написала в единственном экземпляре, лучше и точнее, чем сейчас. Письмо такое: просьба, мольба, заклинание. Может быть, оно сохранно. Вот опять я поднимаюсь в обожаемое место любимого города, а сверху уже раздаются приветственные крики, сам по себе накрывается самобраный стол, на всех людей, на меня, на детей моих и других сыплются, сыплются насильные и нежные подарки, все, что под руку попадется. А под руку ему попадается то, что или содеяно его рукой, или волшебно одушевлено ее прикосновением. При нем нет мертвых вещей. Скажем: крышечки из фольги для молочных и кефирных бутылок, небдительно выкинутые лагерными надзирателями.

А на них выгравированы портреты товарищей по заключению: краткие, яркие, убедительные образы. Дарил он не крышечки эти, для меня драгоценные, все дарил всем, и все это было издельем его души, фантазии, безупречного и безграничного артистизма, который трудно назвать рукодельем, но высшая изысканность, известная мне, — дело его рук. Избранник, сам подарок нам, — всенепременно даритель. Столь предаваясь печали, застаю на своем лице улыбку. Он и меня однажды подарил: взял на руки и опустил в окно квартиры, где сидела прекрасная большая собака. Она как-то смутилась и потупилась при вторжении подарка. Через некоторое время, открыв ключом дверь, вошли хозяева. Собака и я сидели с одинаково виноватым выражением. Хозяева нисколько не удивились и стали накрывать стол. Параджанов недальним соседом приходился им, и все это было в Тбилиси.

Я имела счастье видеть его в Грузии, в Армении и в Москве, где всегда жестко и четко меня осеняла боль предчувствия или предзнания. К чувству и знанию боли мне еще предстоит притерпеться.

Параджанов не только сотворил свое собственное кино, не похожее на другое кино и ни на что другое, он сам — был кинематограф в непостижимом идеале, или лучше сказать: театр в высочайшей степени благородства, влияющей даже на непонятливых зрителей.

Вот, поднимаю лицо. Все так, как следует быть. Люди купаются, пререкаются, покупают, покрикивают на кричащих от радости детей. Да будут они благословенны! Я все слышу, но глаза видят препону влаги. Между тем — прямо перед ними ярко и хрупко алеет цветок граната. „Цвет граната" — это другое. Но здесь сейчас цветет гранат.

Июль 1990

ПОСВЯЩЕНИЕ
СЕРГЕЮ ДОВЛАТОВУ

Шла по московской улице в яркий полдень погожего летнего дня мимо бойкой торговли, среди густой человеческой толчеи, — с печалью в глазах, с
тяжестью на сердце. Эти печаль и тяжесть приходилось еще и обдумывать, и полученный туманный итог означал, что я виновата перед полднем
погожего дня: чем он не угодил глазам и сердцу?
Бойкость торговли — ее заслуга. Люди — не толчея,
они стройно спешат, они молоды, нарядны, возбуждены ожиданием неизбежной удачи.

Среди всего вкратце перечисленного я ощутила себя чем-то лишним, мешающим, грубой препо-
ной на пути бодрого течения. Сумма усталости, не-
домогания, дурных предчувствий (ненапрасных) —
все это следовало убрать с пути цветущего и сияющего дня.

Вдруг мне словно оклик послышался, я подошла к лотку, продающему книги: сторонясь развязного бумажного многоцветия, гордо и одиноко чернели три тома Сергея Довлатова, я приняла их за ободряющий привет из незнаемой превыспренней дали.

Привет такого рода сейчас может получить каждый читатель Довлатова, но я о чем-то своем, еще не знаю о чем.

Менее всего я намереваюсь с умом и здравомыслием подвергнуть суду моего пристального восхищения его талант, его судьбу, достоинства его сочинений. Скажу лишь, что первое же подробное чтение, давно уже, стало для меня исчерпывающим сведением, объем его не мог разрастись или измениться.

Мне хорошо известно написанное о Довлатове: блестящие эссе, статьи, воспоминания. Авторы посвящений так или иначе близки Довлатову: друзья его и близкие друзья со времен его молодости, невзгод и вдохновений. Все это люди чрезвычайных дарований и значений, некоторые из них мне весьма знакомы и, без усилий с их стороны, повлияли на ход и склад моей жизни. Я отличаюсь от них — когда думаю и пишу о Довлатове — тем, что никогда его не видела, даже мельком. Это представляется мне настолько невероятным, что даже важным и достойным робкой огласки.

Его лучезарность и тайная трагедийность братски родственны мне. Как же я с ними разминулась?

Мое соотношение с его средой совпало с началом моей жизни. Движение Москва — Питер и наоборот было взаимным правилом, для меня тоже (да и теперь так). Я много слышала о Довлатове, помышляла о нем, его образ прочно обитал в разговорах, в начальных легендах и анекдотах, расцветал в воображении, становился все более рослым и прельстительным, он и сейчас свеж где-то под веками, там и сохранен.

Мы не встретились ни в Питере, ни в Таллине, ни в Михайловском. Но, пожалуй, самым трудным было не встретиться в Нью-Йорке, хотя бы в знаменитом „Самоваре", притягательном для русских. Как-то зашли, слышим: „Только что был Довлатов, подарил самовар, купленный на толкучке".

Я читала его все больше, любуясь устройством его фразы, как бы беспечной, вольной, смешливой, но подлежащей благовоспитанной дисциплине, составляющей грациозную формулу. Если бы не с л о в о, которому Довлатов единственно служил, которым владел, — его обаяние, доброта, юмор, благородство не стали бы достоянием множества людей: они воспомнят его 24 августа 1995 года и в другие дни других лет.

Слова мои рассеянны, сбивчивы, — чтобы содеять их иначе, не хватает прохладной четкости. Но для моей неопределенной цели ненадобны иные слова.

Меня не однажды настигали косвенные великодушные приветы Сергея Довлатова — и тот неслышимый утешающий оклик в яркий и печальный полдень погожего летнего дня. Я хочу за все поблагодарить его, как мне быть? Надо прикрыть веки, очень сосредоточиться — не на большой, а на доброй мысли — и, может быть, заструится, запульсирует утекающий ввысь светящийся пунктир нежного ответного привета.

Август 1995

РОЗЫ ДЛЯ АНЕЛИ

Вольное сочинение: поздравительное
посвящение Анели Судакевич

...И то же в Вас очарованье...

Речь эта, речь-молчанье, при полновластном со-
участии неполной луны обращенная в письмена, —
здравица в честь 28 октября 1906 года и 1996 года,
немая речь о счастье, о пожелании счастья.

По общей влюбленной привычке все начинать с Того, кто полагал ПОКОЙ И ВОЛЮ высшим и
заглавным состоянием и достоянием бытия, не начать ли мне с 19 октября этого года? Как славно за-
тевался день: зрело-лиловый мрак слабел и утонь-
шался до синих, сизых, безымянно-прозрачных
сумерек, до РУМЯНОЙ ЗАРИ над БАГРЕЦОМ И ЗОЛО-
ТОМ, как бы следуя подсказке радивого школьника.
Оставалось созерцать, обонять, слушать и повторять свою же поговорку, что на свете счастье есть,

что счастье есть осознанное мгновение жизни, а если еще и воспетое, запечатленное, то мои слова ненадобны, поскольку другой великий Поэт МОЛЧА ШЕПТАЛ и написал о жизни навсегда: „Благодарствуй! Ты больше, чем просят, даешь".

Так помышляла я 19 октября, в субботу, продвигаясь по Ленинградскому проспекту в сторону Петровско-Разумовских аллей и станции метро „Динамо", но и в сторону Питера, посредине отечества в направлении особенно отчего ОТЕЧЕСТВО ЦАРСКОГО СЕЛА. Одновременно это был ход и путь к юбилею и образу Прекрасной Дамы, о которой думаю и пишу, к будущему дню 28 октября, географически точно вспять маршрута — к дому в ответвлении Тверской улицы. Принимая свой вольно-покойный шаг и беспечную, но опекающую мысль за, пусть небольшое, вполне достаточное для меня, счастье, я возымела невольных беспокойных сообщников: множество утренне-румяных детей размеренно шествовало под руководством нарядных родителей или ретиво, подчас безгрешно-развязно, резвилось вокруг, рокоча быстролетными досками и роликами, разевая азартные уста для вожделенных лакомств. Одного ненаглядного мальчика я самодеятельно и самодовольно присвоила как украшающее дополнение к моему стихотворению

594

„День-Рафаэль": ярко хорош собой и даровито добр, обмирая от любви, он притворно-строго и бесполезно подвергал нравоучениям свою, чудесно разнообразной породы, собаку: „Рафинад! К ноге! Рядом, Рафинад! Рафка, кому говорят, рожа ты этакая!" Рафкина отрадная рожа лукаво косила глазом, любезно рявкала, даже как бы немного ржала. Зачарованная зрелищем, я подобострастно, не посягая на суверенность неразрывной пары, произнесла: „Рафинад! Радость ты и для прохожего человека!" Тот и ухом не повел, — не смахивающий на сластену, в честь белозубой смешливости наречен? для подтверждения рафинированного артистизма внутри многоцветно рыжей косматости? Рафаэльский мальчик глянул неодобрительным исподлобьем: чистая душа его ревновала сокровище Рафинада к докучливым чужакам. Ра, ры, ре... Грустно вспомнился раритет Кирсанова, дразнившего свою картавость: „На горе Арарат растет красный виноград"... Семен Исаакович тоже приходился мне любящим учителем, старшим ровесником. Но и впрямь все радовалось, розовело и рдело вокруг! Я еще не знала тогда, что проспект, обращенный к Санкт-белонощному граду, кривью и косью зрения и воображения, напрямик вел меня к рьяно-розовейшим розам, посвященным Прекрасной Даме, заведомо обрученным с Ее Днем 28 октября, обреченным к исполнению первой роли в моем подношении. Но что делать путнику, чье блуждание в околицах заветных полушарий есть его единственно прямой первопуток к общепонятной, ясно-простой и таинственной цели? Да, множество детей населяло золотисто-хладный субботний пред-полдень, некоторые из них возлежали или восседали в экипажах колясок, иные еще обитали в замкнутой округлости идеального уюта, в благодатном чреве матерей, отличных от других женщин не очевидностью стана, но значением взгляда, присущего лишь их очам, устремленным сразу в глубь и в даль, в драгоценный тайник, мимо всего остального, не важного и не обязательного вздора.

Более всего дивилась я несметному обилию красавиц, они словно сговорились с красою дня стать ро́вней ему, сиять, блистать и мерцать соцветно и созвучно солнцу сквозь нежную зыбкую промозглость (почему-то подумалось: венецианскую), листве, листопаду, влаге асфальта цвета каналов. Вдруг сильно смерклось, Тинторетто проведал Москву, во мгле его привета явилось, полыхнуло — это были розы цветочного рынка возле упомянутой станции метро. Барышня, ведавшая растениями, предводительница их, юная Флора, в расточительный добавок к удачам и прибылям того моего дня, разумеется, тоже была красавица, я простодушно сообщила ей эту, ве́домую ей не-новость: здравые солидные господа, останавливающие автомобили вблизи благовонной торговли для скорого подарка своим избранницам, останавливали на ней многоопытный, не марающий ее, взор. Сначала этот оранжевый Рафинад с чернокудрым мальчиком, потом Рафаэль, Венеция, Тинторетто, — я не удивилась, когда прелестная цветочница, с глазами, превосходящими длиной тонкие пределы висков, объяснила мне, что редкий сорт этих роз именуется: „Рафаэлло". Девочка была еще и великодушна: она застенчиво и бескорыстно приглашала меня приобрести хотя бы одну из этих роз, несомненно причиняющих душе целебную радость и пользу. Я не усомнилась в ее словах, совершенно доверилась им и сказала, что непременно приду за розами 28 числа, в понедельник. Я медленно шла по проспекту, удаляясь от Ленинграда и Петербурга, от дня нечаянной радости, приближаясь к Тверской, к 28 дню октября, чая радости для героини торжественного дня, знаменитой героини эпохи немого кино, всей нашей многосложной и многословной эпохи, героини судьбы своей и большого достославного семейства. Пастернак:

„Быть женщиной — великий шаг, /Сводить с ума — геройство". Ей поклонялись, называли дочерей ее именем (я встречала таковых), ее рисовали Фонвизин, Тышлер и другие художники, поэты посвящали ей стихи (я в их числе). По роду моих занятий всегда и всю эту ночь напролет я склонялась пред высокой красотой, служила ей и, думая об Анели, твердо знаю: красота не проходит, этот хрупкий каркас прочен и долговечен, этот дар неотъемлем. Самовольно наведались в уже утреннюю страницу строки из давнего стихотворения „Роза":

> ...Знай, я полушки ломаной не дам
> за бледность черт, чья быстротечна участь.
> Я красоту люблю, как всякий дар,
> за прочный позвоночник, за живучесть...
>
> В росе ресниц, прельстительно живой,
> будь, роза роз! Твой подвиг долговечен.
> Как соразмерно мощный стебель твой
> прелестно малой головой увенчан...

Дорогая Анель, примите, пожалуйста, эти слова и эти розы.

Ваша Белла Ахмадулина

Октябрь 1996

ПОСВЯЩЕНИЕ
АРТУРУ МАКАРОВУ

Мы учились на одном курсе Литературного института имени Горького: Тверской бульвар, № 25. Здание и часть сохранившейся городской усадьбы, в честь исторической версии, могли бы называться именем Герцена или, в последующие времена, именем Андрея Платонова, но таковая возвышенная справедливость была бы кощунственна в соотнесении с этими великими трагическими именами. Издалека, с высоты моего нынешнего возраста, я вижу, что Артур Макаров четко, надменно, молчаливо знал, какой науке следует внимать. В ту пору научиться чему-нибудь хорошему, даже грамоте для начала, было невозможно — при отсутствии своевольной независимости души и ума, подлежащих воспитанию не насильственным, а праведным чтением.

Разумеется, все воспитанники нашего „лицея" что-то писали, некоторые из них были замечатель-

но талантливы и ныне знамениты. (Из моих со-
курсников с любовью назову Юнну Мориц, Визму
Белшевиц... и шахтера Колю Анциферова, чья быстро вспыхнувшая слава угасла вместе с его недолгой жизнью.)

Тогда Тверской бульвар возглавлял памятник
Пушкину, и мысль о Пушкине, с детства и по сей
день, есть вождь сознания и поведения всех, кого
почитаю и люблю.

Писала что-то и я. Иногда меня окликали: „Ахмадулина! Встаньте! Что вы пишете?" Свеже-мо-
лодым и чисто лживым голосом я отвечала: „Я за-
писываю ваши лекции". (Я и сейчас встаю, когда
разговариваю с женщиной.)

Артур Макаров не вставал и не отвечал на вопросы: он писал, я не знала, что он пишет, о чем
помышляет. Я узнаю это потом. Потом — это когда?

Тогда я оборачивалась, чтобы увидеть заднюю
скамью, где непреклонно одиноко сидел Артур Макаров. Старший меня всего лишь на шесть лет, он
был и выглядел намного старшим, умудренным неведомым мне многознанием, замкнуто-горьким
опытом. У него было тяжелое, для поверхностного
взгляда, — непроницаемо угрюмое лицо. Но строгий замок этого лица становился отверсто-безза-

щитным, когда он говорил со мною о собаках, которых нежно любил, что было для меня чрезвычайно важно. О собаках — почтительно, со мною — милостиво и снисходительно, с доброй старшей улыбкой.

В 1959 году меня исключили из института, и мы долго не виделись. Лет через шесть или семь, в солнечный день, я шла по Пушкинской площади, где уже обитал памятник, насильно перемещенный с заповедного возглавия Тверского бульвара, где Достоевский произнес речь, ставшую сокровищем русской словесности, — памятник Поэту и его последней ссылке. Меня кто-то окликнул, я отчужденно остановилась, вгляделась и узнала Артура Макарова. Я сказала ему вот что: „Артур, у тебя есть изумительный соименник и однофамилец. Я прочла в журнале „Новый мир" его рассказ „Дома". Автор — превосходный, драгоценный писатель". Лицо Артура застенчиво ослабело, смущенная улыбка уст промолвила: „Белла, это мой рассказ". Мы кратко, с братским, восторженным, благодарственным обожанием обнялись и потом опять долго не виделись. Наверное, Артур шел в редакцию „Нового мира", случайную нашу встречу я отношу к счастливым мгновениям бытия, к поблажкам суровой судьбы.

Потом я узнаю, что неспроста он стал близким другом Василия Макаровича Шукшина: они совпадали в трагическом многознании жизни и речи народа, чьей славе служили и служат поныне. Да, в том многоопытном знании, без которых „писатель" — всего лишь условное прозвище.

Я смотрела фильм „Калина красная" с тем сложно объемным чувством, которое трудно претерпеть и не менее трудно описать. Больно было видеть Шукшина в прекрасно содеянной им роли человека, обретшего волю, любовь, попытку возыметь благоденствие, — и убиенного, и Артура Макарова в обратной роли. Сочувствие смутно равнялось предчувствию, есть у меня поговорка, не обязательная для других: хороших предчувствий не бывает.

После смерти Шукшина, уже в восьмидесятые годы и напоследок — в начале девяностых годов прошлого столетия Артур Сергеевич стал дружественно и доверительно появляться в художественной мастерской Бориса Мессерера.

Борис Мессерер, с приязнью и состраданием вспоминает визиты редкого гостя: Артуру было легко и отрадно пребывать в причудливом приволье мастерской. В скромных наших застольях содержание его отверсто-доброго лица было ярко противоположно зловещим чертам, предписанным ролью в знаменитом фильме. Он говорил, что живет в деревенском уединении, в избе, с двумя собаками, промышляя охотой и рыболовством — для пропитания. В этот позволительный мужской промысел верилось с трудом воображения: Артур любил все живое. Но для пропитания свободного сочинительства приходилось писать киносценарии — получается, что бескорыстно, слишком драматично и литературно.

Передо мною — том сочинений Артура Макарова: „Повести и рассказы", редакционно-издательская фирма „РОЙ", с замечательным предисловием Михаила Рощина. Ко всей этой книге вновь обращаю слова, сказанные мною Артуру Макарову на Пушкинской площади.

Читаю верстку новой книги Артура Макарова, заведомо благодарю издателей и поздравляю читателей. Значительную часть будущей книги составляют литературные сценарии не знаю, пригодятся ли они кинематографу, увлекавшему, мучившему и терзавшему многих талантливых писателей, но внимательному, пристальному читателю они многое скажут об авторе. Его любимый, главный, единственный персонаж и герой — тот народ, который суть мы с вами, с нашими дарованиями и злодеяниями, свершениями и прегрешениями. Повесть называется „Будь готов к неожиданностям". Надеюсь и уверена, что встреча талантливого писателя и талантливого читателя будет столь же счастливой, как моя встреча с Артуром Макаровым на Пушкинской площади.

СЛОВО,
РАВНОЕ ПОСТУПКУ

Спросили: каким представляете вы себе вашего читателя?

И я, пригасив зрение веками и ладонью, стала вглядываться в милый отвлеченный образ, творимый зрачком по моему усмотрению. Уже под веками и ладонью брезжил свет предполагаемой лампы, затевались в окне приметы неизвестного города, прояснялось чье-то дорогое лицо. Когда это лицо, с пристрастием и обожанием составленное мною из прекрасных черт и выражений, сбылось во всем великолепии, картина, видимо, изображала идеального в моем представлении читателя, и оставалось врисовать в нее том Пушкина или другую великую книгу, я в ней не была обозначена. С присущей мне витиеватостью я прямолинейно клоню к тому, что из читателей мне наиболее близки те, которые со мною как с читателем совпадают в главном выборе, — а я не из тех, кто зачитывается собственными строками. Совершенная правда, что чрезмерная похвала, выдвижение меня на недолжное место если и льстили моему грешному самолюбию, то все же внушали уму скуку и отчуждение. Так же трогала и пугала меня излишняя пылкость взволнованных чтением незнакомок и незнакомцев, ищущих немедленного и тесного житейского общения, — я как читатель этого не понимаю. Почему-то это совершенно не противоречит тому, что среди иных взволнованных чтением незнакомок и незнакомцев я обрела близких и необходимых соучастников жизни — как-то не насильно, само собою случилось. Впрочем, все это просто: между пишущим человеком и читающим, вообще между человеком и человеком не должно быть ни подобострастия, ни фамильярности.

Если и была у меня нужда измышлять отстраненный образ читателя, то лишь затем, чтобы полюбоваться лицом человека, склоненным над книгой, обращенным к тому, что в нашем сознании может быть озаглавлено именем Пушкина или соответствует смыслу этого имени в другом языке, в другой географии. Я, подобно всем, кому прихожусь собратом и коллегой, не только кровно и зависимо соотношусь с читателем даже без явных сигналов его внимания и участия, но получаю письма и едва ли не каждый день вижу его воочию во время выступлений или других, преднамеренных или случайных, встреч. Среди неисчислимых любителей поэзии есть — пусть немного, пусть сколько-то — тех, кого я имею дерзость и нежность назвать моими читателями. Это значит лишь, что я разделяю с кем-то особенную страсть к родимой речи, к ее усугублению по мере жизни и к невредимой сохранности и что кто-то одобряет способ труда и жизни, которым я намеревалась этому послужить и не имела другой корысти. Способов столько, сколько поэтов, и покуда я не преуспела в том, чтобы мой показался мне совершенным. Но я знаю, что тот читатель, о котором я говорю, полагает, как и я, что слово равно поступку, и сознает его нравственное значение. Та любовь к поэзии, которая оборачивалась благосклонностью ко мне, бодрит и укоряет меня и держит мою совесть в надобном напряжении. И вовсе безотносительно ко мне, особенно во время дальних путешествий, меня не раз поражала высокая просвещенность современного читателя.

И еще я видела множество людей, никогда не читавших моих книг и не слышавших моего имени, но это их язык был дарован мне при рождении и был краше и больше моего, с ними связана я всею жизнью до последней кровинки.

Я надеюсь отслужить жизни, что знала ее благо, была читателем прекрасных книг и видела доброту людей, которым сейчас, на рассвете, я так сильно, так сосредоточенно желаю счастья в Новом году и всегда.

1975

„ИТАЛЬЯНЦЫ
В РОССИИ"

Какая радость, досточтимые синьоры, и Вы, прекрасные синьоры, и Вы, особенно Вы, ненаглядные синьорины, никогда не открывающие книг. Что за чудная ночь эта нынешняя ночь, ей-ей, в ней есть что-то италийское: такая вдруг мягкость и влажность в природе, и отсветы воды дрожат на потолке. Понимаю, что дождь наполнил сад, а все-таки — Пастернак так когда-то проснулся в Венеции: отсветы воды дрожали на потолке. Когда и я однажды проснулась в Венеции, я прочла в потолке не золотую игру бликов, а отражение отражений, описание их Пастернаком, превосходящее силой и прелестью явь моего пробуждения. И долго еще это венецианское утро казалось мне его сотворением и собственностью, и не жаль было, что меня как бы нет, а он — невредимо-юн и счастлив.

Но о чем я? Вам-то какая в этом радость, мои синьоры, и синьоры, и синьорины, не заглядывающие в книги (и не надо, все книги, все поэты сами глядят не наглядятся на Вас)? Ах, да, ведь я пишу это здесь и сейчас, а Вы — там и потом берете в руки книгу, о которой и веду я мою сбивчивую речь.

„Да читала ли ты книгу, о которой речь?" — спрашивает меня моя венецианская переделкинская ночь. Нет, отвечаю я, но зато я знаю название: „Итальянцы в России". Неужели этого мало? Что может быть лучше, что более наводит ум на воспоминания и вдохновение? Из всех влияний, воспринятых влиятельной, но и впечатлительной Россией, воздействие Италии кажется самым возвышенным, самым духовным и безгрешным, в нем нет никаких сложностей, кроме простейше-сложнейшей слагаемости: Искусство. В этом смысле Россию без Италии могу увидеть, как вижу сейчас не полную, усеченную Луну, знаю, что Луна целиком цела, но вижу — так, вот она, кстати появилась из-за тучи.

Разумеется, авторы книги знают все лучше, чем я, иначе зачем бы они взялись за книгу, теперь принадлежащую Вам. Но я знаю авторов книги — иначе зачем бы я стала морочить Вам голову и заманивать Вас в книгу, которую возлюбила прежде, чем прочла? Каждого из двух авторов я знаю давно, пристально и благосклонно, но прежде я знала их по отдельности, врозь. Да и почему бы я стала соотносить того и другого? Судите сами.

Юлий Крелин — хирург, ведущий хирург московской больницы. Я знаю многих людей, обязанных ему самым серьезным образом. Они говорят, что он ослепителен в своем белом и особенно в своем зеленом: решительность, властность, скупость слов и движений — сокрытая доброта врача. Совершенно им верю, но я-то видела его в другом, случайном и не имеющем значения цивильном цвете, к которому сводится нечаянная элегантность человека, не расточающего досуг на портного. Я прихожусь ему не пациентом (во всяком случае пока), а внимательным читателем. Врач Крелин — писатель, чьи рассказы и повести давно и прочно снискали особенный интерес и расположение взыскательной читающей публики. Его сюжеты и вымыслы обычно исходят из его медицинского опыта, но, если бы дело было только в этом, его читали бы лишь его благодарные больные, которых, впрочем, предостаточно. По счастью, дело обстоит иначе. Не сам по себе недуг, подлежащий или не подлежащий исцелению, а человек с его страстями и страданиями — вот герой или персонаж-завсегдатай произведений Крелина. Полагают, что врач и писатель наиболее осведомлены в многосложной человеческой природе. Совпадения двух этих дарований в одном лице обещает редкостную удачу, вызывает доверие и уважение. Даже отвлеченно рассуждая, можно сказать, что у хорошего врача не должно быть оснований и времени писать плохие книги.

Натан Эйдельман — знаменитый историк литературы, сосредоточенный на русском XIX веке, на Пушкине, декабристах, Герцене и всех соседних именах и обстоятельствах. От сердца скажу, что его заслуги и достижения в этой области мне милее и ближе других аналогичных. Живость и какая-то глубоко серьезная, но веселая игра хорошо разветвленного и просвещенного ума, столь украшающие Эйдельмана и как милого знакомца и собеседника, придают его трудам прельстительный и радостный блеск. Его выдающимся изысканиям вовсе не свойствен наукообразный хлад, они оснащены ярко-живым художественным пульсом. Да и можно ли одною наукой постичь Пушкина? Здесь надобен собственный творящий и вольнолюбивый дар. Давно когда-то, зная имя Эйдельмана лучше, чем его облик, я увидела и не узнала его в телевизионной передаче. Да кто это? — думала я с радостью и недоумением. Какая своеобычная, изысканная речь, какая стройная мысль, какая пригожая, талантливая осанка. И догадалась: Эйдельман, и никто другой.

Вот видите — два примечательных и примечательно разных человека. Меж тем их соединяет в пространстве очевидный пунктир даже поверхностной, чисто житейской связи. Они — ровесники, учились в одной школе, дружат сорок лет и будут дружить и впредь, не имея причин для распрей и лукавства. Высокая одаренность вообще залог доброжелательности. Я знаю даже больше. Например, дочь Эйдельмана — историк и навряд ли посрамит славную фамилию. У Крелина — трое детей, дочь занимается хирургической диагностикой. Впрочем, я имею честь знать лишь его вовсе юного сына: огнь волос, веснушки в изобилии и то залихватски-независимое выражение лица, которое многое обещает в будущем.

Упомянутый пунктир подтвержден линией более цепкой и глубокой. Книга — вот что наглядно объединяет их и нас с Вами, вот почему эта теплая ночь поздней осени кажется мне итальянцем в России. Станемте читать. Теперь Вы вправе спросить: ну, а кто же тот, кто представляет нам столь известных людей? И впрямь — кто сей созерцатель Луны и дождя? Ах, да просто это один русский поэт, но, в угоду нашей теме, скажем, что в нем есть немного итальянской крови.

Примите привет и добрые пожелания.

1985

„КОГДА ВЫ БЕЗВЫХОДНО ПЕЧАЛЬНЫ..." —

написала девочка из поселка. Без кавычек, вкратце излагаю смысл письма: что Вы делаете, когда нет выхода из печали, из отчаяния? правда ли, что — грех? здесь и нигде нет доброты, жалости ко всему живому и убитому; не хочу говорить на языке злых; волшебного не бывает; деться некуда; откуда Вам знать, живете не как все, а мне нет утешения, нет веселья, на сердце тяжело...

Никто не живет „как все", всяк по-своему жив или жил, всяк по-своему печален.

Не возымею возможности ответить гордой печальной девочке, не указавшей обратного адреса, но отвечаю.

Мрачен поселок, прелестна девочка. Не пишет ли стихи? „Что Вы делаете, когда безвыходно печальны?"

Что я делаю в таком ужасном случае?

Попросту призна́юсь: я читаю и перечитываю сочинения Юрия Коваля. И тогда все живы: люди, дети людей, животные, дети животных, птицы и дети птиц, реки, моря, озера, земля и созвездие Ориона, и мы — бедные дети всего этого вместе, малого поселка и всеобщего селения, упомянутых существ и не упомянутых звезд и сияний.

Нежность ко всему, что живо, или убито, или может подлежать убиению, въявь ощущается как бессмертие. Мы знаем: душа бессмертна, но и при жизни хочется быть наивно уверенным в сохранности всего, что любила душа. Упасает нас всегда дар художника, милость, ниспосланная ему свыше, нам — в подарок. Это без меня известно. Но мне это не могло бы быть известно, ежели бы не язык Юрия Коваля. Письменная речь Юрия Коваля взлелеяна, пестуема, опекаема всеми русскими говорами, говорениями, своесловиями и словесными своеволиями. Язык Юрия Коваля — плодовит, самотворен, он порождает и поощряет образы, повадки, невиданность и неслыханность его персонажей.

Деться некуда? Но есть выход из безвыходной печали. Я, сиднем сидючи, имею мечтание: скорее, вместе с другими читателями (вдруг — с девочкой из поселка тоже) обрести новый роман Юрия Коваля: „Суер-Выер".

Вот где обитает волшебство, вот счастливый способ не путешествовать по насильной указке путеводителя или по указанию какого-нибудь предводителя, а вольно шествовать по морям и островам — по пути свободного воображения автора и смеяться от радости.

С любовью завершая это посвящение, я обращаю ко всем читателям Юрия Коваля его же, для меня утешительные, слова:

ВЕСЕЛЬЕ СЕРДЕЧНОЕ.

Апрель 1995

РЕЧЬ НА ЦЕРЕМОНИИ ВРУЧЕНИЯ ПУШКИНСКОЙ ПРЕМИИ

У меня есть основания и есть возможность подумать о том, как причудлив и как в общем отраден путь человека. Даже само мое пребывание на этой сцене, оно как бы нечаянно, даже величественно совпадает со всеми зигзагами моего жизненного, житейского сюжета. Да, сцена знаменитого театра, да, когда-то, давным-давно, в незапамятные времена я могла в раннем детстве из публики смотреть сюда на „Синюю птицу" Метерлинка. И сейчас, соотносясь с залом, хорошо различая лица в зале, я могу думать, что волшебный, туманный, синеватый сюжет еще не исчерпан.

Но я уже приводилась к этой премии задолго до того, как мне ее сейчас вручили драгоценные руки Андрея Георгиевича Битова. Дело в том, что для начала я поздравляла тех, кто получил ее до меня, и, когда сейчас вспоминаю мои светлые, очень разные ощущения, я могу причислить их к своим пусть немногим, но все-таки заметным достоинствам: мне была совершенно присуща черта восхищаться талантами других людей, радоваться их успехам, тем более, что не так часто это случается. И мне кажется, что пусть не главный, но все-таки обязательный признак человеческой одаренности — это любовь к таланту других людей, умение ликовать по поводу этого счастливого события: восхитительного таланта кого-то другого.

Надо сказать, что Андрей Георгиевич Битов первый получил эту премию, и я вижу в этом высокое счастливое начало. Время было не так к нему благосклонно, и даже вручение этой премии вызвало недовольство официальных кругов. То ли дело сейчас. Я получаю премию, я вижу в зале дорогие для меня лица людей. Со многими, если не со всеми из тех, кто почтил меня своим присутствием, связана вся моя жизнь, ее взлеты и провалы. Всех вижу и благодарю.

Так же хорошо я вижу во втором ряду господина Хельмута Тёпфера и еще раз, как и прежде за других, с таким же чувством гордости и радости я благодарю Германию, благодарю Фонд Алфреда Тёпфера, радуюсь длящемуся уделу этого человека, который умер в прошлом году на сотом году жизни. Но пока будут лауреаты, пока милость этой премии будет с ними соотноситься, имя Алфреда Тёпфера будет длиться, будет действовать во славу Германии и России, во славу их постоянного единения. А что касается этого единения, оно несомненно очень ярко, живо, выпукло, потому что великие русские поэты имели пристрастие крови, жизни, сердечной тоски к Германии. Марина Цветаева утвердила, что именно Германия есть родина музыки и поэзии. К ней относила она наивысшее слияние этих двух музык: музыки и музыки поэзии. По ней всегда она тосковала, ее горю сочувствовала, когда в трагические для Германии и для нее годы, в тридцатые, она заслоняла своим бедственным, сиротским силуэтом образ Германии и говорила, что над всем и всегда образ Германии — „профиль Гете над водами Рейна", а все остальное — лишь мимолетное несчастье.

Пастернак в юности был взлелеян Марбургом, и не однажды это сумрачное и неотъемлемое переплетение культур будет напоминать нам о себе, и хорошо, что и мой скромный опыт так или иначе относится к этому.

Пожалуй, наибольшее слияние этих душ: душ поэзии и поэзии, музыки и музыки являет нам совпадение, столь величественное, столь трагическое:

Цветаева и Рильке, Пастернак и Рильке. И если Марина Цветаева с ее попирающей, пугающей силой любви, обожания к корреспонденту, к собеседнику иногда принимала в руки некую пустоту, потому что собеседник уклонялся, искал укрытия, боясь быть сметенным столь могучей силой чувства, Рильке, с которым она так и не встретилась, один протянул ей ответные руки. И эти руки поэта и поэта, навсегда протянутые друг к другу и не встретившиеся в пространстве, может быть, они и означают союз, который всегда будет занимать наши умы. Вослед великим поэтам, великим людям, и я когда-то написала по поводу музыки, музыкантов: „Германия моя, гармония моя...” Это созвучие, непереводимое на немецкий язык, тоже относится к тому, что ощущаю я вместе со всяким слухом, вместе со всяким сердцем, обращенным к искусству, к культуре Германии.

Сегодня обстоятельства как бы для меня наиболее благоприятны. Я уже сказала, как я ценю лица, светлое выражение лиц в зале, хорошо различимые в полумраке. Но само собрание вот здесь, на сцене, должно быть исчерпывающе утешительным. Я имею удобный случай поздравить Ольгу Постникову и Зуфара Гареева, моих младших молодых коллег, поздравить их, пожелать им счастливого пребывания в Германии и многих успехов в творчестве. Я радуюсь за их возраст. Не будем думать, что все-таки обязательно поэту, писателю, художнику следует начинать жизнь с гонений, непризнания и со всяких испытаний, подчас неприятных...

Благородная духовная инициатива Германии, фонда, который называем Фондом Тёпфера, особенно драгоценна для нас, потому что мы совсем не избалованы приязнью к судьбе художника, особенно в его молодости. Будем надеяться: продлится.

Здесь — Олег Чухонцев. Он член жюри, но для меня он несомненно соучастник души моей и обитатель моего сердца. Всем известна изысканность и неколебимая чистота его поэзии... И мой друг дорогой Фазиль Искандер, которого я поздравляла прежде, чем он меня... Андрей Битов... Чего же мне еще желать? Пожалуй, более нечего. И мне остается доказать и вам, досточтимая публика, и вам, досточтимые коллеги, что я, надеюсь, по мере жизни не так уж провинилась пред именем Пушкина. Мы все соотнесены с ним, все мы знаем, что каждый говорит, имеет право говорить: „мой Пушкин". Недаром Пушкин вызывает такие живые, такие страстные чувства: ревности и всяких других сердечных признаний. Вот Андрей Георгиевич утверждает, и я уверена: он не ошибается, — что ему однажды довелось видеть, как Александр Сергеевич усмехнулся в его сторону, усмехнулся с приязнью и с несомненной благосклонностью. Булат Шалвович Окуджава видел, как Александр Сергеевич прогуливается... И вот ко всем этим замечательным обстоятельствам прибавляется то обстоятельство, может быть, главное: 26-е мая, день по прежнему стилю, но все-таки так, 26-е мая — это день рождения Пушкина и что может быть лучше, чем этот день. Наша жизнь, хотя бы в течение года, а в общем и во все годы нашего житья-бытья, так и делится: то мы ужасаемся его гибели в феврале по новому стилю и потом как-то оправляемся от этого страшного несчастья и уже можно готовиться к ослепительному дню его рождения. Так что всегда есть утешение: страдания в феврале и ликование в мае или 6-го июня по новому стилю.

Мне, как и всем, доводилось соотносить себя с Пушкиным. И в моих сочинениях, в моих размышлениях так или иначе присутствует он. Все так и измеряется степенью этой опрятности (слово Пушкина), опрятности, на которую способен организм, увенчанный умом, какой уж есть. Да вот лишь бы как-то не поступиться этой честью, не посрамить себя не только перед премией, которую все-таки, что и говорить, приятно принять в ладони, но и перед именем, заглавным в нашем сознании, перед именем Пушкина.

Я выбрала кое-что, чтобы прочесть. <...> Вот стихотворение, которое называется: „Сад-всадник“. Я его собиралась прочесть, потому что оно совпадает с темой, которая и сама по себе здесь живет, и мною объявлена: тема музыкального совпадения Германии и России, России и Германии.

Я скажу лишь несколько слов о происхождении этого стихотворения. Оно написано в тарусском уединении, как раз на том, приблизительно на том месте, где желала быть похоронена Марина Ивановна Цветаева. Мне довелось там какое-то время жизни снимать дом, дом, расположенный на месте бывшего кладбища. Там есть сад, впадающий в Оку, и обстоятельства природы, погоды, мысли о Цветаевой, о Цветаевых — пестовали и понукали это стихотворение к рождению. Оно имеет эпиграф из Марины Цветаевой и несомненно связано с нею, и даже не вообще с ее образом, а с одним ее сочинением, сочинением изумительным. Это эссе, посвященное „Лесному царю“ Гёте. Сочинение так и называется „Два „Лесных царя“. Марина Цветаева сравнивает всем известный с детства перевод Жуковского и немецкий подлинник, и этот анализ кружит голову, он поражает чувством языка, немецкой речи и русской речи, и все это доходит до сгущения и смешения такой силы, что нечего удивляться, если какой-то отзвук появляется и какое-то стихотворение является всего лишь последствием этого чтения. Это мое стихотворение, которое называется „Сад-всадник" — робкое и подобострастное посвящение Гёте, чье имя, чей „профиль над водами Рейна" и воплощают для нас величие и бессмертие культуры и истории Германии, Германии и России. „Das wahrhaftig Schöne sich dadurch auszeichnet, daß es der ganzen Menschheit angehört", в переводе на русский: „Истинно прекрасное принадлежит всему человечеству". Гёте. Стихотворение таково:

Сад-всадник

> За этот ад,
> за этот бред
> пошли мне сад
> на старость лет.
>
> *Марина Цветаева*

Сад-всадник летит по отвесному склону.
Какое сверканье и буря какая!
В плаще его черном лицо мое скрою,
к защите его старшинства приникая.

Я помню, я знаю, что дело нечисто.
Вовек не бывало столь позднего часа,
в котором сквозь бурю он скачет и мчится,
в котором сквозь бурю один уже мчался.

Но что происходит? Кто мчится, кто скачет?
Где конь отыскался для всадника сада?
И нет никого, но приходится с каждым
о том толковать, чего знать им не надо.

Сад-всадник свои покидает угодья,
и гриву коня в него ветер бросает.
Одною рукою он держит поводья,
другою мой страх на груди упасает.

О сад-охранитель! Невиданно львиный
чей хвост так разгневан? Чья блещет корона?
— Не бойся! То — длинный туман над равниной,
то — желтый заглавный огонь Ориона.

Но слышу я голос насмешки всевластной:
— Презренный младенец за пазухой отчей!
Короткая гибель под царскою лаской —
навечнее пагубы денной и нощной.

О всадник родитель, дай тьмы и теплыни!
Вернемся в отчизну обрыва-отшиба!

С хвостом и в короне смеется: — Толпы ли,
твои ли то речи, избранник-ошибка?

Другим не бывает столь позднего часа.
Он впору тебе. Уж не будет так поздно.
Гнушаюсь тобою! Со мной не прощайся!
Сад-всадник мне шепчет: — Не слушай, не бойся.

Живую меня он приносит в обитель
на тихой вершине отвесного склона.
О сад мой, заботливый мой погубитель!
Зачем от Царя мы бежали Лесного?

Сад делает вид, что он — сад, а не всадник,
что слово Лесного Царя отвратимо.
И нет никого, но склоняюсь пред всяким:
все было дано, а судьбы не хватило.

Сад дважды играет с обрывом родимым:
с откоса в Оку, как пристало изгою,
летит он ныряльщиком необратимым
и увальнем вымокшим тащится в гору.

Мы оба притворщики. Полночью черной,
в завременье позднем, сад-всадник несется.
Ребенок, Лесному Царю обреченный,
да не убоится, да не упасется.

Я держу в руках маленькую книжку, она усилиями опытного питерского подвижника, любителя словесности только что вышла в Ленинграде, в Петербурге. Книжка невелика, изящно издана, называется „Ларец и ключ". Когда на нее гляжу вчуже, я думаю, что расхожее присловье „а ларчик просто открывался" навряд ли применимо к этому ларчику смугло-зеленого цвета. Дело в том, что стихотворения, собранные в этом маленьком сборнике усилиями, как я сказала, доброжелателя, искупают провинность моей молодости. Я много времени проводила на эстраде, и это известно. Я знаю многих людей, скучающих по тому времени, которое принято величать „шестидесятые годы". Я не разделяю этой печали, этой тоски. Я понимаю, что люди скорее скучают по своей молодости, по видимости единства, когда публика в больших количествах собиралась для слушания поэтов. На самом деле понятно, что поэзия не есть способ завораживать множество людей своей пусть даже пригожей, пусть даже благородной интонацией. Все-таки другое соотношение писателя и читателя наиболее правильно. Эти стихи уместнее, если их читать не вслух, а если их читать глазами. Но тут есть одно небольшое стихотворение, и я его прочту. <...> Стихотворение называется „Одевание ребенка".

Одевание ребенка

Ребенка одевают. Он стоит
и сносит — недвижимый, величавый —
угодливость приспешников своих,
наскучив лестью челяди и славой.

У вешалки, где церемониал
свершается, мы вместе провисаем,
отсутствуем. Зеницы минерал
до-первобытен, свеж, непроницаем.

Он смотрит вдаль, поверх услуг людских.
В разъятый пух продеты кисти, локти.
Побыть бы им. Недолго погостить
в обители его лилейной плоти.

Предаться воле и опеке сил
лелеющих. Их укачаться зыбкой.
Сокрыться в нем. Перемешаться с ним.
Стать крапинкой под рисовой присыпкой.

Эй, няньки, мамки, кумушки, вы что
разнюнились? Быстрее одевайте!
Не дайте, чтоб измыслие вошло
поганым войском в млечный мир дитяти.

Для посягательств прыткого ума
возбранны створки замкнутой вселенной.
Прочь, самозванец, званый, как чума,
тем, что сияло и звалось Сиеной.

Влекут рабы ребенка паланкин.
Журчит зурна. Порхает опахало.
Меня — набег недуга полонил.
Всю ночь во лбу неслось и полыхало.

Прикрыть глаза. Сна гобелен соткать.
Разглядывать, не нагляжусь покамест,
палаццо Пикколомини в закат
водвинутость и вогнутость, покатость,

объятья нежно-каменный зажим
вкруг зрелища: резвится мимолетность
внутри, и Дева-Вечность возлежит,
изгибом плавным опершись на локоть.

Сиены площадь так нарек мой жар,
это его наречья идиома.
Оставим площадь — вечно возлежать
прелестной девой возле водоема.

Врач смущена: — О чем вы? — Ни о чем. —
В разор весны ступаю я с порога

не сведущим в хожденье новичком.
— Но что дитя? — Дитя? Дитя здорово.

И в завершение моего благодарственного выступления, невнятный смысл которого и есть всего лишь признательность всем, кто причастен этому радостному для меня событию. Но чтобы порадовать вас и себя, я буду следовать своей же, мною придуманной традиции: на торжестве такого рода, а именно на вручении Пушкинской премии, я всегда читала не свои стихи, а стихи Александра Сергеевича Пушкина. Пожалуй, всего угоднее мне читать стихи, написанные Пушкиным в последнее время жизни, стихи, которые всегда поражают и волнуют нас, стихи, состоящие из мысли о смерти, столь робкой, столь прозорливой, столь величественной, столь достаточной для того, чтобы и мы имели какую-то прыть размышлять о смерти. У меня где-то было в стихах: „Еще спросить возможно: Пушкин, милый, / зачем непостижимость пустоты / ужасною воображать могилой, / не проще ль думать: это там — где ты?" Действительно жаль в конце жизни расставшись с Пушкиным, стать к нему ближе, может быть — так и есть?

Хочу прочесть столь любимое мной стихотворение. Я, по правде говоря, никогда не слышала, чтобы его читали вслух другие люди, артисты. Я не слышала, но зато я знаю, какие замечательные люди, мои друзья и коллеги, любили это стихотворение. И, может быть, это и будет как раз то место, где я должна воспомнить тех замечательных людей, тех замечательных писателей, которые не так давно или не вполне известны публике, но я их знаю, помню и люблю. Они не получали Пушкинской премии. Эти имена столь важны для меня, никакая милость судьбы, кроме изначальной, Божьей милости, на них не распространилась. Я назову три имени: Веничка Ерофеев, Владимир Кормер, Евгений Харитонов. Я видела, с какой доблестью сносили они все, что выпало на их долю, с какой доблестью и с какой усмешкой. Чу́дное выражение этого смеха, смеха в обстоятельствах, совсем не поощряющих уста к улыбке или усмешке. С любовью к этому стихотворению и с любовью к этим писателям — прочту. Я знаю, как Владимир Кормер любил это стихотворение... Сама всегда наслаждаюсь, когда его читаю про себя, а сейчас попробую прочесть вслух. Я уже говорила, что Пушкина на всех достанет, и разного Пушкина: и думающего о смерти, и Пушкина прозрачно веселого, смешливого, игривого, столь желанного для нас, чтобы улыбаться, чтобы ликовать. Стихотворение называется „Гусар", 1833-го года. *(Читает стихотворение.)*

Дневники

ИЗ ДНЕВНИКА

Декабрь 1961

Прекрасные книги повышают наш интерес к собственной личности.

Я прочла Пруста с таким же нежным волнением, с каким обыватель читает медицинский справочник, — нечистые и родимые о́рганы его тела откликаются на отвлеченные латинские имена и сам он, до этого такой одинокий в своих бесславных недугах, вдруг ощущает себя значительным и полноправным участником великого нездоровья человечества.

Пруст — проникновенен, как Павлов. Его доверие к одаренности действующего организма беспредельно. Он допускает самые смелые психологические преувеличения, зная, что им не дано выйти за пределы возможных причуд человеческой природы.

Витиеватую, отвлекающую, далеко идущую фразу Пруста где-то накануне точки настигает медицинская определенность. В ней есть поверхностное сияние и режущая руку грубость дорогого камня.

Художественное учение Пруста о странности духа, причудливое, усложненное, почти нереальное, может подписывать анатомические таблицы, где в вяло-красном срезе обнажено голубое, могучее, опасно разросшееся, направленное к миру, роскошное разветвление человеческих нервов.

Наше скучное здоровье само не знает своих полномочий, довольствуясь скромной выгодой зрительных, слуховых, прочих и моральных впечатлений. Пруст ухитрялся использовать нечто большее, чем нервы, выведенные на поверхность, когда плечом видел бабушку, слухом любил мадемуазель Стермариа, испытывал сложность чувств к лестнице в доме Сванов, входил в многозначительные отношения с малым цветком в Комбре, различал цветовые качества запахов.

С той же убедительностью гимнаст показывает нам, какая гибкость, какие чудеса спят неразбуженные в нашем ленивом, бессмысленно увядшем теле.

Пруст, хоть и в другом смысле, а все ж дал нам знать, что за чудо, за странность был бы наш организм, если б мы не гнушались его возможностями — потенциально мы все на основе дивного сочетания рук, ног, головы и внутренностей могли быть фокусниками, гипнотизерами, провидцами, гениями и, на худой конец, просто приличными людьми.

1962

<...> Великие писатели часто предоставляют девушкам и поверхностным пошлякам средство приобщиться к культуре — какой-нибудь очевидно прекрасной, но легкой книгой, не затрудняющей ум и не требующей строгого вкуса, — Бунин „Митиной любовью", Гамсун „Викторией".

Вульгарно-декадентские любители Гамсуна говорят о нем с таким божественным и осторожным лицом, словно дышат вокруг одуванчика, — дурной нравственный тон подсказывает им искать в Гамсуне романтического, бесплотного, печального утешения в низкой и прямой жизни. Меж тем Гамсун неуязвим в своей материальности, чужд какой бы то ни было духовной абстракции. Чистые, странные облака его таинственной, любовной речи точно знают, над каким безобразием они проплывают. Все это выработано серьезным и практическим умом, вовлеченным в сюжет житейских странствий, умудренным соблазном всех человеческих ремесел, обостренным грубым голодом, подтвержденным бесстыдством физиологии.

Гамсуну доставало селиновской, грустно-цинической прозорливости к миру, но нежность, заключенная в его личности, была так велика, что выкликала ангелов в аду алчности и жестокости, наделяла их вечной му́кой недоговоренности, в странные позы ставила их, и девочка являлась ему с голубыми крылышками озябших рук, ставившая носки то внутрь, то в стороны, и этого достаточно было, чтобы плакать от счастья над загадочным и прекрасным миром. Нет другого грубого реализма, кроме необъяснимой тайны вечного несовпадения обстоятельств, гибельного для людей.

Еще не читая Гамсуна, я говорила о „странности" как о термине, называющем непременный прием искусства. Почему именно „козерог" в „Русе" Бунина? Почему слепцы за самоварной трубой — у Нагибина? Почему „человечек с головой", откуда это?

В Гамсуне — все так. Почему именно слово „Кубоа" изобрел герой „Голода", почему он назвал ее

638

„Илаяли", почему выдумал И. А. Гипполати агента и его брата моряка? Почему вся эта путаница, любовь, молчание и разлука между людьми?

Вечный бред свистит в гениальной голове человечества, дикая, несообразная с логикой мысль приходит ему на ум, и в ней-то оказывается как раз единственная железная прочность. Только безумная фантазия приводит искусство и ошалевшие современные науки к детски-простой истине.

У Пруста, у Гамсуна — болезненное своеобразие облика, безумие, восполняющее недостатки разума, кривизна действий, громоздкость ассоциаций, учетверенность самых легких ощущений — и все затем, чтобы человеческая личность восстала во всей своей здоровой полноценности и глубокой нормальности.

Мы-то воистину сложны и таинственны в нашем отклонении от естественных норм чувствительности. Я как-то шутя сказала, что все это и сам Ганс Гейнс Эверс с его мрачными немецкими извращениями — меркнет перед больным, далеким, опасным, словно из пещер идущим взглядом Лазаря, пишущего повесть об агитаторе. (Так у горбуна есть преимущество сложности перед человеком с прямым позвоночником.)

Июнь 1963

Кто чем, а я — тесным избытком кишок в животе, несвежестью легких, поросших никотином, острым присутствием плохого зуба под языком, всей нечистой совокупностью явных и грядущих недугов, которая есть организм, — вот чем я писала стихи.

Где она, эта блаженная трель, полечка в гортани, пушкинская легкость: „Подъезжая под Ижоры, я взглянул на небеса...“? Я всегда с ума сходила от зависти к этим Ижорам и особенно к слову „воспомнил“ — ах, какое счастье, наглость голого ребенка, какое нетрудное — пожалуйста, сколько угодно! — великое тра-ля-ля го́лоса. (Знаю я это тра-ля-ля, когда — не правда ли, Марина Ивановна, — африканская загнанность в угол, затыканность пальцами и смерть от раны в низ живота входят в пустяковый труд песенки.)

Есть, ходить, разговаривать — нормальный и здоровый максимум человеческих действий. Искусство — превышение возможностей, непосильное утруждение тела. Уже от крылышек балерин пахнет потом. Что говорить о поэзии — наиболее диковинном и противоестественном насилии над слабой внутренностью человека. Вдохновение — вдох без выдоха, духота, утрата духовности, напряженное осознание всего, из чего состоишь, втиснутость в собственную утробу, потому что сейчас тебе нет помощи извне, только ты — мозг, желудок, печень, аппендикс, закрученные в один родительский мускул, — твое единственное средство совершить нечто. Желание творчества — это не жадность обрести что-то, чего не хватает, а вынужденное безвыходностью стремление организма освободиться от смертельно-лишнего. По грубости самочувствия и неприглядности горловых усилий это скорее тошнота, чем пение.

Недаром самих поэтов никто никогда не любил. (Так анатомическим таблицам не прощают их нескромную кровавость: я чистый, белый, розовый, прилично обтянутый кожей, а он — фу, чудовище, — красно-синий, бесстыжий, чужой урод.)

К поэзии, я думаю, никто не призван. Она гениям и прочим одинаково трудна. Только — гении, с чудовищным трудом, могут, а прочие, с чудовищным трудом, не могут преодолевать ее сопротивление человеку.

30 мая 1979

Девятнадцать лет прошло, а если с начала отсчитывать, — круглое двадцатилетие.

Но, может быть, лишь из нынешнего времени год его премии и травли видится кратким, предопределенно последним: зрение притерпелось измерять его протяженностью прямого взгляда из окна кабинета на трехвершинное надгробье, с кладбищенского холма — на дом или на зелень, заслоняющую дом.

С вялой исторической пристальностью вспоминаю все и себя двадцатилетней давности.

Во мне — тогда и ныне — пожалуй, одно лишь важно и крупно: ненадобность и невозможность решать и выбирать. Поступки (в их числе — видимая бездеятельность со скрытым жгучим сюжетом) извне предрешены и выбраны. Я не достигала того, что получала, и не было моей заслугой первое посвящение ему. Я не осуждала недолгих колебаний двух его юных отступников, моих сподвижников по детской опале. Я знала (наверное — не вполне) их запуганность и запутанность охранкой, твердо обещанное им выдворение из Москвы в сиротство родной глухомани, в армию без рифм и рассуждений и знала, что только их Б. Л., сиявший им и одарявший их, спасет их от этого.

Но их мелкая жизнь и смерть, и ничтожная общая подлость, хоть и относятся к величию времени, — что значат они в сравнении с мыслью: ему тогда еще год оставался, весь потраченный на жизнь. И мне еще предстояло его увидеть.

До этой, описанной, встречи, ранней чудной осенью 1959 года, словно не увядающей, а оранжево цветущей, в комнату (тогда № 13) Дома творчества, где я жила не по чину и не по праву, вставилось вдруг круглоглазое лицо доброго Гриши Куренева: „Иди! Там твой кумир звонит по телефону!"

Как рванулось вспугнутое сердце! — но так и сидела, поймав руками шум его крыл.

То тридцатое мая: нежный ландышевый зной, моя занятость молодостью, цитрусовым здоровьем, радостью от белого и голубого наряда. Встреченный В. Ф., не достаточный для события и вести, искаженный и увеличенный огромной бледностью: „Едешь в Переделкино?"

Первое слепое ощущение — не горя, а перемещения выше, выше, в ледяное пустое поднебесье, в торжественный блеск и звон.

И лишь позже — дом, кабинет, Лёня, Стасик, их любовь ко мне, так мною любимая, но и горько чрезмерная: какая же скудость выдвинула меня оберегать ладонями иссякающую свечу.

И вот — сияющий, простертый к душе, все имеющий и о чем-то умоляющий день, движение воздуха из окна в окно, из Хлебного переулка — на Поварскую, всегда причиняющую любовь, память и грусть.

На кладбище, как обычно в этот день, теснятся благородные и прочие паломники.

Ужасное чтение бедного и доблестного безумца, исступленно преданного службе могиле и имени.

От безвыходной неловкости доброго чувства и невыносимости на прощанье целую его в потоки пота.

Потом, когда нежно смеркается, месяц восходит, и темнеет, сидим у нас на террасе с Ольгой Всеволодовной, с гостями, с милыми сподвижниками по последней тягучей опале.

И все это — такое бедное, бедное.

Коренастая Люся, как приятельница и конфидентка Б. Л., уверяет меня в его особенных обо мне словах и мыслях. Но я не присваиваю этого лестного сведения. Людям тягостно быть современниками просто безобразия, и мною часто заполняют неуютно зияющую пустоту.

Июнь

Жаль иссякшего мая — чудный был.

Отрадный скоропалительный зной наспех распушил и осыпал черемуху, настигнутую быстротечной сиренью, и ландыши были так мимолетны.

Краткая жизнь этих задушевных цветов в этом году внушала особенную грусть.

Еще при черемухе, а ее судьба ныне в три дня уложилась, — понимая важность безукоризненного мгновения, а это и есть единственное достижимое счастье, я шла по дороге, часто оглядываясь на кладбище, на круглый блеск куполов, на плавные сонмы белых соцветий.

Думала: дам себе ветку из его сада. Так хотелось этой ветки, ее снотворного, далеко уводящего запаха, который все мы, наивные люди, принимаем за готовое вдохновение, за сильную мысль. Но его избыток, быстро заполняющий ум своим содержанием, почти всегда остается не нашим творением, имеет независимую, дикую, неприрученную волю.

Сколько бедных жертв нашли себе нетщеславные знаменитые искусители: черемуха, соловей, луна, море, любовь, родина, чье сильное воздействие простодушный обожатель приравнивает к собственному деянию.

Как часто — без охоты, уныло, но непреклонно — говорила я это вялым певцам луны или любви, влияющих на них не менее, чем на Пушкина. Справедливо уверенные в совершенстве воспеваемого предмета, с гневом и отчуждением смотрели они на меня, как будто я к луне или любви придираюсь. Вот и третьего дня так смотрел на меня мальчик, принесший белые гвоздики, о чем наверняка потом сожалел. (Он, кстати, чуть не совпал на пороге с дородным весельчаком с красными и розовыми гвоздиками: „Ну, здравствуйте, Белла Ахматовна! Чайников Анатолий, будем знакомы... Да Вы попроще будьте: двадцатый век, свобода, равенство и братство". — „Вот я Вам и говорю свободно: не желаю быть в знакомстве, не принимаю". — Гвоздики, однако, хищно взяла.)

Не отозваться доступному обаянию черемухи — не менее редкий дар, чем: „Когда б вы знали, из какого сора... одуванчик... лопухи... лебеда".

Кажется, великие поэты чаще выбирали скромные земные произрастания, эпитетом возмещая им скромность блеска и запаха, прочие — благоговели перед магнолиями, олеандрами и эдельвейсами, подобострастно принимая их имена за титул, а титул — за образ.

Художник — нечаянный соперник творящей природы. Сказать: „яркий голос соловья" — это не меньше трели, это — дерзость содеять и послать ладонью в пространство вторую состязающуюся птицу. Это не отображение, а умножение действительности, что, наверно, не кротко, не праведно и, судя по второму, трагическому, значению Божьей милости, — нельзя. Мне, кстати, всегда невежественно казалось, что пристальная забота Бога, которую я, может быть, с преувеличением, так ощущаю, это и есть его влюбленная немилость: убавил дара, прибавил ясных дней.

И Цветаева знала это соотношение: „Но за это… за это — все". Непреложной этой формулы ни одному хитрецу не дано обмануть.

У Блока, у Пастернака, у Цветаевой, у Ахматовой — начало жизни было столь полно, правильно, здорово, прекрасно, его было достаточно для счастья всей судьбы и для совершенной прочности дара: ко времени роковых испытаний все уже было готово, поступиться и ухудшиться уже было невозможно.

Детства Набокова достало бы для исцеления всех нас, сирых и диких уродцев, от плебейства, косноязычия, отсутствия родителей, родины, необходимой предыстории. Это так просто — и этого не будет.

Я присвоила, усвоила это великое детство, но возымела му́ку непрестанно тосковать по нем.

Да, робко взяла себе хилую, словно лишнюю у дерева, ветку черемухи.

Бедный старый дом, где вживе лишь печаль, в медовом забытьи мягкого солнцепека и мощной кроткой зелени, казался довольным и живым.

Ничто не причиняло боли — она и на зов не откликалась.

Вдруг из высокой травы и откуда ни возьмись явились маленькие неизвестные дети: два лепечущих создания, побольше и поменьше, в локонах, по-старинному пригожие.

Длинное мгновение... снимок в альбоме, расцветший в сновидение: маленький Б. Л. с братом.

(Возле Тарусы, одиноко гуляя, завидела двух девочек: оборачивались и уходили, оборачивались и уходили. Муся и Ася.)

Дети приблизились и наяву оставались прелестны (гостят у Евгения Борисовича). — А вот незабудка! А вот Божья коровка! — И впрямь, и впрямь, мои милые. Все же — пойду.

Душа была так велика и покойна и не умела вытерпеть непосильной благодати. Посему я пошла в бар. Тем бедным способом, которым некоторые люди горе забывают, я его — добываю. Худшее в нем — страх перед бумагой, брезгливое недоверие к своей способности: содеять.

А черемуха — долго и робко жила в доме, все посылала свой привет и укор.

Вспомнила, как некогда, зимою, мы с Павлом Григорьевичем приехали в Переделкино на кладбище. Скользя, оступаясь, то и дело теряя палку

П. Г., добрались до могилы. Смерклось, снег понесся вкривь и вкось. „Борис! Борис!" — закричал П. Г., и я подивилась силе и честности его тоски и мученья. Мы остереглись спускаться напрямик и стали плутать в темноте и метели, попадая в тупики стесненных могильных оград.

Как метались под небом с тучами и луной, всегда равным пространной и неопределенной мысли о Пушкине.

Павел! Павел!

День рождения Пушкина

Людоедские посвящения чудному ребенку в распахнутом батисте.

Недавно (10 февраля, в День его смерти и рождения Б. П.) на Мойке я не смогла без открытых слез снести весть о его гибели. Терпела горе и с радостью удивлялась его полноте, свежести и силе. И поминальное вино беспомощно обтекало внутрителесное жгучее страдание, хоть редкостно любовно и возвышенно сообщались люди, улучшенные и украшенные силой мгновения.

И вот радуюсь, что он — родился.

Но что в нем тем, кому он так обратен и враждебен? Врут, должно быть, как всегда.

Занимающий так много души и жизни, он — утешитель в частых и горьких мыслях о смерти, столь ему ведомых: все же его смерть — печальней своей. И потом ведь это там — где он.

8 июня

Сто лет назад: 8 июня 1879 года — Эдмон Гонкур завтракает вдвоем с Флобером, который говорит, что его дела в порядке.

А в пять часов появляется Золя в светлых брюках.

Это я с вниманием и грустью почитываю дневник братьев Гонкур, любуясь их умом и точным вкусом.

Радуюсь (вчуже) живым проявлениям безукоризненно знаменитых людей, но совершенно мил и родим — лишь Тургенев.

С началом усмешки читаю, как Эдмон Гонкур расплакался над предсмертным письмом своего героя. Но не выходит усмехнуться, и влажнеют глаза: бедные, бедные художники.

Идем с детьми в Переделкино за подарками (завтра у Лизы день рождения).

Чудный цветущий тихий день. Счастливые дети наперегонки собирают для меня цветы.

И, как всегда, из всего, что можно принять за счастье, получается — грусть.

Так, золотясь, течет и утекает июнь. Я медленно существую, пристально вглядываясь в прелестные черты лета, не пытаясь воспеть его благодать и печаль.

История с Альманахом как-то не очень занимает меня: возможная кара или помилование — одинаково скушны и безнадежны, тем более, что мое поведение предопределено и обдумывать его не приходится.

Вдруг присланные Гией экземпляры книги не приносят мне радости.

Мои литературные товарищи несомненно возглавляют это бедное время, но нет у меня Гонкуровского прилежания описывать наши частые обеды и ужины.

Во мне совершенно ослепло ощущение грядущего времени.

Много, подряд, читала и думала о Блоке, о тайне его трагедии.

Всякое многознание о нем (например, В. Н. Орлова) — все же скудно. Сила его жизни — открыта, но замкнутость неодолима и сурово охраняет себя от докучливых посягательств.

Множество чужеземцев: развлекаю, ублажаю и скучаю до зевотной дремы.

Выпроставшись из очередной суеты, принимаюсь, как за важное дело, за созерцание этого лета, столь сильного, полного и не воспетого (начну что-нибудь — и брошу).

5 июля

Дождь.

Сегодня хоронят, уже похоронили Ларису и ее пятерых несчастных товарищей.

Написала — и ничто не прояснилось. Только доблестно и победно живой понимаю ее. Мы неграмотны прочесть беззащитность людей, внушающих уважение прежде, чем нежность, веру в них, а не страх за них — не потому ли в крайний миг не спасены они чьей-то молитвой?

Еще до стены дождя, вплотную к телу и воле, сильные заросли неведомых мне обстоятельств не пускают меня ехать и отяжелевшее сердце само вершит одинокую заупокойную службу.

9 и 10 июля — в Ленинграде

Едва вышла из поезда — радость, радость.

Пока ждали такси, покупала себе цветы, особенно возлюбив белые крупные колокольчики, приписав им какое-то не расхожее, ленинградское, влажное и нежное выражение.

Из окна гостиницы — ширина Невы и чрезмерное множество Ленинграда, уже не позволительное, освобождающее взор от творческого действия, от собственного труда. Исаакий, и Адмиралтейство, и Петропавловская крепость, и Летний сад — все в одном букете, преподнесенном счастливому ленивцу.

Весь день — радость, что душа жива, свежа, чиста, отверста чу́дному сильному влиянию.

Неимоверный город уравновешивает свою стройную сохранность мощным излучением всего, что вобрал, из чего состоит. Поколебался бы, если бы не поделился со своими гениями и влюбленными зеваками.

Второй день — весь на студии. Склонили (напрасно, конечно) пробоваться на роль Комиссаржевской. Я-то знала, как права, сильна, свободна, как безразлично мне все вокруг: „Потому что это я — умираю!" — и лицо, к ужасу милой девочки статистки, залито слезами. И так — три раза подряд, ухудшаясь, разумеется, под вредоносным предводительством режиссера.

Все это во мне знала и любила Лариса, ей первой должно было это принадлежать.

И вот — где она, я не понимаю, и ночью вижу ее в тяжелом укоризненном сне.

Хорошо, что по здоровому устройству личности, я равнодушна к тому, что пропало во мне по чужой грубой и глупой воле.

Важно лишь то, что я сама погубила.

11, 12, 13 июля, снова в Переделкине

Влажно, важно, неспешно творит себя это прелестное старинное лето. Душа алчно и пристально внимает ему — и не проговаривается ни в чем.

Вчера собирала цветы в лесу, в теплом прозрачном тумане.

Вышла на поляну с розовой дымчатой травой. Смотрела, дышала с обожанием — и ничего не умела к этому прибавить.

Благодарю Тебя, Господи, прости меня.

Из этой моей жизни, из внимающей и втайне творящей дремы вскоре изымет меня громоздкая поездка на юг с детьми.

Как житейская сторона жизни истомила меня, износила. Этого — я совсем не умею. Вообще, если бы не множество побочных улик (вроде этой вот упомянутой бездарности), я бы совсем разуверилась в приписываемом мне таланте.

В этом смысле меня поражает и озадачивает несомненный талант Юнны — тем более для меня убедительный, что он при мне и на моей памяти стал быть блестяще очевидным. Но он как бы одинокая черта ее существа и поведения, без косвенных (и, видимо, необязательных) подтверждений, словно весь ум, вся прелесть честно истрачены на главное, тайное: на художество.

У меня-то хуже, я наоборот расточаю.

И, как вывод из всего этого, вечером (12-го) приходит Володя Войнович, в котором — все хорошо, как и пристало тому, кто подлинно, крупно и навсегда хорош. И как это просто, не замысловато, нормально: талант — и, стало быть, ум, доброта, щедрость, жалость к птенцу, выпавшему из гнезда.

В злодее каком-нибудь — не разберешься, хоть вся его непроглядная сложность обычно не больше корысти.

И как ясны, как ненаглядны Аксёнов, Битов, Искандер.

НЕЧАЯНИЕ

Дневник

Вечной памяти тети Дюни

В нечаянье ума, в бесчувствии затменном
внезапно возбелел, возбрезжил Белозерск...
Как будто склонны мы к Отечеству изменам,
нас милиционер сурово обозрел.

Как Нила Сорского, в утайке леса, пустынь,
спросили мы его, проведать и найти?
То ль вид наш был нелеп, то ль способ речи путан, —
он строго возвестил, что нет туда пути.

Мы двинулись назад, в предивный град Кириллов.
(О граде праведном мне бы всплакнуть в сей час.)
В милиции подверг нас новым укоризнам
младой сержант — за что так пылко он серчал?

НЕЧАЯНИЕ

Так гневался зачем, светло безбровье супил,
покуда, как букварь, все изучал права?
Но скромный чин его преуменьшал мой суффикс:
сержантику — гулять иль свататься пора.

Взгляд блекло-голубой и ветхость всеоружья —
вид власти не пугал, а к жалости взывал.
— Туда дорога есть, — сказала нам старушка, —
да горькая она и неподсильна вам.

Не надобно туда ни хаживать, ни ехать! —
Нам возбраненных тайн привиделся порог.
Участливым словам ответив грозным эхом,
над нами громыхнул-блеснул Илья-пророк.

Впрямь — грянула гроза. Коль, памятный поныне,
всезнающий диктант со мною говорит, —
как перед ним мои писанья заунывны!
Я ритм переменю, я отрекусь от рифм.

Становится к утру кипящею ретортой
тьма темени, испив всенощный кофеин.
Мой час, после полуночи четвертый,
на этот раз прощусь с наитием твоим.

Правописанье слов и право слов изустных —
пред златом тишины все тщетно, все — равно.

Пусть Нила-Бессребреника пустынь
словесное мое отринет серебро...

Вчера поступила так, как написала: поставила
точку, задула свечу, лампа продолжала нести службу, жаль было грубо усмирить и без того смирную,
иссякающую лампадку, не шел приглашаемый сон
в непокойную темь меж челом и потылицей, меж
подушкой и поддушкой — к этим словам часто и
намеренно прибегаю, потому что любят их мои
лоб, затылок и заповедная окраина быстротекуще-
го сердца.

Молитвослов объясняет содержание слова
„нечаяние" как „бесчувственность", я, в моем собственном случае, толкую его как условное, кажуще-
еся бесчувствие, зоркое и деятельное не-сознание,
чуткое забытье — например, опыт важного, как бы
творческого, сна или хворобы, претерпеваемой
организмом с трудным усердным успехом, с нечаянной пользой и выгодой драгоценно свежего бытия. Приблизительно в таком блазнящем и двойст-
венном поведении разума ярко являлись мне
Вологда, безумный Батюшков, Ферапонтов монастырь с Дионисием, череда прозрачно соотнесен-
ных озер — вплоть до деревни Усково, тетя Дюня,
давно покинувшая белый свет, но не меня.

Усмехнувшись, переглянулась с верным дружественным будильником, ни разу не исполнявшим этой своей должности: в восьмом часу утра обдумываю посвящение вечной ея памяти — не на долгую посмертную жизнь моих измышлений полагаясь, а на образ хрупко-сухонькой тети Дюни, он и есть выпуклый, объемный образ моей пространной горемычной благословенной родной земли, поминаемой не всуе.

Сильно влияет на беспечно бодрое, вспыльчивое возглавие нерассветшее утро: „Другим — все ничего, а нам — все через чело".

Раба Божия тетя Дюня, при крещении нареченная Евдокией, по батюшке — Кирилловна, родилась в последнем году прошлого века, в прямой близости от села Ферапонтова, жития ея было без малого девяносто лет. В девках ей недолго довелось погулять: о шестнадцатом годе вышла она замуж за Кузьму Лебедева — „самоходкою", без родительского благословения. „Мы на высочайшее подавали", — важно говаривала тетя Дюня. Высочайшее соизволение было молодыми получено: осенью четырнадцатого года Кузьма ушел на войну, успев перед походом сладить, сплетничать собственную нарядную избу в деревне Усково на крайнем берегу Бородаевского озера. Многажды и сладостно гащивали мы с Борисом в этой избе, в которой теперь гощу лишь мечтаньем помысла: иначе, без тети Дюни, — зачем? Исторический документ за Государевой подписью так хоронила тетя Дюня от вражеского призора, что потом уже не могла найти. От краткой девичьей поры осталась бледная, нежного цвета сумеречного воздуха лента, когда-то вплетаемая в косу, после венца, запрещенного отцом-матерью, повязавшая давно увядшие бумажные цветки, поднесенные дедовской иконе. Тетя Дюня, перед скудными трапезами, крестилась на нее, шептала „Отче наш...". Ей утешно было, что и мы встаем вместе с ней, кланяемся покаянно образу Божией Матери и соседнему Святому Николаю-угоднику, чья опека не помогла ее старшему сыну в грешной его, уже окончившейся, жизни. От чужих тетя Дюня таилась, и не напрасно: сколько раз посягали на ее сокровища местные начальственные антихристы, потом поглядывали в окошко хищные заезжие люди. Натруженные прялица, веретено, коклюшки в ту пору скушно отдыхали в верхней светелке, а прежде была тетя Дюня знаменитая мастерица прясть, ткать, плести кружева. Однажды явилась из Вологды комиссия, испугалась гореопытная хозяйка, завидев не своих гостей: неужто опять грядет разбой по ее иконы и другие, менее ценные необходимости, или несут дурную весть, или сбылся чей-то навет? ан нет, пришельцы были ласковые, хвалебные, взяли ее рукоделия на выставку народного творчества и, через время, наградили почетной грамотой, с золотыми буквами вверху, с печатью внизу. Иногда тетя Дюня просила меня: „Вынь-ка, Беля, из скрывища мою лестную грамотку, почитай мне про мой почет". Я бережно доставала, вразумительно, с выражением читала. В конце чтения нетщеславная слушательница смеялась, прикрывая лодошкой рот: „Ишь, чего наславословили, да что им, они — власть, им — всласть, они и не видывали, как в старое-то время кружевничали, вот хоть матушка моя, а бабка — и того кружевней. Ох, горе, не простили меня родные родители за Кузю, маменька сожалела по-тихому, а тятенька так и остался суров, царствие им небесное, вечная память". Так потеха переходила в печаль, но защитная грамотка обороняла ее владелицу от многих председателей, заместителей и прочих посланцев нечистого рока, упасала, как могла, хрупкую и гордую суверенность.

Если можно вкратце, спроста, поделить соотечественное человечество на светлых, „пушкинских" людей и на оборотных, противу-пушкинских, нечестивцев, то тетя Дюня, в моем представлении, нимало не ученая ни писать, ни читать, в иной, высокой грамоте сведущая, — чисто и ясно „пушкинский" человек, абсолют природы, ровня ее небесам, лесам и морских озерам.

Я передаю ее речь не притворно, не точно, уместно сказать: не грамотно, лишь некоторые выражения привожу дословно. Письма тети Дюни обычно писали за нее просвещенные соседки, кто четыре класса, а кто и восемь окончившие. Но одно ее собственноручное послание у меня есть, Борис подал его мне, опасаясь, что стану плакать. В конверте, заведомо мной надписанном и оставленном, достиг меня текст: „Беля прижай худо таскую бис тибя". К счастью, вскоре мы собрались и поехали. Что мне после этого все „почетные грамотки" или мысли о вечной обо мне памяти, которую провозгласят при удобном печальном случае. Но, может быть, в близком следующем веке кто-нибудь поставит за рабу Божию Евдокию поминальную заупокойную свечу.

Про следующий век ничего не могу сказать, но сегодня к обеду были гости, один из них привез мне из Иерусалима тридцать три свечи — сувенирных, конечно, но освященных у Гроба Господня. Разговоры веселого дружного застолья то и дело, впрямую или косвенно, нечаянно касались жизни

NECHAYANIE

NECHAЯНИЕ

и смерти, таинственной „вечной памяти". Потом
гости ушли. В полночь, не для излишнего изъявления правоверного чувства, а по обыкновению своему, зажгла лампу, лампадку, дежурную свечу и одну из подаренных — с неопределенной улыбкой,
посылаемой в сторону тети Дюни.

Моими поздними утрами
проверю прочность естества:
тепла, жива. Но я утраты
на самом деле — не снесла.

Претерпевая сердца убыль,
грусть чьим-то зреньям причиню:
стола — все неусыпней угол,
перо — поспешней, почему?

Тьма заоконья — ежевична,
трепещет пульсов нетерпеж,
знобно ночи еженище —
отраден мне нежданный еж.

Мне не в новинку и не в диво
заране перейти в молву.
Сочтем, что будущность снабдила
моим — издалека — ау!

Не знаю — кто предастся думе
о старине отживших дней,
об Ускове, о тете Дюне
во скрывище души моей.

Не призраков ли слышу вздохи?
В привал постели ухожу.
Лампадка — доблестней и дольше
строки. Жалею — но гашу.

Сей точки — точный возраст: сутки.
Свеча встречает час шестой.
Сверчка певучие поступки
вновь населяют лба шесток.

Ровно в шесть часов сама угасла лампадка: масло кончилось. Трудится большая, красного стеарина, для праздничных прикрас дареная, — рабочая свеча, определение относится лишь к занятию свечи. „Горит пламя, не чадит, надолго ли хватит?"

Иерусалимскую, как бы поминальную свечу я давно задула, чтобы не следить за ее скончанием, и подумала: возожгу новую во здравие и многолетие всех любимых живых.

Украшения отрясает ель.
Божье дерево отдохнет от дел.

НЕЧАЯНИЕ

День, что был вчера, отошел во темь,
января настал двадцать пятый день.

Покаянная, так душа слаба,
будто хмурый кто смотрит искоса.
Для чего свои сочинять слова —
без меня светла слава икоса.

Сглазу ли, порчи ли помыслом сим
возбранен призор в новогодье лун.
Ангелов Творче и Господи сил,
отверзи ми недоуменный ум.

Неумение просвети ума,
поозяб в ночи занемогший мозг.
Сыне Божий, Спасе, помилуй мя,
не забуди мене, Предивный мой.

Стану тихо жить, затвержу псалтирь,
помяну Минеи дней имена.
К Тебе аз воззвах — мене Ты простил
в обстояниях, Надеждо моя.

Отмолю, отплачу грехи свои.
Живодавче мой, не в небесный край —
восхожу в ночи при огне свечи
во пречудный Твой в мой словесный рай.

По молитвеннику — словесный рай есть обитель не словес, не словесности, но духа, духовный рай. Искомая, совершенная и счастливая, неразъятость того и другого — это ведь Слово и есть?

Некие неуправные девицы пошли в небеса по ягоды, обобрали ежевику ночи, голубику предрассвета — синицы прилетели по семечки кормушки.

Еще держу вживе огонь сильной красной свечи — во благоденствие всех Татьян, не-Татьян, всемирных добрых людей.

„Отче наш, Иже еси на небесах! Да святится имя Твое...“ — дочитаю про себя, зачитаюсь... поставлю точку. Аминь.

Совсем недавно умер близкий друг художник Николай Андронов. Вижу и слышу как бы возбужденное, смятенное горе вдовы его, художницы Натальи Егоршиной.

Но было и предначало. Это Коля Андронов заведомо представил меня и Бориса тете Дюне — иначе не живать бы нам в ее избушке: строго опасалась она новых, сторонних людей. Но дверь не запирала — подпирала палкой, вторая, не запретная, была ее подмога: клюка и посох.

Задолго до того, в пред-предначале фабулы, состоялся знаменитый разгром художников, косым боком задевший и меня, и моих, тогда не рисующих, друзей. Сокрушенный земным громом, Коля подыскал и купил за малые деньги опустевшую, едва живую избу в деревне Усково, подправил ее, стал в ней жить, постепенно вошел в большое доверие деревенских жителей. Пропитание добывал рыбной ловлей и охотой. Тогда маленькая, теперь двудетная, дочка Машка говорила: „Я — балованая, я только черную часть рябчика ем". Так что — благородной художественной бедности сопутствовала некоторая вынужденная роскошь.

Я застала в еще бодрой, внешне свирепой, резвости чудесного их пса — скоч-терьера по имени Джокер. За косматость и брадатость в деревне дразнили его за глаза — Маркс. Недавно Наташа сказала мне, что думала: это — мной данное шутливое прозвище. Куда там, мне бы и в голову не пришла такая смешная и не обидная для собаки складность. Джокер-Маркс, весьма избирательный и прихотливый в благосклонности к человеческому роду, был ко мне заметно милостив — в отличие от его ненастоящего тезки, терзавшего меня в институте, вплоть до заслуженного возмездия и исключения. Потомок родовитых чужеземных предков нисколько не скучал по Шотландии, вольготно освоился на Вологодчине, ярко соучаствовал в хозяйских трудах и развлечениях, но посягновений окрестной фамильярности не терпел.

Мне грустно, Коля и Наташа,
как будто в нежилой ночи
деревня Усково — не наша,
и мы — уж не ее, ничьи.
Сиротам времени былого
найти ль дороги поворот,
где для моления благого
сошлись Кирилл и Ферапонт,
где мы совпали, возлюбивши
напевных половиц настил,
где шли наведывать кладбище
и небородный Монастырь.
Умением каких домыслий,
взяв камушек, да не любой,
творил — всех лучший! — Дионисий
цвет розовый и голубой,
и съединял с надземно-желтым,
навечно растерев желток?
Вдобавок — выпал сердцу Джокер
и в нем, покуда есмь, живет.
Слова бумаге не солгали.
И говорю, и повторю:
ниспосланные нам Собаки
при нас и после нас — в раю.
И мне был рай: в небес востоке
начавшись, медленно плыла,

удвоясь в озере, светелке
принадлежавшая луна.
Здесь нет ее, она — в деревне.
Я не бедна, я — при луне.
Светло Наталии даренье
луны, преподнесенной мне.
Есть счастье воли и покоя.
Строке священной не хочу
перечить — и перечу. Коля,
прими приветную свечу.

В конце семидесятых — начале восьмидесятых годов стала я особенно ненасытно скучать по северным местам, по питательным пастбищам их сохранной речи. Очень был заманчив Архангельск — понаслышке, по упоительному чтению Шергина и о Шергине. Притягивала пучина сказов, песен, поверий Белого моря, но устрашали все беломорские направления: Каргополь, другие незабвенно смертные места. Впрочем, с пагубой таковых мест в моей стране нигде не разминешься.

Помню, как Надежда Яковлевна Мандельштам, до последних дней (умерла 29 декабря 1980 года) курившая „Беломор", удерживая кашель, указывала на папиросную пачку: на предъявленную карту злодеяний, на вечную память о лагерных мучениках.

Мне ли забыть изысканную худобу ее долгих пальцев: дважды мы, по ее бескорыстному капризу, подбирали для нее колечко с зеленым камушком — одно в магазине, вместе с ней, в день ее рождения (31 октября), другое передала через нас Зинаида Шаховская, Надежда Яковлевна думала: Солженицын. При мне, по указанию Бориса, форматор, испросив вспомогательного алкоголя, снимал посмертную маску с ее остро-прекрасного лица и правой руки. Оба гипсовых слепка хранятся у нас. О Надежде Яковлевне, надеюсь, будет мой отдельный сказ.

До Белого моря мы не добрались, пришлось обойтись Белым озером. Тогда-то и затеял Андронов нахваливать нас тете Дюне. Она ответствовала: „Если ты не прилгнул мне, что они такие незлые люди, — мне с них ничего не надо, зови". И мы двинулись.

Путь известный: Загорск, Переславль-Залесский, где и сделаю неподробную остановку. В ту пору работал там старый друг и однокашник Бориса по Архитектурному институту Иван Пуришев. Тяжкие его труды напрямую были касаемы охраны памятников старины и состояли из непрестанной битвы: было от кого охранять. Туристы — нужны, но урожденный и воспитанный долг велит рушить и разорять. В побоище этом подвижник Иван был слабейшей, но доблестно оборонительной сторо-

670

ной. Кроме созерцания знаменитых заглавных храмов и Плещеева озера, где кораблестроил и флотоводил начинающий Великий Петр, предстояли нам горячие объятия, россказни с древним истоком, усладные застолья.

Одна Иванова тайна ранила и поразила. Это была его любимая печальная забота: на отдаленном затаенном возвышении маленькая, незапамятного (не для Ивана) века, прескорбная, пожалуй, скорбнейшая из всех виданных, церковь — Троицкий собор Данилова монастыря. Ключ от нее уберегал сражатель Иван.

Стены много горестной церкви, словно вопреки пресветлому прозрачному Дионисию, расписал самородный, страстный, страждущий мастер, как бы загодя противоборствующий нашествию истребительных времен. Невыразимо печален был взор Божией Матери, словно предвидящий — что произойдет через тридцать три года с осиянным Младенцем, ушедшим из ее охранительных рук, суровы и укоризненны лики Апостолов и Святых угодников. Весь внутренний объем купола занимал страдальческий образ Иисуса Христа.

Страшно убивтище никогда не мирного времени. В церкви размещалась некогда воинская часть, используя оскверненный, опоганенный приют как развлекательное стрельбище. Все изображения были изранены тщательными или ленивыми пулями, наиболее меткие стрелки целились в очи Спасителя, так и взирал Он на нас простреленными живыми зрачками с не упасшей его высоты. Душераздирающее зрелище многое говорило о Его временной смерти, о нашей временной жизни.

Пред выходящим посетителем представала ужасающая картина Геенны огненной: алый и оранжевый пламень, черный дым, терзающие уголья, кипящие котлы, извивающиеся в мучениях, вопиящие и стенающие грешники. О чем думал грозно вдохновенный живописец, для нас безымянный: предостерегал ли, сам ли страшился и каялся, проклинал ли ведомых ему нехристей? Как бы то ни было, не убоялись его предупреждающего творения вооруженные недобрые молодцы.

Пришлось Ивану утешить нас лаской и опекой, чем он и теперь занимается время от времени.

Далее — сначала возмерещился вдали, потом вблизи явился сияющий куполами и крестами Ростов Великий. Подновленный пригожий блеск — приятная приманка для странников, желательно: чужеземных, но сошли и мы, особенно в мимолетной захудалой столовой, где то ли после заутрени, то ли небожно вкушал пиво воскресный люд. С удовольствием ощущая свою не-иностран-ность, приглядывались к пивопивцам, прислушивались к говору, приближающемуся к искомому. Затем — обозрели храмы, радуясь на множественных прихожан и отлично нарядных проезжих гостей, подчас крестившихся слева направо. Посетили трогательные окраины с престарелыми, дожившими до наших дней, когда-то процветавшими купеческими и мещанскими домами.

Миновали под вечер Карабиху, оставив ее себе на обратный путь, ночевали в Ярославле, в гостинице на берегу Волги, неожиданно оправдавшей свое название и предложившей нам пустующий „люкс". Но в этом лакированном и плюшевом „люксе" вспомнила я эпизод своего девятилетнего детства. Отец мой Ахат Валеевич за годы войны, раненый и контуженный, но уцелевающий в поблажках госпиталей, довоевался до медалей, ордена и звания майора. Двадцать лет, как он погребен, и остался у меня от него только гвардейский значок, да относительно недавно пришло письмо от его, много младшего, однополчанина, которое Борис прочел мне выразительно, как я тете Дюне ее „грамотку". Писано было про храбрость и доброту моего отца, про возглавленный им выход из опасно сомкнувшегося вражеского окружения к своим.

Все это мне было грустно и приятно узнать, но клоню я к тому, что по новому его чину ему полагался ординарец, Андрей Холобуденко, тогда совсем юный и красивый, теперь — не знаю, какой. Я его очень помню, он дважды приезжал к нам в Москву с вестями и гостинцами от отца с побеждающего и победившего фронта. Так же сильно помню неразрывного с отцом военного друга добрейшего Ивана Макаровича. По окончании войны Андрей стал звать отца в разоренную Украину, Иван Макарович — в нищую Ярославщину, где сделался председателем доведенного до отчаяния колхоза. Отец думал, думал, примеривая ко мне обе красоты, оба бедствия. Надо было обживаться в чужом послевоенном времени, устраиваться на работу. Летом сорок шестого года выбрал Ивана Макаровича и малую деревеньку Попадинку. На Украине я побывала потом. И деревне Попадинке, где питалась исключительно изобильной переспелой земляникой, и хутору Чагиву, где по ночам с хозяйкой Ганной воровала жесткие колоски, — будут, если успею, мои посвящения, сейчас — только о Ярославле. Ехали мы туда в тесноте поезда, по которой гуляли крупнотелые белесые вши. Город успел осенить меня не белостенностью, не смугло-розовой кирпичностью, а угрюмым величественным влиянием — наверное, вот почему. Иван Макарович прислал за нами состоящий из прорех и дребезга грузовик. Родители поместились в кузове, я — рядом с водителем, явно неприязненным и ожесточенным, видно, хлебнувшим горюшка. Мы прогромыхали по городу, вдруг он круто затормозил возле мрачного здания, я ударилась лбом о стекло — на то оно и лобовое. Он обо мне не сожалел, а уставился на длинную, понурую, значительно-примечательную очередь, и я стала смотреть на схожие до одинаковости, объединенные общей, отдельной от всех тоской, лица, будто это был другой, чем я, особо обреченный народ. Я подобострастно спросила: „Дяденька, а за чем эти люди стоят?" Он враждебно глянул на меня и с необъяснимой ненавистью рявкнул: „Затем! Передачу в тюрьму принесли". Отец постучал в крышу кабины — и мы поехали. Видение знаменитой Ярославской тюрьмы, лица, преимущественно женские, врозь съединенные бледно-голубой, как бы уже посмертной затенью, надолго затмили землянику, Волгу, милую изнемогшую Попадинку и теперь очевидны. Можно было бы вглядеться в приволжское пятилетие моей жизни, когда, в Казанской эвакуации, слабо гуливала я вкруг Черного по названию и цвету озера, вблизи тюрьмы, где в год моего рождения изнывала по маленькому сыну Васеньке Аксенову Евгения Семеновна Гинзбург, но безвыходный затвор я смутно видела и вижу — ко мне тогда уже подступало предсмертие беспамятной голодной болезни.

Описывать удобное наше ночевье в ярославской гостинице и воспоследовавшее обзорное дневье не стану — поспешаю, как впервые, к тете Дюне.

Уклоняясь от прямого пути, как я сейчас уклоняюсь, заезжали мы и в Борисоглебск, тогда называемый иначе, но действовали церковь и строка Пастернака: „У Бориса и Глеба — свет, и служба идет".

Возжигая полночную свечу, воздумаю о Преподобном Ефреме Сирине и о втором, но не Ефреме, в согласии души — не менее первом, ясно: кому посвящена ясногорящая свеча.

> Отцы-пустынники и дѣвы непорочны
> не отверзаютъ попусту уста.
> Хочу писать, не мудрствуя, попроще, —
> нѣтъ умысла сложней, чѣмъ простота.
> Избранникомъ настигнута добыча —
> но к ней извилистъ путь черновика.
> Иль нѣвзнать мигъ ему блеснулъ — да вышло:
> Званъ быстрый влескъ во многія вѣка.
> Взираетъ затишь ночи окомъ синимъ -

и я отвѣтно пялю взоръ въ окно.
Словамъ, какими Преподобный Сиринъ
молился Богу, – внялъ и вторилъ Кто, –
не укажу, чтобъ имени не тронуть:
Оно и такъ живетъ насторожѣ...

...Но Тотъ, о Комъ нѣмотствую, должно быть,
смѣется – я люблю, когда смѣшливъ.
Во мнѣ такія нѣжность и незлобность,
цѣлуя воздухъ, спѣлись и сошлись.
Забава упражненья неказиста –
челомъ ей бью и множицей воздамъ.
Неграмотность ночного екзерсиса
проститъ ли мнѣ усмѣшкой добрый Даль?
Родимой речи на глухомъ отшибѣ
кто навѣститъ меня, если не онъ?
Не просвѣтилъ ущербы и ошибки
текущій выспрь, свѣчи прилежный огнь.
Закончу ль ночи списокъ неподробный,
пока спѣшитъ и бодрствует високъ?
Простилъ бы только Сиринъ Преподобный:
послал смиренный, благодатный сонъ.
Опять мое ночевье не снотворно:
ужъ предъ-рассвѣта приоткрылся зракъ.
Не опытно, не вѣдуще, не твердо –
пусть букву «еръ» слукавитъ твердый знакЪ.

А я все еще вязну в любезных мне, затягивающих заболотьях „еръ" и „ять" и мутных, дымных загородьях Ярославля. Но и без меня — „понявы светлы постланы, Ефрему Сирину наволоки". Тетя Дюня моя, до коей все ѣду и ѣду, называла „понявой" и повязь платочка вкруг головы, и фату, хоть при утаенном венчании и обошлась бѣлой „косинкой" — наискось, в половину треугольника сложенным, шелковым бабкиным платом. На предродителев грѣхъ вѣнца, усиленный покражей плата из сундука, трачу я последние трудоемкие „ять" и „еръ". Всю жизнь замаливала этот грех тетя Дюня, а велик ли грех, что великим способом любила она грешника Кузьму: он и бивал ее, и на сторону хаживал, а что на колхозных насильных супостатов выходил с плотницким топором — грех за грех считать: он на германской войне расхрабрился. Бывало-живало: голубчика своего ворогом, погубителем рекла тетя Дюня, ловко уклонялась от хмельного натиска и нападка. „Молода была — со грехом жила, теперь труха — все не без греха! — туманилась, улыбчиво вспоминала, как сломя голову пошла за Кузю. Умела стаивать против угрозы отпором и отдачей: „Мужик — топор, баба — веретено". Обо всей этой бывальщине доложу в медленном последствии свече и бумаге. Сколько раз я при них „оканунилась", съединив ночи и дни последнего времени.

Пока я одолевала раняще невздольные, невзгодные предгородья Вологды и прощалась со старословием, оно самовольно вернулось и вновь со мной поздоровалось:

Сему и онымъ днямъ
привѣтственную дань
вновь посылаетъ длань.
Прости, любимый Даль.
Для ласки не совравъ
надбровію тавра,
отвѣтствовалъ Словарь:
– Я не люблю тебя.
Нелестенъ фиміамъ
невѣрного Фомы.
Аз по грѣхамъ воздамъ:
не тронь моей «фиты».
Измумивъ «ять» и «еръ»
разгульною рукой,
ты «ижицы» моей
тревожишь «упакой».

Мнѣ внятна молвъ свѣчи:
– Тщемудрія труда

на-нѣтъ меня свели.
Я не люблю тебя.
Гашу укорный свѣтъ,
Моей свѣчи ответъ.
Мнѣ бы свѣчу воспѣть —
а близокъ срокъ: отпѣть.

Смотрю со сцены въ залъ:
Я — путникъ, онъ — тайга.
Безмолвилъ, да сказалъ:
— Я не люблю тебя.
Съ начинкой заковыкъ
нелакомый языкъ
мой разумъ затемнилъ.
Будь, где выла, нзыдь.

Я не кормлю всеядь,
и «ять» моя — темна.
Все мнѣ вольны сказать:
— Я не люблю тебя.

Любить позвольте васъ
Въ моемъ свѣчномъ углу.
Словъ неразъемна власть:
«люблю» и «не люблю».

НЕЧАЯНИЕ

Изъ втунѣ не свяжу,
я вѣрю во звѣзду:
полунощи свѣчу
усердно возожгу.

Мужъ подошелъ ко мнѣ,
провѣдалъ мой насѣстъ.
Зачеркиваю «не» –
Оставлю то, что есть,
есть то, что насъ свело:
безмолвіе любви.
Во здравіе твое –
Свѣча и с точкой і...

Мирволь и многоточь,
февральскш первый день,
вѣрней – покамѣстъ – ночь:
школяръ и буквоѣдъ.
есть прозвище: «фита» –
моимъ ночамъ-утрамъ.
До «ижицы» видна
свѣча – стола упархъ.
Не дамъ ей догорѣть.
Чиркъ спичкой – и с «аза»
глядятъ на то, что есть,
всенощные глаза...

Державинскихъ управъ
витаютъ «Снигири».
Глаза – от зла утратъ –
сухи, горьки, голы.
Иной свѣчи упархъ
достигъ поры-горы.
«Неистов и упрям,
гори, огонь, гори...»

* * *

Прощай, прощай, моя свеча!
Красна, сильна, прочна,
как много ты ночей сочла
и помыслов прочла.

Всю ночь на языке одном
с тобою говорим.
Согласны бодрый твой огонь
и бойкий кофеин.

Светлей ΘЕУРГИИ твои
кофейного труда.
Витийствуя, красы твори
до близкого утра.

НЕЧАЯНИЕ

Войди в далекий ежедень,
твой свет — не мимолет.
Сама — содеянный шедевр,
сама — Пигмалион.

Скажу, язычный ѲЕОГЕН,
что Афродиты власть
изделием твоих огней
воочию сбылась.

Служа недремлющим постам,
свеча, мы устоим,
застыл и мрамором предстал
истекший стеарин.

Вблизи лампадного тепла
гублю твое тепло.
Мне должно погасить тебя —
во житие твое.

Иначе изваянья смысл
падет, не устоит.
Он будет сам собою смыт
и станет сном страниц.

Мои слова до дел дошли:
я видеть не хочу

конец свечи, исход души —
я погашу свечу!

Безогненную жизнь влача,
продлится тайный свет.
Уединенная свеча
переживет мой век.

Лишь верный стол умеет знать,
как чуден мой пример:
мне не светло без буквы „ять",
и слог не впрок без „еръ".

Чтоб воскурила ѲИМІАМЪ
свече — прошу „фиту".
Я догореть свече не дам,
я упасу свечу.

Коль стол мой — град, свеча — VПАТЬ —
все к „ижице" сведу,
не жалко ей в строку упасть...
Задула я СВѢЧУ.

Я не раз от души заманивала тетю Дюню к нам зимовать, да обе мы понимали, что не гостить ей у нас так хорошо, кáк нам у нее. Лишь однажды, еще

в бодрые горькие годы, кратким тяжелым проез-
дом в плохое, „наказанное", место, отбываемое дочерью, краем глаза увидела и навсегда испугалась
она Москвы, ее громадной и враждебной сутолочи.

Я вспоминаю, как легко привалилась в деревне Усково управляться с ухватом и русской печью.
Нахваливала меня, посмеиваясь, тетя Дюня: „Беля,
ухватиста девка, даром что уродилась незнамо где,
аж в самой Москве".

Один день кончается, другой начинается, на
точной их границе, по обыкновению, возжигаю
свечу — в привет всем, кто помещен в простран-
ном объеме любящего хлопочущего сердца.

Большая сильная свеча давно горит — „надолго ли хватит?" — и украшает себя самотворными,
причудливыми и даже восхитительными, стеарин-
ными изделиями, витиеватыми, как писания мои.
Пожалуй, я только сейчас поняла, что их неопределенный, непреднамеренный жанр равен дневнику
(и ночнику), и, стало быть, ни в чем не повинны
все мои буквы и буквицы, пусть пребудут, если не
для сведенья, то на память, хоть и об этом дне, по-
нукающем меня кропотливо спешить с раздумия-
ми и воспоминаниями.

Что касается многих слов моих и словечек, —
они для меня не вычурны, а скорее „зачурны" (от

„чур"), оградительны, заговорны. Не со свечой же мне заигрывать и миловидничать.

Не только к Далю — всегда я была слухлива к народным говорам и реченьям: калужским и тульским, разным по две стороны Оки, например: „на ло́шади" и „на лошади́", „ангел" и „андел", так и писала в тех местах. „Окала" в Иванове-Вознесенске, но никогда не гнушалась неизбежных, если справедливых, иностранных влияний, любила рифмовать родное и чужеродное слово, если кстати. Не пренебрегал чужеземными словесными вторжениями, подчас ехидно, а в Перми и „ахидно", сам народ.

Но не пора ли приблизиться к достославному городу Вологде?

При въезде, до осмотра достопримечательностей, с устатку дороги, сделали мы привал в приречном, пристанном ресторанчике. Спросили нехитрого того-сего и — опрометчиво — масла. По-северному пригожая, светловолосая и светлоглазая официантка гордо ответила, что об этом ястве имеются только слухи, но за иностранных туристов нас все-таки не приняла. Хорошо нам было сидеть, глядючи на необидно суровую подавальщицу, на захожих едоков, а больше — питоков, на реку, одноименную предстоящему городу.

Немногие колонны и арки старинных усадеб уцелели в претерпевшей многие беды Вологде. Это там архитектурно образованный Борис начал менять властное влияние Палладио на трогательное старо-русское и, в последовательно извращенном виде, пред-современное „дворцовое" зодчество. Первый вариант портиков, фронтонов и порталов как бы приходится Италии благородно потомственным и преемственным, второй — криво-косвенным, но зримым отражением учения Палладио. Приблизительно так толковал мне Борис, уточняя слова рисунком, приблизительно так не однажды воспето мной. Урок, посвященный обаянию Андреа Палладио, для него неожиданный, но не обидный, а приятный, окрепнет и усилится в городе Белозерске — если достигнем его, как некогда бывало.

Долго разглядывала картинку Бориса: старый господский дом с гостеприимным порталом, с колоннами (коринфскими, дорическими или тосканскими — не указано), с приросшими галереями, флигелями, можно довообразить въездную аллею, беседки, пруд... Хорошо: наводит на многие мечтания и грусти.

Отдаляя дальнейший тяжкий путь, минуя Вологду, воспомню родившегося и похороненного в ней Батюшкова. До ослепительности ярко и явно вижу я мало описанную (может быть, по неведению моему) сцену, когда страждущего, терзаемого пылким затмением умственного недуга Батюшкова проведал добрый, сострадающий Пушкин. Больной посетителя не узнал.

Привожу несколько четверостиший из давнего, не разлюбленного моего стихотворения.

Мне есть во что играть. Зачем я прочь не еду?
Все длится меж колонн овражный мой постой.
Я сведуща в тоске. Но как назвать вот эту?
Не Батюшкова ли (ей равных нет) тоской?

Воспомнила стихи, что были им любимы.
Сколь кротко перед ним потупилось чело
счастливого певца Руслана и Людмилы,
но сумрачно взглянул — и не узнал его.

О чем, бишь? Что со мной? Мой разум сбивчив, жарок,
а прежде здрав бывал, смешлив и незлобив.
К добру ль плутает он средь колоннад и арок,
эклектики больной возляпье возлюбив?

Кружится голова на глиняном откосе,
балясины прочны, да воли нет спастись.
Изменчивость друзей, измена друга, козни...
Осталось: „Это кто?" — о Пушкине спросить.

НЕЧАЯНИЕ

Из комнаты моей, овражной и ущельной,
не слышно, как часы оплакивают день.
Неужто — все, мой друг? Но замкнут круг ущербный:
свет лампы, пруд, овраг. И Батюшкова тень.

Путь от Вологды до поворота (ошуюю) к Фера-
понтову помнится и исполняется тяжким и долгим,
потому что одесную сопровождается скорбным
простором Кубенского озера с высоко сиротствую-
щей вдали колокольней Спасо-Каменного монастыря. Я смотрю не в справочник, а в путеводную память и передаю бумаге, не точь-в-точь, а окольно то,
что слыхивала. Сказывали примерно так. В задав-
ние времена, когда не горело еще наше киянское
озеро — а разве горело оно у вас? — то-то и есть, что
нет, но плыл по нему царь со свитою — а какой? —
это мы — всякие, и такие, и сякие, а он — известно,
какой: всего царства царь, и с ближними слугами.
Плыли они в пучину, а попали в кручину: напал на
них чомор — а кто это? — и не надо тебе знать, его
назовут, а он подумает, что зовут, может, и с царем
так было, может, из гребцов кто помянул его нечисто имя, а он и рад прежде слуг служить: вздыбил,
взбурлил воду, стали угрозные волны бросать их аж
до низких туч, и поняли пловцы, что пришла их
смерть. Тогда взмолился земной царь к небесному,

покаялся во всех грехах, и за то прибило их к отрожному острову, всему из камня. После утишья, когда заутрело, заметили они, что целиком спаслись и берег близко. Царь этого случая Богу не забыл и велел поставить на том месте благодарственную часовню. Дальше — стал монастырь: Спас-Каменный.

В случае с царем все обошлось Боголюбно и Богоспасаемо. Пока шедшее к нам время еще пребывало от нас вдали, пригляделся к часовне отшельник, потянулись другие монахи, воздвигли Богосоюзную обитель, проложили от своих камней до суши сильную каменную тропу, свершали по ней хождения в Пасхальный Крестный ход. Богоугодный порядок продолжался до конца прежних времен и начала наших, когда многими званый чомор с охотою откликнулся, явился во всей грозе: монахов и паломников разогнали и изничтожили, монастырь, за неудобством несподручного расстояния, взорвали в запоздавшие к нему тридцатые годы. Колокольня — устояла.

Во всю длину озера и высоту колокольни приходилось горевать, пока не скрывались они из озору, за озором.

В тех местах говорят изредка: озор, что подходит озеристому краю по звуку и пространной необозримости.

Тогда, уже в давности, добравшись до Ферапонтова, мы лишь снаружи оглядели знаменитый монастырь, благоговейно дивясь его стройной внушительности. В дальнейшие дни и лета бессчетно наведывались мы в его пределы и на прилегающее к нему кладбище.

Миновав почти нераздельные деревеньки и озера, с прибрежными огородами и баньками, достигли Ускова, легко нашли Колю Андронова, Наташу и Джокера. Когда, предводительствуемые Колей, подъехали к избушке тети Дюни, увидели, что дверь подперта палкой. „Куда же Дюня делась? — удивился Коля. — Ведь обещала ждать".

Она и ждала — затаившись в недалекой сторонке, опершись на свою „ходливую" палку, с предварительной зоркой тревогой вглядываясь в незнакомых гостей.

— Ну, с прибытием вас, — строго сказала, неспешно приблизившись, тетя Дюня, — пожалуйте в мою хоромину.

Крыльцо, сенцы с полкою для тщеты припасов, для пользы трав, налево — две комнаты, в первой — стол под иконами, лавки, при входе — печка, кровать за ситцевой занавеской. Вторая — гостевая спаленка, где мы быстро обжились и надолго прижились.

Я упомянула вскользь сторожкую зоркость впервые поджидавшей нас тети Дюни, вскоре смягчившуюся до ласкового, заботного выражения. Подобную проницательную зрячесть видела я у деревенских жителей, у особо урожденных, наособь живших людей (Шукшин, Вампилов), у тех, чье избранное урожденье умножено и усилено безошибочным опытом больших испытаний (Солженицын). Так, думаю, взглядывал и глядел или не глядел Пушкин, наипервее, наиболее — так.

Тетя Дюня остро и ясно видела и провидела — и напрямик, и назад, и вперед. Ярко видимое ею давнее прошлое, оставшееся позади, я жадно присваивала, „присебривала", предстоящее, без хорошего ожиданья, с хорошим пожеланьем молитвенной опеки, относила она к тем, кого любила, без горечи оставляя себе — известно что.

В этом году тете Дюне исполнилось бы сто лет — точно или около первого марта, многозначного дня Евдокии: имя одно, прозвищ несколько, все с приметами, с предсказаньями. Поговорка: „с Евдокеи погоже — все лето пригоже" ко многим летам тети Дюни могла быть применима в обратном, пасмурном, смысле. С подлинной датой рождения приходилось „недомеком мекать": церковное свидетельство не сохранилось, паспорт, запоздавший на большую часть жизни, день, да, кажется, и год указывал наобумно, „по-сельсоветовски", документ редко надобился, я его не читала.

Когда для других чтений я надевала очки, тетя Дюня жалостливо говорила, приласкивая мою голову: „Ох, Беля, рано ты переграмотилась, не то что я".

Вскорости и постепенно мы с тетей Дюней близко и крепко сдружились и слюбились. Наш первый приезд и все последующие теперь слились для меня в одно неразлучное свидание, хотя долгие перерывы тех пор были обеими ощутимы и утешались через Андронова — Егоршину, много жившими в деревне.

Тетя Дюня, чем дальше, тем открытее передо мной не таилась, не „утаймничала". Я, по ее допуску, проникалась ее жизнью, но даже не пытаюсь вполне передать складность и „таланность" ее речи, тоже не соблюдавшую порядок летоисчисления возрастов и событий.

Младенчество и детство ее были не балованные, но светлые, счастливые. „Тятенька-маменька, нежьте, пока маленька, вырасту большинская — занежат бесчинствия". Может, и другие так говорили, но многие слова сама рассказчица сочиняла. Повторяла, имея в виду свою малую бесплотность и потомственные поколения: „Глянь, Беля, какая я плохая-никакая, а какой большинский народ наплодила".

Грамотой ее сызмальства были разные рукоделия, молочная и печная стряпня, пастушество, дойка, обихаживание скотины и птицы. Множилось приданое: кружева, полотна, насережные камушки. „Придано — не отдано".

Еще девочкой выглядела Дюня приметного, норовистого, опасного Кузьму Лебедева, уже вошедшего в „наусье", и он ее цепко выбрал. Сказал: „Ты пока спей, но знай — я от тебя не отзарюсь".

— Я и знала, — вспоминала старая Дюня, Евдокия Кирилловна, — сразу поверила, что недолго мне хороводить, лентами баловаться, не миновать судьбы-Кузьмы, не глядя на родительский запрет. У других девок — посиделки, припловухи... — а что это: припловухи? — а это, когда отец с матерью дочерей-невест на показ на ярмарку в Кириллов или в Белозерск возили. Там по езеру на лодке, груженой приданым, плавают, а фуфыры-девки на берегу сидят, очи долу, а женихи ходят, глядят, промышляют себе добычу. Да, мной не плыто, а Кузьмой добыто.

Когда, после ранения, вернулся с войны бравый Кузьма, жили они поначалу ладно, слюбно и сытно. Хозяин плотничал, кожевничал — больше по конскому, упряжному делу. Держали лошадей, двух коров, другую живность. Но дошли и до них напасть и разор, начав с начала: с Ферапонтова монастыря. Тетя Дюня ярко помнила, горько рассказывала, как мужики — топорами и вилами, бабы — воплями пытались оборонить свою святыню и ее служителей и обитателей, да куда монаху против разбойника, топору против ружья. В это лютое время родился старший сын Николай. И потом все дети рождались словно не от любви, а от беды и ей же обрекались.

Но самая лютость еще гряла: раскулачивание. Бедными были и слыли эти предсеверные места, а губили и грабили — щедро. С непрошедшим страхом, горем и стыдом скупо рассказывала тетя Дюня про отъятие живого и нажитого добра, про страдания скотины. Многажды крестилась при нечистом имени председателя, всех подряд заносившего на „черную доску", быть бы на ней и топористому Кузьме, да откупалась Дюня, как могла, мужниными и своими уменьями-рукодельями, остатками былого имущества. Приходилось, сломив гордость, словесно угодничать, лебезить: „Была Дюня Лебедева — стала дура лебеЗева". Но и председатель не до конца добровал: из вины ушел в вино, снизился и кончился.

Уже в сороковые годы, глухой ночью, постучался к Дюне в окно, назвался знакомым именем один из бывших соседей, сосланных в Сибирь, хоть и ближе север был. В избу не просился, попросил хлеба: лучше в окно подать, чем под окном стоять. Тетя Дюня проверила занавески, пригасила коптилку, завела неузнаваемого гостя в дом. У нее ничего, ни настольного, ни отстольного, не было — только гороховый кисель. Кормила тем, что было, выслушала страшный доверительный сказ. Давний этот „нетчик" (в отсутствии бывший) такой был бедяга, словно и не белосветный человек. Ушел до свету — и канул.

В двадцатые — тридцатые лихолетья родились Вера, Александр, известный округе и мне как Шурка, и — под самый конец бабьего долга, с позднего горяча, — поскребыш, любимец Алексей.

Кузьма работал хорошо, но пил и буянил — не хуже. Загуливал по дням и ночам, потом оттруживал.

Худшей из всех его прокуд для тети Дюни была его привадка к моложавой заманистой вдовице, мелкой, да ученой, колхозной начальнице — счетоводу или близко к этому чину.

С неутешным удовольствием, с гордым чувством правого поступка поверяла мне тетя Дюня, как еще безпалочным пехом, по-воински пошла она к разлучнице на пост при счетах и в зачарованном кругу свидетелей выдрала из ее счетоводно-греховодной головы крашенный белым, а снизу рыжий клок волос. После этой битвы Кузя — как очнулся, навсегда вспомнил: кто ему жена, а кто — счетовод. Загоревал, завинился, закаялся — „как старый черт, что по схиме заскучал, да в музее-то не замонашествуешь". Перед смертью тосковал, хворал, жался к Дюне, как свое же дитя.

Я его видела только на фотографическом настенном портрете, с которого он зорко и враждебно глядел на снимателя и прочую скуку. (Были и немногие маленькие блеклые карточки, не передающие его характера.)

Из Кузиных и Дюниных детей первым увидела я меньшого, любимейшего — Алексея, но не живого, а тоже портретного, рядом с родителем, который хоть и сдерживал привыкшую воевать и бедовать свирепость для насильного торжественного момента, но обещал привечать будущего незваного созерцателя. „Так-то, Кузя, еще на день я к тебе ближе", — прощалась с ним по вечерам тетя Дюня. Алексей же, не тяготясь мирной солдатской одеждой, как веселым нарядом, открыто сиял доверчивыми глазами, пригожим лицом, всей молодой беспечной статью. „Эх, Лексеюшка, заупокойная головушка, ймется ли тебешеньке на Господних небесех?" — причитывала, кратко всплакивала тетя Дюня, имея для этого бесконечного случая сбереженный и питаемый прибылью горести запас двух аккуратных слезинок.

Уже позже, сильно попривыкнув ко мне сердцем, закатными и стемневшими в ночь вечерами, ведывала мне тетя Дюня о любимом отдельно от всех, „последышном" своем дитятке:

— Вот, Беля, ты, что ни день, видишь, каковы мои Николай и Шурка: один смурый, другой — суматошный, сыздетства такие были. И то сказать, на худом молоке росли, мякиш суслили, травой подпитывались. Николая полуночица мучила (плакал по ночам), Шурка — и при груде озоровал: уже нелепой начинался. А Лексеюшка, заупокойная его головушка, словно нарозни от всех уродился, да так и было: стыдилась я, немолодица, брюхо деревне предъявлять, потычищем стала. (Пальцем тыкали.) Кузя тоже тупился, даром что ни с кем наравне не жил. Надо мной насмешничал: „Я тебя не просил семейство большить". Я ему тоже смехом отвечала: „Твое дело постороннее, и я не просила, а Бог послал". И взаправду — в утешенье послал и не взял бы до времени, люди направили. У Кузи своя была собь — Верка,

698

ей дитем добром жилось, уж потом злом отдалось, да ты знаешь. А Лешенька — мой собственный считался, как в чреве был, так и дальше близко держался: все при мамке и все к мамке ластится.

Замуж Дюня пошла, как она говорила, а я повторила: „самоходкою" — а детей крестила тайной „самоволкою", с затруднениями и ухищрениями, за что тоже грозила пространная „черная доска", в деревне секретов не бывает.

Леша был хороший и хорошенький ребенок, дошколье провел с матерью в колхозном коровнике, встречаемого быка не боялся, коров обнимал, телят целовал. Доярки его ласкали, молоком питался досыта. Если кто пугался порчи от „сглазчивого" человека, бабы просили Дюню прислать Лешку — отвести лихо светлотой лика, что безотказно исполнялось.

За службу коровам и государству тетя Дюня, уже в старости, получила маленькое печатное награжденье, которым не дорожила, никогда не забыв мученичества двух родных коров, отобранных и погубленных. Положенных денег „счетовод" не выписала. Впрочем, это я от себя говорю.

Учился Алексей с прилежной радостью, после семи классов работал с отцом и сам — до армии, где служил охотно и покорно, начальство хвалило здравую и здравоумную вологодскую „кровь с молоком". К этому, прежде расхожему выражению, по поводу других, иногда совместных с ним, разнообразных человеческих качеств тетя Дюня подчас пририфмовывала „дурь с кулаком". Счастье Алешина возвращения домой было густо омрачено предсмертной тоской, а затем и смертью отца.

Алеша плотничал, сладил, с помощниками, для дальнейшей семейной жизни избу — вплотную к родительской, с отдельным входом. Он влюбился — и не один, а вдвоем с товарищем. Девушка была сдержанно милостива к обоим, но обоим и помалкивала. Необжитая изба поджидала, держась стены материнского дома, как он когда-то материнской юбки.

Однажды, снежным вечером, пошел он в Ферапонтово на танцы, предварительно чисто побрившись и принарядившись. В клубе танцевал с девушкой, честно меняясь очередью с товарищем. Когда она, с намеренным беспристрастием, танцевала с кем-то другим, они украдкой понемногу выпивали. Послушный матери, он ушел раньше, но домой не пришел. Мать тревожилась, корила девушку, но больше молилась.

Утром прохожие нашли его мертвым на середине дороги от Ферапонтова до Ускова. Туда повлекли под руки обезумевшую Дюню, обманывая ложной надеждой. Она пала на тело сына, пытаясь оживить его своей жизнью, но сама застыла вместе с ним и не помнила, как сперва ее отняли от Алеши, потом его от нее.

Следствие установило, что Алексей, будучи нетрезвым, заснул на дороге, может быть, поджидая товарища, который провожал девушку и ничего не знает, свидетельница подтвердила, что провожал, большего не знает. По спящему проехал трактор, задержавшийся в селе для несбывшейся починки фар, что подтверждает МТС.

Было много несовпадений и недоумений, но дело, за туманностью обстоятельств и недоказанностью чьей-нибудь, кроме рока, вины, закрыли. Алешу похоронили. О следующем времени тетя Дюня помнила лишь, что оно, словно удушливым черным войлоком, окутало всю ее голову вместе с разумом и ослепшим лицом.

В то же время деревня написала в Вологодскую прокуратуру, что она об этом деле думает. Трактор Алешу действительно задавил, но не спящего, а убитого, доказательства тому имеются.

Приехали новые следователи, искали не подписавшихся заявителей — и не нашли, заново допрашивали девушку, но ничего яснее плача не добились. Пробудили тетю Дюню. Она твердо возбранила тревожить могилу сына и сказала, что расследование было правильное, на самом деле так же твердо зная, что это не так. „Юрчисты" с облегчением уехали.

Мне она, много лет спустя, объясняла так:

— Мне их дело было чужое, мое дело было в Лексеюшке, а не в том, чтобы его „дружка"-погубителя в тюрьму засадить и тем его мать извести, у меня у самой двое детей — тюремные. А правду все знали, и я знаю, да она мне — для горя, а не для того, чтобы горе — горем бить. С тем, кто убил Лексеюшку, девкин плач расписывался и сейчас живет, и такой судьбы с нее предостаточно. Только передала ей через соседей — пусть близко мимо меня не ходят, я-то не скажу и не трону, а глаз, хоть и во крещеном лбу, нечаянно от меня может ожечь. Я тебе их не назову, глаз твой, как мой, для порчи негодильный, да думать станешь, а ты отдыхай.

Подивилась бы тетя Дюня, заслышав, куда „незнамо где, аж в самой Москве", скрывается солнце, у нее заходившее за „озор". Также говорила: „Из твоей светелки — большой озор, удобно тебе луну сторожить".

Сегодня утром думала я вот о чем.

Много, теперь не подсчитать без ошибки — сколько лет прошло с погибели Алексея, так и не дожившего до говоримого отчества и до новоселья в ожидающей избе, когда в очередной раз гостили мы у тети Дюни. Борис нашел писанный мною текст, думала: краткого письма, но, судя по отсутствию знаков препинания и даты, — пространной телеграммы. Переписываю не по-телеграфному: „161120 Вологодская область, Кирилловский район, п/о Ферапонтово, деревня Усково, Андронову Николаю Ивановичу. Дорогие Коля и Наташа, так захотелось проведать Вас и Ваши места, что даже грустно стало. Не может ли быть такого счастья, чтобы тетя Дюня снова приютила нас вместе с детьми? Вы, так или иначе, кланяйтесь ей от нас и пошлите нам весточку. (Обратный адрес Мастерской.) Целуем Вас. Ваша Б.А.”.

Сомнения наши могли относиться к возможному пребыванию у тети Дюни череповецких внуков и нашему опасению стеснить ее, перелюднить избу. С внуками, этими и другими, в тот ли, в другой ли раз, мы совпадали, но бабушка помещала молодежь на сеновале.

Получив радостный пригласительный ответ, мы поехали.

Шла афганская война, уже большой кровью омывшая Вологодчину.

В январе 1980 года я была на полулегальных, вскоре вовсе запрещенных, гастролях в Ташкенте и

Алма-Ате (Алма-Аты). Сразу после начала войны в Среднюю Азию, разрывая и убивая сердце, прибывали закрытые и цинком покрытые гробы, Сахаров был выслан в Горький, что утяжелило жизнь, но облегчило написание моего заявления в его защиту.

Жили мы, уже не в первый раз, а по-свойски, у тети Дюни. Как-то, украдкой от хозяйки, пришла ко мне хорошая знакомая, молодая (около сорока лет) доярка Катька и говорит: „Дай-ка мне, Белка, винца, пока Шурка не заявился. Только не за твое и не за коровье здоровье я выпью, а за упокой убиенного раба Божия Евгения, преставленного недавно, а точно когда: неизвестно, и он ли во гробе — тоже неизвестно, мать на нем без памяти лежит, пойди завтра со мной на похороны и на поминки, не робей, ты — своя девка".

Одна тетя Дюня звала меня: Беля, близкие деревенские (и другие) знакомцы — Белкой, прочие — уважительно, без имени. В другие случаи Катька предлагала такой тост: „Да здравствуют Катька и ее коровы!"

На следующий день, вместе с Катькой и Колей Андроновым, Борис и я пошли в Ферапонтове на похороны.

Прошлой ночью я вспомнила, что описание этого события есть в моей книге (1997 год). Привожу цитату, начало которой завершительно относится к моему выступлению в клубе одной из воинских частей Алма-Аты. Простуженные, плохо обмундированные (слово неверное) дети, в отличие от меня, смутно догадывались, куда их направляют, „...все мне рассеянно улыбались, никто меня не слушал: офицеры были серьезны и напряжены, солдаты — отчаянно возбуждены и веселы. Я спросила светлого синеглазого мальчика: откуда родом? „Новгородские мы, — ответил он смеясь, — два месяца осталось служить". Воротничок его был расстегнут, бляха ремня сбилась на худенькое бедро. Он радостно прошептал мне в ухо: „Нам всем вина дали — вдосталь, ночью куда-то переводят, но говорить об этом нельзя, не велено". Я обняла его, слезы крупно лились, падали на его разгоряченное лицо... Шел снег, снежки летали, кто-то начал и бросил строить снежную бабу. Мальчик утешал меня, с удивлением, но уже и с тайной тревогой: „Что это вы, не надо, это — долг, это — за родину". — „Новгород твоя родина, дай-то Бог тебе ее увидеть". Меня окликнули — мягко, без осуждения, — я вернулась в помещение. Солдатам приказали снять шапки и шинели, было мрачно, холодно, все они кашляли, заглушая ладонями рты и бронхи. Я тоже сняла шапку и пальто, мелким и жалким помнится мне этот жест единения с теми, кого впрямую из своих разомкнутых рук отпускала я на погибель. Много позже, в Ферапонтово, я и Борис видели похороны вологодского мальчика Жени. Мать его, беспамятно стоя над непроницаемым, одетым в кумач гробом, издавала недрами муки ровный непрестанный звук крика. Ее одернули: „Мамаша, обождите убиваться, военком будет говорить". Мать умолкла. Военком с хладнокровным пафосом говорил о покойном, что он — герой и погиб за родину. „Вон она — Женькина родина", — сказал подвыпивший мужичок, указав рукой на кротко мерцающее озеро, на малую деревеньку на берегу, скорбные и дивные это места. „Тише ты", — цыкнула на мужика жена, опасливо поглядывая на нас, чужаков, и на милицию, во множестве надзирающую за бедной церемонией. Через год я с трудом нашла на окраине кладбища заросший безымянный холмик, видно, и жизнь матери иссякла вместе с жизнью сына, некому было присмотреть за могилкой".

Сейчас (сей — пятый) прибавляю к опубликованному тексту, что Катька помнила, как Женя родился, тогда она была ровесницей столь мало жившего, безвинно погибшего и неправедно погребенного человека. О том, какой Женя был добрый и способный мальчик, говорила его совсем недавняя плачущая учительница. Многие слезы присутствующей округи, вообще-то дозволенные и извиняемые, бдительными надзирателями заметно не одобрялись. Исполнявшие погребальные залпы солдаты, по возрасту такие же дети, как убиенный, но, судя по скулам и затаенному узкоглазию, все были родом из Средней Азии. В этом невнятно прочитывалась какая-то глупая преднамеренность, возможно, схожая со сподручным, но опрометчивым выбором, множественно бросившим азиатских уроженцев, оснащенных мусульманской кровью, на службу в северные губернии России, а вологодских мальчиков — на юг, в начальное пекло гибельной войны. При домашнем, в полдня и ночь, прощании матери с невидимым сыном присутствовал покуривающий на крыльце страж.

Искренне сострадающие, но сторонние все-таки люди, на поминки, устроенные военкоматом за счет смертоносной власти, мы не пошли, а выпили дома, уже при Шурке. К этому времени я привыкла к ежевечернему Шуркину приветствию: „Здорово, мать, это я, Шурка, ты не подохла еще?" — „Сынок, батюшка, — безгневно отвечала тетя Дюня, — ты бы хоть гостей посовестился, ведь ты их припиватель-прикушиватель". При этом Шурка мать, несомненно, любил, а со мной быстро сдружился, изъявляя расположение собственным, ехидно-заковыристым, способом. При первой встрече, услышав мое имя, задорно и надменно спросил: „Это как у Лермонтова или как у евреев?" Дивясь его учености, я любезно сказала: „По вашему усмотрению зовите. Садитесь, пожалуйста, если матушка вам позволит". Шурка уселся: „А на что мне ее позволение, если я с ее соизволения в этой избе родился? И ты не приглашай, гость — человек заезжий да проезжий, на время приблудный". За все долгое время нашего знакомства я на него ни разу не обиделась, а пререкалась с ним часто. Это ему нравилось. Кажется, что совсем недавно передавал через Колю: „Скажи Белке: „Пьянство стало дорогое, я от безделья дом построил, пусть хоть всегда живет".

Вечером того похоронного дня Шурка закатился поздно, простительно веселый: „Здорово, мать, пришел поминать", — тетя Дюня откликнулась: „Шея с помина, а надо и помимо". Они часто и легко говорили в рифму, для смеху, и я к ним иногда подлаживалась.

Помянули убиенного Женю, все мальчишество которого Шурка тоже знал наизусть. Тетя Дюня только слегка омочила сухие губы, ушла в печаль: „Правильной войны нет, ее для смерти и делают..."

Она, конечно, переместилась в думу о Лексеюшке, заупокойной головушке.

В то же или в близкое время подвозили мы от Ферапонтова к Ускову, извилисто огибая дождевую дорожную хлябь, незнакомого, отчужденно неразговорчивого парня — направлялся к дружку, с которым вместе служил. „Не с Афганской ли войны?" — спросила я в плохом предчувствии. „Так точно", — мрачно отвечал он.

Машина увязала, Борис и нечаянный седок выходили — вытягивать и толкать. Видимо, общие действия сблизили пассажира со вспомогательными попутчиками, которым и он помогал, и он проговорился: „Нас было тысяча человек вологодского десанта, осталось несколько, все — увечные или навсегда ненормальные. И мы с другом такие. Вот, хмеля ему везу", — он позвякал сумкой. В начале деревни простились.

По этой дороге едва ли не каждый день ходили мы в Ферапонтово. Внизу — нежно-суровое озеро, среди которого высился когда-то крест одинокого отлученного Никона, прибрежные камушки, которые избирательно толок Дионисий для своих красок, а сыновья левкасили стены, он учил их быть не хуже себя, они, должно быть, отвечали: „Нет, батюшка, мы не посмеем".

На возвышении — меньший и больший входы в ограду монастыря (вход и въезд), два возглавия надвратной церкви. (Борис подошел и нарисовал карандашом.) В соборе Рождества Богородицы шла тогда реставрация, Борис трепетал за Дионисия, музейные служители, по призванию близкие священнослужителям, его утешали. Главная из них, Марина, разрешала нам подниматься по лесам. Приходилось охорашивать душу, хотя бы на время, по высокой опрятности, Дионисий с сыновьями любовно содействовали. Невероятно и непостижимо виделись из близи чудные, словно нерукотворные, деяния Мастера и родных подмастерий. До лика Спасителя не добирались. Осторожно спускались, минуя и усваивая небесные и околонебесные, озерные и приозерные цвета и оттенки настенной росписи. В монастырских пределах и вовне Борис рисовал акварелью. Иногда шел дождь: „аква" удваивалась, красиво и расплывчато множилась. Пейзажи остались, я попросила Бориса привезти из Мастерской: „Помнишь, как вы рисовали вдвоем с дождем?"

Я много ходила по кладбищу, навещала могилы, родные и косвенно родственные тете Дюне, потом — и мальчика Жени, все более зараставшую.

Монастырь строился и достраивался в конце пятнадцатого столетия, прочно стоял и белел до сокрушительного двадцатого, этим годом кончающегося. „Переживет мой век забвенный..."

Однажды, по долго сдерживаемой просьбе тети Дюни, повезли мы ее на кладбище, она долго готовилась, прибиралась, меняла платок, сильно волновалась. Остановилась на том месте дороги, где в последний раз увидела она младшего сына. И нам было тяжело. Боря ласково протянул на ладони валидол. „Что ты, Боренька, спасибо, не надо снадобья, дай тосковать".

На кладбище проведали только Алексея Кузьмича, при жизни так и не званного, и Кузьму, до старости званного вкратце: „Аж до предконца моложавился, зипун за кафтан выдавал, так и до савана дошло..." — все это и многое другое говорено было не там, конечно, а в наших домашних посиделках. Пока тетя Дюня шепталась со своими любимыми, целовала их поверх земли, мы стояли в отдаленье. До родительских могил тетя Дюня ослабела идти, да и знала, что они только у нее в незабвенье, у всех других — в запустенье. Шурка говорил, что давно уж, но навещал двух дедов, двух бабок. Тетя Дюня не поддакивала: „Внук у них большой вырос, а виранье его — еще больше".

На обратном пути, на смертном Алешином месте, мать попросилась выйти из машины, обняла, перекрестила землю.

Без большого значения вспомнила две свои строчки: „...вообще наш люд настроен рукопашно, хоть и живет смиренных далей средь". По возвращении домой хозяйка встрепенулась, оживилась: „Что это, Беля, я весь твой отдых испечалила! Несите, парень и девка, мужик и баба, воду с озера!" Озерная вода надобилась для баньки, для долгого самовара.

Как-то приехала к тете Дюне старшая внучка с мужем. Наши ночлеги переместились на сеновал. Однажды ночью по крыше приятно шелестел дождь, но и внятно бубнил по мутному полиэтиленовому настелью, которым мы покрылись поверх одеяла. В старом сене, припасенном лишь для прокорму привычки, шуршала, поскрипывала, попискивала малая ночная жизнь. Внизу дрались на топорах Шурка с сыном и взывала к нашему верху тетя Дюня: „Боря, Беля, опять распря, идите разымать!" Мы не могли спуститься: мы слушали, как по радиостанции „Свобода" близко и печально говорит Жора Владимов. Года за два до этого следователь Губинский, с особенным усердием служивший Владимовым, назвал точную дату намеченного ареста: 17 января. В отчаянье писала я главному тогда

Андропову: „Нижайше, как и подобает просителю, прошу Вас..." — ответ был, если можно так сказать, „положительный". Жора долго тянул с отъездом, мы за него боялись. И вот теперь его вдумчивый родной голос говорил с нашим сеновалом из цветущего Франкфурта-на-Майне. Я искренне вздохнула: „Бедный, бедный Жора, ведь он мог быть вместе с нами". Эти задушевные слова стали нашей домашней поговоркой на многие случаи жизни.

Про „большинский народ", пошедший от тети Дюни, не касаясь последних не известных мне поколений, думалось так. Генеалогия древнего крестьянского рода достигла в образе тети Дюни последнего совершенства и затем стала клониться к упадку, соответствующему разгрому церквей, войнам, колхозному и общему гнету. Ее говор был много обильней и объемней моей бедной передачи, с изъянами и приправами собственного акцента. Но я не притворяюсь перед бумагой, как и в деревне была — какая есть, за что, может быть, снисходительно-милостиво относились ко мне местные и окрестные жители.

Про бесполезность притворства доводилось мне помышлять и рассказывать по такому поводу. Как-то заявилась к нам веселая Катька и стала заманивать меня в близкий колхозный коровник, пошла с нами и Дюня. Для смеху замечу, что мои ладные, долго служившие „джинсовые" сапожки с удивлением погрузились в глубокую настойную грязь. Катька стала меня дразнить и учить: „Давай, Белка, дои корову, на такое простое дело должно хватить и московского ума". Вопреки себе и праведному животному, я вымыла руки, робко взялась за выменные сосцы. Диким, безумным глазом испуга и недоумения оглянулась отпрянувшая корова на неуклюжего пришельца. Тетя Дюня засмеялась, помолодела, присела на скамеечку и, скрывая утомление, опорожнила молочную тяжесть в большую половину ведра. Пальцы ее, покореженные земными трудами и ревматизмом, были долгие, сноровистые, не зазря присудили ей „грамотку" за тонкое изящество рукоделий. Слово „изысканность" для меня очень применимо ко всей стати облика тети Дюни: узкому, стройному лицу, тонким запястьям, хрупкому, уже согбенному стану, кротко-гордой и независимой повадке.

Я писала, что могу применить слово „изысканность" к прозрачному и непростому образу тети Дюни, — им как бы завершался ее благой, незамутненный, древний крестьянский род. Следующие поколения, по-своему примечательные, яркие, но тускнеющие, имели в себе, по сравнению с предками, явные черты упадка, не хочу и не смею употребить слово „вырождение".

Про младшего, любимейшего, погибшего сына Алексея уже писано мною, и едва ли не каждый день, при двух кратких слезинках, было тетей Дюней мне говорено. Добрый, доверчивый, простодушный, он один, по воспоминаниям и лучистому портрету, светло противостоял значению нежелательного слова, но вот и оказался „не жилец", был коварно убит и найден на снежной дороге.

Старший сын Николай родился и рос в тяжкие и страшные годы Гражданской войны и коллективизации, но к угрюмости, в которой я его застала, готовился словно с утробного изначалья и копил ее по мере жизни. Он был судим за покушение на жизнь и чужое имущество, может быть, и не вполне справедливо, но срок отбыл полностью, в тюрьме и лагере. В темную эту историю я, из осторожности и жалости к его матери, не вникала, но в знакомстве с ним и его семейством состояла весьма пристально. Добротная его изба помещалась ровно напротив материнской, через улочку, на берегу озера. Он был давно и прочно женат, выбрав супружницу себе под стать: тяжеловесную, ловкую и неприветливую. Переиначить пословицу: „каков Ананья, такова у него и Маланья" — на „Николашку и его милашку" никак не выходило ввиду суровой солидности нелюдимой пары. Имелся, надеюсь, и теперь здравствующий, молодой, уже женатый сын с ребенком, тогда маленьким. Мы жалели тихую, больную их сноху и невестку, с отечными, опухшими ногами, возили ее в горестную Кирилловскую больницу. Огород и хозяйство, по тем местам, — хорошие: корова, овцы, птица, собака на жестокой привязи — для лютости, нарушаемой моими угощениями и ласками. Из всего этого родственного соседства с тетей Дюней сообщались только внук, забегавший к бабке попросить того-сего у ее скудости, и овцы, с блеянием вламывающиеся в ее худой как бы не-огород: слабые грядки с порушенной изгородью. Ни сам Николай, ни жена его Нина к матери и свекрови, ни они к ним никогда не ходили. Я брала у них молоко — в очередь с Шуркой, на чьей живописной рыжей (в соответствии с прозвищем) личности я остановлюсь не однажды.

Николай Кузьмич имел к моей заезжей персоне заметный, мрачно скрываемый, ехидный интерес, который, с допуском натяжки, можно было бы даже считать расположением. Во всяком случае, отклонение от сугубо непреклонного характера мной ощущалось и хаживала я к ним безбоязненно. Икон в избе не было, хозяин открыто в Бога не

716

верил. Вина не пил, не курил, не сквернословил. Исподлобный его взгляд тоже был очень цепкий и зоркий: и по-деревенски, и по-арестантски. Сидевший по уголовной линии, он, кажется, смутно соотносил разные мои суждения с известной ему 58-й статьей, что несколько смягчало его проницательный хмурый взор. Он неизменно указывал мне, в виде исключения, на лавку и начинал беседу с иронического и презрительного посвящения Москве, что меня нимало не обижало, сначала — к его удивлению, потом — к раздражению, впоследствии — к удовольствию. Власть он впрямую не упоминал, и близко не подходил к опасной теме, с детства привыкший никому не верить, но мы, хоть и московские простофили, тоже не лыком шиты. Он с удовлетворением замечал, что раскулачивание, тюрьма и прочие бедствия для меня — не пустая наслышка, а живое больное место. С братом Шуркой он не общался и мою с ним дружбу презирал как изъян и городскую придурь. Сыновья Николая и Шурки, Колька и Сережка, схоже ладные, здоровые, уже вполне сведущие в хмеле, ребята родственно браталась и дрались, ко мне относились с приязнью.

Шуркина жена Зинаида, уставшая бороться с его пьянством, сама повадилась выпивать и, по мере сил, участвовать в семейных баталиях. Мои строчки из тарусского стихотворения и там были совершенно уместны: „Вообще, наш люд настроен рукопашно, / хоть и живет смиренных далей средь". У Шурки и Зинки тоже была корова с объемистым к вечеру выменем. Роднило братьев то обстоятельство, что ни у того, ни у другого мать молока не брала. Поначалу я думала, что маленькая, невесомая тетя Дюня, привыкшая очень мало есть, блюдет постоянный суровый пост, но вскоре заметила, что она украдкой ходит куда-то с граненым стаканом и у дальней соседки наполняет его молоком. Только потом, когда неимоверная ее щепетильность, близким полным родством, свыклась и сплотилась с нами, она милостиво и любовно перестала считаться с как бы не своей, гостевой снедью, и стол наш стал общий, обильный и счастливый: с простоквашей и творогом, с топленым в печке молоком и кашей, с лепешками и пирогами. Однажды, при нашем отъезде в Москву, тетя Дюня и я плакали, машина двинулась, и Борис увидел в зеркальце, что она машет рукой. Мы вернулись. Оказалось, что прощальный ржаной рыбный пирог, в печальной суматохе прощания, остался лежать на заднем крыле автомобиля.

Я пишу это и плачу.

Шуркина изба накоротке соседствовала с материнской — ежевечерние визиты, с громогласным грубым приветствием из сеней, были незатруднительны. В ответ на мои укоризны он заявил: „Ты, Белка, не знашь того, что она все сердце на Лешку истратила, для меня мало осталось, а Кольку и вовсе любить не за что". Повторяю, что в его тайной нежности к матери я не сомневалась. Забегал он и днем: выпрашивал у нее „бражки", которую тетя Дюня изготавливала из черных сухарей, привозимых нами дрожжей и еще из чего-то. При всем нашем обожании к хозяйке Борис к этому напитку привыкнуть не мог, и за ужином они с Шуркой выпивали сельповскую водку. Для веселого обману мать подсовывала сыну озерного питья, приговаривая: „Чай, не боярского роду — выпьешь и воду". В долгое последнее время я присвоила это присловье. Шурка кривился: „Не могу такую крепость потреблять, не зря на лягушках веками настаивалась. Плесни-ка мне, Борис, послабже да послаще, глотнем за мамкину жадность". Как бумаге уже известно, он с грудного возраста весело страдал неутолимым „недопоем". Шурка уважал и слушался Колю Андронова, весьма считался с Борисом, со мною задорно и снисходительно дружил. Но был у него ближе и дороже всех неразрывный друг — тоже Шурка, по безот-

цовщине и покойной матери называемый: Еленчик. Этот второй был миловидный, смирный, за-
стенчивый, но буянства нашего огнистого Шурки
хватало на двоих. Они неразлучно плотничали, ко-
лобродили, рыбачили, парились в бане, фыркали в
озере и так и славились на всю округу: Шурка-Ры-
жий и Шурка-Еленчик. Круглый сирота Еленчик
был холост и только в Рыжем тезке имел задушевного вождя и опору.

Заметно было, что великодушная тетя Дюня,
горько ученая долгой вредоносной жизнью, людей
сторонилась, гостей не звала и опасалась нашего
небогатого московского хлебосольства, обозна-
ченного зазывным настольным огоньком. На этот
одинокий приветный зов явился однажды из соседней деревни пожилой, видавший виды мужик
Паня. Снял шапку: „Здорово, кума, пришел до тво-
го ума. Наше вам почтение, московиты, слыхивал,
что вы мозговиты. На одной земле — как в одном
селе, в родстве-косине — все вода на киселе. Ну, где
кисель, там и сел". Тетя Дюня смотрела неодобри-
тельно: „А мне и невдомек, что ты мне куманек.
Близко-то не прикиселивайся: их Москва — не
твои места". Мы, для деликатного противовесу, несколько заискивали. Заскочил Шурка. Борис наполнил рюмки. Хозяйка молчала, поджав губы,

гостя не потчевала. Шурка веселился, пламенея веснушками, ероша редеющую, седеющую рыжину: „Жалую Паню, ежели спьяну, а был бы тверез — жил бы поврозь".

Когда гость ушел, тетя Дюня сказала: „Плохой Паня, ехидной, он сына-неслуха из ружжа удушегубил, для поучения". И закручинилась.

А к ночи тетя Дюня говорила: „Задвинь, Беля, затейники, не то опять Паню наманишь".

Очень любила я закатные часы. Солнце садилось за окном „кивотной", с иконами, стены, золотило вмятины старого самовара, играло с цветами, красиво нарисованными масляной краской на печке. Вспоминая бойкого „душегубного" Паню и печальные пышные закаты, я пропустила полночь и зажгла свечи в половине второго часа.

Днем и вечером, следуя движению солнца, мы с Борисом гуляли вдоль озер и полей со стогами, укрепленными посредине шестами, с загоном для грустных ласковых телят, обращавших к нам просительные, мычащие головы. Борис рисовал акварелью, прозрачно родственной этим озерам, полям, недальней синеве леса. Я собирала цветочки, приносила тете Дюне. Когда мы возвращались, со взгорбий дороги и пригорков виднелся временами Ферапонтов монастырь.

Послав Лексеюшке неусыпный небесный вздох и две слезинки, тетя Дюня, для моего утешения, успокаивалась, переходила к воспоминаниям молодости, и даже веселью. Много в ней оставалось несбывшейся, неизрасходованной радости, резвости, прыти. Бывало, она заведет:

> На полице две совицы
> в лунном зареве… —

а я приговариваю, указывая на нас с нею:

> А в светлице две девицы
> Разговаривали…

Дюня заливалась девичьим смехом, доставала ветхий батистовый платок, приплясывала:

> Ходи, Дюня, хороводь,
> не горюй, а греховодь,
> одолела меня дума:
> была Дюня, стала дура…

Я, подбоченясь, ходила кругом:

> Дюня, Дюня, Евдокия,
> твои думки не такия:
> ты умна и хороша,
> снова в девки перешла…

И вместе:

> Что за лихо, что за диво
> в свете деется:
> загуляла, забродила
> красна девица...

Разбуженный нашим гамом и плясом, являлся из спаленки Борис, хватался за сонную голову. Тетя Дюня закрывала смех платком, винилась, каялась: „Боренька, батюшка, прости, в церковь-то не хожу, вот бес и проснулся внутре и тебя, голубчика, обеспокоил".

Но все это были шалости, озорство, а песни тетя Дюня певала долгие, прекрасные, я их повторить не могу, но протяжная тень их жива в уме и слухе.

> Попалась я, девушка, в помчу,
> польстилась на приваду-отраву,
> как глупая плотица-рыбешечка,
> как с матушкой простилась — не помню,
> угодила во родню, во ораву,
> через год уродила ребеночка.
> А чужие люди-то люты,
> усадила свекровушка за пряжу,
> младенчик колышется в люльке,
> а я плачу да слезынки прячу.

Говорил мне тятенька родный:
не ходи, девка, как гриб во кузов.
А батюшка-свекор суровый:
никшни, велит, перед Кузей...

Это „помча" еще водилась в то время как слово и как рыболовная снасть, сеть с „очепом"-перевесом, оба Шурки, Рыжий и Еленчик, ловко управлялись с нею с мостков и с лодки, с „привадой" для добычи. В ловушку для рыбы охотно шли на погибель раки, мы с Борисом ездили по дорожным рытвинам, а то и по дождевой „кислице", в Кириллов, для ловли пива.

Про раков до сих пор не могу вспоминать без ужаса и содрогания. Однажды принесли Шурки целое решето черно-зеленых, тщетно обороняющихся клешнями раков. Рыжий стал меня дразнить: „Вот, Белка, убоишься ты их сварить, куда тебе, госпоже белоручке, покуситься на живую тварь, а кушать не брезгуешь". Я подумала: и то правда, мало ли едала я морских чуд, надо своими грехами питаться. И бросила раков в готовый кипяток. Стыдно было реветь навзрыд, казниться рачьей казнью. Тетя Дюня прижимала мою голову к сострадательному сердцу, всполошилась, причитала: „Ой, Беля, ты сильней убиваешься, чем живешь, уйми душу, им

Господь предрек людям в рот идти, с ним спорить нельзя".

В утешение себе воспомню и воспою единственную тети Дюнину живность: поджарого, мускулистого черного кота, состоящего из мощной охотничьей энергии постоянной азартной проголоди. При нас он питался сытно и даже как бы роскошно, но неутомимо мышковал, рыбачил, стрелял глазами по птицам. Тетя Дюня убирала всю снедь на высокую недоступную полку, приговаривая: „Близко молоко, да рыло коротко". Звала его, конечно, как зовут нашего драгоценного любимого друга Аксенова. В тот раз, не дожидаясь моих постыдных рыданий, он выхватил из дырявой тары живого рака, унес на крыльцо и там съел целиком, оставив на ступеньке убедительно наглядное „мокрое место".

Только по рассказам тети Дюни знали мы предшествующую ему долгожительницу кошку: „Этот Васька — зверь дикий, вольнолюбный, не ластится, не мурлычет, никакой власти не терпит. А Мурка-покойница такова была ласкова кошурка, жалела меня: ляжет на грудь, сердце под ней затихнет, не болит, не ноет. Раз поехала я к дочери Верке в Белозерск и забыла ее, грешница, в закрытой избе. Спохватилась, да не пускали меня домой по большому снегу. Мучилась издали ее мукой, зябла по ней под стылым окошком, шти мимо рта шли. Думала: сгубила я свою подругу-мурлычицу, зачтется мне в могилке се голод-холод. А кошурка-то умней меня оказалась: расковыряла мешок с мучицей, ссухарилась, а спаслась. Жила почти с мое, а пред концом глянула на меня прощально и ушла на укромные зады, не стала мне очи слезить. Я уж потом упокоила ее в земле, посадила ей вербный росток. До погоста мне нет мочи ходить, а до вербочки — нет-нет, да и доковыляю по весне, приласкаю ее коший дух".

Пришла пора поговорить и про Веру Кузьминичну, про дочку Дюни и Кузи Верку, которую одну из всех детей жалел и баловал строгий отец. Ее малолетству он потакал, носил в кармане липкий леденец, сохлый пряник.

Вера росла крепко-пригожей, здравомысленной, училась хорошо, особенно по арифметике, которая впоследствии и довела ее до большой беды, до магазинной растраты. Она была уже замужем, жила хорошо, имела маленькую дочку, когда предали ее суду, после чего, вослед брату Николаю, отбывала она тюремный и лагерный срок. Мать ее не оправдывала и не винила („Я — не верховная людей судить"), но душою думала, что опутали, отуманили дурную бабу злоумные люди. Навещая горемычную дочь, и увидела тетя Дюня страшно промелькнувшую Москву, показавшуюся ей близким предместьем Того света. Было это, по моим неточным подсчетам, в половине пятидесятых годов. Тогда же, уже во второй раз, с помощью деревенского грамотея, подавала Евдокия Кирилловна прошение „на высочайшее имя". На этот раз на имя Крупской Надежды Константиновны, к тому времени давно покойной и забытой. Самое удивительное, что ответ пришел не быстрый, но опять положительный: Веру освободили досрочно. Благодарная просительница говорила: „Про мужа ее не умею знать, а сама Крупская — женщина сердечная, пожалела меня, безвестную бедовуху".

Маленькую дочку своей несчастливицы-каторжанки взяла себе бабка Дюня, одна питала и растила до ранней взрослости, до возвращения матери из мест заключения. Эта любимая внучка, Валя, вышла замуж подале от семейных бедствий за окраинного москвича, за доброго рабочего человека. Это в честь их недолгого визита ночевали мы с Борисом на дождливом сеновале, пока Шурка с сыном дружелюбили на топорах, а мы слушали близкий голос Жоры Владимова, поступавший в наши сердца из Германии.

Когда гости приехали, мы ненароком увидели их продвижение к бабкиной избе. Перед вступлением в деревню Валя сняла боты и шла по непогожей хляби в белых туфлях на высоких каблуках. Во все окошки смотрели на городское шествие возбужденные деревенские лица. Валя ступала прямо и важно, муж скромно нес сумку с иностранной московской надписью.

Вечером мы дружно ужинали, Шурка, материнскими мольбами, к трапезе допущен не был. Приезжие мне понравились, особенно простодушный словоохотливый муж. Жена, как подобает горожанке, держалась солидно и несколько отчужденно. Мое нескрываемое пылкое почтение к ее бабушке могло показаться ей приживальской угодливостью, вообще она меня необидно сторонилась, и я не могла попасть в уклюжий, естественный способ краткого общения. Гостили они поспешно и вкратце.

Деревенские, двоюродные друг другу, внуки присутствовали постоянно и были славные ребята, но легкая засень порока, добытая в армии и других отлучках, мглила подчас их свежие молодые черты и урожденные здоровые повадки. Ладила я с ними легко.

Время от времени наезжали с приятелями череповецкие внуки, еще не вступившие „в наусье", с хрипотцою в грубых молодых горлах. Смотрели и говорили они как-то вкось, не желая брать грех на душу, я относила к своей рассеянности незначительные пропажи сигарет и мелких вещиц, с милого мне сеновала доносилась тихомолка их неумелого сквернословия. Можно было искренне сожалеть о бедной их бессветной юности, но, пожалуй, больнее и более — о явленной ею новизне увядания долгого, добротно выпестованного Вологодчиной предыдущего родословия.

Ярче других были помечены порчей другие какие-то непонятные залетные родичи, не здоровавшиеся при встрече, неприкрыто зарившиеся на неопределенную судьбу Алешиной избы, да и на собственные убогие владения, на их недобрый взгляд, назойливо живучей тети Дюни. Эти редкие вторжения омрачали наши дни и весь „озор" человеческого рода, но тетя Дюня противостояла им с непреклонным и даже высокомерным достоинством. По ее, долго таимой, просьбе, относящейся к тоске по дочери и по собственному накопившемуся устремлению, минуя хорошо знакомый Кириллов, отправились мы в древний город Белозерск, озаглавленный и возглавленный обширным чудом великого Белого озера. Родилась и в белокаменном граде Москве, в нем росла, в него проросла, а спроси меня где-нибудь в чужой стороне о родине, пожалуй, прежде, чем темные белые камни, увижу я темные белые воды, благородную суровость, высокородную печаль.

Скажу только кончающейся странице, что наполненные и увеличенные озером зрачки ослепли от золотого зарева церковного иконостаса во много рядов, заслонившего и уменьшившего прочие белозерские впечатления. При виде сохранившихся домов и городских усадеб Борис опять вспоминал итальянского Палладио, наивно отразившегося в колоннах, фронтонах и портиках самобытных русских строений.

Озеро, церковь, влиятельный итальянец поместили нас в приятный отпуск из современного захудания и разора.

Веру мы застали в осторожный расплох, „невознатьи", как говаривала ее матушка, но в опрятном доме, при обильном самоваре, при скатерках и салфетках с вазонами и безделушками, соленые волнушки от Дюни в гостинец привезли, бутылку сами купили, посидели в довольстве и покое. Только напряженный, сметливый хозяйкин взгляд выдавал большой опыт ее многознающей доли. Благоприятные сведения о матери, братьях, московских дочери и зяте выслушала она с наружным доброжелательным спокойствием, но привычка наглухо скрывать сильные чувства была заметна и красила ее в наших глазах.

Признаю, что поразивший меня Белозерск описан плохо, словно обобран, но доклад, доставленный тете Дюне, был подробный, красочный и утешительный.

Вспомнила я один жаркий деревенский день. Я с удовольствием плавала в озере, обнимая и прихлебывая прозрачную воду. Шурка, оранжевый на солнопеке, добродушничал на берегу, что я мешаю рыбе сосредоточиться на скорой поимке: он выкапывал возле вражеских братниных угодий „приваду": „Этому скареду и червя лучше засолить, чем братцу отдать, вот ты к ним льнешь, их невкусицу знаешь".

„Экая загрева, — заметила тетя Дюня, когда я пришла домой с озерной водой в двух ведрах, — „нетники" большого солнца не любят, разве что „шутовки", при водяном хороводные девки". Я уж знала, что „нетчики" — это отсутствующие, отлучные, а вот с присутствием „нетников" постоянно приходится считаться: это — разного рода нежить, нечисть, благодушно-игривая или коварная, вредительная. Про нее-то и пошел у нас разговор.

Тетя Дюня подумала, посчитала по пальцам дни, сверилась с тайными знаньями и приметами и так порешила: „Готовься, Беля, не бояться, надо тебе в полночный час Домового показать. Мой-то — худой бедяга, сараешник, его можно в ночь на Светлое Воскресенье застать, и то не всегда. При Кузе его дедушка в конюшне жил, любил с лошадиными гривами баловать, да и его не пожалели, раскулачили вместе с конями, а заодно и та пала, что молоко давала. Ох, смертное горе, одно на всех: и людям, и животине хватило. А пойдем мы с тобой ближе к полунощи в Шуркин хлев, корова не выдаст, она меня больше Зинки жалует". Важную нашу затею утаили мы даже от Бориса, волновались, шептались, даже принарядились в угоду Хозяину. Еще в начале нашей дружбы спрашивала я тетю Дюню про холодные зимы, про дрова, про воду. На сыновей надежды не было, а после печального случая с кошкой мать к Вере зимовать не ездила. Она смеялась: „А что нам! Нас мороз нянчил. Шубы нет — палка греет". Я привезла ей свою старую шубейку, еще ничего, теплую. Тетя Дюня ее полюбила, надевала и в летние прохладные вечера, покрывала ею дрему и сон. Красовалась: „Эка я моничка-щеголиха!" Мы снаряжались, тетя Дюня меня наставляла: „Ты особо-то не кудрявься, повяжись моим старушьим платком, перед Ним басы нельзя разводить".

Весь поздний вечер мы с тетей Дюней шушукались, Борис лег спать.

Близко к полуночи тихохонько подкрались к спящему Шуркину дому, тетя Дюня просунула тонкую руку в секретное от чужих отверстие, мы протиснулись в коровье обиталище. Корова мыкнула было в удивлении, но от знакомого шепота успокоилась. „Истёшенько", как тетя Дюня, говорю: я ощущала значительность момента с большим волнением. Было совершенно темно, чуть светилось белое коровье ожерелье. Наученная провожатой, смотрела я в дальний угол, пока как бы пустой. Тетя Дюня держала меня за руку, наши пульсы разнобойно трепетали. Понятно было, что урочный час еще не наступил. Но вот что-то зашевелилось, закосматилось в углу — сплошней и темней темноты, из пропасти недр, не знаемых человеком, раздался глухой протяжный вздох: „Ох-хо-хо-о...". Последнее заунывное „о" еще висело в душном воздухе, когда мы, по уговору, бросились наутек — чтобы не прогневить полночного властелина лишней развязной докукой. Вомчались в избу, сели к печке, не зажигая света. „Ну, видела, — отдышавшись, сказала тетя Дюня, — а теперь забудь. Он, в отместку за погляденье, отшибает людскую память, чтобы не было о Нем пустого слуху, новый-то народ не чтит его, облихует, опорочит ни за что, ни про что, а он горланов не любит, беспременно накажет". Я призадумалась: „Тетя Дюня, давайте у него прощенья просить. Но, вообще-то, он мне хорошим показался, милостивым". „Это — по его выбору, а прощенья давай просить", — и она стала креститься на иконы. Я вот — не забыла, а проговариваюсь с почтительной опаской, поглядываю на свечу, на лампадку возле иконки.

На следующий день после ночного похождения тетя Дюня истопила мне баньку, хоть и там предполагался незримый ночной насельник: „баешник". Я никакой бани не люблю, а тою, деревенской, еще Кузею строенной, наслаждалась, особенно — ныряя в озеро с горячего полка. Тетя Дюня в жизни и речах была очень целомудренна, в спаленку, на случай переодевания, без стука не входила, в парильное дело не вмешивалась, никаких предложений, вроде: „спинку потереть", за ней не водилось.

Но самое мое сокровенное блаженство заключалось в верхней светелке, считавшейся как бы моим владеньем. Ход в нее был через сеновал, по ветхой лесенке. Убранство ее состояло из старой трудолюбивой прялки, шаткого дощатого стола, сооруженного Борисом, занесенного наверх самодельного стула, покрытого рядном. На столе — глиняный кувшин с полевыми цветами, свеча — не для прихоти, а по прямой необходимости. Во все окно с резным наличником — озеро. Прилежные мои занятия сводились к созерцанию озера и по ночам — луны, продвигающейся слева направо, вдоль озера и дальнейших озер. Свеча горела, бумага и перо возлежали в неприкосновенности. Испытывая непрестанное сосредоточенное волнение, я ничего не писала, словно терпела какую-то крайне важную тайну, не предаваемую огласке. Ощущения безделья не было — напротив, соучастие в ходе луны и неботечных созвездий казалось ответственным напряженным трудом на посту у вселенной. Извлекла из памяти никчемный сор сочиненных в ранней юности строк: „Хворая головокруженьем и заблуждением ума, я полагала, что движеньем всеми ведаю сама". Самоуверенные эти словечки лишь очень приблизительно соответствовали занимаемой мною высокой светелочной должности — в глуши веков, вблизи отверстого мироздания.

Возвращаюсь в мою возлюбленную светелку, к самой большой и властительной луне из всех мною виданных, удвоенной озером. А сколько ночей провела я у нее в почетном карауле, и всегда мне казалось, что луна возвращает мне взор Пушкина, когда-то воспринятый и вобранный ею.

Стоит мне прикрыть глаза, как ноздри легко воскрешают запах прелого сена и полевых цветов, в которые я окунала лицо, голубое от луны, розовое от свечи, волновавшей бессонницу деревенских старух, издалека видной округе.

Когда, созревши на востоке,
луна над озером плыла,
все содержание светелки
и было — полная луна.
Прислуживавший горним высям,
живущий на луне зрачок
с луны мою светелку видел,
а до меня — не снизошел.
Он пренебрег моей деталью,
переселившись в лунный свет.
Жалеть, что, как свеча дотаю,
у вечности — мгновенья нет.

Тете Дюне уже трудно было воздыматься на вершину избы, но отыщет она какую-нибудь живую вещь из милой рухляди и ветоши — подаст мне: „Тащи, Беля, к себе на свечную гору, ты любишь". С гордостью могу заметить, что кот Василий, не поступаясь независимым и неподкупным нравом, захаживал ко мне наверх, глядел внимательным прищуром, без одобрения.

„Ты у меня, Беля, верхний жилец, повадный летатель, — говорила Дюня, — пригодился теремок твоим летасам (мечтаньям)". Так оно и было. Я вдохновенно и торжественно ничего не писала, весь мой слух был занят реченьями тети Дюни, воспоминаниями, песнями, которых не певала она с молодых лет. Сама она, по мужу, была Лебедева, и лебеди часто главенствовали в наших вечерах, вторить их воспеванию я могу лишь приблизительно, бедно.

Лебедь белая над езером кичет,
друга любезного кличет,
у той у лебедушки — беда лепота,
а у меня, у молодушки, — беда-лебеда.
Дождалась лебедушка лебедина,
суженого господина,
а я перед свекровушкой лебезила,
да лишь досадила:
грибник мой кислый да тонкой,
а меня прозвала домоторкой.
Лебедин подруженьку холит,
не бедует с лебедушкой любимой.
А по берегу ходит охотник
до погибели лютой лебединой.
Оскудела, опустела водица,
стала лебедица вдовица...

Я спрашивала тетю Дюню: правда ли, что сурова была ее свекровь? кто это — „домоторка"? „Известно, кто, — объясняла она, — бедоноша, бедняха, бедяжная прикушивательница, побируха, чтоб тебе вразумительней было, их много после веролютия по домам торкалось".

Холодком ожигало меня „веролютное" обилие бедственных произрастаний в русской жизни и словесности. Про покойницу-свекровь старая ее невестка улыбалась: „Да нет, это больше по-песенному такое прилыганье выходит. Кузина матушка, как и по закону положено, строгая была, но меня жалела, собой заслоняла от сыновьего гнева. Он, смолоду, до ужасти ревнивый был, хоть я и глянуть не смела, что пол-людского роду — бородато да усато. Побелеет глазами и грозит: знай веретено да полбу, не то схлопочешь по лбу. Глаз не подымала — а схлопатывала, за посторонний призор за моей пригожестью". В этом месте памяти рассказчица несколько гордилась и приосанивалась, и я читала сквозь морщины ее стройно-овального, изящно сужающегося к подбородку лица свежую былую приглядность. „Да, жалела, и пироги мои, и грибники, и капустники, а особо — рыбники, едала с хвалебностью. Даривала мне свои прикрасы, да все — или роздано, или отнято. Вот, Беля, присудила я тебе остаточную низку, от большой шейной вязки, и ты мне не некай, возьми памятку". Маленькую нитку бисерного речного жемчуга я храню.

А я опять вспомнила „нетников". За избами тети Дюни и Шурки начиналось поле, где однажды, с Колей Андроновым, Наташей Егоршиной и с детьми, запускали мы „летушку" — воздушного змея. С ночною грустью вижу я погожий, ведреный и ветреный день нашего веселья. Присутствовавший при параде Рыжий Шурка, по своему обычаю, ерничал, „кудасничал": „Эх вы, недотепы залетные, привыкли, что вас летчики по небу возят, вами начальство верховодит, а вы потеху по верху водить не умеете". Тетя Дюня радовалась вместе с нами: „Вам нельзя его видеть, а „Полевому" — все льзя, небось, дивуется на вашу забаву". Про этого невидимого обитателя полей было известно, что он благодушен и склонен к соглашательству и с Домовым, и с Лешим, враждующими меж собою. Про „Лесного дядю", „лесовика" сведения были не такие благоприятные. Тетя Дюня не любила и тревожилась, когда мы ходили в лес, прилегающий к полю. Прежде в лесу водились медведи, лосиные следы мы и сами видели, от Лешего были весьма предостерегаемы: „Рубахи для лесу надевайте изнанью вверх, это — одна от него охрана, иначе его не изминине. Вы — мне свои, а на мне — родительское отлученье, он за это к себе берет. А проклятые отцом-матерью дети — все в его гущобе сгинули. Вид его — лохматый, волоса носит на левый бекрень, кафтан застегает — на правый бок. Блудящих тунеядов морочит, может и не отпустить". Послушно побаиваясь, мы в глубину чащи не заходили.

При этом описании все мои огни погасли, я подлила масла в лампадку (светильце со светиленкой, светник с фитилем). Про мою светелочную свечу тетя Дюня всегда справлялась: ясно ли горит? не „пинюгает" ли? Если мерцает и меркнет без причины — к беде.

Надеюсь, что мои свечи догорели справедливо, без дурных предзнаменований. Но присловья не погасли: беда беде потакает, бедой затыкает, таков наш рок — вилами в бок.

Про упомянутый лес Шурка, вертясь передо мною, так меня испытывал: „Докажи, Белка, что не зря тебя наше царство-государство учило-просветляло. Что в лес идет, а на дом глядит, домой идет — по лесу скучает?" Я податливо отвечала: „Куда нам до твоей учености! Сказывай, не томи". Он молча указывал на разгадку: на сподручный топор за поясом, и добавлял: „Да, учили нас крепче вашего, а все не пойму: то ли вы глупые, то ли слепые, у нас — песни, у вас — пенсны, все наши бедовины — от вашей бредовины". И тут, Александр Кузьмич, я с вами совершенно согласная.

Я соотношу первый день марта со своим сюжетом по собственному вольному усмотрению, но все же прочла по молитвеннику: „Упокой, Боже, рабу Твою Евдокию и учини ю в рай, идеже лицы святых, Господи, и праведницы сияют, яко светила, усопшую рабу Твою упокой: презирая ея вся согрешения".

Читая молитвослов, еще раз подивилась обилию Мучеников и Мучениц в русском православии, не говоря уже обо всех неисчислимых страстотерпцах отечественной истории и близких нам дней.

Число дней и, более, ночей, письменно посвященных тете Дюне, приблизительно соответствует времени, проведенном нами в ее избушке: мы бывали у нее редкими и недолгими наездами, обычно около двух недель. Сумма влияния ее образа на мои ум и душу оказалась длительнее и обширнее всех этих урывочных сроков.

Нечаянное свое писание начала я с описания Нил-Сорской пустыни. Вот каково было наше путешествие на самом деле. В очередной раз посетив недальний город Кириллов, снова любовались мы дивным озером и монастырем на его берегу. Кроме сохранившихся красот, имелся там и ресторан, так и называвшийся: „Трапезная", коего были мы едва ли не единственные частые посетители. В тот солнечный и дождливый день мы наведались в милицию —

расспросить о маршруте. Скромный суровый чин встретил нас с недоброжелательным подозрением во грехах, вероятно, отчасти нам присущих, проверил водительские права Бориса, но дорогу объяснить туманно отказался. Встреченная старушка ласково и испуганно отговаривала нас от намерения, казавшегося нам безгрешным и усиливавшегося вместе с нарастающей тайной: „Ох, детки, не дело вы задумали, туда хорошего пути нет, подите лучше в магазин, там нынче завоз". В магазине мы и дознались до направления. Мы уж знали, что после „вероломия" обитель стала узилищем, но потом арестанты были перемещены кто в „небелесветие", кто в худшие места, но уцелела надвратная малая церковь с драгоценной росписью. В небесах погромыхивало, дождь, чередовавшийся с яркими просветами, размывал глинистую дорогу в лесную глубь, где когда-то искал святого уединения Пустынник и Бессребреник Нил Сорский. Когда хлябь временно подсыхала, — двигались, когда усугублялась, — дышали густою лесной влагой. В приблизительной середине пути встретились нам сначала одна, потом другая худая лошадь, впряженные в телеги. Поклажу составляли пустые бутылки, возницы и пассажиры были весьма примечательны. По бледным их, добродушным лицам блуждал рассеянный смех, лохмотья легко тяготили их слабую плоть. На наши вопросы они отвечали приветливо и невнятно, но взмахами рваных рукавных крыл подтверждали, что едем мы в должную сторону. Сердце, озадаченно и болезненно, сразу же к ним расположилось.

Когда мы достигли, наконец, искомой цели, церковь при входе в бывший маленький монастырь, произросший из Ниловой кельи, оказалась наглухо закрытой, снаружи — трогательной и стройной. Нас сразу же окружили обитатели „пустыни", близко схожие со встреченными путниками. Они сбивчиво и восторженно улыбались, лепетали, протягивали к нам просительные руки, в которые ссыпали мы сушки, сигареты и другие мелкие имевшиеся припасы, до неимоверного счастия услаждавшие их детские души, но не могшие утолить их истощенных, светящихся сквозь ветхую одежду, неземных тел. Острог, по мягкости времени, переменился в нестрогую „психушку", относительно вольготную — ввиду смирного и неопасного слабоумия пациентов, медицинского персонала мы не видели.

Кроткая, блаженная детвора этого народа вызывала неизбывную жалость, любовь, а во мне — и ощущение кровного, терзающе-сострадательного родства.

Леса и озера, разрушенные храмы и тюремные очереди, иконный лик тети Дюни — неполно составляют образ родины без этих незапамятно-юродивых, лунно-беспамятных, смиренных и все-прощающих, дорогих для меня незабвенных лиц.

Когда, более десяти лет назад, умерла тетя Дюня, мы были в Америке и узнали о ее кончине от Коли Андронова с большим и горьким опозданием.

Потом умер Николай, через несколько лет — Еленчик, а затем и милый моей душе, острый на язык и на топор, непутевый Рыжий Шурка.

Нет и Коли Андронова, связавшего нас с теми, для меня опустевшими, прекрасными и скорбными местами.

Ровно пять часов утра, приступаю к моим, пред — нежеланно — сонным, ритуалам, начав их с задувания свечи и лампадки.

Провожая третий день марта, возожгла свечи и лампадку.

Машинка моя отказалась от соучастия в моих занятиях.

Днем я, прозрачно и неуклюже, стала сочинять что-то другое.

Так что — писания мои кончились сами собой: в самом начале дня, в первом его часу.

Быть посему.

4 марта 1999 года

Содержание

Рассказы

Воспоминания

746

748

749

Дневники

Белла
АхмадулинА
Много собак
и Собака

Рассказы, воспоминания, эссе

Ответственный редактор Н.Холодова

Редактор О.Авилова

Художник А.Бондаренко

Корректор Н.Смирнова

Компьютерная верстка К.Москалев

ООО «Издательство «Эксмо»
125299, Москва, ул. Клары Цеткин, д. 18, корп. 5.
Интернет/Home page — www.eksmo.ru
Электронная почта — info@eksmo.ru

Подписано в печать 12.01.2005. Формат 70×108 $^1/_{32}$.
Гарнитура ГарамонБук. Бумага офсетная.
Печать офсетная. Усл. печ. л. 32,9.
Тираж 5000 экз. Заказ № 24.

Отпечатано в полном соответствии
с качеством предоставленных диапозитивов
на ФГУИПП «Уральский рабочий»
620219, г. Екатеринбург, ул. Тургенева, 13
http://www.uralprint.ru
e-mail: book@uralprint.ru